英国创新信息概述

Overview of UK innovation information

张明龙 张琼妮●著

企业管理出版社
ENTERPRISE MANAGEMENT PUBLISHING HOUSE

图书在版编目（CIP）数据

英国创新信息概述/ 张明龙，张琼妮著. —北京：企业管理出版社，2015. 8

ISBN 978 - 7 - 5164 - 1110 - 0

Ⅰ. ①英… Ⅱ. ①张… ②张… Ⅲ. ①技术革新—研究—英国
Ⅳ. ①F156. 143

中国版本图书馆 CIP 数据核字（2015）第 179301 号

书　　名：英国创新信息概述
作　　者：张明龙　张琼妮
责任编辑：刘一玲　崔立凯
书　　号：ISBN 978 - 7 - 5164 - 1110 - 0
出版发行：企业管理出版社
地　　址：北京市海淀区紫竹院南路 17 号　　　**邮　编**：100048
网　　址：http：//www. emph. cn
电　　话：总编室 68701719　发行部 68414644　编辑部 68701322
电子信箱：80147@ sina. com　zbs@ emph. cn
印　　刷：北京媛明印刷厂
经　　销：新华书店
规　　格：710 毫米 ×1000 毫米　16 开本　28. 25 印张　440 千字
版　　次：2015 年 8 月第 1 版　　2015 年 8 月第 1 次印刷
定　　价：75. 00 元

前　言

查阅文献资料可知，世界上最早的创新成果保护制度，诞生于英国。1331 年，英国为了保护纺织工业创新者的利益，英王爱德华三世给发明纺织、漂洗和染色技术者授予垄断权。1449 年，英王亨利六世给发明彩色玻璃制造方法者授予专利权。英国国家专利局成立于 1852 年，至今已有 160 多年历史。21 世纪初，英国提出实施知识经济战略，旨在保持在世界上拥有科技领先地位和竞争优势，有力地推动了科技创新活动。到 2001 年，英国的论文数量占世界 9.4%，引用率占 12.8%。目前，英国拥有世界 6 所顶尖高校中的 4 所，其基础研究水平，在八大工业国中遥遥领先，仅次于美国。近年，英国为了从高水准的知识创造中获得更大利益，先后出台了一系列政策措施，着重通过保护和开发知识产权，来加强和推进技术转让工作，逐步把创新活动上升到国家战略的高度来运作，

一、英国经济概况

英国位于欧洲西部，国土由大不列颠岛（包括英格兰、苏格兰、威尔士）、爱尔兰岛东北部和一些小岛组成。隔北海、多佛尔海峡、英吉利海峡与欧洲大陆相望。海岸线总长 11450 公里。属海洋性温带阔叶林气候。通常最高气温不超过 32℃，最低气温不低于 -10℃。

英国的经济主体是私有企业，占国内生产总值的 60% 以上。拥有英荷壳牌集团、英国石油公司、阿维瓦（商联保险）集团、

保诚保险集团、特易购公司、沃达丰公司、联合利华公司、葛兰素史克公司、英国电信公司、标准人寿保险公司、桑斯博里公司、耆卫公司、英国煤气公司、阿斯利康公司、金巴斯集团、英国宇航集团、威廉莫里斯超市集团、康力斯公司、单化联盟、翠丰集团等著名企业。

英国服务业占国内生产总值的67%，制造业所占比例不到20%。由金融保险、零售、旅游和商业服务等组成的服务业，是英国经济中的支柱产业。英国有英格兰银行、汇丰控股公司、苏格兰哈里法克斯银行、皇家苏格兰银行、劳埃德TSB集团、巴克莱银行等金融机构，首都伦敦是世界著名金融中心，从事跨国银行借贷、外汇交易、国际债券发行、基金投资等业务，同时也是世界最大保险市场，最大黄金现货交易市场、船贷市场和重要非贵重金属交易中心，并拥有数量最多的外国银行分支机构或办事处，目前有450多家外国银行在伦敦设立分支机构或办事处。

英国有采矿、冶金、化工、机械、汽车、航空、电子、电子仪器、轻纺、食品、饮料、烟草、造纸、印刷、出版、建筑等主要工业。生物制药、航空和国防，是英国工业领域开展创新活动的重点，也是该国最具创新能力和竞争实力的行业。英国是欧盟中能源资源最丰富的国家，主要有煤、石油、天然气、核能和水力等，能源产业在国民经济中占有重要地位。主要出口产品有：石油及相关产品、化工产品（包括医药制品）、烟草、饮料、机械设备等。

英国生产所需的主要工业原料，依赖进口。其他主要进口产品还有：食品、燃料、服装、鞋业、电子机械设备、汽车等。

英国森林覆盖面积281万公顷，占本土面积12%左右。近年，英国政府强调要提高能源利用效率，积极发展可再生能源，努力减少对矿物燃料的依赖，建设“低碳经济”，并为此进行了一系列立法保障和政策引导，鼓励高效节能技术开发，培养企业和家庭节能意识。

英国有牛津大学、剑桥大学、帝国理工学院、伦敦政治经济学院、华威大学、曼彻斯特大学、爱丁堡大学和卡迪夫大学等著名高等院校。长期以来，英国一直重视教育和科研水平的提高。目前，正在进行教育改革，允许高校增收学费，同时继续加大教育和科技投资，近年已成为世界高科技产品、高附加值产品的重要研发基地之一。

2010年12月20日，英国商业、创新与技能部，公布了未来四年高等教育、科学与研究经费预算报告。认为，投资科学与研究，对英国经济增长具有重要意义，可以带来新的商业机会和提升已有商业水平，促进高技能人才就业，吸引国际人才和投资，改善公共政策与服务。所以，英国政府预算削减的条件下，仍然保证科学与研究有足够的经费。

英国2011年及以后四年，教育与科研经费支持的主要领域和方向：①通过研究理事会和技术战略委员会确定优先发展技术领域：先进制造、卫生医疗、数字经济、低碳经济、能源与资源的高效利用；②加大对新设立的空间局的经费支持，以巩固英国空间技术和产业基础；③支持跨领域和跨研究理事会研究，提高科技资源和知识利用效率，并提升研发品牌；④加大对军用和民用航空设施的事故预防与调查研究；⑤通过对英国人文与社会科学院的经费支持，鼓励人文与社会科学领域的计量学研究；⑥鼓励大学与企业、慈善协会和政府的合作；⑦通过重点支持英国人文社会科学院、英国皇家学院和英国皇家工程院等三大研究院，鼓励好奇心驱动的自由探索；⑧加强科学、技术、数学与工程等基础学科教育，提高大众对科学技术的理解，加大对技术工人的培训力度。

二、英国促进中小企业创新的政策

英国有企业400多万家，绝大多数是中小企业，雇员500人以上的大企业只有3500家。英国政府把发展中小企业作为战略重点之一，推出一系列政策和配套措施促进它们的创新活动：①在贸工部成立小企业服务处，专门为中小企业开展创新活动提供政策、信息与多种服务，还在全国12所大学设立中小企业培训中心，加强中小企业创新人才的培养和培训。②创建企业基金，由小公司贷款担保基金、高技术基金和地区风险基金等三部分组成，是目前政府支持中小企业发展和创新的最大基金。③通过减免税收等办法，鼓励大公司向小企业投资，使两者之间建立正式、直接的关系，形成共担风险、同享利益的共同风险合作模式，把小企业的敏锐灵活性与大企业的雄厚实力联合起来，达到降低创新风险的目标。④制定10多项促进中小企业技术创新的法律和政策，并通过减免税收负担等措施，帮助中小企业摆脱创新活动中遇到的种种困难。

三、英国提高国家创新能力的计划

20世纪90年代后期以来，英国政府不断加强对科技创新的支持力度。1997—2003年的短短7年时间，政府对科学预算增加了1倍，从12亿英镑跃升到24亿英镑。2002年7月，贸工部推出《投资于创新》的政府战略报告，指明要为提高国家创新能力增加投入。不久，政府为鼓励大学与企业联合开展科技创新活动，颁布了《技术创新计划》。2004年3月，印发《英国10年(2004—2014)科学和创新投入框架》(征求意见稿)，广泛听取各界人士对这一文件的意见和建议。在经过修改充实之后，7月12日政府正式颁布《英国10年科学与创新投入框架计划》。

实施这个框架计划的主要目的是：通过合理投入和完善科学

目 录

基础设施建设，培育一批最优秀的科学家和工程师，使英国成为全球经济的知识集成和扩散枢纽，既是声誉卓著的科技发现中心，又是把知识转换成新产品和服务的世界领先者。该计划提出，通过构筑国家科学、研究和创新体系，加强对基础科学、知识转换成果开发和公共服务创新等方面的投入，把创新知识转变成商业机会，确保未来十年英国经济的持续增长。其具体目标主要包括：①将英国卓越的研究中心建成世界最优秀的研究中心；②继续加大公共投入的研究机构对经济需求和公共服务的反馈能力；③促使企业增加研发投入，把企业与科学研究中心的互动联系作为新思想和新人才的来源；④大力支持科学家、工程师和技术人员的培养，造就一流的科技队伍；⑤为本国一流大学和国家实验室提供持续的财政支持；⑥增加社会对科学研究和创新应用的信心和理解。

根据框架计划的要求，政府通过贸工部与教育技能部，加大对科学和技术的投入，在2004—2014年的10年中，平均每年将保持5.8%的实际增长率，预计比同期经济年均增长率2.5%高3.3个百分点。同时，英国的公共及私人研发投资，相应地从起始年占GDP的1.9%，增加到10年后的2.5%。

四、本书的框架结构

本书把21世纪以来英国的发展现状作为考察对象，集中分析了英国在科技活动中取得的创新成果。以英国的发明创造事实为依据，采用取精用宏的方法，对搜集到的各类原始报道材料统一汇总，通过对比分析，细加考辨，实现同中求异，异中求同，精心设计成研究英国创新信息的分析框架。本书由10章内容组成：

第一章电子信息领域的创新信息，主要描述微电子及其元器件、计算机与电子仪器、人工智能产品与机器人，以及广播电视与通信网络等方面的新成果。

第二章纳米技术领域的创新信息，主要分析纳米产品及其制造成果，典型纳米材料石墨烯研制进展，以及研发纳米材料的新技术等。

第三章光学领域的创新信息，主要分析光学原理及技术，应用光学技术取得的新成果，以及光学仪器设备研制的新进展。

第四章航空航天领域的创新信息，主要分析航天器与天文仪器，以及天文观测方面的新进展。

第五章材料领域的创新信息，主要分析金属材料、无机非金属材料和有机高分子材料研制的新进展。

第六章能源领域的创新信息，主要分析电池与太阳能、氢能、生物质能、海洋能，以及核能、风能和人车动能的开发利用成果。

第七章环境领域的创新信息，主要分析环境污染治理、节能环保产品研制，以及生态环境保护等方面取得的新成果。

第八章交通工具领域的创新信息，主要分析汽车及配套装置的开发进展，描述飞机、铁路运输设备、船舶、摩托车和自行车等的研制成果。

第九章生命科学领域的创新信息，主要分析研究基因、蛋白质和细胞等生命基础方面的新成果，研究微生物、植物和动物等生物体方面的新进展。

第十章医疗与健康领域的创新信息，主要分析癌症防治、艾滋病防治、心脑血管疾病防治、神经系统疾病防治，以及免疫系统疾病防治、呼吸系统疾病防治、消化系统疾病防治、糖尿病防治、器官再造与骨科技术、五官科疾病防治、虫媒传染病防治、遗传与生育技术等新成果。

张明龙　张琼妮

2015 年 6 月 9 日

第一章　电子信息领域的创新信息

21 世纪以来，英国在微电子及其元器件领域的创新成果，主要集中在构建标准粒子物理学模型，研究高温超导电性机理，“捕捉”分子运动，用石墨证明量子效应，证实电子可分裂为自旋子和空穴子，使单个电子能在两点间往返运动，积极寻找新粒子，同时，加强微电子元件及设备的创新。在计算机与电子仪器领域的创新成果，主要集中在研制情绪感知计算机、容错计算机、超级计算机与微型计算机，开发控制器、处理器、显示器、存储器，以及输入设备等计算机部件，研制传感器、充电器以及安全检测仪器和探测地下文物的仪器等。在人工智能产品与机器人领域的创新成果，主要集中在识别与处理系统、智能机器设备、仿生机器人和应用型机器人等。在广播电视与通信网络领域的创新成果，主要集中在研究开发音频设备、影像设备、通信设备和网络技术等。

第一节　微电子及其元器件的新进展

一、创设微电子理论新模型

构建标准粒子物理学模型。

2008 年 3 月，英国爱丁堡大学和南安普敦大学的研究人员，与他们在日本和美国的合作伙伴一起组成的研究小组，在《物理评论快报》杂志上发表研究成果称，他们利用超级计算机构建标准粒子物理学模型。该模型比以往更为精确，是目前描述基本粒子最成功的理论。专家认为，这项成果具有里程碑式的意义，使标准模型理论离基础物理的完全理论越来越接近。

随着大量微观粒子在物理学实验中被发现，科学家提出使用规范玻色子，来描述强相互作用、弱相互作用，以及电磁相互作用这三种基本力的理论，即标准模型理论。它隶属量子场论的范畴，并与量子力学及狭义相对论兼容，几乎涵盖一切微观现象。到现在为止，其理论预言，与以上三种力的实验测量结果，在测量精度范围内是一致的。但尚不能说，标准模型是一套万有理论，主要原因是组成物质的基本粒子有四种作用力，但标准模型理论并没有描述到重力。

物理学家一直在试图填补标准模型理论存在的缺口，这项浩大而繁复的计算过程，涉及原子核内微小粒子夸克的行为。为了对其进行研究，科学家首先设计建造了一台速度每秒几十万亿次的超级计算机，其运算速度可跻身世界最快行列。计算机花费3年时间完成计算，并以最终实验结果证明，超级计算机和不断改进的理论技巧，使标准模型达到了前所未有的精确度。科学家将其形容为“梦幻般的成功”，但仍注意到如此大型的计算存在误差，这是实验测试所无法下定论的，下一步科学家将会把新计算方法与新实验结果相结合，解决这种隐患。

而就在近日，位于日内瓦附近的欧洲核子物理研究中心的研究表明，他们对大型强子对撞机的研发工作已经收尾。这一世界上最强大的粒子加速器，深埋于地下100米处的环状隧道里。其一旦启动，可以把质子束流分别加速到7万亿电子伏特的超高能量并使之对撞，从中找寻标准模型中最后一种未被发现的粒子：希格斯玻色子。希格斯玻色子被称为标准模型的基石，是惯性质量的源头，有了它的加入，不仅标准模型理论的检验和扩展会达到完美的程度，物质质量起源之谜也将会全面揭开。

二、微电子运行原理研究的新进展

（一）微电子机理研究的新发现和新方法

1. 高温超导电性机理研究的新发现

2005年8月，英国阿伯丁大学教授、爱丁堡皇家学会成员阿比·麦克劳克林博士领导的研究小组，通过研究一种含铜和钌的新化合物的晶体结构后，在高温超导电性机理方面获重大突破。研究结果第一次证明，高温超导电性的机理（无电阻阻碍电流流动的情况下）事实上与晶体点阵相关联。

金属是由一个晶格单元的原子组成，而金属内的电子可以从原子中分离出来，在晶格内四处“游荡”，这样就使得金属成为电流的传导体。事实上，金属内的原子一直处于振荡状态中，而在晶格内到处游荡的电子会与原子发生碰撞，从而减小了电流量，这就是电阻。所谓超导体就是因为零电阻而无电流损失。

麦克劳克林博士指出：“一直以来，我们对具有特殊物理性质的化学物质很感兴趣，特别是在合成新的层状式材料方面。因为层状式材料的每一层，都会有不同的特性，比如一层具有磁性而另一层则具有超导电性。”

与普通导电体不同的是，超导电体不存在任何电阻，但其特性只能在很低的温度下体现。目前，这一温度为零下 113℃。实际应用的产品包括：核磁共振成像扫描仪和磁悬浮列车中的超导磁。

能够在零下 238℃以上的温度情况下，具有超导性能的化合物，被称为“高温超导电体”。这一研究，已经困扰科学家们将近 20 年，到目前为止还没有完整的高温超导电性理论。一旦该理论最终得以完善的话，那么就有可能设计出在高温情况（可能是室温）下零电阻存在的新超导电材料。

麦克劳克林博士认为，高温超导电性理论的完善，将带来大量技术领域的可能性，比如高性能的电动车。同时利用超导电电缆传送电能给用户可以节约大量能源，因为当前很大数目能量的损耗都是由于电阻的存在。

现在，麦克劳克林研究小组发明的新化合物（含有氧化物质的铜和钌），还具有很多其他方面的有用特性。一是在低温条件下具备负磁致电阻。呈现该特性的材料，在结合磁场时能增加电子传导性，目前主要应用在计算机的记忆存储设备中。二是这一新化合物在低温下呈现负热膨胀的特性。大部分材料在加热时会膨胀，但新化合物不会出现这种情况。

麦克劳克林博士还表示，这一研究项目，旨在帮助人类更好地掌握高温超导电性理论。还希望能更多了解关于负磁致电阻和负热膨胀背后的原理，并且设计出能在室温条件下使用的新材料。

2. 用飞秒速度“捕捉”分子运动的方法

2006 年 3 月，英国帝国理工学院约翰·狄西博士等人组成的一个研究小组，在《科学》杂志网络版上发表研究成果称，他们以迄今最高的“快门速度”，成功地“捕捉”到分子的运动。这种研究方法，将有助于人们深入了解电子化学反应过程，并可应用在对未来技术如量子计算的研究中。

观察分子运动的时间精确度，好比日常拍照的“快门速度”。据报道，该研究小组观察到，分子在激光作用下发生的运动，其时间精确度为0.1飞秒。1飞秒为千万亿分之一秒，即1秒除以10的15次方，这是前所未有的纪录。

报道说，研究人员通过专门设计的新方法，成功地“捕捉”到了氢分子和甲烷分子中质子的运动。新方法利用短脉冲超强激光轰击单个分子，将分子中的一个电子激发，留下呈电离状态的分子。激发的电子回落时与电离状态的分子发生对撞，产生出为时极短的X射线脉冲。分子从电离到与电子发生碰撞的整个过程非常短暂。

狄西在接受英国广播公司采访时形象地说，他们的研究，如同把长度为地球到木星距离（6.3亿公里）的物体，切割成众多的、厚度只有普通人头发丝般的薄片。

研究小组认为，了解分子的运动，将有助于科学家掌握分子在化学反应中的“行为”，从而使人为控制分子运动成为可能。此外，研究人员还相信，弄清楚分子内部的运动，将帮助人们进一步严格验证有关分子结构及其运动的理论。

（二）量子效应与量子化现象研究的新成果

1. 用石墨证明量子效应

2005年11月，国外媒体报道，铅笔中的石墨是一种矿物碳，当我们将铅笔在纸上划过，会留下一道道痕迹。这是由于石墨的原子层容易相互分离。这个特点也意味着，石墨很适合作电导体。2004年，英国曼彻斯特大学的安德烈·盖姆用胶带将石墨剥离到只有一层原子的厚度，科学家们将这个超薄的石墨层称为“石墨结构层”。

对超薄石墨结构层进行的实验，显示出一些奇怪的现象，在《自然》杂志上的两篇论文中，科学家将此实验进行了详细说明。超薄石墨层是一种平面材料，它具有电导性能，但是这些电子却显示了与众不同的特性。

盖姆研究小组发现，这些电子在温度非常低的条件下，运动速度都不能降下来。从超薄石墨层电子的表现来看，这意味着它们基本上没有质量，或者从狭义相对论更精确的表述来说，是没有静止质量。它还显示出，至少这种二维石墨具有永恒传导的性能。这些电子是一种“无质量迪拉克费密子”相对论粒子，研究人员继续证明它们比其他半导体的电子运动速度快。同样的，尽管它们的速度是光速的1/400，但是仍然遵守著名的相对论方程 E = mc2。

哥伦比亚大学物理学教授飞利浦·基姆领导的研究小组，独立证明了这些试验结果，而且还发现这些无质量的电子完全遵循量子霍尔效应。1879 年爱德文·霍尔发现了霍尔效应。霍尔效应的本质是：固体材料中的载流子在外加磁场中运动时，因为受到洛仑兹力的作用而使轨迹发生偏移，并在材料两侧产生电荷积累，形成垂直于电流方向的电场，最终使载流子受到的洛仑兹力与电场斥力相平衡，从而在两侧建立起一个稳定的电势差即霍尔电压。霍尔效应在量子水平上也依然成立。两个研究小组在石墨实验中都得到了这个结果。

2. 证实电子可分裂为自旋子和空穴子

2009 年 7 月，英国剑桥大学和伯明翰大学的研究人员合作完成的一个实验，证实电子可分裂为自旋子和空穴子的理论假设，这一进展将有助于研制下一代量子计算机。电子通常被认为不可分。但 1981 年有物理学家提出，在某些特殊条件下电子可分裂为带磁的自旋子和带电的空穴子。

本次实验中，研究人员把极细的“量子金属丝”，置于一块金属平板上方，再将金属丝之间的距离控制在 30 个原子的宽度，并置于约零下273℃的超低温环境下，然后改变外加磁场，发现金属板上的电子，在通过量子隧穿效应跳跃到金属丝上时，分裂成了自旋子和空穴子。

研究人员说，人们对电子性质的研究，曾掀起半导体革命，使计算机产业飞速发展。现在，又出现实际研究自旋子和空穴子性质的机会，这可能会促进下一代量子计算机的发展，带来新一轮的计算机革命。

3. 开发使单个电子如“乒乓球”般在量子点间往返的新技术

2011 年 9 月 22 日，英国剑桥大学卡文迪什实验室，物理学家克里斯·福特主持的一个研究小组，在《自然》杂志上发表研究成果称，他们开发出一种新技术，可使单个电子在两点间往返运动，如同打电子“乒乓球”一般。这一进展，或可为量子信息的传输提供重要的技术支持，可能成为研发量子计算机的重要一步。

研究人员说，未来的单电子电路由量子点网络构成，这需要一种机制，能够将电子从电路的一个功能部分传输至另一个部分。以参加派对为例，当你想要穿过拥挤的人群，走到房间的另一端去和某个朋友说话时，你需要不停避开面前的人群，或是停下来，与几个朋友寒暄一番，待走到目的地时，怕是早已忘记了自己想说什么。如果有一条通道，可以让你越过喧闹的人群，直接到达目的地，这是何等便捷啊！

与上述情况类似，电线传导电流时，单个电子在其中并不是直线往前移动，从一端直达另一端，而是在一大群电子中挤来碰去，沿着复杂蜿蜒的路径行进。这在电子运送信息时就成了问题，可能出现量子态缺失连贯性的情况，导致其携带的量子信息丢失。

为了解决这一难题，该研究小组在砷化镓材料中构建了两个量子点，并在两点之间建立起一个高能通道。电子在其间运动，就相当于越过了其他电子，从而实现了单个电子在两个量子点之间的快速传输。此外，传输的方向还可以反转，相当于像打乒乓球一样将这个电子“拍”回来。研究数据表明，可使同一个电子前后往复移动60余次而不出现差错，无失误移动的累积距离可达0.25毫米。这样，局限于量子点之间的通信就可扩展到分散的量子信息处理部件和设备的集成，例如在量子计算机的处理器和存储器之间建立通信线路，进行量子比特的传送等。

福特说，此项成果增加了量子计算机发展的技术可能性。虽然有关量子计算机的研究多如牛毛，但此前有关连接计算机内不同部件的成就却少之又少。尽管新研究尚未显示电子是否可以记住自己的量子态，但这种设想十分有可能。同时，以此种方式运动的单个电子会较少受到干扰，有利于保持其所携带的量子信息，在量子计算机的设计中，可以用这种方式来构建处理器和存储器等部件之间的通信线路。而通过分离对于量子比特的操控和测量，并提供在电路内各部分传送电子的途径，能有效降低量子计算机的不连贯性和电路的复杂性。

（三）寻找和发现新粒子的进展

1. 认为很快可以发现“希格斯玻色子”

2008年4月，国外报道，40多年前，预言“希格斯玻色子”存在的英国物理学家彼得·希格斯，在参观欧洲核子研究中心的大型强子对撞机时对媒体说："几乎可以确定，很快就可以发现希格斯玻色子。"

希格斯玻色子被认为是物质的质量之源，它是"标准模型"这一粒子物理学理论中，最后一种未被证实的粒子。但是，它的存在，却是整个"标准模型"的基石。因此，它被称为粒子物理学的"圣杯"，也被称为"上帝粒子"，充满了神秘色彩。

自从希格斯预言这一粒子存在以来，科学家们就一直试图在实验中发现该粒子，从而证实其存在，但至今所有努力均告失败。

2003 年开始兴建的欧洲大型强子对撞机，位于法国和瑞士边境地区地下 100 米深、约 27 公里长的环形隧道中，耗资总计约 20 亿美元。它凭借能使单束粒子流能量达到 7 万亿电子伏特，而成为世界上能级最高的对撞机。科学家普遍期望在这一对撞机的帮助下，能够在前所未有的对撞能量下，取得包括发现希格斯玻色子在内的新发现。

不过，希格斯认为，发现希格斯玻色子，未必一定需要大型强子对撞机的帮助。迄今已运行多年的，美国费米实验室的万亿电子伏特加速器，可能已经获得了希格斯玻色子存在的数据。他说："这是可能的。希格斯玻色子的身影，可能已存在于他们获得的数据中了，只是还没有从数据分析中找到而已"。

经过长期研究和探索，科学家们建立起被称为"标准模型"的粒子物理学理论，它把基本粒子（构成物质的亚原子结构）分成 3 大类：夸克、轻子与玻色子。"标准模型"的出现，使得各种粒子如万鸟归林般拥有了一个共同的"家园"。但是这一"家园"有个致命缺陷，那就是该模型无法解释物质质量的来源。

为了修补上述理论大厦的缺陷，英国科学家彼得·希格斯提出希格斯场的存在，并进而预言希格斯玻色子的存在。假设出的希格斯玻色子是物质的质量之源，其他粒子在希格斯玻色子构成的"海洋"中游弋，受其作用而产生惯性，最终才有了质量。尔后所有的粒子在除引力外的另 3 种力的框架中相互作用，统一于"标准模型"之下，构筑成大千世界。

"标准模型"预言了 62 种基本粒子的存在，这些粒子基本都已被实验所证实，而希格斯玻色子是最后一种未被发现的基本粒子。1919 年，卢瑟福用天然放射源实现了第一个原子核反应，即利用阿尔法粒子轰击氮、氟、钾等元素的原子核发现了质子。不久，人们就提出了用人造快速粒子源来改变原子核的设想。

简单地说，粒子加速器，是一种用人工方法，产生快速带电粒子束的装置。它利用一定形态的电磁场将电子、质子或重离子等带电粒子加速，能提供速度甚至接近光速的各种高能量的带电粒子束，是人们改变原子核和基本粒子，认识物质深层结构的重要工具。20 世纪 30 年代初以来，回旋加速器、静电加速器相继问世。尔后，人们又陆续发明了各种高能加速器。

20 世纪 50 年代初，有人开始考虑利用对撞粒子束来获得更高能量，并进而发明了粒子对撞机。粒子对撞机是加速器的一种，其主要作用是积累并加速相向运行的两束粒子流，到一定强度及能量时使其进行对撞，以产生足够高的反应能量。

几十年来，人们应用粒子加速器，在探索物质构成之谜的道路上取得了许多重大成果，并建立起粒子物理学这样一门新学科。目前，加速器的应用已经远远超出了粒子物理学的领域，在诸如材料科学、分子生物学、医学等领域都有广泛而重要的应用。

2. 发现一种新亚原子粒子

2014 年 10 月，英国华威大学物理系，首席科学家蒂姆·格尔森教授主持的一个研究小组，在《物理评论快报》和《物理评论 D》上发表研究成果称，他们发现了一种以前从未观察到的介子类新亚原子粒子，这将有助于转变对于凝聚原子核的最基本自然之力的理解。

亚原子粒子，其结构比原子更小，包括原子的组成部分如电子、质子和中子等许多其他奇特的粒子。总的来说，亚原子粒子可能是电子、中子、质子、介子、夸克、胶子和光子等。

据《每日电讯》、物理学家组织网报道，通过收集分析欧洲粒子物理研究所大型强子对撞机 LHCb 的数据，研究人员发现，新粒子以类似质子的方式绑定在一起。由于这种相似性，研究人员认为这能够进一步研究理解粒子强大的交互作用。对在一个原子核内质子的强作用的最基本自然之力，提供更深入的理解。

强相互作用，是自然界四个基本相互作用中最强的一种。格尔森解释说："强相互作用是捆绑夸克、亚原子粒子在一起形成原子中质子的力量。质子结合的能量强烈到给质量更大的贡献。"

由于这些力量相对简单，科学家以前能够解答重力和电磁相互作用的方程，但强相互作用的强度却不能以同样的方法解答方程。因此，对强相互作用本质的了解长期以来是物理学中的困难问题。人们曾经提出过许多处理强作用的理论和方法，但都很有限。原因之一是理论中没有小参量，因而找不到可靠的近似方法。由此，人们由强子的夸克模型和规范场的概念出发，提出量子色动力学（QCD）。

格尔森说："现在已经用称为格点 QCD 的计算密集型技术，完成对强相互作用的计算。为了验证这些计算最基本的是将预测与实验结果比较。而考虑新的粒子可理想地达到这个目的，因为它是迄今首次观察到包含粲夸克（Charm quark）和自旋值 3 的粒子。"

目前，物理学家已知共有六种夸克：上（夸克）、下、粲（/魅）、奇、底和顶。经证实，质子、中子都是由称为上和下两种夸克组成，但粒子在加速器如 LHC 会产生含有不稳定的重夸克。此外，其中这些粒子的自旋值高于天然稳定的粒子。

格尔森补充道："由于新粒子包含一个沉重的粲夸克，这使得研究人员更容易计算其属性。并且因为它的自旋值为 3，不可能有歧义的粒子。因此，这为未来的理论计算提供了一个基准。这些计算的改善将改变我们理解原子核是如何联系在一起的，以及可能有助于回答一个物理学上最大的谜团：为什么在宇宙中的物质比反物质更多。"

三、微电子元件及设备的创新成果

（一）微电子晶体管研制的新成果

1. 研制出可用于制造晶体管的单原子二维晶体

2005 年 7 月，国外媒体报道，英国曼彻斯特大学的安德烈·海姆领导的研究小组，与俄罗斯琴诺格洛夫加微电子科技研究所的研究人员，合力发明了制造单原子二维晶体的技术。专家表示，二维物品实际用途广阔，它可以在晶体管、超高灵敏气体感应器、机械装置和翻译器上得到运用。

研究人员说，对刚刚劈开的水晶断层进行打磨，就会出现像在黑板上划粉笔一样，水晶在机械的打磨中有许多薄片脱落，其中有些薄片是只有一层原子厚度的水晶片。这样的水晶薄片质地稳定，可以被用来制造晶体管和传感器。

2004 年，海姆研究小组通过打磨石墨水晶，首次制造出二维原子晶体：一张碳原子薄膜片。他们以光学原理为基础，利用电子束和原子能显微镜，来分离这层只有一个碳原子厚度的薄膜。接着，他们发现这项切割技术，几乎可以用在所有原子位面结合不牢固的物品上。例如，他们从硼氮化合物上做出了二维原子晶体。海姆研究小组发现水晶二维原子晶体性质、结构和电子性能，在常温下可以保持几个星期不发生变化。

现在，英俄科学家们采用的是平版印刷技术，来处理这些薄膜，提高了它们的实用性。

研究人员说，这些年来，一直存在着二维物体到底有没有存在意义的讨论。现在，我们证实了二维晶体的存在，并发现它们性质稳定。我们可以研究它们的电子原理、光学特性和力学特性，对我们来说，二维物品是个全新的物体概念，它包括金属、绝缘体、半导体和有磁体。这项发现，可以让有关二维物体的理论在实践中得到检测。

2. 研制出只有 1 个原子厚的超小型晶体管

2008 年 4 月，英国曼彻斯特大学物理与天文学院科斯佳·诺沃舍洛维博士和海姆教授等人组成的研究小组，在美国《科学》杂志上发表论文说，他们用世界上最薄的材料石墨烯，制造出一种超小型晶体管，这种晶体管只有 1 个原子厚、10 个原子宽。这使人们朝着制造可靠的纳米级超小型晶体管方向，迈出重要一步。

石墨烯是由英国曼彻斯特大学物理与天文学院的安德烈·海姆教授等人，在 4 年前发现的。这是第一种已知的 1 个原子厚的材料，也是目前世界上最薄的材料。自那时起，石墨烯迅速成为物理学和材料学的热门话题。

研究人员说，石墨烯可以被刻成尺寸不到 1 个分子大小的单电子晶体管。而晶体管的尺寸越小，其性能越好。

诺沃舍洛维说，与所有其他已知材料不同的是，石墨烯高度稳定，即使被切成 1 纳米宽的元件，导电性也很好。此外，石墨烯单电子晶体管可在室温下工作。

科学家特别指出，石墨烯晶体管或许会将摩尔定律的寿命延长。最近数十年，制造商安装在集成电路上的元件越来越多，集成电路上的晶体管数量，差不多每两年就会翻番，这就是著名的摩尔定律。摩尔定律总有终结的一天，比如目前所面临的一个问题是，当普遍采用的硅材料尺寸小于10 纳米时，用它制造出的晶体管稳定性变差。10 纳米成为硅材料技术无法再发挥作用的小型化极限。

诺沃舍洛维和海姆认为，石墨烯晶体管已展示出优点和良好性能，石墨烯可能最终会替代硅。但就目前技术而言，要制造石墨烯超级计算机还为时过早。科学家只是在研究中偶然制成了这种超小型晶体管。现有技术还无法使这种材料具有真正纳米级精度。

3. 开发出纳米级钻石晶体管

2009 年 4 月，英国格拉斯哥大学电子电机系戴维·莫兰博士领导的一个研究小组，对外宣布，他们研发出有史以来最小的钻石晶体管，其闸长度只有 50 纳米。莫兰表示，这种晶体管，仅有日本电信集团所发明的、上一代号称最小钻石晶体管的一半。

研究人员表示，由于钻石拥有许多特性，包括大能隙、高内部迁移性及高温传导性等，很适合作为未来纳米级电子组件的材料，也能有助于诸如兆赫成像、汽车碰撞侦测等新兴技术的开发。

莫兰表示，上述应用，需要速度非常快且理想的高功率晶体管技术，同时能在恶劣的天候或气温状态下运作，而钻石晶体管在这些应用中表现优异。钻石材料，是通过英国制造商的化学气相沉积技术，以合成方式应用在该种组件中。

此外，莫兰还表示，该研究小组的目标，是制造出具备比砷化镓晶体管频率更高、功率更高的稳定组件，并将该种小型晶体管的运作频率拉升到100GHz 左右；接下来则是透过增加该组件的总闸长度来强化电源管理能力。

（二）微电子电机开发的新进展

1. 发明制造静电振荡波的电子冲浪机

2007 年 7 月，英国国家物理实验室网站报道，英国国家物理实验室和剑桥大学卡文迪什实验室组成的研究小组，发明了一种让电子能够学会

“冲浪”的机器，它可以使电子像冲浪者一样处于静电振荡波的能量波峰上。科学家说，希望这能为研制新型计算系统，并提高数字通信的安全提供新思路。

据介绍，这种电子冲浪机如同工厂里的传输带一样，能一个一个、稳定可靠地每秒传输10亿多个电子，而且这些电子都具有相同的运动方向。这是科学家首次以如此高效且可控方式传输电子。

研究人员说，电子冲浪机的重要工作，是制造静电振荡波，静电振荡波的作用就如同海浪。电子冲浪机的工作方式是，单个电子被置于静电振荡波波峰，然后使静电振荡波向一个特定方向运动，这样电子冲浪机输出的电子，就都具有相同的运动方向。

研究人员说，目前所有计算机工作都依赖于微处理器，但微处理器中的电子运动是无序的，这导致机器发热并影响工作效率。精确控制电子在微处理器中的运动方向，无疑将大幅提高计算机的性能。在数字通信上，精确控制电子运动还能使预防失密更加容易。

2. 发明用于无线系统的新型振动发电机

2007年7月，英国南安普顿大学电子和计算机系史蒂夫·比拜博士领导的研究小组，在《微力学与微动力杂志》上发表研究成果称，他们发明了一种发电能力是类似设备10倍的发电机。

比拜表示：“它是同类发电机中最成功的一例，它比相同体积类似设备的发电效率都要高。”

这一发电机体积小于1立方厘米，它是欧盟资助的振动发电机项目的一部分。其主要用途是为无线感应器提供电力，这些无线感应器负责监控工厂的环境。据悉，研究小组还计划将这些设备植入空气压缩单元中。

此外，它还可用于无线的自供电力轮胎感应器，进一步发展后，它将成为自供电力心脏起搏器的技术基础，此技术可以取代传统的电池。对于植入性装置而言，周期性的更换电池是不现实的。比拜说：“由于可以为无线感应器节点提供电力，因此振动能量装置得到了广泛关注。无线感应器系统的最大好处在于，去除了电池和连线后，它们可望被用于之前无法应用的区域。”

比拜表示，最近一段时间以来，对于低能耗微型感应器和无线感应器网络的关注度，越来越高。但是，如何为这些感应器提供电力，是一个未得到关注的领域，特别是对于那些完全植入内部的感应器。他认为，新型振动发电机是解决这一问题的最好方案。

3. 开发出有望取代电池的微型发动机

2008 年 8 月，英国伯明翰大学宣布，该校制造和机械工程学院讲师、华裔科学家姜开春博士领导的研究小组，开发出一种只有几毫米大小的微型发动机。别看这种小到可以放在指甲盖上的发动机样子不起眼，但提供的能量却是普通电池的 300 倍。

姜开春说，当初他们设计这种发动机的主要目的，就是为了替代传统的电池。自电池发明以来，虽然在电子设备小型化和便携化方面发挥了重要作用，但由于电池的蓄电量有限，为了使电子设备持续工作，必须经常更换或充电，在能量供应的持久性和连续性方面受到一定限制，而汽油等碳水化合物燃料在这方面则表现出明显的优势。在开发该发动机前，他们曾专门对不同类型的电池与燃油进行了比较，结果发现，在重量相同的情况下，汽油、氢等碳水化合物燃料提供的能量，平均为电池的 300 倍。这意味着，同是补充一次能源，使用微型发动机驱动的装置，要比电池驱动的装置工作时间长得多。

另外，据计算，制造一个电池所消耗的能量，要比电池本身所提供的能量大 2000 倍，如果再考虑到处理废旧电池所消耗的能量，那么电池的使用成本就更高了。相比之下，微型发动机则简单得多，只要给它补充一次燃料，它就能连续不断地工作几个月甚至一两年。不仅免去了经常换电池或为电池充电的麻烦，而且装置本身也可以做得更加小巧轻便。

姜开春表示，微型发动机的制造与传统发动机有很大不同。传统发动机通常是在充满噪音的厂房中生产出来的，而微型发动机却是在大学等研究机构的无尘室中制作完成的。他们现在开发的微型发动机属于一种内燃机，这种发动机与美国科学家开发的微型涡轮发动机有所不同，内部温度要高许多。为了承受发动机运转时产生的高达 1000℃的高温，他们在制造材料上选用了氧化铝和碳化硅。这两种材料都可以耐 1500℃以上的高温，这就为发动机安全运转提供了保证。

由于微型发动机体积小巧，有些内部构件只有几微米，因此在制作工艺上，他们采用了与生产大规模集成电路相似的技术。所不同的是，大规模集成电路要求元件做得越小越好，而用同样的工艺生产发动机，则需要尽量将配件做大。因为燃料在发动机内燃烧需要有一定的空间，空间太小燃料将无法点燃，这就要求发动机构件要保持一定的尺寸。为了实现这一点，他们采用了许多新技术，其中最具特色的是他们独创的“大厚层光胶处理”技术。利用这项技术，现在它们加工的材料厚度已达到 1 毫米左右，这在世界上也是很先进的。为适应不同设备的需要，研究人员还可以对这种发动机的输出功率进行调整。采用的方法不是生产大小不同的发动机，而是将几个同样规格的发动机连接起来输出不同的能量。比如，为手机提供能量可能一个发动机就够了，为笔记本电脑提供能量则需要将数个发动机连起来共同工作才行。

微型发动机的应用范围十分广泛，除了可取代手机和便携式电脑的电池外，在军事、医学和工程制造等领域也有广泛用途。

第二节　计算机与电子仪器的新进展

一、研制计算机的新进展

（一）情绪感知与容错计算机的新成果

1. 研制出能够识别人类情绪的计算机

2006 年 7 月 3—6 日，在“英国皇家学会”举行的展览上，众多参观者参与了一项名为“情绪感知”的计算机测试，体验计算机识别困惑、开心以及其他人类复杂情绪的功能。

“情绪感知”计算机开发人员表示，利用该技术将来可制造能够读懂路人心思的广告牌。当其看到一位路人愁眉不展时，该广告牌就主动提供令人愉悦的商品推销广告；同时，该项目组成员还正与美国科学家合作开发一种特殊的耳机，它可以分辨其他人的表情。这对那些患有孤独症的患者非常有益，戴上此耳机可与他人更好地交流。

剑桥大学计算机科学教授彼得·罗宾森表示：“想象一下，一台计算机能明白我们当时的情绪，然后试着销售合适的商品，这该是多有意思的事情！将来，手机、汽车和网页均可读懂我们的思想，针对我们的情绪做出反应。”

“情绪感知”计算机项目组，从照相机中提取数据，然后查找并且追踪24个脸部“特写”，比如鼻子边缘、眉毛和嘴角等。目前，他们已经将人类20个关键的脸部动作，如点头摇头，扬起眉毛或扯起嘴角等与相关的情绪联系了起来。参观者可为计算机展示不同的表情，从而有可能为计算机提供新的数据。

罗宾森教授对此表示：“这个系统能够适应人类的不同面部特征，比如圆脸、瘦长的脸型，或者戴眼镜的人、留胡子的人都没有问题。不过，有时候即使人们表达同一种情绪表情也不一样。我的美国同事正在对这个系统进行微调。”

该项计算机技术还有多种用途，比如应用在汽车上以提高驾驶的安全性。该项目小组记录了志愿者们在驾驶阶段的表情数据，这样可以更好地确定他们困惑、厌倦或是疲劳的情绪，从而及时采取保护措施。

2. 开发具备容错能力的类脑计算机

2006年7月，曼彻斯特大学计算机学院史蒂夫·弗伯教授负责，南安普顿大学电子与电气工程学院、ARM公司及Silistix公司等有关人员参加的研究小组，着手开发一种新型电子计算机，通过模拟大脑神经细胞相互作用，可使计算机部分功能出现故障时，保持正常工作状态。

这种新型计算机又被称为“脑箱”。据称它是首次开发，主要研究和理解诸如人脑如何编码复杂的视觉图像。

弗伯表示，人脑工作时，其脑神经元会经常出现各种各样的错误，但人脑有一种重要的容错特征，计算机工程师对此颇感兴趣，并相信如果能够进一步理解这种容错机制，就可以建造出更为可靠稳定的新型计算机。他们研究工作的目的，就是试图理解大脑在峰型水平下是如何工作的，进而利用生物学知识构建一种新型计算机系统，当部分功能出现故障时，能使计算机保持正常工作状态。

据透露，新型计算机将使用大量简单的微处理器，按照大脑神经网络相互作用的方式进行设计，最终一个硅芯片中将含有数十个微处理器，这将大大降低计算机的制造成本，并能减少计算机的能量消耗。

（二）超级与微型计算机的新成果

1. 开发省耗节能的绿色超级计算机

2007年3月23日，科技资讯网报道，苏格兰爱丁堡大学并行计算中心的商业主管马克对外宣布，爱丁堡大学建造成一台名为“麦克斯韦”（Maxwell）的超级计算机，它利用现场可编程门阵列（FPGA）取代了传统的处理器，与传统超级计算机相比，效能高10倍、速度快300倍。

研究人员认为，它代表着新一代的节能型计算机。与传统的通用处理器不同，FPGA芯片能够通过编程完成非常专门的任务。一旦完成编程后，与通过在通用处理器上运行软件完成相同的任务相比，FPGA芯片的速度要快得多。与性能相当的传统计算机系统比，这种技术对空间和空调的要求都更低，它只占用爱丁堡大学并行计算中心的两个机柜。

马克承认，这一技术目前存在的问题是，编程非常困难，还很难投入商业使用。但他表示，一旦这一问题在未来两三年内得到解决，FPGA技术必将大行其道。英特尔也在探索使用FPGA的可能性。克雷、Linux Networx、SGI等高性能计算厂商，都提供或计划提供FPGA产品。

马克表示，“麦克斯韦”超级计算机，已经开始试运行，主要在石油、金融、医疗成像等行业，用来处理要求较高的应用软件。

研究人员说，在运行金融行业的软件时，“麦克斯韦”的速度，是使用标准处理器的相似系统的200倍至300倍。它可以在医药设计、国防、地震预报等领域大有用武之地。

2. 研制微型航班间谍反恐计算机

2007年2月，英国媒体报道，英国和德国正共同投资4925万美元，实施“未来欧洲环境中航班安全”项目，其中包括一项名为“机上威胁探测系统”的技术。承担这项研究的，是英国航空航天系统公司凯瑟琳·内亚里主持的研究小组。内亚里希望，这一设备能向航班机组人员提供恐怖袭击早期预警，防止劫机事件和恐怖袭击事件的发生。

报道说，该技术主要是由一个像指甲盖大小的微型摄像头，连接专门计算机，用来监控航班上所有乘客的一举一动，以这种“微型航班间谍”形式，用于反恐行动。

报道说，微型摄像头装在座椅靠背后，可以记录下乘客的面部表情和可疑行动，就连每次抽动和眨眼都不例外。与微型摄像头配套，座椅上还会安装一个收音筒，能够听到和记录乘客的交谈声，甚至窃窃私语。然后，这些举动会被传输到安装专门软件的电脑内，工作人员可据此对照乘客的个人资料，并作出判断。

研究人员认为，眼球快速移动、眨眼过于频繁、舔嘴唇以及触摸头发或耳朵的样子，都是人们试图掩饰秘密的典型表现。内亚里说："我们试图研发出一种技术设备，显示正常乘客和那些对别人或自己构成威胁乘客之间的区别"。

此外，未来欧洲环境中航班安全项目，还包括研发一种自动驾驶控制系统，以阻止劫机者夺取航班控制权，还有一种放置在航班门口的感应器，能够探测出乘客携带的炸药或化学物质。

内亚里指出，根据英国有关数据保护的法规，所有录音录像和其他记录，在航班抵达后会被全部销毁，以免遭到民权运动者反对。然而，英国人权组织"自由"的负责人沙米·查克拉巴蒂说："人们可能会放弃坐飞机，因为如果他们的每次眨眼和抽动都会被监控，他们会感到不舒服。"航空公司对此也表示谨慎欢迎，认为在现有商务航班上安装这种设备成本太高。

（三）研制计算机的新技术

发明一种有望提高计算机性能的新技术。

2006 年 12 月，英国巴斯大学发表新闻公报称，巴斯大学物理系的西蒙·布恩迪教授负责，他的同事阿蒂法·阿兹、霍华德·罗伯特，以及布里斯托尔大学彼得·哈德、利兹大学查尔斯·马罗恩斯等人参与的一个研究小组，成功利用高能镓离子光束，控制厚度只有几个原子的钴薄膜的磁场方向。结果发现，通过控制钴薄膜中的磁场方向，可以完成信息的存储，且存储量大大增加。其原理是，以磁场的"上"和"下"，来对应计算机传统二进制编码存储技术中的"1"和"0"。

研究人员认为，这种可以准确控制磁性薄膜中磁场模式的新技术，为进一步提高计算机的存储能力提供了可能。研究人员说，磁性薄膜可用于制造计算机存储材料。目前的磁性存储技术，使计算机硬盘的存储能力趋于饱和，而且以硅为材料的计算机随机存储器（RAM）芯片，在计算机突然断电后，会发生数据丢失的情况。

研究人员表示，通过测量磁性薄膜的电阻，可读取磁场的方向，这比目前计算机硬盘读取数据的速度快得多。同时，这种新技术，还能避免计算机系统突遇断电而发生的数据丢失现象。研究人员称，这一成果将为研制高容量、永久性的数据存储芯片开辟新途径。

二、开发计算机部件的新成果

（一）控制器与处理器的新成果

1. 研制支持多种存储接口的单芯片 USB/内存联合控制器

2006 年 4 月，牛津半导体公司发布据称是业界首款，支持全速率主机和高速 USB 外设连接的联合控制器 OXU140CM。作为合成型设备的互连解决方案，它还支持多种类型的存储接口，可满足大量数据传输和对各类扩展存储的访问，适用于消费电子设备应用。

据悉，该公司创立于 1992 年，总部位于英国牛津市，专门从事设计及供应用于数据通信和连接应用的高度整合半导体。该公司提供一系列电脑连接周边产品，包括 UARTs 及并行端口，并不断为各种标准开发解决方案。

研究人员说，这款联合控制器，同时支持 USB 连接和多种类型存储接口，其中包括手持电子设备小型磁盘专用的接口，还可以支持全速率主机和高速 USB 外设连接，从而使用户可以高速传送照片、音乐和视频等数据文件。它的多类型存储接口功能，全面兼容 CE－ATA、MMC 和 SD 内存卡等扩展存储类型。

目前，便携式消费电子产品，越来越依赖于通过 USB 功能来实现媒体和数据的传送。同时，对数据传输效率和存储接口种类的要求也越来越高。牛津半导体公司市场总监刘·保罗表示，它正是为了满足业界这方面的需求而推出。

2. 发现短脉冲加热可使硬盘信息处理速度飙升

2012 年 2 月 7 日，英国约克大学的物理学家托马斯·奥斯勒、荷兰内梅亨大学分子和材料学院的阿列克谢·凯麦博士，以及来自瑞士、乌克兰、俄罗斯、日本等研究人员组成的国际研究小组，在《自然·通讯》杂志上发表研究报告称，他们发现了一种前所未有的磁记录方式，可使硬盘信息处理的速度提升上百倍，并兼有节能的功效，有望被用于制造每秒可记录太字节信息的硬盘。

目前，硬盘一般利用磁记录来存储数据，这需要磁盘的微小部分按特定方向代表0或1比特。这种磁记录技术以磁体南、北极的互相吸引和同名磁极的互相排斥为基础。为了通过磁极的换向记录1比特的信息，就需要施加一个外部磁场。所加的磁场越强，磁性信息记录的速度也越快。

该研究小组此次却证实磁体南、北极的位置，也可以通过施加超短波的热脉冲来反转，而且这种力量要比磁性介质内部的力量强劲得多，可使磁记录的过程变得更快。研究人员表示，用激光轰击磁体约百万兆分之一秒，可瞬间将温度提升至800℃，达到磁极反转的效果。

凯麦博士说："几个世纪以来，大家都坚信热只能破坏磁序，现在我们成功地证明了，它也是一种刺激基于磁性介质记录信息的方式。"

奥斯勒也指出："我们没有利用磁场和磁性介质来记录信息，而是借用热脉冲的强劲内力来记录信息。这种革新的方式，支持每秒钟记录数千吉字节（太字节）的信息，可比现有硬盘的运行速度提升数百倍。同时，由于无须施加磁场，这一过程也将比普通的磁记录方式耗费更少能量，达到节能的效果。"

（二）显示器与存储器的新成果

1. 制作出新型雾屏计算机显示器

2005年6月，英国发明家们制作出一种交互式雾屏计算机显示器。雾屏利用安装在天花板上的空气喷射器，发射出垂直地面的，厚度只有几厘米的无紊流空气，经过高频率超声波震动后，水被蒸发成细小的水滴，因此形成一层薄薄的雾。此时，一个普通的投影机可在雾屏上放映图像。

雾屏的工作原理，与公共场所使用的光显示器相似。通常在公共场所使用的光显示器，是将一束或者一片激光，通过弥漫的烟雾而显示出来，而新型雾屏中的烟雾，只是薄薄的一片，甚至比激光还薄。

当投影机接通在一般计算机上，演讲厅里的雾屏，就能够像台式电脑的大屏幕显示器一样工作了。如果在激光扫描系统的帮助下，雾屏也能允许用户在水屏幕上点击，进行电脑操作。当用手指在屏幕上点击时，扫描雾屏表面的激光束中断，此时系统检测有效点击的位置。

这个新型设备适用于高科技产品发布活动，例如，可以允许参观者直接从巨大的屏幕中穿过，虽然他们的头发可能被一阵风吹乱，也可能有一些潮湿的感觉，但是屏幕在短短的几秒钟之内就可以充满雾气。

雾屏看起来似乎属于高科技领域，其实它只是根据简单的工艺开发出来的。安装在天花板的吹风机吹出垂直的无紊流空气，空气之间不会发生混合。经过高频率的超声波震动后，水被蒸发成细小的水滴。

英国利物浦大学研究流动力学的马塞尔·埃斯求殿说，这样的气流是极其不稳定的。但是，同时，他指出，雾气的密度比周边空气的密度大，因此能够帮助稳定系统。当然，在人们穿过它的时候，屏幕是会被扰乱的。但被扰乱的屏幕不会影响画面的质量，因为雾气会持续不断地填充入气流中。

2. 研发出比闪存快百倍的新型存储器

2012 年 5 月，英国伦敦大学安东尼·凯尼恩等人组成的一个研究小组，在《应用物理学杂志》上发表研究报告称，他们研制成一种基于“电阻性记忆体”的新型存储设备，与现在广泛使用的闪存相比，耗电量更低，而存取速度要快上 100 倍。

电阻性记忆体的基础是忆阻材料，这种材料的特殊性在于，在外加电压时其电阻会发生变化，随后即使取消外加电压，它也能“记住”这个电阻值。在此基础上开发出的存储设备与现有闪存相比更快更节能，是业界近来的研发热点。但以前开发出的这种存储设备只能在高度真空环境中运行。

研究人员说，他们发现可用硅的氧化物，制作一种新的忆阻材料，相应存储设备可在常规环境下运行，因此应用价值大大提高。

凯尼恩指出，这种新型存储设备的能耗，只有闪存的约 1/1000，而其存取速度是闪存的 100 倍以上。

据介绍，这项成果，与科学史上许多发现一样，都是源于意外。研究人员最开始是在用硅氧化物制作发光二极管，但在实验过程中出了故障，发现所用材料的电学性质变得不稳定了，检查之后发现它们电阻在变化，原因是已经变成了忆阻材料，于是正好把它们转用于研发新型存储设备。

（三）输入设备的新成果

1. 发明透过红外线感应来操纵计算机的"隐形鼠标"

2006年11月，有关媒体报道，英国国防科技公司发明了"隐形鼠标"，鼠标垫上的鼠标不见了，只有呈T字形排列的十多个红外线圆点图案，把手放在鼠标垫上方，上、下、左、右移动，就可透过红外线感应来操纵计算机。

鼠标垫也能设定使用者的自行设定的特殊指令，例如用手在鼠标垫上画圆圈，可以设定为"存盘后关机"，或以某种特定图形自动联机到最爱网站。

隐形鼠标垫也可配合传统鼠标使用，觉得手挥来挥去不好玩了，随时可回归传统鼠标。这项发明已申请专利，估计不久就可上市。该公司表示，由于红外线二极管成本不高，隐形鼠标的价格不会太贵。

2. 发明通过眼睛操作的系统

2007年3月，英国媒体报道，剑桥大学凯文迪什实验室两位计算机专家：戴维·沃德和戴维·麦凯发明了一种智能系统，可以使人不用键盘不动手，光靠眼睛的移动来打字，这一发明使残疾人打字难的问题有望得到解决。

这个系统被命名为"猛冲者"。利用该系统时，人们只需要移动自己的视线就可以在屏幕上"打出"不同的词句，每分钟可输入34字，跟常规的键盘打字速度差不多。

发明这一系统的专家介绍，利用该系统来"打字"，就像从一个巨大的图书馆里，寻找自己想要的文章一样。它包括一个跟踪系统和摄像头，利用它们来跟踪眼睛的移动。当眼睛盯住一个字母时，摄像头马上把这一情况报告给计算机，计算机随即在屏幕上显示出一系列以该字母开头的单词供人选择，以此类推，直到"打出"整个单词或者句子。

另外，这个系统还能够根据不同人的写作风格作出调整，形成不同的语言模式，从而大大提高了词句的输入速度。此外，用这种方法输入词句，实际上是在"选择"单词，因此很少出现拼写错误。

沃德和麦凯希望，那些计算机制造公司能够运用这一新发明，以帮助那些手脚行动不便的残疾人提高打字速度。他们说，如果斯蒂芬·霍金使用这套系统来打字的话，那么他的输入速度可以达到目前的4倍。

3. 开发出无须碰触的超触觉技术系统

2013年10月11日，英国布里斯托尔大学计算机科学系博士生汤姆·卡特等人组成的“互动与绘图”项目组，在“世界人机界面创新大会”上提交论文称，他们开发出一种系统，能让用户在一个交互界面上体验到多部位的触觉感受（多点触觉反馈），而无须碰触或拿着任何设备。

研究人员称，这种多点触控表面，能让人们在公共场合轻松互动，人们不仅能感觉到显示屏上的内容，而且能在触摸前接受到看不见的信息。

卡特说：“目前这种集成互动表面，能让用户一边走路一边徒手操作。该系统在设计中，使用了置于声波透射显示器下面的超声转换器阵列，使聚焦的超声波通过交互式表面投射出来，直接作用到用户手上，同时生成多个反馈点，并赋予它们不同的触觉属性，用户就能接到与他们行为相关的局部反馈。”

利用超声辐射力，向用户发射触觉感受，还是一门新技术。该研究，提出了一种超触觉理论，即一种能在空中产生触觉反馈的系统设计。卡特解释说，在空中传播的超声波，会产生不同的压力，如果许多超声波同时到达同一位置，就会在该点产生明显的压力变化。超声转换器阵列能对空中目标施加压力，通过屏幕投射出触觉感受，直接作用于用户手上。一系列超声转换器发出频率很高的超声波，当所有声波时间在同一位置会合，就在人体皮肤上造成了感觉。

经技术评估证明，该系统能在各个点产生反馈，超过人手所能感觉到的感知阈值。显示面必须能透射40千赫的超声波。根据来自两位用户的研究结果显示，不同性质的触觉反馈点分辨率很高，不同小范围的触觉能明显区分开来，用户经过训练就能识别出不同性质的触觉。

研究人员还探索了可能让超触觉大展身手的3个新领域：空中手势指令、触觉信息层和可视化限制显示器，并为每个领域编写了应用程序。

三、研制传感器与充电器的新进展

（一）传感器的新成果

1. 发明一种新型接近传感器

2005年9月，牛津大学物理系的一个研究小组，发明了一种新型接近传感器，用来探测金属、非金属、陶瓷、玻璃和塑料材料。

研究人员说，这种传感器可作为位置或速度传感器用在汽车悬挂、变速箱和发动机的控制系统上。早期的传感器功能单一，性能还要受制于磁感应、磁阻或霍尔器件的工作特性。现在的新型产品则相对简单却应用广泛，能够满足测量多种金属和非金属物体运动的要求。

新型接近传感器包括一个振荡电路、一个天线和一个分立传感单元，并全部整合在一个小型单元内。通过检测天线产生的电磁场的扰动，它能探测到被测目标和传感器之间的距离，并能同时检测到被测物的电场、磁场特性。无论被测目标参数是否变化，传感器都无须改变测量模式。

试验表明，传感器可以探测多种金属，包括铁磁物质、非铁磁物质、有色金属、陶瓷和塑料等。目前研究人员已将传感器用作内燃机上的定时点火传感器使用，测量表明传感器具有高灵敏和高输出的特性。而且，它还能检测旋转磁场、无磁性金属齿轮甚至塑料齿轮。另外这种传感器的一大特点是耐高温，能在超过1000℃的温度下长时间工作并保持良好的信噪比。同时其批量生产成本很低，且体积小巧。此外，这种传感器还能测量不均匀流体的流量，如血液、盐水、水油混合物等。

2. 研制出可穿戴的柔性电子传感器

2006年3月，英国Eleksen公司研制出一批具有极高柔韧性的传感器和电路开关，可以与人们日常使用的生活用品完美地结合在一起：从玩具熊到汽车座椅，并且能使它们具有全新的功能。

这些传感器既可以用作按钮，也可起到各种感应控制设备的作用，如监测湿度和温度等。不过，它们最大的优势，在于能够与普通的纺织品相互搭配用于缝制衣物，或是非常隐蔽地埋设在家具中。

此外，新型传感器还可以直接放入洗衣机中进行清新，并且能够承受汽车的辗压，而不会受到如何损坏。

据介绍，这种传感器由电线和普通的纤维共同制成，每条电线外均有很薄的绝缘物质严密包裹。只需在织物表面按上几下，传感器便会发射出不同的电脉冲信号，“提醒”与其相连的电子器件该做出何种反应。例如，当在一个布娃娃安装上这种传感器后，只需轻触其身上的不同部位，它便会及时做出哭笑等各种表情和动作。

现在该公司已与80多家厂商展开合作，以便把这种新型传感器应用到更多的日常用品中。

（二）充电器的新成果

发明鼠标垫式新型无线充电器。

2005年1月22日，英国《新科学家》杂志报道，英国一家公司发明了一种新型无线充电器，它看上去就像一块塑料鼠标垫，把手机等放在垫上就能充电，并能同时给多个设备充电。

研究人员认为，手机、数码相机、掌上电脑等日常电子产品越来越多，但它们每一样都有专用的充电器，使用过程比较麻烦。研究人员说，针对这种情况，他们研制了这个鼠标垫式新型无线充电器。它里装有密集的小型线圈阵列，可产生磁场，把能量传输给装有专用接收线圈的电子设备，进行充电。接收线圈由磁性合金绕以电线制成，大小和形状都与口香糖相似，可以很方便地贴在电子设备上。

无线充电技术此前已经出现，但这项新发明更为方便实用。手机等设备只要贴上接收线圈，放置在“鼠标垫”上的任一位置都可充电，不像以前的一些技术那样需要精确定位。几个设备同时放在垫子上，可以同时进行充电。充电器产生的磁场很弱，能够给设备充电但不会影响附近的信用卡、录像带等利用磁性记录数据的物品。

四、研发电子仪器装置的新成果

（一）用于安全检测的仪器装置新成果

1．开发太赫波安检探测系统

2004年7月，位于剑桥的英国太赫检测公司，开发一种新型太赫（百亿赫）探测系统。这种系统，可利用太赫技术发现隐藏在衣服下面的武器、炸药等物品，对防范和打击恐怖活动具有实际意义。

研究人员早就知道有太赫波存在，它可以穿透窗户、纸张、织物以及特定环境下的墙壁等物体，产生类似X射线的图像。为此有人提出，可将太赫波用于安全检查。然而，太赫波虽可产生直观图像，但由于有侵犯隐私之嫌，因此难以为公众接受。

为解决这一问题，英国太赫检测公司开发的这一探测系统，采取了一种全新的思路。它不是直接用太赫辐射产生影像，而是通过捕捉和分析被探测物体的频率特征，来对其进行判断。研究表明，不同物体对太赫频率有自己独特的吸收和反射特征。比如，金属反射和吸收太赫波的频率与炸药不同，从而形成了其特有的“身份”识别特征。根据这一原理，只要向某人发射太赫波短脉冲并记录吸收和反射特征，就可发现其身上藏匿的武器、炸药、毒品等违禁品。这种仪器除了可保护隐私外，还具有自动探测功能，使用时工作人员不用目不转睛地盯着屏幕，也不必担心漏掉重要线索。

目前，太赫检测公司正与一家 X 射线安全仪器公司合作，开发用于民航、车站的手持式太赫安全检测仪。

2. 协助救出生命垂危游泳者的“海神”监视装置

2005 年 8 月 24 日，《泰晤士报》报道，一套名叫“海神”的计算机监视装置，在即时监控游泳者活动时，成功挽救了一名溺水女孩的生命。

报道称，在威尔士北部班戈的一个公共游泳馆，水下摄像机发现一名女孩在 3 米多水深处一动不动，于是向救生员发出警告，救生员在 62 秒内，迅速把女孩从游泳池救上来。这是“海神”监视装置，首次在英国协助救生员救出生命垂危的游泳者。

格温内思郡当地官员布赖恩·埃文斯认为，“海神”装置识别游泳池底游泳者的速度要快过人眼。她说，班戈游泳池是 20 世纪 60 年代设计的，安装有大量玻璃，由于玻璃在水面发出刺目的强光，游泳池的深度达到 3 米多，救生员很难看到游泳池下面发生了什么情况。“海神”装置可以对游泳池进行扫描，分析游泳者的活动轨迹。一旦有意外发生，“海神”会迅速将警报发送到救生员附近的屏幕上，并拍摄出现危险游泳者的图像，指明其位置。

3. 发明新的指纹检测装置

2006 年 4 月，英国威尔士大学一个研究小组，发明一种全新的指纹检测装置，犯罪嫌疑人，留在犯罪现场的指纹即使是消失了，也可以被重新提取出来。

在一般情况下，提取犯罪嫌疑人留在现场的指纹，是决定破案的一个至关重要的环节。然而在很多的情况下，司法调查人员难以获得他们所需要的指纹，比如在炸弹爆炸后的现场，或者是面对一个经过枪支发射后的子弹壳，现场指纹在经过高温之后已经都消失了。

现在，该研究小组发明的新技术，可使类似的难题迎刃而解。专家介绍说，犯罪嫌疑人遗留在物体表面的指纹，通常会包含体表分泌的多种化学物质，包括蛋白质、脂肪酸和盐分，在遇到高温爆炸的情况下，蛋白质和脂肪酸等物质将难以存留，可是由于盐分的化学性质高度稳定，难以分解，所以能够继续保存下来。他们利用仪器对残留在物体表面的盐分进行扫描，并将数据输入电脑软件进行分析。利用这种方法，可以十分精确地恢复原先留下的指纹的面貌。有了这种新方法，司法调查人员获取现场指纹的能力，自然也就比以往大大提高了。

4. 研制出能检测多种危险品的安全检测装置

2006 年 11 月，英国金属探测公司展示了一种新的自动扫描检测装置。它采用先进的信息接收技术和独特的机械扫描技术，能自动检测被隐藏在人的衣物之下的多种武器及危险物品，被认为是时下这方面最有效的检测仪器。

随着技术发展，安防企业竞相推出了更精确、快速和集成化的系统，作用范围更广的远距离探测系统，就是其中之一。它可以使威胁还未到达安全检测门之前就被识破。然而截至目前，远距离探测系统，常常等同于闭路电视监控系统，安全人员通过闭路电视，虽能辨认出已知的恐怖嫌疑人，但却得不到关于隐藏的武器或爆炸物的必要提醒。

这一情况，将会随着毫米波筛选技术被引入安防系统而发生改变，这种技术可极大地提高监控系统的智能和监控力。英国新推出的安全检测系统，正是应用了这一技术，它采用低能耗、高带宽的无线收发装置，使用波长为 4 毫米的信号扫描某一个区域，并能在 25 米之外测量出反射信号的强度和波程长度。当扫描到有人在衣服里面藏有危险物品时，毫米波信号的强度会增大。于是，在数码相机或红外相机拍摄的图像上，会出现一个“热点”，表明有人私自携带危险物品。

5. 可远距离探测枪支刀具的便携式扫描仪

2009 年 6 月，有关媒体报道，英国曼彻斯特城市大学尼克·鲍林教授领导的一个研究小组，研制出一种便携式扫描仪，可用来远距离探测藏在衣服里面的枪支刀具，这将大大提高警察的工作效率，并减少近距离接触危险分子所造成的风险。

报道称，这种便携式扫描仪体积很小，警察可以拿着它远距离偷偷使用，而不为侦测对象察觉。它能够通过微波“有选择地”发现隐藏着的枪支刀具，而忽略掉其他的日常物品，如钥匙、移动电话。

英国警方对此项发明期望甚高。鲍林称此项发明为“世界首创”，意味着今后英国警方可以灵活地对枪支刀具进行检测，而无须定点检查，减少了风险。英国工程和物理科学研究委员会，创新项目主管凯瑟琳·科茨则认为，这个装置不仅能够拯救生命，还大大节省警察花费在枪支刀具检测方面的宝贵时间。

报道称，此项研究由英国工程和物理科学研究委员会资助，得到伦敦警察局和内政部科学发展局的大力支持。伦敦警察局总工程师斯图尔特·伊博森指出，此研究项目仍处于早期阶段，还不具备实际部署能力，但到目前为止的结果非常令人鼓舞。该局的技术专家已经开始测试这种小型设备的实际功效。如果成功，成品有望在两年内装备英国警察部队。

（二）用于探测地下文物仪器的新成果

研制成避免地下文物受损的新型探测仪。

2006 年 12 月，国外媒体报道，英国莱斯特大学一个研究小组设计开发出一种名为“地球物理勘测设备平台”的新型探测仪，简称“GEEP”，可迅速判断出地下文物的位置和种类，并指导考古人员在挖掘时避免损坏文物。

这种探测仪，通过自身配备的无线遥感器、微型电脑和全球卫星定位系统，不仅可以判断出地下物质的位置和成分，还可以将勘测到的地质数据，实时传输到电脑设备上，供操作者识别。

以前，施工人员在工地现场意外发现文物时，往往由于事先不知情，破坏了这些珍贵的文物。现在，英国研究小组研制的这种装置，可迅速判断出地下埋藏物质的位置，甚至还能分辨出文物的种类。

根据勘测目标不同，GEEP 可以检测出泥土的湿度、温度以及所埋藏物质的磁性等一系列数据。这些数据，可用来指导考古人员在挖掘时如何避免损坏文物。除了用于考古发掘，GEEP 还可以帮助查明地下管道漏水的原因和水污染的源头。

第三节　人工智能产品与机器人的新成果

一、人工智能产品的新进展

（一）识别与处理系统的新成果

1．研究耳部识别身份的方法

2005 年 7 月，英国研究人员在研究利用耳形来自动分析并识别身份的新技术。研究人员称，由于耳部识别可能优于面部识别，因此该技术的准确率将大大提高。英国南安普敦大学生物识别专家认为，脸部是会因表情变化或年龄增长而改变的，但耳朵位于头部两侧的正中，且始终保持不变，生物特征非常稳定。

试验表明，该方法的识别准确率高达 99.2%。研究人员说，由于耳朵上的固定特征大大超过原来的预计，因此，该方法还有极大的改进潜力。

2．推行面部细节存入内置芯片的生物识别护照

2006 年 3 月 6 日，英国内政部宣布，将在本周首次向护照申请者发放生物识别护照。与传统护照相比，生物识别护照增添了新的防伪功能，通过把护照持有者的面部特征细节，存储在护照的内置芯片中，以期有效控制伪造证件现象。

英国自 2006 年 3 月起，生物识别护照将被逐渐推广。8 月底以后颁发的新护照全部改为这种护照。英国内政部表示，此举是为了提高英国公民护照的真实性和安全性。

英国内政部国务部长博纳姆说，生物识别技术能有效辨认每个人特有的生物特征，而这些生物信息又将极大地帮助打击造假现象。博纳姆还说，除面部特征以外，还将通过与欧洲其他国家的合作，把个人指纹信息也囊括到生物识别护照中去。

据悉，生物识别护照中的电子芯片将通过数码技术，准确地记录下护照持有者的面部特征和五官之间的距离。此外，新护照还将采用最新的防伪和水印技术。

目前，包括英国在内已有 40 多个国家在护照中运用生物识别技术，并计划推出电子护照。

(二) 智能机器设备的新成果

1. 研制成“模拟病人”的智能仿真计算机

2006 年 2 月，《今日美国》网站报道，英国查塔姆市麦德伟医药学院院长克莱尔·麦凯教授领导的联合研究小组，研制出一个具有真人大小的“模拟病人”，它能说话、会喘气，甚至还能呻吟和流血。利用这一逼真的人体模型，接受培训的医学专业学生，能够亲身感受并获得抽血、打点滴等专业技能，还能看到病人对药物的反应。

麦凯介绍说，这是该院进行实验室模拟教学示范的全新方法。首次使用的这个人体模型被称为“西蒙”，它由计算机控制，可在英国任何一家医学院作为教学培训工具使用。

麦凯解释道，西蒙能跟学生说话，比如让学生了解哪些治疗会对他造成伤害。他指出，西蒙还能将心脏病发作、支气管炎和肺炎等大量心脏及呼吸系统的疾病症状，演示出来。西蒙能对学生所采取的医治手段作出反应，甚至还能将程序调节为“死亡”，然后再对复活等急救措施作出反应。

西蒙是“临床技能训练室”模拟病房中的一位住院“病人”，该训练室设在麦德伟医药学院的校园内。训练室全套配备了医院的病床、窗帘和检查床等实物。训练室中的这位永久病人还拥有完全不同的身体：和真人一样大小的骨架内布满了可取出的心脏、脾、肝脏和肾脏等器官。摄像机将训练室中学生的活动拍摄下来，便于指导老师随后对学生的行为作出评估。

2. 首次创造由机器驱动的人工智能化学进化形式

2014 年 12 月，英国格拉斯哥大学化学系主任勒罗伊·克罗宁教授领导的一个研究小组，在《自然·通信》上发表论文称，他们在不使用 DNA 的情况下，首次用机器创造出可进化的化学系统，向创造人造生命的可能迈进了一大步。

据报道，研究人员使用一个以 3D 打印机为基础的，特制开源机器来制造油滴，并将油滴滴入装满水的培养皿中。每个油滴都由四种化合物按照不同的比例混合而成——以简单模拟生物生命不同的基因型。油滴像原始的化学机器一样在水中移动，把化学能转化为动能。机器用摄像机来监视、处理和分析这些油滴的行为，并辨别这些油滴不同的“性格”，例如振动性和聚集性等。

在此基础上，研究人员挑选出油滴的三种行为——分裂、移动和振动——来进一步对其进行研究。他们利用机器，把油滴按照对上述行为标准的符合性进行自动排序。最符合行为标准的油滴，被划分到“第 2 代”成员中。与此同时，机器按照轮盘选择法使进入下一个选择阶段的油滴发生“基因突变”和“杂交”。这样“机器选择”的过程就开始了。

研究人员发现，从第 1 代进化到第 21 代的过程中，这些油滴对行为标准的适应性呈显著增强趋势，而且油滴的性格逐渐趋于稳定。这和自然选择下的进化是类似的。

克罗宁说，这是在生物进化以外，首次形成可进化的人工智能系统。“生物进化已经创造出极其复杂、精致的生命形式，由机器驱动的人工智能进化形式，有潜力使化学系统发生类似的事情。”克罗宁认为，这次研究，为重新审视生命的起源和创造新的简单化学生命形式，提供了可能。

二、仿生机器人的新进展

（一）模仿人类手脚动作机器人的新成果

1. 研制出可像人手般抓取东西的人造肌电手

2007 年 10 月，德国《商报》日前报道，英国苏格兰一家假肢制造公司最近推出一种每根手指都装有电动机的人造手，可做多种抓取动作。通常人造手像镊子那样用拇指、食指和中指夹东西。这种新型人造手则模仿了人手的抓取动作，即 5 根手指以适应物体形状的方式攥握。公司营销主管菲尔 · 纽曼说，这样不仅必需的抓取力更小，而且手掌的运动也具有了自然美感。

研究人员说，失去手，对于人意味着身心两方面的痛苦。已经研制成功的肌电手，只有一种抓取模式，且过于笨重。假肢制造商和科学家一直在研制运动更灵活、外观也更自然的新型人造手。

研究人员介绍道，这种新型人造手，由两个肌电传感器控制。传感器安装在手臂残端，记录屈肌或伸肌绷紧时皮肤产生的电流。假肢使用者，能以这种方式，发出命令人造手张开或攥紧的信号。

研究人员说，因每根手指都可接受指令单独运动，这种新型人造手可做许多种动作，例如使用者可伸出食指操纵键盘。他们认为，这种新型人造手适合日常使用。

2. 研制出全球跑步速度最快的双腿机器人

2006 年 4 月 10 日，《新科学家》杂志报道，一个由苏格兰格拉斯哥大学和斯特灵大学科学家组成的联合研究小组，以简单的反射作用原理，研制成功全球跑步最快的双腿机器人，每秒能跑 3.5 个腿长单位（速度除以腿长），相当于奥运短跑健儿的速度。据悉，此前行进速度最快的机器人，是由美国麻省理工学院研制的“弹性火烈鸟”。不过，“弹性火烈鸟”的每秒钟前进的速度，只有其腿长的 1.4 倍。

研究人员介绍说，这个会走又会跑的机器人名叫“RunBot”，有 30 厘米高。它由一套并不十分复杂的程序控制，其身上安装的计算机，就好像人体和动物体内，负责肌体反射活动的那部分神经系统。与其他大部分双腿机器人大量使用电子元器件不同的是，它最大限度地降低了传感器的用量。目前，配备的传感器，只在它腿部接触地面和双腿前移时，两种情况下发挥作用。此外，它还装有两个摄像头，能够帮助其分辨所处的位置。

对于研究脊椎受损病人的研究人员来说，理解人类行走原理非常重要。专家指出，该机器人挑战这么一种传统观点，即以为行走需要中央韵律产生器来告诉双腿何时抬起，何时跨步，就好像心脏起搏器一样。而它利用反射作用，当一只脚接触地面时，另一只脚就会自动抬起，依此类推。而且在上下坡时，它还会调整速度，行走状态非常自然，好像人类一样。

研究小组花 3 年时间研制成功 RunBot，这个例子说明，简单的反射作用不仅能够进行复杂的运动，还能够带动机器人的学习性，改善其行走行为。

（二）模仿人类行为方式机器人的新成果

1. 模仿人类儿童行为机器人的新成果

研制能够自动与身边物体互动的婴儿机器人。英国机器人研究公司也在进行同样的机器人研究。该公司的创始人史蒂夫·格兰德说：“这个主意非常神奇。是我们得以进行智能或人工智能开发研究的唯一途径。”不过，他也认为由于人脑和用于控制学习型机器人的电脑之间存在根本的不同，因此意味着这样的机器人是永远不可能像人一样聪明的。格兰德说："婴儿机器人，是在人造神经系统的基础上制造出来的，这种系统跟人类神经系统并非没有一点相似性。由于我们在宇宙中唯一的智能范本就是人脑，因此这对我们进行生物研究教会更有用。这也是我们所能找到的唯一途径。"

2. 模仿人类游戏行为机器人的新成果

研制能玩"石头剪刀布"游戏的机器人。2005 年 1 月，英国《新科学家》杂志报道，英国利兹大学一个研究小组，研制出一台名为"CogVis"的机器人，它能够观察并模仿人类，学会"石头剪刀布"这个游戏。

传统的人工智能，是通过硬性输入指令让机器人来模仿人类，若是机器人所面对的情况是指令中没有的，机器人就会"不知所措"。但是 CogVis 却能像人类一样，通过自己的观察做出模仿。在英国剑桥计算机协会主办的一次展示活动中，志愿者用印有剪刀、或是石头、或是布的卡片做游戏，他们被告知在赢局和平局时都将结果喊出来。CogVis 在观察了几轮游戏之后，就能够正确说出之后每轮游戏的结果。

研究小组的一位成员解释说，首先机器人用视觉处理器分析动作的不同阶段，从图片中物体的颜色及质地抽取信息，然后再和输入的声音结合建立关于游戏规则的假设，这一处理方式被称为"归纳逻辑编程"。

英国计算机协会人工智能小组组长马克思·布罗默认为，这项研究成果在未来会有多项用途。人们希望计算机能够自动分析摄像机镜头捕捉到的事物。他建议使用这一技术制造机器人，让机器人学会在监视录像中发现"入侵者"，或者学会控制负责重大维修任务的机器人。

3. 模仿人类学习行为机器人的新成果

研制出世界首个有语言学习能力的机器人。2008 年 3 月 1 日，英国赫特福德大学计算机科学学院的克里斯托弗·尼罕依和克斯廷·多滕汉教授领导的研究小组与普利茅斯大学的机器人国际研究委员会，进行了一项名为"语言知识与行为在机器人身上的综合转换"的成果演示。

专家透露，一种具有语言学习能力的类人型机器人即将问世，最新的儿童型智能机器人样机，已经制造成功并向外界公布。

据报道，该成果的目标是通过类似于父母教他们的孩子学习语言的方法，来使机器人学会掌握人类语言，并且可以开口说话。尼罕依和多滕汉两位教授，在人工智能和人与机器人互动的科研领域，取得的成绩居于欧洲领先地位，他们领导的研究小组，已取得很多成就。

尼罕依教授表示："我们的目标是：机器人能够对语言进行自我学习，以及在社会化环境中向他人学习，并且把这种语言能力转化为自主化学习和处理问题的能力。这为其在使用语言和发展其他的自主能力之间，形成良性循环。就像一个小孩，通过模仿他的父母来学习，并且与周围环境互动。我相信在一定的语境中，机器人将会恰当地学会基本的语法规则，如否定句、虚拟语气等"。

专家认为，这项研究成果，将会对未来十年，新一代交互型机器人系统的研究和发展产生巨大影响，并将确保欧洲在该领域的领导地位。有可能电影《终结者》中的"天网"，在不久的将来就会实现。

（三）模仿动物机器人的创新信息

1. 模仿动物体貌特征机器人的新成果

模仿蜜蜂视觉系统特征，研制视觉机器人。2005 年 11 月，伦敦大学学院眼科学院的一个研究小组，公布的研究成果称，他们发现蜜蜂的视觉系统比人们以前认识的要复杂得多。该发现解释了蜜蜂大脑是怎样解决视觉挑战的，它如何在不同颜色的光线下辨别出不同的物体。研究人员表示，将利用这个研究成果，帮助人们研制未来机器人的视觉系统。

研究人员用食物奖励的方法，训练大黄蜂在不同颜色的人造花中，找到一种特定颜色的花。然后，他们测试这些蜜蜂，同时在紫外线黄色、蓝色、黄色和绿色等四种不同颜色的光照明场景中，找到同一颜色花的能力。为解决这样的难题，蜜蜂会快速把这些场景根据不同的照明，分割成几个不同的区域，然后在每个区域中找出正确的花来。

研究表明，蜜蜂小小的大脑不仅能解决目前最精密的电子计算机都不能解决的难题，而且还告诉我们，它们是通过使用同一场景中不同物体的色彩联系，这些联系在统计学意义上讲，是它们经验中最有用的。

研究人员称，他们的长期目标是进一步深入这方面的研究，然后利用取得的成果，制造出视觉机器人，就像蜜蜂用它们仅有的一百万个视觉神经，可以在杂乱草丛中找到一朵简单的花一样，目前还没有任何机器人可以做得到。

2. 模仿动物生理机制机器人的新成果

模仿动物觅食机制，开发吃昆虫产生能量的机器人。2006 年 4 月，英国布里斯托尔机器人实验室克里斯·梅尔惠西负责的研究小组，正在设计他们最新式的“吃虫子”机器人：生态机器人三号（Ecobot III）。这是一种实验室里研制的，通过吃昆虫和其他生物以产生能量的机器人。

梅尔惠西说：“现在，我们所有人都在谈论这种能够自己补充能量、智能而且全自动的机器人。但事实上，没有能量，这种机器人就什么也做不了。”今天，大多数机器人是通过外接电源、太阳电池板或电池获取能量。但是，在未来，机器人将不必依靠电网、日照，也不需要人工协助。梅尔惠西研究小组认为，与野生动物觅食的方式一样，这些机器人可以自己觅食，满足能量需要。他说：“动物的习性就是证据，这是可能实现的。”

近十年来，梅尔惠西研究小组，已经发明了很多依靠糖、腐烂的苹果或者死苍蝇，提供能量的机器人。通过一系列“会吃东西”的微生物燃料电池，生物能转化为电能。这种“活电池”：微生物燃料电池，当微生物“消化”了植物和动物后，菌群就可以产生电能。实验室推出的第一个装置，名叫“斯拉宝”，这是一个人造的“肉食动物”，是用来搜捕黏糊糊的菜园害虫而设计的。但是，“斯拉宝”不会消化它的猎物，它却是未来靠生物发电的机器人的“祖先”。2004 年，研究人员发明了生态机器人二号（Ecobot II），外观大小像一个甜点盘子，这种装置“吞下”8 只苍蝇，就可以维持 12 天的行走。

伊奥尼斯·伊洛珀洛斯是生态机器人二号的一名研究人员，这项研究也是他博士课程的一部分。他说，把整个苍蝇喂给机器人携带的每块燃料电池。当电容充电后，这种机器人能以每小时 8 到 16 厘米的速度“行走”，而且一边朝着有光的方向移动，一边记录温度，通过无线发射机传送数据。

虽然速度较慢，但它是第一个通过生物获取能量的机器人。它能够感知周围的世界，能够自行处理，采取行动，也可以把相关信息与控制者分享。因此，研究人员对此非常乐观，他们认为，在未来将实现能够自动供能的机器人。研究人员说，如果真的想让机器人进行监控菜园、海洋，以及污染程度或二氧化碳等，就需要非常廉价的小型机器人。目前，机器人体积很大，但是，在20—30年后，它们将是非常小的。

然而，微生物燃料电池技术是否先进到可以为机器人提供足够的能量，还不确定。到目前为止，梅尔惠西研究小组仍然是人工抓捕苍蝇，喂给它们的机器人，但如果研究人员想要实现机器人自动供能的话，那么，机器就需要自己去寻找食物。梅尔惠西表示，使用信息素作引诱的捕蝇器或抽吸泵，可能会吸引昆虫来寻找食物来源。他说，必须研制一种较好的消化系统。这方面，还存在很多需要解决的问题。

三、应用型机器人的新进展

（一）开发用于电子信息产业的机器人

1. 研制出可用于微电机系统上的机器人

2005年9月16日，美国《每日空间》网站报道，在这个世界上“超码”这个词早已进入字典，很多东西正变得越来越小，如手机和笔记本电脑。英国达特茅斯的布鲁斯·唐纳德、乔安和爱德华·福利领导的研究小组，也追随了这个微型化趋势，他们研发出世界上最小的无系留、可控制机器人。

他们研发出的这种超微型机器人，体积非常小，其尺寸为宽60微米、长250微米（1微米是一毫米的千分之一）。大约200个这样的机器人，可以排成一排站在一块M&M巧克力的顶部。

唐纳德称，与此前的无系留、可控制微型机器人相比，这种微型机器人在长度上要小数十倍，而体积上要小数千倍。他还称，这种机器人是可控制的，这意味着它像一辆汽车，可以在任何地方控制它，并让它前往操纵者想去的方向。

这种超微机器人没有轮子，但它可以像尺蠖一样爬行，每秒钟可以进行几万次10纳米的移动。它通过伸出一只硅“足”来转弯，就像一辆汽车在一个急转弯处刹车一样。

这种机器人，未来可采用在微电机系统上，包括确保信息安全，如帮助网络认证和授权；检查并维修一个集成电路；探测危险的环境，如探测一次化学制品爆炸现场；或者应用于生物科技，如处理细胞或组织上。

唐纳德说，这种机器人整合了电力输出、移动、通信和一个可控制管理系统，而此前没有一个微型机器人整合过这么多的系统。他认为，这个发明，展示了一个新一代的更小巧微型机器人。

2. 研制出运用3D打印技术进行自我复制的机器人

2008年6月，英国《每日电讯报》报道，英国巴斯大学阿德里安·鲍耶博士主持，新西兰奥克兰研究人员参与的研究小组，在切尔滕纳姆科学节上，向来宾隆重介绍，他们研制的可打印三维物体机器人，其原型名为“RepRap”。同时，来宾还可同时见到这类机器人中的“父母”和“孩子”，这对许多参观者来说绝对是第一次。

随着机器人技术的不断进步，有些机器人正慢慢具有自我复制能力，但在很大程度上，它们仍需人类帮助制造它们的零部件。现在，鲍耶研究小组研制出一种可自我复制的机器人。此外，这种新一代机器人还将具备制造自己的神经系统和大脑的能力。

“RepRap”是复制快速原型机的英文缩写，它使用了一种被称之为“添加制造”的技术。RepRap的工作方式与打印机类似，但并不是在纸张上喷洒墨水，而是打印熔化的可生物降解塑料薄层，这些塑料层在凝固后形成一个三维物体。到目前为止，RepRap已具备制造门把手、凉鞋、挂衣钩等日常塑料用品的能力。

除此之外，它还可以复制打印出的所有三维零部件。零部件复制工作完毕后，新西兰奥克兰的RepRap研究小组成员维克·奥利弗，又对零部件进行安装，自此，一个新的RepRap便诞生了，在此之后，新RepRap又可以复制同样一套零部件，组装成另一个新的RepRap。

3D打印机用于商业，大约已有25年历史了，汽车制造商通常用它们制造汽车原型。在所需材料帮助下，RepRap成为第一个真正实现自我复制的3D打印机。

鲍耶表示，他们下一步的工作，是研制一种能够制造神经系统和大脑的机器人。他说：“下一代机器人将有能力制造电路，我们已通过实验证明它的可行性。我的一名学生添加的打印头便可以制造半导体。现在，发达国家的很多人，都在自己的家中开设了具有专业水平的印花厂、摄影实验室和 CD 压制厂，所有这些都可通过电脑完成。既然已经做到这一步，他们为什么不开设自己的桌上工厂呢？有了这家工厂，他们便可制造很多东西，无须再去商店购买。”

（二）开发用于办公楼或社区服务的机器人

研制出能陪外地来宾聊天的高智能机器人。

2006 年 10 月，英国广播公司报道，英国埃克塞特郡人工智能公司的罗洛·卡彭特，研制出一个能陪外地来宾聊天的高智能机器人。它名叫“乔治”，能与其陪同的客人，以一种妙趣横生、轻松愉快的方式聊天。

“乔治”戴着眼镜，文质彬彬，一副学者派头。它能够做出许多类似人类的姿态和表情，从点头、傻笑，到不耐烦地用手指敲击桌面等。“乔治”能理解外地客人的口头请求，并能提问和作答。它还能学习外语、俚语、文字游戏、笑话和其他任何一种可确认的语言技巧。“乔治”不仅能和客人聊天，而且还会认真聆听客人的谈话，并“记住”所有谈话的内容。“乔治”可以通过聆听来学习语言，这也就是他能够掌握多个语种的原因。目前，它除了能说英语之外，还会说其他 40 余种语言，包括日语和俄语。

此外，“乔治”还具有人类的情感。他有时生气，有时粗暴，有时甚至会讲笑话。他陪客人时，会一边聊天，一边做出各种表情来表达他的情感。

据悉，“乔治”是在人工智能 jabberwacky 程式的驱动下，与文本界面的支持中研制成功的。与大多数受程序规则限制的聊天机器人不同，它完全依赖反馈和应用关联性强的学习技巧来提高对话水平。也就是说，它能储存每个人对它说的每一句话，并通过将对话者信息与其数据库中储存的范例相匹配，从而说出它认为最适当的话。这一人工智能程序，使它有了学习外语、俚语和其他任何一种不常见的、可以识别的语言技巧的能力。它曾参加了一年一度的“罗布诺奖”人工智能计算机赛，并夺得冠军。

卡彭特认为，从某种意义上说，“乔治”是借用人类的智能，来陪同客人聊天，引用别人的话，从它以前的谈话记忆库中，寻求最适合的内容进行回答。和其他许多聊天程序不一样的是，“乔治”的聊天不仅注重逻辑，还具有幽默感，它有时“言辞刻薄”，有时会显得“无法无天”，但又总是妙趣横生。它能像朋友一样与你聊天，就好像它是一个大活人一样。

卡彭特说：“从科学角度来讲，‘乔治’和人工智能学习的出现，代表着我们的研究已经进入模仿人类交流技术的阶段。”他指出：“从商业角度来讲，它有着重要的娱乐价值，不仅可以通过网络娱乐大众，而且还可以把它当作朋友。它的可交易性将会或已经将人工智能推向一个新的或许是更可预见的方向——求助中心、公司代理、买卖和销售。”

（三）开发用于生物医学方面的微型机器人

1. 发明用黏菌控制的微型机器人

2006年2月15日，英国《卫报》报道，英国南安普敦大学教授克劳斯·彼得·泽纳领导，他的同事及日本神户大学研究人员参与的一个研究小组，发明了世界上第一个用黏菌控制的机器人。

报道说，泽纳研究小组在进行这项研究时，所使用的黏菌属于单细胞有机体，它有一种本能，懂得自动避开光线。泽纳培植了一个星状的黏菌，然后把它附在一个六条腿的机器人上，每个星点各附着一条腿，以此控制机器人的运动。

当白光照射到黏菌上面时，就会引起振动，改变它的厚度。这些振动随即被传送到计算机，由计算机发送信号移动机器人的腿。当光柱指向黏菌的不同部位时，相应的腿就会作出反应。当光柱的指向具有某种规律时，机器人就能够走动。

泽纳表示，研究小组正在进一步研究如何使用分子，而不是计算机程序指令，来控制机器人的功能和运动。他说：“我们研究这项技术的长期目标，是如何使用活细胞和分子来控制机器人。分子需要下部构造在他们周围运作。细胞可以提供这种下部构造，但是情况要复杂得多。”

此前，生物细胞已经被尝试与电子线路结合在一起，但只是用于传感器。泽纳的发明，第一次成功地利用活细胞控制机器人的活动。他说：“这项研究最吸引我们的地方是，细胞能够自我修复和自己重构，这是以前用常规技术无法实现的事情。”

沙哈姆认为，医学上对切片检查的要求越来越严，需要严格按照指定的位置来提取肌体组织。他说：“我们所发明的机器人，通过使用传感器获取数据，再按照数学模型进行工作，完全可以按照医生的要求，使针头精确地到达指定地点，提取肌体组织。”

2. 用单细胞动物打造生物机器人

2009 年 9 月，英国《新科学家》杂志报道，在人们的印象中，生物机器人只出现在科幻小说里。但是也许这将变成现实，英国西英格兰大学安德鲁教授等人组成的一个研究小组，近日获得不菲的科研资金，他们将着手把单细胞动物打造成机器人。

地球上绝大多数物种是单细胞生物。看似简单的单细胞生物，向我们展示着它们无与伦比的能力。有的微生物则可在极端环境中茁壮成长，有的单细胞动物可以存活成千上万年。此外尽管单细胞动物十分低等，但是许多单细胞动物已经展示其“聪明才智”。单细胞动物的聪明行为不是有意识思考的结果，因为不像人类或者其他复杂生物，它们没有神经系统，更不用说大脑了。

研究人员利用单细胞动物的“聪明”，前几年研制出单细胞控制的机器人。当时英国南安普顿大学的桑诺尔博士培养了一种星形的黏霉菌样品，把它附到一台六脚机器人上（每个星尖控制一条腿），用来控制机器人的运动。而西英格兰大学的安德鲁教授的设计理念更为先进，他打算在此基础上更进一步，利用疟原虫黏菌研制出完全的生物机器人。

据悉，该生物机器人，将被设计成通过光和电磁刺激来激发化学反应。此前，已经出现过类似的化学反应，安德鲁为其中制造了逻辑开关。安德鲁表示，下一步要深化对这种化学反应的研究，通过控制这种化学反应，能够使其朝特定的方向运动，包围并“捡起”物体，甚至组装物体。安德鲁表示，这种单细胞动物机器人的最终研究目标，是使其具备组装微机器组件的能力。

3. 抓紧研制用于临床的“迷你”机器人

2009 年 9 月 6 日，英国《独立报》报道，在 1966 年的电影《联合缩小军》中，医生为了挽救病人生命，搭乘迷你潜水艇缩小后进入病人体内。从此，医疗机器人一直成为科幻小说家灵感的触发器。

现在，有些梦想将转变为现实。据悉研究人员正在抓紧研究有关技术，可以让“迷你”机器人，在未来 5 年内进入病人体内。目前，有些医疗机器人已在手术中大展拳脚，例如辅助前列腺手术的机器人，以及用于拍摄锁孔手术的摄像机机器人。

“迷你”摄像机机器人仅有15微米长，病人能将其吞进体内，医生使用远程控制器和电视屏幕来引导其拍摄。

伦敦帝国学院专门研究机器人手术的汉姆勒中心副主任达兹爵士说：“我认为，未来最令人感兴趣的事情，是我们怎样从常规和显微外科手术前进到无切口手术。”达兹估计，在接下来的3到5年内，机器人胶囊将被广泛应用于医院，机器人将最终改变目前从事的医学工作的面貌。

目前，很多英国医院都在使用一个名叫“达·芬奇”的机器人系统，这个机器是一个监视器，它同几个机器手臂相连接，外科医生控制该机器人指导机器手臂进行手术，这种方法比使用传统方法进行手术更加精确。

（四）开发用于水下探测的机器人

研制用于水下勘察探测的螃蟹机器人。

2008年3月，英国巴斯大学发言人称，该校生物仿生学和科技创造系的研究生查尔斯·盖奇，研制出一种酷似螃蟹的原型机器人，目前可以在陆地上任意移动，未来的开发设计，准备把它用于水下的勘测任务，用它进行石油天然气勘测、海洋搜寻，以及水下其他的独立性操作。

这款机器人非常接近于螃蟹的身体结构，螃蟹是一种具有在陆地和水下生存能力的动物。盖奇说：“动物的自然本性告诉我们，如何把这种机器人设计得更加完美。我们的仿生机械工程的设计灵感，来自螃蟹的身体结构。螃蟹是我们所期望的此类机器人设计的最佳原型，其原因螃蟹是‘符合并通过研究测试’的两栖动物。”

盖奇称，我们对螃蟹爬行姿态、步态和爪子爬行跨度进行了研究，然后把这些信息应用于机器人模型上。该机器人的外形与螃蟹十分相似，和螃蟹一样两侧都有四条腿。这项仿生机器人设计非常稳定，能够执行相应的指令，可避免多足之间的不协调冲突。

这个机器人可在同一机动速度下行进，但通过改变步幅长度能够改变行走速度，就像野生螃蟹一样灵活自如。盖奇指出，这个外形独特的机器人非常实用有效，2007年9月初，我们在萨默塞特郡迈因赫德海滩对其进行测试。它在沙滩上表现非常出色，能够自如地攀爬越过鹅卵石和小碎石。

目前，玩具市场上有许多玩具机器人，看上去非常像真实的螃蟹。但我们设计的机器人，却与它们存在着明确差别。这款螃蟹机器人，基于螃蟹的身体结构特征，行走时与螃蟹非常相似。盖奇期望这款机器人，能够形成完全的两栖勘测能力，并在不同的环境下增强稳定性。

（五）开发用于军事方面的机器人

1. 研制可充当间谍的微型“苍蝇机器人”

2006年10月，国外媒体报道，英国克兰菲尔德大学防务管理和技术学院，拉法尔·兹比科斯基教授领导的研究小组，正在研制一种体积轻巧的“苍蝇机器人”，它可以在狭窄的空间内自由飞行，既可胜任地震救灾，又可充当反恐特工，准确击中敌方要害。预计，这种“终极智能武器”将于10年内问世，目前英美两国的军方已经对此表现出浓厚兴趣。

报道说，这种高度自动化的“苍蝇机器人”以电池驱动，能在地形狭窄而又复杂的空间内自由飞行，比如建筑物、楼道、隧道以及洞穴等。别看“苍蝇机器人”体积小巧，用途却十分广泛，比如在茂密的山区搜捕隐藏的恐怖分子；在废墟成片的地震灾区搜救幸存人员；在有毒化学品密布的工厂检查生产管道等。

研究人员之所以要以苍蝇为仿生对象，是因为它是地球上最有天分的空气动力学家。比如，一只小小的家蝇可以在1秒内转弯6次，能够在空中盘旋、直上直下、向后飞、翻筋斗、停在天花板上，还能表演各式各样的耍酷动作。而堪称天下无敌的食蚜蝇则更牛，它们能够定点盘旋，往前冲到另一个定点，再分毫不差地冲回原来盘旋的地方。据称，“苍蝇机器人”作为一种“终极智能武器”，它的高明之处在于，可以快速准确地摧毁敌方特定目标，比如一台中枢电脑，从而在不炸毁敌人全部设施的前提下，令敌方陷入彻底瘫痪。

目前，该项目得到了多方面的资金赞助，其中包括英国国防部、美国军方以及美国航空航天局。目前，兹比科斯基教授已经研制出仅适用于地面任务的初级版“苍蝇机器人”。据他估计，10年之内，世界上第一个可自由翱翔的“苍蝇机器人”，将从他的实验室飞出。

英国军方希望，这种“苍蝇机器人”能够在危急关头，充当刺探敌方情报的间谍角色。同样对此表示浓厚兴趣的还有美国军方，他们希望“苍蝇机器人”能够快速寻找到恐怖分子放置的微量爆炸物。

2. 研制由电子设备控制的昆虫机器人

2008 年 5 月，有关媒体报道，英国防卫公司巨头 BAE 系统公司的史蒂夫·斯卡莱拉领导的研究小组，正在研制一种由电子设备控制的昆虫机器人，它们将具有在特殊环境下的侦察、摄像能力等，未来可能被送上战场参与侦察任务。

斯卡莱拉介绍说，昆虫机器人的构想，最初源于动物感官系统对外界危险的感知能力。

BAE 系统公司，是由英国航空航天公司和马可尼电子系统公司合并而成的。它已开发出多种传感器，然后根据需要把这些传感器，安装在蜘蛛等爬行动物模型体内。该模型能够由无线远程遥控控制行动，根据昆虫机器人体内的不同传感器，它们能分别检测出化学、生物或者放射性物质。给它们装上摄像头，它们就能够潜入各类场所进行摄像侦察。

研究人员表示，未来这些昆虫机器人，将被用于军事目的，在战场上充当士兵的“眼睛和耳朵”，帮助军队作战。

（六）开发用于灾区搜救的微型机器人

研制可执行搜救任务的微型“变形金刚”式机器人。

2008 年 3 月 12 日，英国《每日电讯报》报道，西英格兰大学教授阿兰·温菲尔德主持，来自 10 所英国大学的研究人员组成的联合研究团队，正在启动新型机器人的研发项目。这一项目已得到欧盟资助，研究经费为 930 万美元。

研究人员说，他们计划研发的机器人，与“变形金刚”类似，经常“成群出现”，能自我修复、相互联络，并且依靠自身判断对周边环境作出反应。更为重要的是，这些机器人必要时可联合起来，“变形”为一个新机器人。研究人员认为，虽然单一机器人本身不能变形，但它们均可依据不同外部条件，调试、拓展自己的功能，这一过程无须人为操纵，因此，它们发展变化的可能性几乎没有止境。

不过，这种机器人的个头，比动画片里的变形金刚小了不少：单一个体只有一块方糖大小，属微型机器人。

研究人员介绍说，新型机器人高度智能化，能自主处理内、外部信息。它们依靠内植微型电脑“思维”，执行任务时往往“集体行动”，通过红外线相互联络，实现能量与信息共享。科学家预计，整个研发工作将持续10年至15年，但首批科研用微型“变形金刚”有望于5年内问世。

温菲尔德说：“机器人一旦组合在一起，用途将大大增加。从理论上讲，这种机器人聚合体在软、硬件两方面，均有可能实现自我组织、自我修复和自我优化。”他还说：“如果地震导致一所建筑物崩塌，我们这时就可派出数百个小机器人到达现场。它们能组成搜救小组，发现幸存者并清除压在受困人员身上的巨石。一些机器人可组合成链状物深入废墟内部，帮助幸存者与救援队取得联系，另一些则可化身‘医疗箱’，对伤员展开急救。”

研究人员表示，新型机器人前景广阔，可用于治疗疾病、抢险救灾和探索外太空等。

第四节　广播电视与通信网络的新进展

一、音频器材与相关设备的新成果

（一）音频设备的新成果

推出多通道音频数模转换器。

2006年5月，欧洲著名的半导体设计企业英商欧胜微电子有限公司宣布，推出一种新型多通道数模转换器（DAC），可降低DVD播放器和录像机成本。同时，WM8522和WM8501能够提供高性能音频和内置1.7Vrms线路驱动器。

标准的音频数模转换器，输出电压介于0.7～1Vrms，但这无法满足现代消费电子产品中更高的线路电压要求。为了达到其他的消费电子设备所需的线路电压，通常会附加一个带有专用的12V电源的放大器组件。而WM8522和WM8501可通过一个标准的5V电源直接提供所需的高电压输出，这样就不需要额外的电源和滤波器组件，从而节省成本，且明显减小电路板的面积。

WM8522是一个六声道音频数模转换器，具有可编程的音频和数据接口模式，以及三个分别带有音量控制器的独立立体声数模转换器输出。该器件支持字长为 16 ~ 32 比特音频输入，同时支持 8 ~ 192 kHz 采样率，用于家庭和汽车应用的六声道 DVD 和 5.1 环绕立体声系统。WM8501 是一个双声道器件，是为需要高电压输出的立体声音频应用设计的。该器件包含了一个立体声数模转换器、数字插补滤波器、多比特 Σ - Δ （sigma delta）调制器和一个串行界面端口。WM8501 支持字长为 16 ~ 24 比特的数据输入和高达 192kHz 采样率，它带有一个接脚可选的音频数据接口格式。

欧胜市场营销副总裁朱利安·海斯说：“DVD 播放器在成本上的竞争十分激烈，降低制造成本而同时保持高声音品质对生产商的生存是至关重要的。WM8522 和 WM8501 证明了欧胜致力于提供高性价比、高集成度组件，它们能够应对商业压力而不牺牲产品性能。”

（二）影像设备及技术的新进展

1. 研制出可捕获子弹飞行的高速摄像机

2006 年 2 月，有关媒体报道，英国一个研究小组研制成一种名为“雷神”的高速摄像机，它的拍摄速度，快到可以捕获到子弹在空中飞行的过程。高速摄像机的研究人员称，该摄像机上装有一个高速反射镜透镜，几乎可以让时间处于静止状态。

据悉，这款高速摄像机装有电子测速装置，可以捕捉到一颗出膛子弹的速度，以及人的视觉从来看不到的图像。一枚炮弹从大炮里发射出来，时速达到 2700 公里，整个过程其实只有 150 毫秒，也就是 1/10 秒多点。但高速摄像机却清晰地拍下了炮弹发射的瞬间，图像中可以看到空气中的冲击波，以及炮弹弹体上的数字。有了这种高速摄像机，就可以用来分析炮弹在高速飞行过程中存在的问题。

目前，英国军方打算把“雷神”高速摄像机用于军事领域，用来研究和提高导弹一类武器的性能。

2. 研发比目前市面高 33 倍的超高清电视机

2008 年 3 月 11 日，英国《每日电讯报》报道，英国广播公司和日本广播协会联手研发新一代超高清电视机，其清晰度将比目前市面上最好的高清电视机还要高 33 倍。

报道说，这种超高清电视机正在日本广播协会接受测试，英国广播公司有意把这种技术应用于2012年的伦敦奥运会，期望届时全英主要城市繁华路段的大屏幕，都采用这种超高清电视机技术播放比赛。

广播电视技术专家文森特·莱唐说，超高清电视机技术将为人们带来视觉革命，使运动员脸上每一滴汗珠、身上每一块肌肉的收缩都清晰可见，带来一种普通高清电视机无法给予的现场感。

莱唐说，已购买普通高清电视机的消费者，不必因此心里感到难受，因为超高清电视机技术和普通高清电视机技术，在应用于普通家用电视机时，视觉差异并不明显。

莱唐说，新一代超高清电视机，主要为公共场所大屏幕电视机设计，并非针对大众消费者。在常规尺寸的电视机上，肉眼无法分辨超高清电视机技术带来的画面质量改善。

3. 利用超声波生成可感三维模型图像

2014年12月，英国布里斯托大学计算机科学系助理研究员龙本博士等人组成的一个研究小组，在美国计算机学会《图形学汇刊》上发表研究成果称，他们在最新研究中使用超声波，生成无形的三维触觉形状：人们不但能看到它，还可以触摸到它。

研究人员说，近年来，应用于娱乐、康复服务甚至外科手术培训等领域的触觉反馈技术迅速发展。他们开发的这种触觉三维模型的生成，主要依赖超声波。把手放在仪器上方，仪器将超声波投射到手上时，人可以感觉到它。

据报道，用超声波投射出复杂的三维形状时会带来气流扰动，这时人们可以看到一个“流动”的三维模型。研究人员展示，把仪器指向一层薄薄的油层，用灯将油层点燃时，油层表面的凹陷就会以超声波的形式生成一个圆斑。

这种仪器，还生成了可以被叠加到三维显示屏幕上的超声波模型。此外，使用者也可以拿出三维图画使设备生成的形状与之相匹配。

龙本表示，可触摸的全息图像、沉浸式虚拟现实以及自由空间中复杂的可触操控，都是这一技术可能的用武之地。未来，人们可能触摸到那些原本无法触摸到的物体的全息图像。比如，利用这项触觉反馈技术，外科医生在研究观察病人的CT扫描影像时，可以触摸到病人病变部位；人们也可以通过这项技术；真切感受收藏在博物馆中的艺术品形状。

二、通信设备的新进展

（一）增强手机通信功能的新成果

1. 开发手机可欣赏完整电影的功能

2005 年 5 月，英国《新科学家》杂志报道，位于英国沃福汉普顿的洛克公司，研制出一项新技术，能够把一部完整的电影，压缩到一张手机使用的多媒体卡中，让人们能够在手机上欣赏完整的电影。

第一个压缩到 64MB 多媒体卡中的电影，是获奖影片《肖申克的救赎》。洛克公司表示，这种存储了一部完整的电影的多媒体卡，能够在摩托罗拉、松下、三星、诺基亚和东芝等品牌的手机上播放。

洛克公司已经申请了这项技术的专利。这项专利，还包括每个多媒体卡上播放电影的软件。由于这种多媒体卡上存储的电影，是依靠卡中的软件自动解压缩和播放的，因此不需要手机网络，并且在关闭手机的通话功能之后仍可以看电影。这种多媒体卡，适用于正在旅行中的游客、排队等候的人，以及家长让孩子在汽车中娱乐。

2. 设计出模拟人脑功能的手机存储卡

2005 年 9 月，英国杜伦大学皇家学院的一个研究小组向媒体透露，他们已设计出一种新计算机芯片，通过使用纳米线进行内联的复杂网络，可以把庞大的数据，储存在狭小的芯片上，且节点等处的计算功能与人脑的神经元和轴突相类似，而未来将会出现完全模拟人脑功能的微芯片产品，它将使手机的存储容量可与个人计算机相媲美。

时下用于手机的存储芯片容量都十分有限，这使得它们不可能存下如视频等新一代手机所支持的文件。厂商目前通过小型硬盘来解决这一难题，但它价格昂贵，同时对用户也不具备十足的吸引力。

这一最新研究成功表明，低成本的存储卡，也有可能被开发成具备与硬盘相近的存储容量。研究人员表示，预计存储卡的容量，将比现在提升 200 倍，由目前的 500MB 升至 100GB。

纳米技术专家罗素·考奔表示："新近出现的视频手机备受欢迎，而人们却失望于，没有足够的存储空间来保存下播放时间较长的视频文件。

这项技术的出现，有可能会将人们对手机的理解，由通信工具转变为视频摄像机。”

（二）研制通信天线与传播系统的新成果

1. 研制可提高信号接收质量的变形天线

2004 年 8 月，英国伦敦大学学院的彼得·本特利和西亚瓦什·马赫达维等人组成的研究小组，在《新科学家》杂志发表研究成果说，他们发明了一种“智能”天线，它可以改变形状，以达到最佳的信号接收效果。

研究人员说，发明的这种天线，外形像一把雨伞，由一块附着在弹性金属框架上的铝箔和 16 根起固定作用的镍钛诺（镍和钛的非磁性合金）组成。通电时，每根镍钛诺丝都可以收缩 8%，断电后，又可以回到初始形状。所以，通过控制通电情况，可以改变天线的形状，以达到接收特定无线电信号的最佳效果。

两位研究人员把天线的输出端，与一台计算机连接在一起，这台计算机可以检测到天线对从隔壁房间发射的超高频信号的接收情况。最初，他们对 16 根镍钛诺丝的通电情况进行了 20 种随机组合，并将天线在每种情况下接收到的信号质量，与天线形状完全未改变时的接收质量进行比较。然后分别用一组由“0”和“1”组成的二进制数字，来表示每一种组合，并用专门软件进行运算，实现对天线的“数字化”控制。

研究人员最终发现，天线的接收效果比完全不改变形状时提高了 20%。他们认为，利用这种技术可研制出能进行自我调节的天线。

2. 推出世界上首个有线无线电话集成设备

2005 年 6 月 15 日，英国《新科学家》网站报道，英国电信推出一种新服务，手机用户可以在无线网络和本地有线网络间自由切换，这也是世界上首个集成了无线和有线电话业务的服务。

据介绍，在户外，用户的手机就是一部普通的移动电话，而当用户回家后，它就会自动转换到该用户的固定电话上，即使是正处于通话中也可以实现无缝转换。并且，用户并非一定要回到家中才能享受这种切换成固定电话的服务，只要其他有条件的房间的集线器允许访问，他在进入该房间后也能进行切换，话费会累计到自己的固定电话账户中。

这种服务的好处是，手机用户在家里就能以固定电话的价格和通信质量打电话，并且两种话费单也自动合并成了一张。这种手机，使用蓝牙技术，无线连接到家中的宽带集线器上，这个集线器同时也能用作家中电脑无线上网的路由器。不过，英国电信的发言人表示，由于蓝牙信号较弱，如果房子过大，手机离集线器过远就可能会频繁掉线，从而限制了使用。

3. 研制用铁块无线传输信号和能量的技术设备

2010 年 7 月 20 日，有关媒体报道，英国航空航天系统公司的研究人员开发出一种新技术：通过铁块来无线传输能量。它可以应用于潜艇上，让潜艇的外部舱体无线传输能量和通信信号，还可应用于核工业和石油工业领域。

这项技术使用了高频音响学，可将通信信号和能量变成超声波来传送。研究人员已开始对该技术进行环境测试，以确保集成了该技术的设备可以管用 25 年，并能够适应潜艇外部舱体等极端环境。

参与项目研究的公司高级技术中心技术总监约翰·巴格萧，对这项技术的应有潜力非常乐观，并向潜艇指挥人员进行了演示：设备通过一块铁朝一台 DVD 播放器发送能量，该播放器使用传输来的能量播放了一部经典战争电影。巴格萧表示，画面图像非常清晰，海军官员的反应是：太妙了，我们希望能够将其应用在潜艇上。

研究人员认为，这项技术将能为海军节省大量军费支出。当前，要给潜艇装备传感器和其他实现通信所需技术，必须在艇体打 300 个洞，并在每个洞内焊接特制的电子管，每个电子管的费用从 2 万英镑到 75 万英镑不等，管焊成本则为 5 万英镑左右。另外，在潜艇的整个“服役”期间，必须不断进行检查，确保焊接没有开裂。如果一艘潜艇的寿命以 25 年来计算，那么，安装所有电子管的费用可高达 8 亿英镑。

巴格萧表示，除了军事领域外，这种技术也可以用于核工业和石油工业，在一个核反应堆容器内安装传感器再也无须在上面打洞。

英国航空航天系统公司目前正在进行环境测试，然后将该技术应用于一艘潜艇上，这可能要花费几年的时间。巴格萧说：“这是一项‘小荷才露尖尖角’的技术，我们需要保证所有的技术细节完美无缺。”

4. 开发出无盲点射频识别系统

2014 年 1 月 23 日，英国剑桥大学发布新闻公告称，该校光学系统中心席珊伯内森·塞比安博士领导的一个研究小组，开发出一种新型广域无源超高频射频识别系统。该系统能在不增加天线的前提下，将现有射频识别系统的识别范围从2~3米扩大到15~20米，并完全消除盲点，实现对大量目标的无差错识别。该技术有望在医疗、零售、物流、智能卡等领域获得应用，进一步提高无线射频识别技术应用的广度和深度。相关论文发表在电气和电子工程师协会的《天线与传播》杂志上。

无线射频识别（RFID）系统，是一种无线通信技术，可以通过射频信号自动识别目标对象并获取相关数据。无线射频识别系统包括阅读器和标签，与传统的条码识别不同，读取设备不需要与标签有直接的光学接触，因此无线射频识别标签可以被嵌入对象的内部。该技术还可识别高速运动物体并可同时识别多个标签，操作快捷方便。此外，因为在识别时的能源来自无线电波，这种标签无须电源或维修，可工作于各种恶劣环境。目前在智能卡、门禁、行李处理、库存控制和文档跟踪等领域已经获得广泛应用。

剑桥大学这项新技术，大大提高了其准确度和识别范围。新系统改善了现有的无线射频识别标签，将其准确性从大约50%提高到了近100%，并将可靠检测范围由2~3米扩大到了约20米。

塞比安说，与传统的无源超高频无线射频系统相比，新系统识别范围更大，精确度更高。另外，此前的系统识别范围最大只有2~3米，且识读设备发射出的信号容易因反射被取消，导致盲点的存在。近年来也出现了多种改进型的无源无线射频识别系统解决方案，但都没能有效解决盲点问题。

新研究中，通过使用分布式天线系统（DAS），该研究小组成功攻克了这一难题。通过分布式天线系统组播（通过一个源向多个目标传送信息）无线射频识别信号，研究人员能够实现动态移动盲点，最终实现了有效的无差错系统。采用四组收发天线，该研究小组在15~20米的范围内，成功将盲点的数量从50%降低为0。

此外，新系统所需要的天线比现有技术更少。目前的无线射频识别系统，为了确保识别精度，最好的办法是缩短标签和天线之间的距离，这意味着需要许多天线才能让识别精度达到可用程度。即使是这样，也无法保证完全精确的检测。而通过使用新的分布式天线无线射频识别系统，可以在无须额外天线的情况下，实现远距离无死角快速识别。下一步，该小组还计划将定位功能添加到新的系统当中。

新技术能以较低的成本，对大面积的无线射频识别标签进行有效监控，开辟了很多潜在的应用领域：如对病人和老人的监护，对自然灾害多发地区的监测，超市购物的自主付款结账等。据称，该系统已经获得英国RAEng/ERA 创新奖，并正由剑桥的团队进行商业化推广。

三、网络技术的新成果

（一）网络安全系统建设的新进展

开发出绝对保密电子邮件系统。

2004 年 10 月，英国利兹市的杰夫特公司设计出一种简便易用，可防范泄密的公司邮件系统。它利用点对点服务和复杂的加密编码技术，可以防止电子邮件被公司的信息技术部门窥视，或被互联网的服务供应商截获。

担心公司机密，被竞争对手或媒体窃取的行政人员，可以很方便地下载安装这种独立的邮件系统，只有自己和收信人能看到这里的邮件，发信人的内部系统或第三方服务提供商，都无法复制信息的内容。这项服务，可以在没有 IT 人员帮助的情况下很容易地下载。它和现有的邮件软件如“OutlookExpress”相互独立，互不干扰。

（二）网络技术应用的新进展

利用计算机残障辅助技术来沟通不同互联网。

2006 年 8 月，英国曼彻斯特大学计算机学院的西蒙·哈伯博士主持，语义网专家伊恩·赫瑞克斯，以及计算机残障辅助技术专家热利兹·耶兹拉达等参加的一个研究小组，承担了一项为期三年的研究项目，试图通过开发一系列新的计算机软件，将最先进的移动电话技术与网络无障碍技术相结合，以使移动互联网能够像现行的普通互联网那样操作容易，方便使用。

与普通互联网相比，移动互联网借助移动通信的技术成果，已经拥有大量的移动网络终端和成熟的用户基础。但移动互联网发展面临的主要困难是，移动电话的屏幕较小，普通互联网网页的内容，必须经过重新设计才能在移动电话上显示，因此，目前移动互联网无论是内容还是网站均受到很大限制。

哈伯研究小组，计划利用视觉残障人士，上网时所使用的屏幕阅读器等计算机残障辅助技术，来简化普通互联网网页的内容。该计划的核心技术，是开发一种确认引擎，保证普通互联网网站与移动互联网兼容，且具有可访问性。确认引擎与编码程序相结合，可对网站的内容进行重新编排，然后把网站的内容，转变成移动互联网的“亲和版”。利用编码程序，用户可决定普通互联网在手机上的显示内容，并删除无用的信息。

哈伯博士认为，移动互联网的用户主要受限于技术，手机屏幕小，浏览不便，阅读困难是其发展的主要障碍，而计算机残障辅助技术是解决该问题的很好的切入点。他希望，未来开发的技术可以为移动互联网用户提供更加丰富多彩的信息。

第二章　纳米技术领域的创新信息

英国在纳米产品及其制造领域的研究，主要集中在揭示纳米粒子功能、碳基纳米材料功能；分别用物理方法、化学方法和生物方法制造纳米产品；制造电子领域用和生物医学领域用的纳米产品。英国是最早制成典型纳米材料石墨烯的国家，在石墨烯材料领域的研究，主要集中在超薄材料石墨烯的性质与功能；实现石墨烯材料从小规模制造，进入到规模化生产，同时，以石墨烯为原料制造电子产品和先进光学产品。在纳米材料新技术领域的研究，主要集中在拍摄单个原子搭建纳米晶体，用新方法制造纳米微片或纳米晶体，开发能观察纳米材料分子变化的时间分辨晶体学技术，推进纳米材料结构技术和生物医用纳米技术的发展。

第一节　纳米产品及其制造的新进展

一、研究纳米产品功能的新发现

（一）纳米粒子功能探索的新发现

1. 发现黄金纳米粒子可用作氧化催化剂

2005 年 10 月 20 日，英国卡迪夫大学一个研究小组在《自然》杂志发表研究报告称，他们发现，黄金纳米粒子在一些关键工业流程中，可取代有害化学物质制造药品、清洁剂和食品的氧化催化剂。

研究报告说，他们发现 25 纳米长的黄金微粒子，能够在 60℃～80℃成果，以及类似汽车车胎内气压的压强下，使空气中的氧气分子分解成原子。

专家介绍说，理论上讲，利用从空气中提取的氧气就可完成这一过程，而不会造成污染。

研究人员指出，由于组成氧气分子的两个氧原子之间的键非常稳定，不易反应。因此，大部分工业过程都利用过氧乙酸等氧化剂来完成氧化，从而产生一些有害的副产品。

而且，在许多化学反应中，还要使用特殊的溶液来溶解反应物，并促使原子结合。而在利用黄金纳米粒子作催化剂的氧化过程中，就不必使用这类溶液。因此，黄金纳米粒子氧化的过程，对环境是非常有利的。

另外，研究人员还发现，这种氧化过程对制造环氧化物非常有利，而环氧化物是非常宝贵的化学品。

2. 发现用纳米粒子可生成等离子共振彩色全息图

2014 年 8 月，英国剑桥大学，尤文·蒙特朗格和凯勒姆·威廉姆斯等专家组成的一个研究小组，在美国《国家科学院学报》上发表研究论文称，他们利用纳米粒子的表面等离子共振，构建出新型全息图，这就像古罗马人制造的莱克格斯杯一样。

公元 4 世纪，罗马人制造了一种名为莱克格斯杯的特殊玻璃杯，玻璃内分布着精细的金银微粒，能根据光照方向不同改变颜色，光从一边照是绿色，从另一边照是红色的。虽然制造者也未必知道其中原理，但现在我们知道，这是由于表面等离子共振造成的。

研究人员介绍道，他们把不同大小和形状的银纳米粒子，按一定纹理排列在基底上，光会在粒子表面发生不同的散射，全息图也能随之改变颜色。由于粒子能同时产生两种颜色，所以能存储更多信息，在 3 维显示器、信息存储设备等多领域有着广阔的应用前景。

蒙特朗格说："这是受莱克格斯杯独特光学属性的启发。它是基于光源位置不同而改变颜色，与观察者的位置基本无关，与一些贵晶体产生的二向色效应不同。迄今为止，人们还从未在天然材料上发现过'等离子效应'。"

目前，几乎所有的传统全息图都是一种颜色，由于彩色全息图有方向限制，还无法在一个平面上产生彩色全息图。传统全息图的衍射条纹大于光的半波长，研究人员造出的新型全息图，与传统的衍射条纹要小于光的半波长，能控制光的干涉，而且衍射波段更窄，由等离子纳米粒子增强光散射产生了彩色效果。

这种亚波长距离带来了许多优势。如两种不同的等离子纳米粒子，在亚波长距离能实现多路复用，或结合使用，但不会耦合在一起。利用不同形状和大小的银纳米粒子就能控制颜色，每种纳米粒子都能携带独立信息，存储的信息总量也更多。

目前的设备显示，纳米粒子能在超出衍射界限范围存储并传输独立信息，因此要造出能180度投射的彩色全息图是可能的。研究人员指出，这种投射的幅度甚至超出一个平面，需要用曲面来显示。

威廉姆斯说："除了替代信用卡上的'彩虹全息图'，这种全息技术还能用于球面投射图像，这是传统光学迄今未能实现的。此外，它还能作为产生动态三维彩色显示器的基础，以及能让光学数据存储设备进一步扩大存储量。"

研究人员计划进一步研究这项技术的多种应用。蒙特朗格说："未来研究会集中在等离子效应的调节机制方面，主要目标是整合新的调制方案，造出超薄显示器和动态全息图。"

（二）碳基纳米材料功能研究的新发现

1. 发现含碳纳米管涂料可形成加热层

2006年12月，英国《新科学家》网站报道，英国专家多米尼克·内梅茨等人组成的一个研究小组发现，一种透明的含碳纳米管涂料，可以通过加热来清洁挡风玻璃或镜子，加厚的不透明涂层，则可以把楼房的整个地板变成暖气装置。

报道说，这种涂料可以喷在任何物体表面，它的液体底料含有可导电的纳米管混合物。随着液体变干，纳米管在涂料内形成可让电流通过的传导网，从而使整个涂层变热。

内梅茨说："我们能用一种透明涂层加热整个表面，它可以用来清洁沾了水或结了冰的挡风玻璃或镜子。"

研究人员希望，这项技术能取代汽车挡风玻璃的嵌入式电阻丝加热装置。内梅茨透露，除了比电阻丝加热更均匀以外，纳米管涂层的抗损性能也很好。他说："电阻丝一断，整个加热器就不起作用了，而这种新式涂层在有断裂的情况下仍能加热。"

此外，研究人员还发现，增加涂层中的纳米管可增强加热效果。内梅茨说："凡是需要热量的地方，都可以在表层涂上这种材料。"

2. 发现富勒烯或可形成纯碳新胶体

2011 年 2 月 17 日，美国物理学家组织网报道，球形碳分子富勒烯（碳-60）在纳米技术和电子领域，有很多独特性质和潜在应用。最近，英国布里斯托尔大学化学家帕德里克·罗伊尔与澳大利亚国立大学的斯蒂芬·威廉姆等人组成的一个研究小组发现，碳-60 在一定条件下还能形成一种单一成分的胶体。目前为止，已知的胶体，都是由两种成分构成：均匀分布的溶质和溶剂。

此前，科学家发现碳-60 能形成多种物质形态，包括固体和液体。发现，从理论上讲，碳-60 存在一种包含着分子团的稠密液体状态，形成一种完全由碳元素组成的“拐点态”胶体。

研究人员通过计算机模拟证明，在适当高温下，碳-60 能以很高的淬火速率形成胶体。淬火是将物体加热到一定高温，再迅速冷却至室温以改变其内部组织结构。根据模拟中最长时间显示，碳-60 形成胶体只需 10 纳秒左右。尽管胶体颗粒显出一些粗化，据研究人员预测，它在室温下能保持稳定状态超过 100 纳秒。最后，这种胶体会分离成晶体和气体两种状态。

研究人员指出，单一成分胶体，在一定条件下确实存在，这一事实能让人们从整体上更好地掌握胶体的性质。然而因为所需淬火速率很高，当前要在实验中演示碳-60 胶体还很难做到。但他们希望，能找到一种对淬火速率要求较低的胶体制作方法，或用更大的富勒伦尼斯碳簇如碳-540 来代替碳-60 形成碳胶体。

二、用不同方法制造纳米产品

（一）用物理方法制造纳米产品

用物理方法制造出仅 0.01 毫米的世界最小雪人。

2009 年 12 月，英国《每日邮报》报道，对于绝大多数孩子来说，堆一个比别人更大的雪人可是一个不小的挑战。在堆雪人这件事情上，英国国家物理实验室的科学家更感兴趣的并不是“最大”，而是“最小”。在他们手上，世界上个头最小的雪人最终诞生。雪人高度有 0.01 毫米，相当于普通人头发直径的 1/5。

虽然在蓝光下放大后看起来与孩子堆的雪人没什么两样，但这个杰作却是运用高科技设备打造的产物。世界最小雪人由两个微型锡珠构成，这种锡珠通常被用于校准电子显微镜镜头。借助于能够操纵纳米粒子的工具，科学家将两个锡珠组合在一起，并用微型铂沉积物进行焊接。雪人的眼睛和笑容使用一道聚焦的离子束雕刻而成，由铂制成的鼻子也同样借助离子束进行安装。

据悉，这个雪人出自国家物理实验室量子探测小组成员大卫·库克斯博士之手。国家物理实验室是英国的重要科学设施和研究中心之一，在发展和应用最精确测量标准技术方面居世界领先地位。

（二）用化学方法制造纳米产品

1. 用碳硅化物加甲醛气体制成漂亮的"纳米花"

2005 年 5 月，有关媒体报道，科学所创造的美丽是很多人所无法想象的，而"纳米花"就是科学家所创造的一个奇迹。剑桥大学的一个研究小组，基于纳米技术所开发出来的新材料，在显微镜下形成了一个漂亮的花瓣形状，这个美丽的"纳米花"的直径，只有头发的1‰。

当然，这种特殊的纳米产品，并不是研究人员刻意炫耀的一种中看不中用的形态，它有着令人惊奇的应用价值，除了可以作为太阳能电池的基质外，它还可以使物质具备不沾水的特性。

为了获得这种独特的花状纳米结构，研究人员在硅表面上让纳米级的导线进行生长，这种导线是一种碳硅化物，在甲醛气体的作用下，通过控制生长过程的温度和压力，这些导线逐渐融合，形成了这种纳米新产品。

2. 研制出可推动油珠上斜坡的分子发动机

2005 年 8 月，英国爱丁堡大学的大卫·利与意大利博洛尼亚大学以及荷兰格罗宁根大学原材料科学中心共同组成的研究团队，研制出一种分子发动机，可以推动水滴做"布朗运动"。研究人员表示，尽管以前也找到过推动水滴运动的其他方式。但这次发明的新意在于，它是用分子发动机，让水滴进行布朗运动的，这还是首次用分子级的运动方式，推动一个肉眼可见的物体小水珠，不过这只是一个开始。

大卫·利说，你可以用这种发动机抽吸硅片周围的液体。由于数量很少，用传统方法抽吸很难做到，因为这么小的水珠会变得"非常黏稠"，抽吸它就像是抽吸糖蜜一样。

这种所谓的纳米梭，还可以制造各种不同类型的智能表面，比如具有黏性的表面，需要时可以让其具有黏性，不需要时则关闭，还可以制造从一种颜色变成另一种颜色的表面。另外，分子发动机可以用在活的有机体内执行各种任务，比如让肌肉运动，将视网膜里的光信号转变成神经脉冲。大卫·利认为，分子发动机还有许多未开发出来的潜在用途。

现在，大卫·利研究团队制造出感光纳米梭，这是一种长条形的烃基分子，每一个分子都有一圈有机分子包围着，但从化学的角度说，它们并非绑定在一起。

布朗运动，也就是人们所说的小颗粒的随机运动，正常情况下会让这些环形物沿烃分子表面向前或向后运动，但在每一端也增加了氢连接基，一个基对光特别敏感，另一个以特氟纶为基。在正常的光照条件下，烃基分子的环形物附着在感光的连接点上，特氟纶端暴露出来，但暴露在紫外线下会发生反应，让环形物释出，运动到另一端并再次连接在一起，这一次，特氟纶基成为连接点。

通过这一原理，研究人员可以在黄金表面覆盖上一层纳米梭，这个覆盖层只有一个分子厚，通过开关灯光，就可以控制黄金表面是由特氟纶覆盖或没有特氟纶覆盖，从而达到控制黄金表面产生黏性或失去黏性的目的。接下来，通过控制紫外线照射的物体表面，研究人员可操纵一个小油珠，沿着12度的斜坡向上运动。不过，大卫·利说，让它沿着比这更陡的斜坡运动就不太可能了。

3. 用化学方法研制高稳定的新型磁纳米点

2006年12月，英国谢菲尔德大学史提夫·阿姆斯博士领导一个研究小组，在《朗缪尔》杂志的网络预印版上发表论文称，他们使用一种模拟细胞膜表层的聚合体被覆技术，制造出新型的高稳定的、无生物排斥的磁纳米点。这种新型的磁纳米点，能够提高核磁共振成像（MRI）的灵敏度。

研究小组首先把两种成分都存在于细胞膜中的聚合体合并起来。然后他们把这种聚合体，加入到用来生产二氧化铁纳米点的标准化学反应物中。最终得到的纳米点的平均半径为34纳米，拥有直径约为9纳米的二氧化铁核心，其排部间距为6纳米~14纳米。

与此对比，没有加入这种聚合体而得到的标准二氧化铁纳米点，平均半径为13纳米，排部间距为9纳米~21纳米。加上聚合物被覆的纳米点的磁性能，与标准二氧化铁纳米点类似，但是要稳定得多，且不会被生物体所排斥。

对这种新的纳米点的性能研究表明，两种聚合体都是使纳米点稳定所必不可少的因素。研究人员在文章中注释说，他们已经发展出，能够在这些稳定化的纳米点表面连接目标药剂，甚至药物分子的方法。

4．利用纳米聚合体粒子研发能迅速自行愈合的特殊墙体

2007年4月，据美国《生活科学》杂志报道，英国利兹的纳米制造业协会特里·威尔金斯教授领导的一个研究小组，现在正在希腊的山坡上建造一种能“自体愈合”的房屋。这是欧盟资助的一个项目：利用纳米聚合体粒子研发特殊墙体。研究这种墙体的目的是，在地震期间压力的挤压下，纳米聚合粒子将流入裂缝中并变硬，形成固体材料。

这种房屋的墙体，将由独特的承重钢筋框架构成。该房屋还安装有无线、无电池的传感器和射频标签，保证了它能及时收集有关压力、震动、温度和潮湿度的信息。威尔金斯教授说：“现在，我们正在努力完成的项目非常令人激动，我们正设法在比以前更恶劣的环境下，更大规模地利用纳米粒子聚合体。如果外界出现什么情况，智能传感网络就会立即提醒居民，让他们有充足的时间逃生。”

建造这种能不断监控自己和修复自己，甚至能改变自己的形状的房屋的想法，是英国作家巴拉德在他的著名小说《斯特拉维斯特的一千个梦》中首先提出的。他在书中描写了一种可通过意念改变它的形状、保护它自己，甚至自体愈合的房屋。至于房屋的内部空间备受关注，它的奥秘就隐藏在墙体内，这种特殊的墙体使用一种被称作“橡塑”的物质建造而成，它听起来像利兹的纳米聚合体粒子墙体。

巴拉德是这样描述的：“当它对我做出反应时，它的天花板稍微升高了一些，墙体变得更加透明，映出我正在找寻的眼睛。我意识到新奇的斑点正在形成，这表明房屋的那个部位正在承受压力并在进行有缺陷的自体愈合。隐藏在深处的裂缝开始扭曲球体，突然像气球一样膨胀出一个像过渡鼓胀的口香糖泡泡的壁橱。”

（三）用生物方法制造纳米产品

制成 DNA 控制的纳米自组装运输网。

2013 年 11 月，牛津大学物理系科学家亚当·沃尔曼领导，牛津大学和沃里克大学研究人员参加的一个研究小组，在《自然·纳米技术》杂志上发表研究论文称，他们成功地开发出以驱动蛋白为车、三磷酸腺苷作燃料、DNA 变身控制器构成的纳米自组装运输网。运输网的各条道路长达数 10 微米，可以用于运送货物。此外，运输网中的道路可以自行拆除。英国工程和物理科学研究理事会，以及生物技术和生物科学研究委员会，对该研究给予了支持。

研究人员的研发灵感，源于鱼类的载黑素细胞，它被用于控制细胞的颜色。在鱼类身体中，存在着微小的运输网，其道路从某中心向四周延展而成，如同自行车车轮的辐条网。驱动蛋白在运输网中传送色素，它们或将色素堆积在道路网的中心，或将色素送至整个道路网。当色素集中在道路网中心时，道路网的其他地方无色素而透明，因而细胞颜色较浅。反之，细胞颜色较深。

牛津大学研究小组开发的运输网与鱼类体中的类似，它由 DNA 和驱动蛋白（电机蛋白）所组成。以三磷酸腺苷（ATP）作为燃料，驱动蛋白携带着由 DNA 短链构成的控制模块，沿着运输网中的道路移动。由两个驱动蛋白组成的组装纳米机器人，能够在道路上行进组装道路网，不过运输车仅需要一个驱动蛋白在道路上运行。

沃尔曼表示，由于人们能够把 DNA 按照自己的需求进行排列，因此它是十分理想的构建合成分子系统的基建材料。他说，在研究过程中，“我们设计的由 DNA 链组成的化学结构，能够控制它们之间的相互作用，运输车被用来运载货物或传递让其他运输车如何工作的信号”。

研究人员首先利用纳米组装机器人，在三磷酸腺苷的作用下将道路修建成辐条网，并在辐条网中植入载有绿荧光货物的运输车，让它们均匀排列在道路上。随即，研究人员添加更多的三磷酸腺苷，运输车便全部汇集在运输网的中心点。然后，他们沿着每条道路放入信号运输车，告诉载有货物的运输车将绿荧光释放到环境中。研究人员表示，他们还可以给运输车编译进拆卸信号，指示道路解体。

演示实验中，科学家将绿荧光染料作为货物。但是，他们表示其他化合物也可以作为运输对象。在颜色变化的同时，辐条状的道路系统通过在中心点引进必要的化合物，能够用来加速化学反应。从更宽广的视角来看，利用 DNA 来控制驱动蛋白，有望帮助开发出应用十分广泛的、更加复杂的自组装系统。

三、制造不同用途的纳米产品

（一）制造电子领域用的纳米产品

1. 开发出柔性纳米像素显示器

2014 年 7 月，英国牛津大学材料学教授哈里什·巴斯卡兰领导，牛津大学材料系佩曼·侯赛尼、埃克塞特大学工程系教授大卫·莱特参加的一个研究小组，在《自然》杂志上发表研究成果称，他们借助相变材料，开发出一种柔性超高分辨率显示器，让单个像素点只有几百纳米的“纳米像素”显示器，成为现实。这种显示器，除了具备极高的分辨率外，还具有超低能耗、可折叠、静态显示的优势，未来有望在智能眼镜、智能车窗和电子出版等领域获得应用。

这种显示器，采用一种独特的三明治结构，被夹在中间的是一层厚度为 7 纳米、名为 Ge2Sb2Te5（GST）的相变材料，另外两层是由氧化铟锡（ITO）制成的电极层。只需极小的电流，这块“三明治”就能显示图像，而构成这些图像的“纳米像素”的尺寸，仅有 300 纳米 × 300 纳米大小。分辨率远远超过 326 像素/英寸的视网膜屏幕。

巴斯卡兰表示，他们最初并没有想去发明一种新的显示器，而是在探索相变材料光学与电学性质之间的联系时，产生了制造这种三明治显示材料的想法。之后他们发现，这种材料不仅能够在堆栈中产生图像，超薄的 GST 显示层，还出乎意料地带来了更好的对比度。此外，他们还发现通过改变电极层就能改变图像的颜色。

据报道，这种显示器采用了一种溅射技术。具体方法是用高能粒子轰击靶标层，让其中的原子以薄膜的方式沉积到另一层材料上。

巴斯卡兰说：“我们采用了可沉积薄膜技术，这种超薄超柔软的薄膜，可以很容易被整合到其他材料上。这使得这种技术未来有望在智能眼镜、可折叠屏幕、汽车玻璃显示器，甚至是人造视网膜上获得应用。”

侯赛尼称，试验显示这种显示器原型，能够轻松显示出多种色彩，其中也包括显示器所需要的基色。该技术的一个优势在于，与大多数传统显示器不同，新显示器不必不断刷新像素，而只有在图像需要改变的时候才刷新。这意味着基于这种技术的显示器能耗非常低，同时看上去也会更加舒服。此外，这种显示器，还能在更为省电的“彩色电子阅读器”模式，与能够显示视频的背光模式之间，轻松地切换。

莱特说：“相变材料是近年来的一个研究热点，但此前还没有人将其用于显示技术，用相变材料的电学和光学特性，开发超高分辨率的彩色显示器，因此，这算得上是一次真正的突破。”

2. 开发出电子领域用途广泛的超薄二硫化钼

2014 年 9 月，英国南安普敦大学光电研究中心黄凯文博士领导的一个研究小组，在《纳米尺度》杂志上发表论文称，他们开发出一种石墨烯的替代材料。除了与石墨烯一样具备极佳的导电性能和超强的硬度外，该材料还具备发光特性，在电子领域具有广泛用途，目前已经能够实现超过 1000 平方毫米的大面积生产，有望成为石墨烯有力的挑战者。

石墨烯这种由碳原子组成的单层材料，由于具备极其出色的机械和电气性能，正在越来越多的电子和机械设备中获得应用。如晶体管、开关、光源等设备中都能看到它的身影。

有关报道称，该研究小组开发出的这种材料名为二硫化钼。这类新型超薄的金属硫化物材料，被称为过渡金属二硫族化合物，此前就被认为有望成为石墨烯的替代材料。不同于石墨烯，它还能够发射光线，因此能够用它制造光检测器和发光器件。但是直到最近，包括二硫化钼在内的过渡金属二硫族化合物的制造，一直比较困难。因为大多数技术只能生产出片状材料，且面积极小，通常只有几百平方微米，无法实现大规模应用。

在这项新研究中，研究小组通过使用化学气相沉积技术，目前已经能够生产出面积超过 1000 平方毫米，厚度只有几个原子的超薄二硫化钼材料。

黄凯文说，自 2001 年以来，他们一直在研究这种硫属化合物材料的合成工艺。相比只有显微镜镜片大小的材料，二硫化钼的大面积生产工艺，为相关材料在纳米电子和光电领域中，大规模商业化应用铺平了道路。目前，他们正在与几家英国公司和大学以及美国麻省理工学院、新加坡南洋理工大学进行合作。

黄凯文称，新技术不仅能够获得大面积的、薄厚均匀的薄膜材料，还能把这些材料转移到任何基底上，大大增加了这种材料的适用范围和潜在需求，相信在不久的将来，人们就能用上由这种新型材料制成的电子产品和设备。

3. 开发出可用于量子器件的薄膜电阻

2014 年 12 月，英国伦敦纳米技术研究中心主攻纳米器件电子特性的实验专家保罗·沃伯顿领导的一个研究小组，在《应用物理学杂志》上报告说，他们研制出可用于纳米级量子电路的紧凑型高值电阻器，这种薄膜电阻有望推动量子计算器件和基础物理研究的发展。

需要应用到高值电阻的一个例子，就是量子相滑移电路。量子相滑移电路是用超导材料制作的狭窄电线制成的，它利用一种基本的、违反直觉的量子力学特性——量子隧穿效应，克服了经典物理学中难以逾越的能垒，使磁通量在电线中来回移动。2006 年，荷兰科维理纳米科学研究所的科学家提出，量子相滑移电路可用于从新定义电流的国际单位安培，目前的安培测量技术却还延续着 19 世纪使用的宏观测量方法，因此测量精度有限。有其他科学团队也提出，可以将量子相滑移设备作为量子计算机的量子位。

沃伯顿说，需要用电阻把量子相滑移设备中脆弱的量子态，与嘈杂的经典世界隔离开来，确保设备的稳定运行。然而，用来制造集成电路电阻器的标准材料，通常并不能够满足量子相滑移电路所需要的微型化、高阻值电阻器的要求。因此，沃伯顿研究小组，转为用化合物氧化铬，来开发这种紧凑型高值纳米电阻。据有关报道，他们采用溅射淀积技术，制造出了氧化铬薄膜。通过控制薄膜中的氧含量，就能够调整氧化铬薄膜的电阻：氧含量越高，电阻值越大。

研究人员把纳米薄膜电阻冷却到零下 268.95℃，并测量了各种氧 - 铬质量比下的电阻率。导电性能差的材料，比如这种氧化铬薄膜，一般在低温条件下会具有更高的电阻，而量子相滑移器件中使用的电阻也必须在足够低的温度下运行，以确保量子效应能够“战胜”经典效应并起作用。在氧含量最高的氧化铬薄膜中，研究人员测量高到足以符合大多数量子相滑移电路兼容要求的电阻值。

（二）制造生物医用领域的纳米产品

开发出纳米细胞探测器。

2011 年 12 月，英国爱丁堡大学科林·坎贝尔等人组成的一个研究小组，在学术刊物《ACS 纳米》上发表研究报告说，他们近日开发出一种非常微小的纳米细胞探测器，它可以放入细胞内部，监测细胞是否正常发挥生理功能。这种探测器，可用于帮助诊断疾病和测试药物效果。

研究人员说，这种探测器，是在微小的金元素粒子上添加一些特殊分子制成，直径只有 130 纳米。把探测器送入细胞内部后，用一束特殊的激光照射细胞组织，通过接收、分析探测器反射出的光线，就可以检测细胞内部环境中的生物电变化，从而断定细胞工作的情况。

坎贝尔说，细胞的生物电活动就像时钟运行一样有规律，如果生物电出现异常变化，细胞就可能出现病变。因此，这种纳米探测器可用于帮助诊断帕金森氏症、早老性痴呆症等疾病。此外，它还可用来测试药物效果，评估使用药物后细胞的反应。

据介绍，研究人员已经在实验室培育的细胞组织中，对这种探测器进行试验，结果显示它对细胞无害，不影响细胞的正常生理功能。下一步，研究人员将进行人体临床试验，检验其在真实人体环境中的工作情况。

第二节　典型纳米材料石墨烯研制的新进展

一、研究石墨烯性质与功能的新发现

（一）探索石墨烯性质的新发现

1. 发现石墨烯的超薄材料性质有望引发新工业革命

2005 年 7 月，英国曼彻斯特大学安德烈·盖姆教授率领，俄罗斯琴诺格洛夫加微电子科技研究所康斯坦丁·诺沃谢洛夫博士参加的一个英俄联合研究小组，在《二维原子晶体》杂志上发表研究成果称，他们发现了新

型超薄材料石墨烯，这让人类原先只能在科幻电影和科幻小说中看到的，那些曾经属于幻想中的材料，最终变成了现实。这些新材料的问世，无疑将在人类日常生活中产生深远的影响，并将引发新一轮的工业革命。

据来自曼彻斯特大学的消息称："在整个物质材料家族中，这些石墨烯新材料的厚度仅相当于一个原子，其属性也是人类以前闻所未闻的。这些材料属超薄材料，它们的属性可以根据实际需要而加以选择：可以是超强硬度的物质、可以是绝佳的绝缘体，也可以是出色的导体。这些材料所具有的特殊属性，注定了它将在宇航领域做出突出的贡献。"

盖姆表示："这一新发现，事实上在材料使用领域给了我们无限可能。它的某些特性，人类以前甚至连想都从未想过。这些新材料质地轻巧、柔韧度好、坚固结实。它给我们日后的工业生产，提供了巨大的选择空间：除了用于智能设备，这些单原子厚度的新材料，还将广泛用于人们的日常生活中——从人们的穿衣着装，到计算机设备。"

据悉，这些新材料，通过使用一种被称为"微型机械分裂"的技术，由普通晶体中提取形成。根据晶体本身属性的不同，所提取的这种单原子新材料可以是金属、可以是半导体、可以是绝缘体、可以是磁体，也可以是具有其他物理属性的物质。

早些时候曾经有人认为，如此超薄材料在自然界事实上是不存在的，然而，科学家们如今以自己的努力向人们证实：这种单原子材料不仅存在，而且提取它的方法还很简单。据诺沃谢洛夫博士称："我们的新发现，最有价值的一点，在于我们并没有把工作局限于提取一两种新材料，而是着眼于整个材料家族并提取数千种新材料。这些新材料，各有各的特性。我们相信，无论哪个行业，都会从这里面找到它们所需要的。尽管这些新材料，要运用于某些行业尚需等待数十年，但我希望，在几年后就能够看到由这些新材料制作而成的超速晶体管、微型机械设备和纳米传感器。"

研究人员在论文中写道："如今，我们最终证明了二维原子晶体的存在。我们认为，当它被更多的人研究和理解后，它将会大量生产并广泛用于工业需求。"值得一提的是，世界上首例单原子厚度的超薄纺织品样品，就是由安德烈·盖姆教授在2004年10月研究获取的。

2. 发现石墨烯内电子能像光子一样高速运动

2011 年 7 月 24 日，英国曼彻斯特大学的科学家安德烈·盖姆和康斯坦丁·诺沃谢洛夫，在《自然·物理学》杂志上发表论文称，他们揭示了石墨烯的电学性能，并声称这是石墨烯迈向实际应用的“巨大跃进”。

石墨烯是从石墨材料中剥离出来的、由碳原子组成的二维晶体，只有一层碳原子的厚度，是迄今发现的最纤薄、最坚硬的材料。因为其电子的运动速度非常高，其导电、导热性能超强，几乎完全透明，很多科学家认为，石墨烯可能取代硅成为未来的电子元件材料，在超级计算机、触摸屏和光子传感器等多个领域找到用武之地。

在最新研究中，盖姆和诺沃谢洛夫以及来自马德里、莫斯科的科学家，详细研究了石墨烯电子之间的相互作用，对石墨烯电学性能的影响。为从电子层面上研究石墨烯，科学家们让多层优质的石墨烯悬浮在真空环境中，这种方式最大限度地消除了石墨烯内的电子散射，增强了电子间的相互作用。

这是科学家们首次如此清晰地观察到石墨烯内电子之间的相互作用。科学家们发现，石墨烯内的电子，与其他金属内的电子非常不同，石墨烯内的电子能像光子一样高速运动，其速度是在硅中的数十倍。

盖姆表示，这是一项令人激动的物理学发现，它或许可以直接应用于制造电子设备等方面。诺沃谢洛夫则表示，这是石墨烯迈向实际应用的“巨大跃进”。

各国科学家都在想方设法利用石墨烯制造诸如触摸屏、超快晶体管以及光探测器等设备。科学家们表示，最新研究有望加快制造出这些电子设备的步伐，甚至可以让科学家制造出更多的其他电子设备。

（二）研究石墨烯功能的新发现

1. 发现石墨烯具有自我修复的能力

2012 年 7 月，英国曼彻斯特大学教授康斯坦丁·诺沃谢洛夫参与的一个研究小组，在《纳米通讯》杂志上发表研究报告称，他们发现，石墨烯这种“神奇材料”，具有自我修复的能力。

石墨烯是曾给研究者带来诺贝尔奖的热门材料，它有着多种奇特性质。盖姆、诺沃谢洛夫及其同事，因为在世界上最早制成石墨烯，而荣获

2010 年诺贝尔物理学奖。

为进一步探索石墨烯在电学方面的特性，诺沃谢洛夫等人尝试让石墨烯薄层与金属不断接触，这个过程在石墨烯薄层上造成了许多孔洞。研究人员用电子显微镜观察这些孔洞发现，孔洞中可能会嵌入金属原子，但如果孔洞周围还存在额外的碳原子，这些碳原子会将金属原子“赶”出来，自己嵌入孔洞之中，并与石墨烯薄层中原有的碳原子相连接，使整个石墨烯薄层修复如初。

研究人员认为，这一现象说明石墨烯具有良好的自我修复能力，这将可以提高石墨烯的应用价值，进一步拓宽这种“神奇材料”展示身手的舞台。

2. 发现六方氮化硼石墨烯已具备实用价值

2014 年 9 月，英国曼彻斯特大学教授康斯坦丁·诺沃谢洛夫领导的研究小组，与劳伦斯·伊夫斯教授等一起，在《自然·纳米技术》杂志发表论文称，他们利用二维材料，即只有一个或几个原子层厚的薄膜材料层，叠成一种叫做“六方氮化硼”的新材料，该材料展现出优异的能力，在未来或成为制造新一代晶体管的材料首选。

随着人们生活需求的日益增长，各类电子产品的性能及功能得到了极大提高。同时，传统电子材料的物理限制也因此逐渐显现，人们愈加迫切地需要具备更加强大性能的新一代电子原材料，作为电子工业继续腾飞的基石。

六方氮化硼又被称为白色石墨烯，在 2004 年曼彻斯特大学的一项研究中被人们发现，现已成为二维材料家族中的一员。当时，研究人员就表示，该物质可能通过异质结的方式构建二维材料，使其在未来能够符合工业生产设计的标准。

现在，研究小组首次证实，可通过精确操控晶层堆叠方向的方式，极大地改变异质结中的电子运转方式，使这种材料真正具备了投入应用的实际价值。

研究小组表示，他们成功地合成了含有六方氮化硼夹层的石墨烯材料，这种材料具备储存电子能量和动量的功能。该材料的发明，为未来电子及光电传感器等超高频率设备的设计制造，开辟了一条新途径。

伊夫斯说："这项研究把经典运动定律与电子的量子波特性，进行良好的结合，使这种材料得以跨越障碍，达到理想的效果。"

兰开斯特大学的弗拉基米尔·法尔库教授表示："经隧道效应和负微分电导观测，我们认为，这种由多层石墨烯和六方氮化硼制成的新材料所展现的新系统，具有在电子应用领域的可观潜力。"

据乐观估计，在经过进一步的设计改进后，该材料将会应用于高频电子设备的制造。或许，推动这种多层复合材料系统，在电子材料领域大展身手的时机即将成熟，电子材料领域，迎来更新换代的时刻可能已经不再遥远了。

3. 发现石墨烯可作质子过滤膜

2014 年 12 月，有关媒体报道，十年前，人们首次分离出世界最薄、最强的材料石墨烯，对它进行了上百种用途的实验，包括电池、夜视镜、医学扫描设备、光探测器甚至避孕套。直到今天，这种材料仍不断带给我们惊喜。在最近出版的《自然》杂志上，英国科学家发表新论文，一篇指出石墨烯虽然不透水，却能让质子通过，因此有可能用在燃料电池里作超薄滤膜。

据自然网站近日报道，因发明石墨烯实验，获得 2010 年诺贝尔物理学奖的，英国曼彻斯特大学材料科学家安德烈·盖姆说，质子通过石墨烯的能力显示，石墨烯可以作为把氢气从空气中分离的滤网，有助于从燃料电池的氢里获取电量。他们的论文发表在《自然》杂志上。认为石墨烯可以作质子过滤膜。

燃料电池能把氢气分解为质子和电子，从而把存储在氢中的化学能转化为电力：电子沿外部电线形成电流，质子则通过电池内部的膜流动。目前电池中的膜，如商用纳菲薄膜（Nafion）约 10 微米厚，仍不能完全防止氢泄露，也让质子无法顺畅流动，减损了电力。如有一种超强超薄滤膜，就能一下解决这两个问题。盖姆说，这正是石墨烯的优势。

但有燃料电池专家指出，这项研究还在理论论证阶段，能否立即应用尚需小心谨慎。此外，还要考虑怎样生产出足够纯净、大片的石墨烯层，也要考虑成本和寿命等因素。

盖姆小组用石墨烯膜从水中过滤了纯净氢气。盖姆说，这种技术还可能从空气中分离氢气，“这还属于推测，不过在发表论文之前，它还在科幻阶段。”2013 年，研究人员证明了一种堆叠的石墨烯氧化膜能产生微小通道，从二氧化碳或氮气中过滤氢气。

英国国家石墨烯研究所商业主管詹姆斯·贝克指出，在所有实验中，工业合作者最关心的是制造：石墨烯层或含石墨烯的复合材料能否大规模制造，并使产品有过硬的质量和可靠的标准。

二、制造石墨烯材料的演进过程

（一）实现石墨烯材料的小规模制造

1．研制出可用于制造晶体管和传感器的单原子二维晶体石墨烯

2005 年 7 月，国外媒体报道，英国曼彻斯特大学的安德烈·盖姆领导的研究小组与俄罗斯康斯坦丁·诺沃谢洛夫等研究人员，合力发明了制造单原子二维晶体石墨烯的技术。专家表示，二维物品石墨烯实际用途广阔，它可以在晶体管、超高灵敏气体感应器、机械装置和翻译器上得到运用。

研究人员说，对刚刚劈开的水晶断层进行打磨，就会出现像在黑板上画粉笔一样，水晶在机械的打磨中有许多薄片脱落，其中有些薄片是只有一层原子厚度的水晶片。这样的水晶薄片质地稳定，可以被用来制造晶体管和传感器。

2004 年，盖姆研究小组通过打磨石墨水晶，首次制造出二维原子晶体：一张碳原子薄膜片。他们以光学原理为基础，利用电子束和原子能显微镜，来分离这层只有一个碳原子厚度的薄膜。接着，他们发现这项切割技术，几乎可以用在所有原子位面结合不牢固的物品上。例如，他们从硼氮化合物上做出了二维原子晶体。盖姆研究小组发现水晶二维原子晶体性质、结构和电子性能，在常温下可以保持几个星期不发生变化。

现在，英俄科学家们采用的是平版印刷技术，来处理这些薄膜，提高它们的实用性。

研究人员说，这些年来，一直存在着二维物体到底有没有存在意义的讨论。现在，我们证实了二维晶体的存在，并发现它们性质稳定。我们可以研究它们的电子原理、光学特性和力学特性，对我们来说，二维物品是个全新的物体概念，它包括金属、绝缘体、半导体和有磁体。这项发现，可以让有关二维物体的理论，在实践中得到检测。

2. 研制出仅一个原子厚的石墨烯新材料群

2005 年 7 月，美国物理学组织网站报道，英国曼彻斯特大学科学家安德烈·盖姆教授领导，俄罗斯科学家康斯坦丁·诺沃谢洛夫为主要参与者的研究小组，发现了一个以前不为人所知的材料新家族，这些材料只有一个原子厚，且表现出科学家难以想象的良好性质：它不仅超薄，而且在不同环境下或表现出超强性能，或表现出高绝缘或高导电性能，为工程师和设计师提供了多种可选择的材料特性。

这类只有一个原子厚的新型材料，可用于日常生活，从穿衣到计算机无所不包。科学家预计，就像聚合物的普遍使用一样，它们也将改变人类的生活。

研究小组使用所谓的“微机械劈裂”技术，从常规大小的晶体上提取出单个原子层面，制造出了这种超薄材料。根据母本晶体的不同，一个原子厚度的副本可能是金属，也可能是半导体、绝缘体或磁体等。以前，人们认为如此薄的材料原理上不存在，但研究人员首次证明这些材料不仅存在，而且比较容易制造。这些材料重量轻、强度高、柔韧性好，可选择种类多。他们发现，所提取的一个原子厚度的薄片，在普通环境下不仅性质稳定，而且显示出极高的晶体品质，这种晶体品质使这些薄片具有自己独特的性质。

诺沃谢洛夫说：“最重要的是，我们的发现，不仅是一到两个新材料，而是一个新的材料种类，其中包含成千上万种材料，它们具有不同的性质，人们可以针对特殊需要选择最恰当的材料。虽然这种新材料的应用也许是几十年后的事，但我期待在几年内就能看到由原子厚度材料制成的超快晶体管、微机械元件和纳米传感器。”

3. 研制出世界最薄的二维碳原子石墨烯片材料

2007 年 3 月，英国曼彻斯特大学物理天文学教授安德烈·盖姆、教授康斯坦丁·诺沃谢洛夫、教授列昂尼德·波诺玛伦科等人，与德国马克斯·普朗克研究所科学家共同组成的一个国际研究小组，在《自然·材料学》杂志上发表研究成果称，他们已研制出世界上最薄的二维碳原子石墨烯片材料，厚度仅为头发的20万分之一。科学家预测，这一材料将会在电脑和医学研究领域，掀起一场声势浩大的科技革命。

科学家在一片厚度仅为一个原子的薄膜上造出一层碳原子，这完全同物理学定理相悖。让我们用较为形象的方法来描述这种材料到底有多薄：若将这些薄片一层层摞在一起，则需要20万层，才足以达到人类一根发丝的厚度，由此可见一斑。这种名为“二维碳原子片”的物质于两年前问世，不过当时只有在将它们同另一种材料粘在一起时，才可以将其制作出来。现如今，研究人员采用把薄膜悬挂于金制脚手架纳米刻度长条的方法，成功造出二维碳原子片。

这一伟大发明，在理论学家看来也许是天方夜谭，不过，如今它拥有实验做坚实后盾。二维碳原子片，事实上是一种被认为遇热便会瞬间遭到损坏的两维晶体。这种晶体薄膜，由碳原子构成，碳原子可以形成六个六边形小组，形成一种密集的蜂巢点阵结构，它们之所以能存在，是因为碳原子之间的结构经波动后变得相当稳固。波动向这种结构提供了“第三维”，赋予其团结的力量。

而事实证明，二维碳原子薄膜非常稳定，它可以在真空和室温下抱成团。而其他所有已知材料会氧化、分解，在相当于其自身厚度十倍的尺寸时变得不稳定。盖姆说：“这是一种全新的技术，即便是纳米技术，也无法贴切地形容这些新材料。我们已生产出概念验证型设备，相信这项技术转而应用于其他领域也会简单方便。我们真正的挑战，是如何降低这种薄膜的成本，使其可以更广泛应用于其他领域。”

诺沃谢洛夫表示，二维碳原子片的主要用途，是可大大提高电脑的运算速度和计算能力，用于新药物的研制方面。这种薄片还可以被用作只能用显微镜才可看见的滤网，用以将气体分离成它们的组成部分。在二维碳原子片中，单个原子的厚度仅有0.35纳米。借助这一特性，二维碳原子片在医学研究中可以帮助医疗人员用电子显微镜对分子进行分析。

目前，电子显微镜提供的图像清晰度，深受摆放样本分子的材料厚度所限。二维碳原子片的厚度堪称独一无二，电子也许有一些不太相干的材料经过其上，能让分子结构的图像变得更加清晰，尤其对掌握着一代医学发展关键的蛋白质而言。二维碳原子片最终可以取代硅片，因为它们具备成为比硅片更有效电子晶体管的潜力。二维碳原子片可以用作电子晶体管，尤其是把守电流输送闸门的开关，它们已证明比硅片运行速度更快，耗费的能量也更少。

《自然·材料学》杂志上，已刊登了把二维碳原子片用作电子晶体管的实验。波诺玛伦科也对二维碳原子片的商业前景充满乐观。他说："这项技术，已成功让毫米大小的电子晶体管，稳定地过渡至当前的微处理器，其单个元素的尺寸仅有10纳米。我们研究的下一步，就是开发真正纳米尺寸的电路，这也是符合逻辑的一步。"

（二）进入石墨烯材料的规模化生产

1. 石墨烯规模化生产获得重大突破

2010年1月17日，英国国家物理实验室量子检测组的亚历山大·察仑丘克教授与其他欧洲国家相关研究人员组成的一个研究小组，在《自然·纳米技术》杂志上发表研究成果称，他们开发出规模化生产石墨烯材料的新方法，石墨烯论，将成为微型芯片和触摸屏等未来高速电子产品的关键成分。在该成果的推进下，生产出作为未来纳米技术基础的新材料研究，又向前迈了一步。

石墨烯早已展示出其巨大的潜力，但之前仅能实现小规模生产，对更好地测量、理解和开发造成了局限。该研究小组首次向人们展示了如何扩展石墨烯尺寸，并提升质量，以满足实际开发的方法，同时成功地测量了其电子特性。这些重大突破，克服了扩展石墨烯技术应用中的两个最大障碍。

该项目的第一个重要突破，是有效地扩展了石墨烯层的面积。到目前为止，高质量的石墨烯只能以几分之一毫米的形式体现，使用的是诸如用胶带从石墨晶体上一层层加以剥离的办法。要产生出可实用的电子器件，则需要制造出更大尺寸的材料。而现在，研究人员终于首次用大约50平方毫米的较大面积石墨烯层，成功制造产品，并在其上运行了大量的电子器件。

这个石墨烯样本，是在碳化硅上以外延法生成的，外延法是一种在一个晶体层上生长出另一晶体层的方法。有了这样具有重要意义的样本，不仅证明石墨烯能以可扩展的方式实际制作出来，也使得科学家可更好地理解其重要性能。

该项目的第二个重要突破，是用前所未有的精确度来测量石墨烯的电特性，从而为建立起更简便、更准确的标准铺平了道路。

测量电阻的国际标准，都基于量子霍尔效应，即二维材料的电特性只能由其基本自然常数决定。截至目前，这种效应只在少量传统半导体中才能展现出足够的精度。此外，这样的测量，还需要在接近绝对零度的温度下进行，同时还需施加非常强的磁场，但全世界仅有少数几家专业实验室具备这样的条件。

长期来讲，石墨烯倾向于能提供一个更好的标准，但目前的样本尚不足以做到这一点。通过产生足够大小和质量的样本及准确地展示霍尔电阻，研究人员已证明石墨烯具有大规模取代传统半导体的潜力。

此外，石墨烯可在更高温度下展示量子霍尔效应。这意味着石墨烯电阻标准可得到更广泛的运用，也将有更多的实验室能满足测量所需的条件。除了运行速度和耐用性方面的优势，这也将加快生产进程，使未来以石墨烯为基础的电子技术产品成本降低。

察仑丘克教授指出，此项目最令人轰动的是，大面积的外延石墨烯，不仅展示了其结构连续性，而且在精确测量所需的完美度上，并不逊于发展历史更悠久的传统半导体。

2. 研制出可取代硅基材料的石墨烯新产品

2014 年 5 月，有关媒体报道，英国利物浦大学化学系教授安德鲁·库珀主持的一个研究小组，开发出一种石墨烯家族的新成员，它具有改善电子设备中使用的晶体管的潜力。这种名为“三嗪基石墨相氮化碳”的新材料，早在 1996 年就获得了理论预测，但这是它第一次被研制出来。

目前，晶体管由硅制成，不仅材料较贵，而且在电子设备中应用时会产生热量。研究人员一直在寻找一种可以取代硅的碳基材料，但作为半导体使用，要求这种材料拥有电子能带隙。只有一个原子厚的石墨烯，因具有强度大、导热和导电效率高等特性，一直被认为是硅的“接班人”。不过，没有带隙，也是其应用的瓶颈。而此次研发的新材料，也是二维的，并且拥有电子能带隙，这使得它适合于制造晶体管的可能性大增。

库珀说：“这是一个令人兴奋的结果，因为有序的二维有机固体材料，相对来说太少了。找到石墨烯家族的一位新成员，意义非常重大。”

据报道，研究小组首先用廉价的双氰胺分子，制备出了石墨相氮化碳晶体，它的二维层状结构与石墨烯类似，但其中含有氮。然后，他们把这些晶体置于石英管中，在600℃高温下加热62个小时使之融化，这时得到的液体中含有三嗪基石墨相氮化碳小薄片，通过过滤或者将其从石英管上剥离，就可以分离出来。

目前，这种新材料仍处于早期开发阶段，库珀表示，接下来的研究将是探索它的性质。他说：“创建和分析这种材料仅仅是第一步。要扩大制备规模并证明其在电子设备中的作用，我们还有很多工作要做。”

三、以石墨烯为原料制造新产品

（一）运用石墨烯制造电子产品

1. 首次把石墨烯变成可制电子设备的绝缘体材料

2011年10月，英国曼彻斯特大学安德烈·盖姆、列昂尼德·波诺玛伦科等人组成的一个研究小组，在《自然·物理学》杂志上发表论文称，他们用两块硝酸硼和两块石墨烯组装成一个“巨无霸汉堡”，从而首次把石墨烯变成可制电子设备的绝缘体材料，这个“巨无霸汉堡”有望取代计算机内的硅芯片。

石墨烯是从石墨材料中剥离出来、由碳原子组成的二维晶体，只有一层碳原子的厚度，是迄今最薄也最坚硬的材料，其导电、导热性能超强，远远超过硅和其他传统的半导体材料。随着对石墨烯的研究越来越深入，科学家们认为，石墨烯有望彻底变革材料科学领域，未来或能取代硅成为电子元件材料，广泛应用于超级计算机、触摸屏和光子传感器等多个领域。

在这项最新研究中，科学家将两层石墨烯和另外两层硝酸硼结合在一起，组装成一个四层结构的三明治式样的物质，并将其命名为“巨无霸汉堡”。两层硝酸硼不仅用于隔离两层石墨烯，而且能将石墨烯完全被其他物质包围时的反应展示于人前，从而使科学家们首次能观察到石墨烯不受环境影响时的所作所为。

波诺玛伦科表示：“制造出这种多层结构，使我们能摒除周围环境带来的负面影响，并控制石墨烯的电性，以前根本无法做到这一点。”他说：“迄今为止，人们从来没有将石墨烯当做绝缘体，除非将其正确地破坏，但现在，科学家们首次将高质量的石墨烯变成绝缘体。”

盖姆指出：“我们一直在寻找新方法，改进石墨烯的性能。最新用硝酸硼包裹的石墨烯，能为未来的石墨烯电子设备提供最好、最先进的平台，从技术上来讲，这一点非常重要。它解决了科学家们此前一直担心的石墨烯的稳定性和质量问题，这两个问题，一直是盘旋在用石墨烯制造各种电子设备这一灿烂美妙前景上的乌云。”盖姆也解释到，现在，他们只是在较小的层面上做到了这一点，但结果表明，与石墨烯有关的一切都能被扩大。

就在前几天，英国财政大臣乔治·奥斯本视察了研究石墨烯的曼彻斯特大学实验室，并表示英国政府将拿出5000万英镑，帮助研发基于这种新材料的技术。

2. 通过打印方式把石墨烯制成柔性电路

2011年11月29日，英国《每日邮报》网站报道，英国剑桥大学安德鲁·法拉利领导的一个研究小组，在用石墨烯材料制造产品的技术方面获得重大突破。他们以“神奇材料”石墨烯为“墨水”，首次使用普通的家用打印机，打印出由石墨烯制成的柔性电路。这项研究突破，有助于科学家们大规模廉价制造出可穿戴的电子设备。

打印出电子设备并非新技术，科学家们已经使用纳米粒子“墨水”，打印出很多电子设备，但是，这些打印出来的电子设备几年后会氧化，其效率不如硅基电路。

现在，该研究小组制造出一种石墨烯“墨水”，并使用一种经过改进的爱普生打印机打印出这些薄膜电路。他们拿出一块石墨烯，切成很多微小的薄片，并将其放入N—甲基吡咯烷酮中溶解，随后，他们将溶液放入墨盒中并使用打印机将其打印出来。新技术向前迈进了一大步，这次打印出来的石墨烯晶体管更轻、导电性更强、性能稳定且更便宜。

法拉利撰文表示：“这为科学家们在任意基座上使用打印机，打印出整块透明的柔性石墨烯设备铺平道路。”换句话说，最新方法使得科学家们可以大规模制造出可穿戴的柔性电子设备，而且成本非常便宜，不需要耗费数百万英镑购买昂贵的生产制造设备。

石墨烯是从石墨材料中剥离出来、由碳原子组成的二维晶体。它只有一层碳原子的厚度，是迄今最薄也最坚硬的材料，其导电、导热性能超强，远远超过硅和其他传统的半导体材料。科学家认为，石墨烯有望彻底变革材料科学领域，未来有望取代硅成为电子元件材料，广泛应用于超级计算机、柔性触摸屏、环保和医疗设备、光子传感器以及有机太阳能电池等诸多领域。

（二）运用石墨烯制造先进光学产品

有望制成高效的石墨烯聚光光学设备。

2011 年 8 月，剑桥大学等离子体专家亚历山大·格里高仁科、工程系专家安德鲁·法拉利等人组成的一个研究小组，在《自然·通讯》杂志上发表研究成果称，他们发现，让石墨烯与金属纳米结构结合，可把石墨烯的聚光能力提高 20 倍，改进后的石墨烯设备，有望在未来的高速光子通信中用作光敏器，让速度为现在几十倍的超高速互联网成为现实。

2010 年，英国曼彻斯特大学的安德烈·盖姆与康斯坦丁·诺沃谢洛夫，因在石墨烯研究领域的突出贡献而荣膺诺贝尔奖。现在，他们和剑桥大学科学家做出了这项最新发现，为提高互联网和其他通信设施的速度铺平了道路。

此前，科学家们就发现，将两根紧密排列的金属丝放在石墨烯上方，用光照射于其上会产生电力，这个简单的设备，其实是一个基本的太阳能电池。更重要的是，因为石墨烯内的电子，拥有高流动性和高速度等独特属性，石墨烯设备处理数据的速度，可能是目前最快的互联网光缆的几十倍甚至几百倍。

然而，迄今为止，这些极富应用潜力的设备，在实用过程中一直遭遇聚光效率低下这一瓶颈，石墨烯只能吸收照射于其上的 3% 的光线来产生电力，其余光线全成了“漏网之鱼”。

现在，研究人员通过把石墨烯和纳米金属结构耦合在一起，并将金属结构采用特殊的排列方法置于石墨烯上，解决了这个问题。这种所谓的等离子体纳米结构，显著增强了能被石墨烯感应的光电场，并能有效地将光集中在石墨烯上，将石墨烯的聚光性能提高了 20 倍，而且其数据处理速度没有受到丝毫影响。

格里高仁科表示，石墨烯似乎是等离子体的天然伙伴，他们希望等离子体纳米结构能改进石墨烯设备的性能，现在他们不仅做到了，而且结果超乎想象，其聚光效率还可进一步提高。

法拉利表示："迄今为止，石墨烯的主要研究领域，一直集中于基础物理学和电子学。最新研究表明，石墨烯在光子学和光电子学领域也有重要的应用潜力，可用于制造太阳能电池和光敏器等多种有用设备。"

第三节　研发纳米材料的新技术

一、研制纳米晶体技术的新进展

（一）拍摄单个原子搭建纳米晶体的新技术

能够观察原子一个一个"搭建"晶体的技术。

2014 年 5 月 28 日，《新科学家》杂志网站报道，英国华威大学尼古拉斯·巴里和他的同事组成的一个研究小组，首次能够观看晶体，由原子一个一个地"搭建"而成的全过程，这赋予了他们令人难以置信的控制纳米微观结构的能力。这项被称为纳米晶体测量学的新技术，有望用于定制具有不同用途的晶体，比如净水剂或者隐形斗篷等。

巴里说："这是第一次我们可以真正拍摄到单个原子的运动，并观察原子一个一个地组装成晶体。"

在纳米尺度的世界里，即使是由同一材料制成的杆、球和点，也拥有显著不同的化学和物理性质。但迄今为止，科学家控制此类结构的能力有限，因为它们生长得太快，即使是最好的电子显微镜也捕捉不到。

该研究小组，利用一张含有金属锇、碳和其他元素的分子薄膜，开展了新实验。据报道，他们把一束电子束射向分子薄膜，使大多数分子分裂并释放出单个锇原子，其余的则熔合成一个能够支撑这些自由原子的石墨烯晶格。而关键点在于，这个石墨烯晶格中含有杂质。

巴里解释说："它掺杂了硼原子和硫原子，这能让石墨烯表面的单个金属原子的运动减速。"这些行动迟缓的原子，与电子显微镜的图像捕捉速度一样，研究小组因此能够看到晶体生长的过程。

研究人员还使用多种金属原子，首次制造出锇钌合金。这表明，该方法可以令人信服地创建出拥有有趣性质的其他新型材料。借助这项技术，研究人员把能够观看不同的化学原料如何生长成晶体，并设法定制可应用于不同领域的晶体。此外，他们还能按需设计晶体的缺陷。

诺丁汉大学的托马斯·张伯伦表示："这种观看单个原子，一个一个结合形成纳米粒子的能力，对于了解材料在原子水平上如何形成是一个重大贡献。"但他同时指出，晶体的反应会构成障碍。如果粒子表面没有一个稳定的覆盖层，晶体材料将与它所遇到的其他粒子吸附在一起，从而越长越大，活性也越来越低。他说："这些晶体的有用特性，将随时间快速改变，进而消失。"

尽管如此，巴里认为，石墨烯晶格上的高活性无涂层结晶"岛"，也是可以发挥作用的。比如，它可在原子尺度上探测气体或者药物。

（二）制造纳米微片或纳米晶体的新技术

1. 推出可大幅降低成本的快速制造纳米微片新方法

2011年2月，一个由英国、美国和韩国研究人员组成的国际研究小组，在《科学》杂志上发表研究成果称，他们发明了一种新方法，可快速、高效地把石墨等特殊材料，制成只有一个原子厚的纳米微片，该方法成本低廉，并可进行规模化工业生产，有可能导致一场新电子和储能技术革命。

石墨烯是近些年来材料研究的热点，因其与众不同的电学性质而备受关注，物理学家们希望，有一天它在电子元器件中的应用上，能够和传统的硅材料一决高下。但事实上，还有上百种类似的特殊层状材料，如一氮化硼、二硫化钼、二硫化钨等，同样能够用于新技术的创新。几十年来，研究人员一直在尽力把这些材料制成纳米微片，以便利用它们不寻常的电子和热电性质。然而，几乎所有方法都非常费时费力，制造出的材料也十分脆弱，大多不能实际应用。

该国际研究小组经过潜心研究，找到一种制备纳米微片的新方法，他们利用超声波脉冲，可在几个小时之内，把多种一毫克的特殊层状材料，制成数十亿个只有一个原子厚的石墨烯样纳米微片。研究人员称，该方法成本低廉，但十分高效，用这种方法制成的纳米微片，可喷涂到硅等其他材料表面，制成一种混合薄膜，这种薄膜将材料特性与传统技术有效结合，可应用于新型计算机元件、传感器或电池等的制造。

2. 发布纳米晶体研制技术的重大突破

2014 年 10 月 5 日，英国利兹大学亚玟·皮尔森教授领导的一个研究小组，在《自然·方法》杂志上发表研究成果称，他们开发出一种纳米晶体新技术，能帮助研究人员观察到分子是如何工作的，并介绍了这种时间分辨晶体学技术，怎样帮助研究人员观察纳米材料分子结构内部的变化。

研究人员表示，虽然已经开发出快速时间分辨晶体学技术，即劳厄衍射，但这种技术的问题在于，全球只有三处地方有这种先进设备。因此，目前大多数蛋白分析还是处于传统分析阶段。

而该研究小组开发的最新技术，则能帮助全球的研究人员开展动态晶体学研究，更深入了解分子是如何工作的，比如新型的智能材料或新的药物的工作原理。了解分子特殊状态下的结构和动力学原理与功能的相关性，将有助于避免不必要的副作用。

皮尔森表示："时间分辨结构分析，就像是为纳米晶体学家准备的电影。"

传统的 X 射线晶体技术，需要给结晶分子发射 X 射线，并创建可以让研究人员绘制分子结构的图像。这其中一个主要的限制因素，就是如何在一个实验的时间里，绘制晶体中所有分子及其动作的平均图像。

20 世纪 40 年代，诺贝尔化学奖得主，英国化学家乔治·波特研发出了抽运－探针技术，这对化学研究领域产生了重要的影响。但是要全面利用这种技术依然存在难题，目前只有在美国、法国和日本三处才有"加速器"。而新方法，则采用"聪明的数学"进行转换，帮助科学家们利用强大的同步辐射光进行结晶或其他技术，从而完成时间分辨晶体学研究。

在这种方法中，研究人员利用新方法同步分子，并激活它们，然后通过一种光脉冲模式，制作一系列移动结构的晶体"探针"，这些脉冲能建立单一的晶体学图像，就像是一张长时间曝光的照片。

此后，研究人员重复使用不同模式的光脉冲实验，创建一个不同的"长时间曝光"的图像。直到完成公式所学的所有脉冲模式。

著名的时间分辨晶体学专家，巴斯大学的保罗·莱兹伯教授（未参与该项研究）评点道，“这是非常令人兴奋的突破性成果，这种方法能令我们‘看到’化学进程和生物进程，实现以往不可能实现的研究，并开创出分子动力学研究的新局面。”

二、研制纳米材料的其他新技术

（一）纳米材料结构技术的新进展

1. 开发制造超细纤维的纳米结构技术

2011 年 2 月，美国物理学家组织网报道，英国科学与技术设施理事会卢瑟福·阿普尔顿实验室研究人员、英国牛津大学的真乐普·库班、内尔·斯基普，以及英国伦敦大学学院的阿瑟·洛弗尔等人组成的一个研究小组，研发出一种廉价且实用的新储氢方法，有望使氢气在很多应用领域代替汽油，也加快了氢动力汽车面世的步伐。

研究小组研发出一种新的纳米结构技术，即共电子纺丝技术，并使用该技术制造出了纤薄柔顺的超细纤维，这种纤维的直径仅为头发丝的 1/30，科学家使用这些中空的超细纤维来封装富含氢气的化学物质，在这种方式下，氢气能在比以前更低的温度下，以更快的速率释放出来。

另外，这种封装方法，也让含氢化学物质远离了氧气和水，可延长它的寿命，并能确保人们能在空气中安全地处理这些含氢化学物质。

在质量相等的情况下，这种新纳米物质，能与目前氢动力概念车模型中使用的氢高压柜容纳一样多的氢。而且，这种新纳米物质，如果制造成微小的珠子后，就能像液体一样流动和倾倒，因此能像汽油一样装在汽车和飞机的油罐内。最关键的是，氢气给汽车和飞机提供动力时还不会排放出二氧化碳。

真乐普·库班在这项研究中起到关键的作用。他表示，这项新技术为很多与氢存储系统有关的关键问题提供了解决办法，让氢动力汽车离我们更近了一步。

2. 开发出制造纳米多孔结构材料的新方法

2011 年 11 月，英国剑桥大学卡文迪许实验室纳米专家的埃森·西瓦尼亚主持的一个研究小组，在《自然·材料学》杂志上发表论文称，最近，他们开发出一种名为“集合渗透震动”的新方法，来制造多孔结构的纳米材料，可大大提高制造效率，在水资源过滤、发光设备制造和化学传感器等方面，具有广阔应用前景。

以前，人们认为，要制造多孔结构的纳米材料必须有主辅成分，辅料成分既要和主料成分相连，还要与外界相通，这样才能便于清除，辅料成分除去后，就在主材料上留下小孔。而在新方法中，辅料成分完全被包入主料中形成阵列，利用辅料的渗透力和结构形成纳米孔，更加高效灵活。

西瓦尼亚说："这种方法，就像化学课上把盐水气球放在淡水浴中，演示怎样能把盐从气球中取出。盐无法离开气球，但水会不断进入，不断冲淡气球中的盐度。更多水进入后，气球会涨起甚至爆裂，盐就被完全释放出来。"

西瓦尼亚接着说："在我们的实验中，基本情况也是如此。辅料被陷落在主材料的成分中，产生了一系列微小爆裂，由此和外界连通而释放出被包在其中的辅料成分，给主材料打开许多小孔。"这种独特的工艺也可用来开发过滤器，能清除水中极微小的染料颗粒。目前，这是一种有效的过滤系统，可帮助贫困国家获得淡水，还可以用于过滤地下水，清除工业废水中的重金属。随着进一步开发，它还能成为一种低技术含量低耗能的海水淡化路线。

研究人员还和光子与光电学专家合作，用新工艺制作的材料做成电极模板，用在发光设备中。由于材料微孔具有独特的堆积式阵列，提供了一种高效多光子层，能吸收微量的化学物质而改变颜色，可用在传感器或光学组件中。西瓦尼亚还指出，目前他们还在进一步开发该技术在多方面的应用，如太阳能电池、超级电容电极、燃料电池等。

（二）生物医用纳米技术的新进展

1. 证明细菌鞭毛马达可推动纳米技术发展

2006 年 2 月，英国牛津大学物理学家贝利博士主持的纳米回转马达研究小组，在一年一度的盐湖城生物物理会议上，介绍了他们在该领域的研究成果。

贝利表示，细菌鞭毛马达是生物纳米科技的一个范例，懂得它的工作和组装原理，是在同一领域开始人造机器的第一步。

据悉，该马达和内燃机的功率相同，有很好的功效，然而却只能供 50

个纳米通过。

贝利和日本的同事，改变了发动机里的蛋白质，用钠离子来代替氢离子进行驱动，通过降低现有钠离子级别来减少转速。贝利让人们了解到他们的研究，知道细菌马达性能的变化，懂得基础的物理学扭矩集成的过程。

2. 用纳米粒子作“外衣”提高精子质量的技术

2013 年 11 月，英国牛津大学一个集合了生殖生物学、纳米科学和工程学等多领域专家的研究小组，在《纳米医学：纳米技术，生物学与医学》杂志上发表研究成果称，精子质量问题是导致不育的重要因素，但由于精子体外存活时间短等特点，相关研究很难展开。他们开发出一种新技术，把纳米粒子作为精子的“外衣”，使其更易于进行研究。

研究人员表示，这项技术，旨在解决困扰医学界的精子研究问题，即克服精子体积小、形态特殊及体外难以存活等造成的研究不便。

新研究以猪的精子为对象，因其特性与人类精子十分相似。研究发现，纳米粒子“多孔氧化硅”，可很好地依附于精子上，且其本身不影响精子的各项功能，而将纳米粒子中载入特定化合物，就可检测精子的相关指标。

研究人员解释说，纳米粒子的好处就在于，它们像一个个空信封，可以用来装载化合物并“投递”到细胞中，起到很好的运输媒介作用。利用这一特性，可将用于检测精子的化合物置于纳米粒子中，然后直接把精子放入装满这种纳米粒子的培养皿，这一过程不仅方便操作而且所需时间很短，避免了精子难以储存等问题。

研究人员说，这项纳米新技术，可使精子质量检测和精子缺陷研究更易于开展，未来有望据此开发出新的检测手段，甚至治疗不育症的新方法。研究人员计划用人类精子进一步确认新技术的有效性，并测试这一技术是否同样适用于卵子研究。

第三章　光学领域的创新信息

英国在光学原理及技术领域的研究主要集中在揭示光子运行机理，控制和开发电磁波及射线；研究量子光学操控技术，以及光与电子联姻的量子隧穿技术。在应用光学技术领域的研究主要集中在应用光栅技术发明新型光学电子标签编码，使用激光技术把玻璃变身为新式存储器，利用碳纳米管传导和散射光线技术获得最小全息三维影像。同时，应用激光技术开发更快诊断骨科疾病的新方法，运用光遗传技术帮助瘫痪肌肉恢复功能等。英国在光学仪器设备领域的研究主要集中在光电子元器件及设备、光信息观察与存储设备、光源设备和激光设备。

第一节　光学原理及技术研究的新进展

一、光子研究开发的新成果

（一）光子运行机理研究的新发现

1. 发现激光调节固态晶体材料可减慢光子运动速度

2006 年 4 月 21 日，英国伦敦帝国学院克里斯·菲利普斯和同事们组成的研究小组，在埃克塞特大学凝聚态物理与材料物理学院召开的大会上报告研究成果称，他们发现了一种能够使光子运动速度减慢的新方法。

研究人员说，当光线穿过一种多层半导体超薄膜式，光子运动速度减慢到只有以前的 1/40。他们认为，这种半导体多层薄膜技术，可以最终使光子运动完全停顿下来。

研究人员表示，这项控制光子运动速度的技术，对利用光脉冲进行信息处理的应用很有好处，比传统硅芯片电子学的电流信号更好。光学信息技术，已成为一种远距离传输信息的标准方式，它可以在光纤中传输光信号。但是，如果光子中包含的信息，能够在“光学线路”中，类似电子学线路那样分流，那么信息的传递将更快，功率也能更大。控制光学线路中的光速可以调整信号的同步，甚至能够在“冻结光子”中存储信息。操控光子的设备，还能用来制造超级量子计算机，它可以利用量子力学规律，运行比现有超级计算机更庞大的计算程序。

在此之前已有减慢光速的方法。最初是在金属原子超冷气体中实现的，这种气体的温度只比绝对零度稍高一些。后来，研究人员认识到，利用激光可以调节固态晶体材料（例如红宝石）中的光导性质，光线通过材料时，由于与晶体原子发生相互作用而减慢速度。

菲利普斯研究小组，现在找到了一种新方法，利用微电子技术中的半导体，来设计制造减慢光子运动速度的材料。光线在传播的过程中，通常会与介质材料中原子发生相互作用。每个光子都是一个振动着的电磁波包，它们与原子中的电子的相互作用，可以用量子理论描述。像光速减慢这样的量子光学效应，可利用激光改变原子的电子态，也就是影响电子与光子的相互作用来实现，从而有效地减慢光子运动速度。

在半导体平板材料，如硅芯片中，电子态太混乱，不能用来精确调节。但是在非常薄，只有几纳米厚的半导体薄膜中，电子态可以很好的排列，并且可以通过改变薄膜厚度来控制电子态。如此薄的薄层称为量子阱，从效果上来说，它们就像是人造原子一样。

菲利普斯研究小组发现，用半导体材料砷化铟镓和砷化铝铟制成的，多层量子阱中的电子态，可以表现出减慢光子运动速度等量子光学现象。这种层状薄膜，还表现出一种不常见的“无粒子数反转光放大”效应，它是产生激光的基本要求，光信号可以在其中放大，但并不需要像传统激光器那样，先要产生一种高能电子态优势。

2. 证实两个光子通过撞击可以结合成物质

2014 年 5 月 19 日，美国物理学家组织网报道，科学家布雷特和惠勒 1934 年提出，如果让两个光子通过撞击结合在一起，有可能变成物质，形成电子和正电子——这是最简单的“光变物质”方法。但他们也认为这只是理论，从未想过有人能实践证明这一预测。目前能把光变成物质的实验都伴有大量高能粒子，纯光变物质的布雷特 - 惠勒正负电子对，从未在实验室里被观察到过。

近日，英国伦敦帝国学院物理系教授史蒂夫·罗斯、首席研究员奥利弗·派克与德国马克思·普朗克研究所物理学家联合组成的一个研究小组，在《自然·光子学》杂志上发表研究论文称，他们发现了证实这一理论的一个非常简单的方法，并模拟成功。

罗斯说："布雷特和惠勒首次提出这一理论时，虽然所有物理学家都相信它是真的，但从未在实验室里被证明。在80年后的今天，我们确实找到了利用现有技术即可验证这一理论的简单方法。现在我们把这个方法公布出来，大家就能用我们的方法去实践这一里程碑式的实验。"

报道称，研究小组提出对撞实验涉及两个关键步骤：第一步，先用极强激光把电子加速到接近光速，然后把这些电子发射到一块金板上，生成一束高能光子，这些光子的能量是可见光的10亿倍。第一步，用一个很小的金空腔作黑体辐射，他们向金空腔内表面发射高能激光，产生热辐射场，从而产生类似于恒星发出的光。然后，他们让第一步实验产生的高能光子直接进入空腔中心，让这不同来源的两束光子撞在一起，形成电子和正电子。在电子和正电子离开空腔时，就可能检测到它们。根据蒙特卡洛模拟显示，该系统一次发射能产生大约10万个布雷特－惠勒对。

派克说："虽然这一理论听起来简单，要想实验证明却非常困难。我们能很快想出对撞的方法，但还要提出能用现有技术来实现的实验设计。我们发现黑体辐射空腔不仅能研究聚变能量，还为创造光子对撞机提供了完美条件。"

研究人员还指出，这一成果，不仅第一次实验证明了布雷特和惠勒的理论，而且这种"光子—光子对撞机"，能利用现有技术把光直接变成物质，代表了新型高能物理实验的进步，这种实验能再现宇宙形成的最初100秒内的重要过程，表现伽马射线爆发，这也是宇宙中最大的爆发和物理学中最大的未解之谜。

（二）电磁波光子及射线研究的新成果

1. 发现一种控制太赫兹波的新方法

2006年11月2日，英国巴斯大学发表新闻公报说，该校一个研究小组，发现了一种控制太赫兹波的新方法，可大大提高利用太赫兹波探测物质内部结构的能力，在疾病诊断、药物分析、材料探伤和爆炸物检测等诸多方面有很大应用潜力。

太赫兹波是指频率在0.1～10太赫兹，波长为3000～30微米范围内的电磁波，在电磁波谱上位于微波和红外线之间。这一波段的电磁辐射具有很强的透视能力，可以作为一种特殊的“探针”用来对物质内部进行深入研究。

由于此前人们没有掌握使太赫兹波很好聚焦的技术，它的应用受到很大限制。利用传统的透镜和反射镜，仅能使太赫兹波聚焦到波束直径不足1毫米的程度，导致分辨率不足。这样的波束远远不能用于研究生物细胞等微小物体，就像最小刻度为1毫米的尺子，不能用来测量长度仅几微米的东西。

新闻公报说，巴斯大学研究人员发现，普通金属线不能很好地引导太赫兹波进行聚焦，但如果在普通金属线的表面切开一些小槽，其聚焦能力就会大大增强。将这样的金属线制作成逐渐变细的形状，使其一端成为一个非常微小的点，金属线就能引导太赫兹波聚焦到这个点上，形成直径只有几微米的波束。

理论上分析，由于频率与生物大分子的振动频率吻合，太赫兹波在生物医学方面有特殊优势，可用于详细探测机体组织结构，方便研究伤口愈合、肿瘤生长等情况。它还能用来探测大气层、研究分子运动、探测毒品与爆炸物和对材料进行无损探伤等。要实现这些功能，必须研制出性能良好的波源，提供稳定、分辨率高的太赫兹波波束。新成果使得科学家离实现这一目标又近了一步。

2. 制成比太阳光亮度高上万亿倍的伽马射线

2011年9月，英国思克莱德大学蒂诺·扎若斯兹恩斯基教授主持，他的同事，以及格拉斯哥大学相关研究人员组成的一个研究小组，在《自然·物理学》杂志上发表研究报告称，他们制成目前最亮的伽马射线，它比太阳光的亮度要高上万亿倍，为医疗和原子核研究等领域的应用开启了新的可能。

该实验是在卢瑟福·阿普顿实验室的中央激光设施内进行的。研究小组使用了新型的激光等离子体尾波场加速器，它利用大功率激光器发射持续时间超短的激光脉冲，与电离气体发生相互作用，加速带电粒子至极高能量，因此可将常见的长约100米的加速器缩小至手掌大小，比大多数传统设备更小巧，也更经济。而交互作用所发出的强烈光束，能够穿过厚度为20厘米的铅板，需要1.5米厚的混凝土才能完全吸收。此次测量到的伽马射线峰值亮度，可超过每秒、每平方毫弧度、每平方毫米、每0.1%带宽1023个光子。

扎若斯兹恩斯基说："这是一项很大的突破，能够更容易、更广泛地探测非常致密的物质，也使我们能够监视核聚变内爆。为了证明这一点，我们借助伽马射线为25微米厚的电线拍照，并利用相位对比成像的方法，形成非常清晰的图像。这表示吸收力很弱的材料也能清晰成像，由伽马射线照射的物质只会留下十分微弱的阴影，因此可视为无形。"他补充说，事实上，如果加速电子等带电的粒子，它们会向外辐射。他们在放射强激光脉冲的离子洞中囚禁粒子，并加速使其达到高能量，洞中的电子同样也会和激光发生相互作用，从中获得能量而剧烈摆动。大幅的摇摆动作加上电子的高能量，使得光子能量陡增，从而产生伽马射线。

研究人员表示，这种射线有多种用途，可用于医疗成像、放射治疗和生产用于正电子断层扫描的放射性同位素。同样，这一来源，对于监控存储的核废料也十分有用。此外，由于激光脉冲的持续时间短到千万亿分之一秒，能捕捉到原子核的应激反应，因此这一射线，也成了实验室内对于原子核研究的理想选择。而无可匹敌的持续时间，也是伽马射线脉冲如此明亮的原因。

二、量子光学技术研究的新进展

（一）量子光学操控技术的新成果

1. 微芯片上生成操控量子纠缠首次获得成功

2011年11月，英国布里斯托大学物理学家彼得·夏伯特等人组成的一个研究小组，在《自然·光子学》杂志上发表论文称，他们的研究首次表明，可以完全基于微小的硅芯片，生成、操控和测量量子纠缠现象，并将其用于塑造量子电路。

量子纠缠是制造量子计算机的基础资源，为构建量子计算机，控制粒子纠缠和混合等复杂过程必须在微芯片上完成，而为了大规模复制出大量微型电路，必须找到与现有计算机大致相同的制造方式。英国量子光子学中心的杰里米·奥布莱恩教授谈道：“新研究已经实现这点，这可被认为是向光学量子计算迈进的一大步。”

研究人员基于微芯片进行了多次实验，每个实验通常都会在大小为3～70毫米的光学实验台上进行。量子光子学芯片内含波导电路和压控移相器，还包括一个微型通道的网络，能够引导、操作光子，并与其互动。光子对将通过光纤与芯片耦合，研究人员利用8个嵌入电路中的可重构电极，对光子对进行操纵，并使其在通过电路时发生纠缠，生成两个光子的纠缠状态，或是任何一个光子的混合状态。

夏伯特表示：“如果量子计算机只能执行单一的特定任务，那并不理想。我们希望重构的装置能够执行更多任务，而多用途光子芯片正是我们现在所呈现的。新设备比之前实验中所采用的技术要复杂10倍左右。令我们兴奋的是，可以利用单个可重构芯片的简单方式，进行多种不同的实验。”目前，研究人员正试图逐渐增加此装置的复杂性，并将其作为构建未来量子计算机的基石。

帝国理工学院的特里·鲁道夫博士表示，这一成果可谓是一项重大进展。研究小组可以在数秒间，实现业界过去需要耗费几个月才能进行的实验。“能够在芯片上产生、操控和测量量子纠缠，是了不起的成就。这不仅因为它是导向光学量子计算等多种能够改变我们生活的量子技术的关键步骤，也赋予了我们更多的机会去探索那些怪异的量子现象，并为制造可编程的量子处理器铺平了道路。”

2. 实现快速操控光的量子状态

2012年2月，英国布里斯托大学的达米恩·博诺领导，英国赫瑞瓦特大学、荷兰卡弗里纳米科学研究所研究人员参与的一个研究小组，在《物理评论学快报》杂志上发表研究成果说，科学家一直希望用光子代替电子实现更快捷安全的光通信，现在，他们成功证明，能更快速地（在几纳秒内）控制，与目前光通信网络中所用光波波长一样的光子路径和偏振，新光子电路可整合进现有的光通信网络中，从而显著改进网络的性能。这项最新研究，朝实现光量子通信迈进了一步。

研究小组，在对一个由电路组成的量子光学设备进行研究时发现，单个光子会移动穿过这些电路，这些电路也能被重新配置从而改变光子的路径和偏振方向。然而，这种量子光学电路，无法快速操纵单光子和多光子的状态。为了解决这一问题，他们使用了已被证明能在现有通信调制器中进行快速操纵的铌酸锂波导，并证明对电极附近的波导施加电压，能快速操控，由波长为1550纳米的一个或两个光子组成的光的量子状态，其中包括路径和偏振，该波长正是现有通信网络中采用的波长。

博诺表示："在这个实验中，我们演示了两种电路配置，每种电路配置，都会导致不同的量子状态，一次配置仅需几纳秒，而在以前的实验中，每几秒才能对电路进行一次重新配置。现在的通信网，每天都在使用由同样技术制成的开关，来传递由光脉冲编码的信息字节，从原理上来讲，这样的开关也能用于单光子层面。"

博诺表示："迄今为止，在芯片上操纵光的量子状态一直依靠加热器，其能作为慢速移相器来使用。最新研究表明，铌酸锂波导能采用一种与以前迥然不同的方法，来更快速地操控光的量子状态。现在，我们不仅能打开和关闭光包，以便按规定路线发送传统信息，也能够快速处理和操纵光的量子状态。"

研究人员指出，能在单个平台上，快速控制单光子的偏振和路径，对基础量子科学和量子技术来说，都至关重要。博诺表示，制造这些设备的铌酸锂材料也能随机产生光子，另外，具有超导性的单光子探测器，也能被整合在这样的芯片上。一个结合了能随机产生光子的光源、电路以及探测器的技术平台，可用于以下几方面：通过对几个光子来源进行多路传输，从而获得可靠的单光子源、长距离量子通信需要使用的量子继电器、量子密码学中用到的量子密钥分配等。

3. 首次用相机拍下量子纠缠图像

2012年8月，英国格拉斯哥大学物理学和天文学学院教授迈尔斯·帕吉特，以及赫瑞·瓦特大学以及加拿大渥太华大学的研究人员共同组成的一个研究小组，在《自然·通讯》杂志上发表研究成果称，他们首次利用照相机，拍摄到量子纠缠的图像。量子加密通信、量子计算等技术的发展，都需要依靠量子纠缠的物理特性，最新研究成果朝着开发这类应用迈进了一步。

量子纠缠是一种量子力学现象，处于纠缠态的两个粒子即使距离遥远，也保持着特别的关联性，对一个粒子的操作会影响到另一个粒子。简单来说就是，当其中一个粒子被测量或者观测到，另一个粒子也随之在瞬间发生相应的状态改变。这种仿佛心有灵犀一般的一致行动，超出了经典物理学规则的解释范畴，被爱因斯坦形容为“鬼魅似的远距作用”。

在此次实验中，研究小组使用一个具有高灵敏度的照相机，来测量光子的高维空间纠缠。光子的纠缠态，是用一种特殊的晶体把一个单光子一分为二来创建的。通过给这些光子对拍照，研究人员可以对光子位置之间的关联进行测量，这是经典物理学所无法实现的。借助 201 像素 ×201 像素阵列，照相机可在同一时刻观察到量子光场的全景，研究小组也得以看到多达 2500 种不同的纠缠态。

帕吉特说：“一张图片胜过千言万语，这句格言用在此处再恰当不过了。每个像素都含有自己的信息，从而可能给量子加密通信的数据容量带来革新。”

他表示：“这项研究，是朝着未来量子技术迈进的重要一步，同时也显示了照相机的一个重要新功能，那就是在量子信息科学方面的应用。”

（二）研究光与电子联姻的量子隧穿技术

根据量了力学原理首次用光让电子“穿越墙壁”。

2012 年 4 月 5 日，英国剑桥大学卡文迪什实验室物理学家杰里米·鲍姆博格领导，皮特·克里斯托弗里尼等人参与一个研究小组，在《科学》杂志上发表研究成果称，他们根据量子力学原理，首次利用光让电子穿过经典力学里无法穿越的“墙壁”（势垒），实现了量子隧穿，科学家们有望借此技术研制出新的凝聚态。

在量子力学里，量子隧穿效应为一种量子特性，是电子等微观粒子能够穿过它们本来无法通过的“墙壁”的现象。正常情况下，粒子无法穿过这些“墙壁”，但如果这些粒子足够小，这一切就可以发生。在放射性衰变发生时、在很多化学反应中以及在扫描隧道显微镜内都会出现这种量子隧穿效应，这是因为根据量子力学，微观粒子具有波的性质，因而有不为零的概率穿过这些“墙壁”。

鲍姆博格表示：“高速电子如何穿过‘墙壁’的技巧，是让光同电子

‘联姻’。”

研究人员解释道，这场“联姻”是“命中注定”的，因为光以共振腔光子的形式出现，我们把一束光捕获在镜子之间，让其在镜子间来回反弹，光把电子夹在中间，让电子振动穿过墙壁。

克里斯托弗里尼指出：“这场‘婚姻’产生的后代，实际上是新的不可分割的粒子，这些粒子由光和物质组成，可以自由地通过像平板一样的半导体‘墙壁’而消失。”

研究人员表示，新粒子的独特特征之一，是它们会朝一个特定的方向延伸，而且它们之间也存在着强烈的相互作用。

目前，很多试图制造出“凝聚态”的半导体物理学家，正在密切关注这些相互作用强烈的粒子。“凝聚态”指的是由大量粒子组成，且粒子间有很强相互作用的系统。低温下的超流态、超导态、玻色—爱因斯坦凝聚态、磁介质中的铁磁态、反铁磁态等都是凝聚态，它们能在半导体内毫无损失地“旅行”。

这些新的带电粒子，也具有量子力学特征，即能同时出现在两个地方，因此，研究人员有望使用这些新粒子，借用肉眼可见的量子力学，将原子物理学家的想法变为实用设备。

第二节　应用光学技术取得的新成果

一、电子信息领域应用光学技术的新进展

（一）应用光栅技术的新成果

发明新型光学电子标签编码技术。

2006 年 3 月，英国南安普敦大学山姆·波特维尔等人组成的研究小组，开发出一种新型光学电子标签编码技术，它是建立在纳米结构光栅测试图的基础上。研究人员称，这项技术可以编码 10 的 9 次方个可识别粒子，对于编制非接触性的条形码，以及高吞吐量的栅格，都是理想的选择。

波特维尔指出，人们的视觉使用这些条形码正如组合化学里使用到的

标记一样，可以使用带标签的微粒子来标记个体分子。因此，标记植物、动物、鸟类、昆虫甚至个体细胞的生物学方法也十分重要。在需要安全性的应用软件方面，该技术也具有很大的使用前景，在钞票、信用卡、新产品以及芯片中小电子成分的标记等方面都可以用到。

波特维尔解释说，每一个标签的编码，按照光栅开闭的周期储存，通过检测标记物衍射出的第一束光波的角度来读取数据。他补充道，目前需要面对的最大挑战，是设计一组可以收集所有衍射光束的视觉检测系统。

研究小组应用电子光束平板印刷技术，放置60纳米厚，50微米×50微米大小的铬衍射光栅于分辨率为100纳米的玻璃上。通过这种方法，发明了一个具有大约7400个独立光栅的芯片存储器。使用这种理论上具有双重光栅的芯片存储器，研究小组计算出更高次序的标记模式，这就使得分辨6.8万个标记以及人工的三个原始标签成为可能。可分层的光栅数目限于100纳米的分辨率。波特维尔解释道，多数目的分层光栅标签较小，不容易被准确复制，同时，带有标签的光栅之间相互也有影响，这可能会限制它的叠合。这一点正是将来需要解决的问题。

同时，研究小组将提高存储容量并优化技术，以开发更多的潜在功能。波特维尔表示，研究人员正在研制用于生物和化学领域的生物相容性标签，与此同时，科学家计划开发更复杂的格栅测试图以增加标签容量，并使编码更加优化。

（二）应用激光技术的新成果

1. 使用激光技术把玻璃变身为新式存储器

2011年8月，英国南安普敦大学光纤光电子激光光学研究中心科学家马蒂纳斯·伯瑞斯纳领导的一个研究小组，在《应用物理学快报》杂志上发表研究论文称，他们首次用激光技术，研发出玻璃存储器。这种存储器块头小，存储能力强，而且，寿命长达几千年，大型机构和公司的海量信息今后可以长时间安全存储其中。

研究小组使用激光让玻璃块中的原子重新排列，让玻璃“变身”为新式存储器。他们首先让一束激光聚焦，随后把名为三维像素的小点，铭刻进纯净的石英玻璃内，使玻璃变得有点模糊，光通过玻璃时会发生极化。极化过程改变了光通过玻璃的方式，制造出了极光漩涡，以此将信息记录于玻璃内。玻璃存储器内的信息阅读方式与光纤内数据的阅读方式一样，而且，其中存储的数据也可以利用激光进行清除、重写等操作。

研究人员表示，与现在广泛使用的硬盘存储器相比，玻璃存储器更稳定，更耐用。现在的硬盘存储器的寿命仅为几十年，且很容易被高温和湿气破坏。而这种玻璃存储器能耐受983℃的高温，即使在水中也不会遭受任何破坏，信息可以在里面安全存储几千年。

这种玻璃存储器，可与《超人》系列电影中使用的“存储晶体”相媲美，“存储晶体”包含了超人父母保存下来的视频和数据，当把这种晶体插入一个播放器中时，其中的数据会被重放出来。

伯瑞斯纳表示，一块比手机屏幕还小的玻璃存储器，可存储50GB的数据，与一张蓝光光盘的存储量相当。他进一步指出：“而且，数据能被永远地存储在玻璃中。玻璃存储器有望变成一种非常稳定、安全的便携式存储方式。”

伯瑞斯纳称，这种玻璃存储器将成为那些有大量数据需要存储和备份的机构和大公司的新宠。现在，这些组织每5—10年，就必须为其庞大的数据备份，然而，现有硬盘存储器的寿命相对来说较短，不足以胜任这项技术。他说：“玻璃存储器，将让博物馆和诸如国家档案中心这样的机构大大受益。”

2. 开发激光驱动技术用来检测声波

2011年11月9日，美国物理学家组织网报道，英国检测研究院国家物理实验室声家专家伊恩·巴特沃思领导的一个研究小组，开发出一种激光驱动技术来检测声波，让研究人员能以远程非侵入方式，迅速绘制出声波从声源向远处传播的图像，为音效和音响器材的检测提供了可靠数据，将大大提高音响制造商的设计能力。

高性能音响极大地改善了声音质量，但因为向外发出的声波会互相重叠，产生干涉而彼此抵消，音效“死角”的问题迄今未能解决。高保真扬声器能将传输的声波保持完整频率，却不能在所有方向都平稳输出。有两个以上声源时这一问题更加突出，在中间频段“低音”和“高音”扬声震膜都被激活，造成音效较差的不稳定频率区，也就是音效“死角”。现有的高精声音检测法是用话筒来做检测，要确定“死角”的性质还很困难。

虽然制造商能通过计算机辅助模拟来检测声波，但无法准确反映出扬声器的性能。

研究人员开发出一种激光振动器，并测试了该技术在对水下声呐阵列进行三维描绘方面的效果，发现空气中声光效应，即光通过声场时所产生的光学相位上的变化，非常明显，足以被检测到。

他们对扬声器中输出的声波进行检测。将激光放置在扬声器旁边，迅速扫描扬声器前面的一系列位点，通过放在另一边的回复反光镜反馈给激光振动器。检测返回光源的激光，就能迅速获得相位变化的空间分布数据，生成声音围绕声源传播的图像或视频。

巴特沃思说："这对制造扬声器而言是巨大的突破。有了可靠的确切数据，制造商能更好地理解不同设计对扬声器的影响，从而设计出没有音效'死角'的扬声器。"他接着说："该技术的主要应用，可能在高端家用音响。音响制造商，都希望能给用户带来完美的环绕声体验，而户外音响也有望消除空间上声音强度的明显变化。"

研究人员指出，在声音反射最小的条件下，使用该检测技术最为理想，在户外能制造出天然半消音环境的话也可以用。他们还在进一步研究，怎样用更高清晰度扫描更大的区域，以得到更好的声音传播画面。

（三）应用纳米光学技术的新成果

1. 利用碳纳米管传导和散射光线技术获得最小全息三维影像

2012 年 9 月，英国剑桥大学海德尔·巴特等人组成的一个研究小组，在学术刊物《高级材料》上发表研究报告说，他们利用碳纳米管传导和散射光线的技术，形成迄今最小的全息像素，从而获取高清晰度的全息影像。有关专家说，这一技术，未来有望提升全息图像的视觉感受。

全息影像技术，主要指利用干涉和衍射原理，记录并再现物体真实的三维图像。这种技术，曾展现在许多描述未来生活的科幻电影中。

据研究报告介绍，研究人员利用只有头发丝 1/700 粗细的碳纳米管，传导和散射光线，得到了迄今最小的全息像素。通过把许多碳纳米管排列在一块硅片上，研究人员用这些微小的全息像素，拼出了"剑桥"这个英文单词的全息图像。

巴特说，像素越小，清晰度就越高，用这种技术得到的全息图像，可以达到很高的清晰度。此外，这种技术，还可以使得全息图像具有更大的视野。

研究人员表示，该技术除了可以提升全息图像的视觉感受外，还可用于制造高灵敏的全息图像传感器。目标物体在距离、角度，甚至某些成分物质的密度方面发生微小变化，都可以被这种全息图像显示出来。

研究人员同时指出，这项技术的应用，还需要克服两个困难：一是碳纳米管的成本较高，他们正在尝试用氧化锌等材料来代替碳纳米管；二是这项技术现在还只能显示静态的全息图像，他们还在探索如何用它显示动态全息图像。

2. 利用激光推力让纳米钻石悬浮上半空，有助于量子计算

2013 年 8 月，英国罗切斯特大学物理学家尼克·瓦米瓦克斯教授和他的同事，以及研究生莱维·尼克奇等人组成的一个研究小组，在《光学快报》上发表研究报告称，他们运用激光推力，让一颗微型钻石悬浮在半空之中。

据报道，在此之前，研究人员便已经使用激光，实现让单个原子悬浮的实验操作，但这次是第一次，研究人员能够运用这项技术，让一颗纳米钻石悬浮起来。本次实验中被悬浮起来的纳米钻石，直径大约 100 纳米，相当于人类指甲厚度的 1/1000。

在这项最新的研究中，研究小组利用了这样一个原理，即激光束会产生一个力，尽管它非常小，一般感觉不到。

瓦米瓦克斯表示："如果我们打开电灯或是打开门，我们能感受到光线。尽管我们能感受到光照，然而我们并无法感觉到光在我们身上施加的压力。"他说："但如果你把光线聚集成光束照，射到一个非常小的区域上，事实上它就可以对极其微小的物体产生一种推力。"

为了让这种显微物体悬浮起来，研究小组在一个洁净的真空管内，相向布置两道激光，并使用气溶胶布撒器将纳米钻石撒入真空管。这些纳米钻石，被吸引向激光束移动，其中一部分最终被稳定地悬浮在了半空中。

有时候，这种悬浮能在数分钟内达成；有时候，这种悬浮的达成则需要更长得多的时间。尼克奇表示："有时候，我需要在这里等待超过半小时，才会看到钻石被成功悬浮起来。而一旦钻石被成功悬浮，我们就能让它们在半空中稳定悬浮超过数小时。”

研究小组希望，他们这项成果，将有助于量子计算，或者从理论上有益于对极微小尺度上摩擦力作用方式的研究。瓦米瓦克斯表示：“悬浮的钻石颗粒，对其所处的受力环境非常敏感。这非常重要，因为随着试验的尺度越来越小，我们需要了解环境和实验体之间，将会发生何种相互作用。”

目前，研究小组正准备，开展进一步的实验研究，以便更好地理解晶体的物理特性，这将帮助回答物理学中的一些基本问题。

二、生物医用领域应用光学技术的新进展

（一）应用激光技术的新进展

1. 应用激光技术开发更快诊断骨科疾病的新方法

2009 年 11 月，有关媒体报道，英国伦敦大学学院的物理学家帕维尔·马托塞克主持的一个研究小组，开发出用激光技术更快地诊断骨科疾病。报道称，这项新技术，已经通过安全而周密的临床分析，将对医院中的患者展开实验。研究人员表示，这套革命性的激光系统有可能成为一个极佳的肌骨病（例如骨关节炎和骨质疏松症）筛查系统的核心。

研究人员表示，这项技术，利用拉曼光谱学的原理，在不损伤表层的情况下，对非可透视表层中的特殊物质进行更深入的检查。他们相信，这个方法最终可以用于检测和筛查肌骨病的早期病征。

艾伦·古德须普教授是这个项目的首席调查员，他说：“这项新技术令人振奋，它的开发结合了多种学科长达数年的研究合作，现已达到了骨组织微创评估系统中的顶点。如果继续开发，有可能在此基础之上形成一个快速、安全、经济的肌骨病筛查系统。”

研究人员说，新技术已经用化学成分不同的骨样本作过评估，但还从未在医院用患者作过评估，今后几年将开展此工作。

马托塞克说：“这个新方法，有效地抑制了来自皮肤的碍眼的干扰信号，不需要活组织检查，就能透过皮肤看到骨头中所有成分微妙的化学变化。”新的技术，还能够提供比受限于矿物质成分的常规 X 光系统多得多的信息。

礼查德·克因是英国皇家国家矫形外科医院的联席调研员兼风湿病咨询医师，他说："这个项目，有可能为检测和确诊一些目前仍难以诊断的罕见骨骼异常，提供一种工具。它有可能大大减少肌骨病负担和这类患者遭受的慢性疼痛。"

2. 应用激光技术开发可辨细菌声音的"微耳"

2010 年 3 月，英国广播公司网站报道，借助显微镜技术，人们对细菌、病毒等微生物的认识已经达到了很高的层次。但对这种丰富多彩的微观世界，目前还如同早期的电影一样，大多停留在"只见其人不闻其声"的无声时代。报道说，英国格拉斯哥大学乔恩·库珀称领导，他的同事，以及牛津大学和英国国家医学研究所有关研究人员，共同组成的一个研究小组，创造出一种被称为"微耳"的新型设备，或许有望让听到细菌的声音成为可能。

据介绍，"微耳"是一种借助光镊原理开发的激光技术。研究人员希望此设备能够成为标准的试验设备，以更好地监听微观世界的活动，包括用它来随时监听细胞的活动情况、监听药物对微生物群的作用等。

库珀说，借助"微耳"，他们就像拥有了一个极小极敏感的麦克风，从而可以窥探到小至细菌或细胞运动的声音。"微耳"和光镊一样都采用了激光技术，不同的是，光镊通过一束激光形成的三维势阱俘获、控制微小粒子；"微耳"则通过多束激光在目标物上形成环状来捕获目标物的振动，从而获得声音。

研究人员举例说，比如让只有人类头发丝百分之一大小的微小带电珠子，环绕诸如大肠杆菌这样的微生物，每束激光捕获一个带电珠子，微生物的运动引发的任何声音都能够被晃动的珠子感受到。科学家使用一个高速照相机来记录珠环的运动，以确定运动源于何处。

据称，目前研究人员已经用"微耳"听到了液体中粒子进行布朗运动的声音，布朗运动是指悬浮在气体或液体中的微粒作永不停止的、无秩序的运动。他们还计划用"微耳"听细菌运动时，其鞭毛所发出的声音。这里的鞭毛是指细菌体上一种细长并呈波状弯曲的丝状物，它是细菌的运动器官，也是鉴别细菌种类的一个主要标志物，被喻为细菌的发动机。为了使这一过程进行得更加顺利，研究人员必须对细菌进行基因编程，以让其能够更好地附着在珠子上，这也意味着研究人员可以采用这种方法，来更好地理解经基因改造过的细菌。

除基础研究外，“微耳”同样也可以被应用于医疗领域，研究人员可借助“微耳”听取药物影响微生物的过程，就如同修理工通过引擎声辨别出汽车故障一般。

研究人员下一步希望能通过“微耳”，听到引起人类昏睡病的锥虫的声音，以期通过研究这些血液寄生虫的运动方式研制出治疗该病的新药。“昏睡病”是一种由寄生虫感染引起的疾病，流行于中部非洲，病人会不断陷入昏睡状态，直至死亡。非洲每年有 6 万多人和 300 多万头牛的死亡与此有关。

（二）应用光遗传技术的新进展

运用光遗传技术帮助瘫痪肌肉恢复功能。

2014 年 4 月，《新科学家》杂志网站报道，利用闪光刺激经过遗传修改的神经元，可以恢复瘫痪肌肉的运动功能。英国伦敦大学学院的琳达·格林史密斯领导的一个研究小组，在小鼠身上开展的这项最新研究，为使用光遗传学技术来治疗脊髓损伤、癫痫以及运动神经元疾病等神经失调疾病铺平了道路。

光遗传学是神经科学领域近来发展最快的技术之一，它涉及对神经元进行遗传修饰，使其产生一种光敏蛋白，当暴露在光照中时就会发送电信号。到目前为止，光遗传学技术主要被用于研究大脑如何工作。有些研究小组也在探索将其作为一种治疗手段的可行性，但对大脑进行不可逆的基因操控所引发的担忧，成为他们面临的最大障碍。

在这项最新研究中，该研究小组在实验室里修改了小鼠的干细胞，然后把它们移植到小鼠的腿部神经中。这样做的目的是，一旦有问题出现，移植的干细胞能够更容易被去除。

据报道，研究人员在小鼠胚胎干细胞中，插入了编码光响应蛋白的藻类基因，通过添加信号分子，使干细胞发育成负责让信号在脊髓和身体其他部位来回传递的运动神经元。接下来，这些神经元被植入自身神经已被切断的小鼠的坐骨神经。待 5 周后植入神经元与肌肉融合，研究人员对小鼠实施了麻醉，剖开其皮肤，并用蓝色脉冲光照射神经。他们观察到，小鼠腿部肌肉产生了收缩反应。

目前，大部分正在开发的针对瘫痪患者的治疗方法，都需要对他们的神经或肌肉进行电刺激。如果患者的痛神经元仍能工作，这可能给他们带来痛苦。此外，电刺激会使肌肉收缩过于用力，很快出现肌肉疲劳。而光遗传学方法对肌纤维的刺激则更为平缓。

研究人员为了让这项技术更适用于人体，正在开发一种护腕形式的发光二极管，它可与皮肤下的微型电池组相连，作用于周围神经。他们还试图用患者皮肤培育的诱导多能干细胞（iPS 细胞），来替代胚胎干细胞，这样患者就无须借助药物来抑制免疫反应。

该研究小组的首要目标，是帮助那些无力控制呼吸肌的运动神经元患者。他们正在研制一个可以反复照亮胸部膈神经的心脏起搏器，并计划在猪身上进行测试，希望用它恢复猪的呼吸能力。

第三节　光学仪器设备研制的新进展

一、光电子元器件及设备的新成果

（一）光纤及其制成品研制的新进展

1. 研制出路径损耗最小的光子晶体光纤

2004 年 2 月 24 日，英国 BlazePhotonics 公司在有关会议上宣布，已经开发成功路径损耗非常小的能带隙光子晶体光纤。该公司是一家 1999 年在英国巴斯大学成立的风险企业，主要以学术领域的用户为对象，销售各种光子晶体。

目前，这种光纤面临的最大课题是如何降低路径损耗。因为路径损耗越小，传输距离就越长。此次开发的光纤在长波 1560 ~ 1575mm 范围内的路径损耗为 1. 72dB/km。过去最低也就是 13dB/km，因此可以说前进了一大步。

该公司负责研发部门的副总裁亨德里克 · 萨伯特指出，之所以能够缩小路径损耗，是开发成功能够尽可能按照设计来形成截面孔形的方法，以及在截面设计上下功夫的结果。该公司表示，“目标是通过将路径损耗降低至0.05dB/km左右，与普通光纤展开竞争”。至于材质，除使用高纯度二氧化硅外，没有什么特别之处。

能带隙光子晶体光纤采用的结构是：在直径数μm的中空中心轴（芯线）外围，包裹着数百根仍旧是中空且直径1μm左右的微细管。这种管起着在芯线中传导的光线“绝缘体”的作用。其优点在于，能够将路径损耗和光线散射控制得非常低。因为与普通光纤不同，其芯线是中空的。尤其是散射，即便是过去在光通信中无法使用的蓝色和紫外线激光波长，也能控制得非常低。

但是，实际上，过去开发的此类光纤的路径损耗非常大，不少甚至会达到100dB/km。与普通简单模式光纤的最低路径损耗（约0.2dB/km）相比，此次实现的1.72dB/km仍旧很大，而且散射也同样如此。萨伯特说：“目前来讲，散射仍很大，差不多是普通光纤的4倍，不过降低散射并不难。”光子晶体的应用领域不仅限于光纤。利用其具有的即便弯曲波导路径，也不会漏光，这一性质的纳米级光电路设计，以及分波/合波的光波波长及角度，可进行设置的新棱镜——“超级棱镜”等的研究，也非常活跃。

2. 发明用“超级光纤”制成立体弹性屏幕

2005年9月，英国普利茅斯大学媒体实验室亚当·蒙塔顿博士领导的研究小组，发明了一种非常特殊的立体显示器或弹性屏幕，它由屏幕、红外线传感器、摄像机和投影仪组成，屏幕本身用所谓的“超级光纤”制成，这是一种能在外力作用下弯曲和变形的弹性材料。

安装在用“超级光纤”屏中的传感器和摄像机，记录屏幕在受挤压时发生的形状改变，同时将信息传送到计算机，随后收集的信息由蒙塔顿博士小组研制的专门程序加以处理，最后投影仪会在变形的显示器上产生相应的画面。

实验结果显示，人真的可以用手或头“埋入”潜在空间中，或是剧烈打击屏幕“打出”火花。现在该系统，已能利用“超级光纤”屏，制成宽1米、高2米的立体显示器，能产生出立体森林图像。研究人员认为，这种立体显示器或弹性屏幕，将能在各种展览会和交互展台组织中，获得广泛应用。

（二）光电子元器件研制的新成果

1. 制造出世界最小光开关

2008 年 2 月，英国苏格兰圣安德鲁大学的研究小组，在《光学通讯》期刊上发表研究论文称，他们制作出目前世界最小的光开关，且该开关由硅制成，具有集成入 CMOS 电子元件的潜力。

这个新元件是一个基于定向耦合器的 2×2 开关。定向耦合器包含 2 个距离非常接近的波导，以致光能可从一个波导传到另一个波导。当定向耦合器处于关闭状态时，光沿着上部波导不受干扰地传至出口；而当定向耦合器通过加热方式开启时，光被切换至另一个波导，由下方出口传出。

该元件的鲜明特色在于，它把光子晶体纳米结构直接蚀刻在开关上。这个纳米结构可使光减速以在短距离内产生足够强的作用力，以此来缩小元件的尺寸。元件上具有光子晶体结构图案的部分，每边都只有 9 微米，这要比现存元件小很多。研究人员表示，该元件可用作光路的基本结构单元，譬如将多个 2×2 开关级联起来，即可得到 16×16 的大型矩阵开关。

研究人员称，该元件也可作为将信息编码至光束的光调制器，这比 IBM 公司不久前刚发布的调制器小了近 10 倍，这也意味着它的电容更小，因此开关速度可能会更快。研究人员推测，该调制器的信息传输率将高达每秒 100 吉比特，但缺点是带宽比较窄。该开关的工作带宽仅几个纳米，而 IBM 调制器的带宽可覆盖整个 C 波段。

研究人员指出，开关由电子束光刻技术制成，这种开关也可以采用深紫外光刻技术来制作。研究小组目前正与英特尔及比利时 IMEC 公司合作，目的是证明纳米结构可以用更低的成本来制作。

2. 研制出有机发光二极管微型显示器

2007 年 3 月，在巴塞罗那举行的世界第三代移动通信技术大会上，英国苏格兰微显示器公司向人们展示了自己研发的有机发光二极管微型显示器。这是世界上首次应用移动显示屏数字接口规范的手机视频体验，表明在微显技术上的又一突破。

研究人员表示，这款产品集成了有机发光二极管显示器所需的驱动和控制功能，能显示无闪烁高对比度的全彩高分辨率视频图像。由于采用了优化节能设计，加上有机发光二极管显示技术无须背光源，它的功耗非常低，大大延长电池的使用时间。正是超低功耗与显像质量的完美结合，使得该产品在便携头戴视频显示产品消费市场中，具有广阔前景。此外，突破性的技术，集成了驱动器和数字接口，还便于产品设计师迅速开发出更加灵巧、轻便与时尚的产品。

据相关研究表明，移动电视和视频市场在两三年内，就可以达到数百亿美元的市场规模，该产品可以激活针对视频眼镜、头戴式视频的消费应用，这些应用包括 DVD、MP4、手持游戏机，以及手机电视、手机上网等。作为微显示器技术商业化的领导者，苏格兰微显示器公司，致力于不断推动有机发光二极管微型显示器的研发与商业化。2004 年，苏格兰微显示器公司发明的世界上最小的彩色电视屏幕，曾获得吉尼斯世界纪录。

（三）光子计算机研制的新进展

1. 光子计算机有望 10 年内问世

2007 年 9 月 19 日，英国《每日邮报》报道，该国布里斯托尔大学量子光学中心的主任杰里米·奥布莱恩领导，他的同事，以及日本东北大学、以色列魏茨曼科学研究所、荷兰屯特大学研究人员参与的一个国际研究小组，制造出一种新型的光子芯片，并在其上实现了双光子量子漫步。研究人员表示，他们的研究开辟了量子计算的新道路。

报道称，研究人员成功制造出这种光子（硅）芯片。他们让两个完全相同的光粒子（光子），通过一个硅芯片上的电路网络，实现了被称为量子漫步的物理过程。此前，已经有研究小组实现了单光子的量子漫步，而这是科学界首次实现两个光粒子的量子漫步，其影响非常深远。

奥布莱恩表示，科学界普遍认为，量子计算机的问世，至少还需要 25 年。而双光子的光子芯片系统，意味着量子信息科学领域的全新开始，使用该新技术，量子计算机有望在 10 年内问世，其计算能力将远远超出传统的计算机。

从单光子量子漫步到双光子量子漫步的跨越并非“小菜一碟”，因为要保证两个光子在所有方面完全相同非常困难。另外，单光子量子漫步可以用经典波动理论来解释；而双光子量子漫步无法用任何经典理论来解释，完全是一种量子现象。

奥布莱恩表示，目前能够直接实现和观测双光子的量子漫步，接下来就可以在这种光子芯片上实现三光子甚至多光子的量子漫步。需要指出的是，这种扩展不是简单的光子数目的增长，而是一个非常大的挑战：每添加一个光子，能够解决的问题的复杂度，将成指数级增加。

该研究小组希望，尽快将其最新研究成果直接用于研发新的模拟工具；而从长远来看，基于多光子量子漫步的量子计算机，能够被用来模拟诸如超导、光合作用等由量子力学规律主导的复杂现象。奥布莱恩表示，他们的技术，不仅能帮助人们更好地理解这些重要的物理现象，还有助于研发出更高效的太阳能电池、超高速和超高效的搜索引擎、高科技材料以及新药等。

接下来，该研究小组计划利用这款光子芯片，来进行量子力学方面的模拟实验，同时打算使用更多的光子和更大的电路回路，来完成更复杂的实验。

2. 用新方法研制出光子计算机微谐振器

2011 年 12 月，英国光纤实验室米沙·萨米特斯基博士领导，他的同事参与的一个研究小组，在《光学快报》上发表研究成果称，他们通过对普通光纤的直径，在纳米尺度上进行微调，让光纤成为制造光子计算机必需的微谐振器，为研制出光子计算机开辟了新方法。

光子计算机是一种由光信号进行数字运算、逻辑操作、信息存储和处理的新型计算机，由于其运行速度和信息存储量远大于电子计算机，因此，许多国家都投入巨资进行光子计算机的研究。然而，要想制造真正的光子计算机，需要开发出可用一条光束来控制另一条光束变化的光学微谐振器这一基础元件。

对微谐振器来说，最有潜力的设计当然是一长串微环，将光子严密封锁在回旋的环内，接着让光子通过一个环到下一个环。链子越长，能存储的信息就越多。然而，即使目前最精确的制造工艺仍会在环内产生细小的瑕疵，导致信号逐渐减弱甚至完全消失。

在这项新成果中，该研究小组利用光纤本身固有的属性，对光线的直径在纳米尺度上进行了微调，将光纤变成了微谐振器。他们让一条光纤变得非常狭窄，并在其附近垂直放置了另一条光纤。因为这两束光纤如此接近，且初始光纤已被缩小到原来大小的几分之一，因此，一部分光能进行一个所谓的“量子飞跃”进入到另一个光纤内。

这种微谐振器的信号损失非常小，同时能让光运行的距离，比传统方法制造出的微谐振器高 2 个数量级以上。萨米特斯基表示：“光纤直径变化的精确性约为百分之一纳米，也是最高的精确度。”而且，如果将足够数量的光纤微谐振器耦合在一起，光脉冲内的信息可以被保存足够长的时间，以便科学家们进行光子计算。目前，他们能将 10 个光纤微谐振器耦合在一起。

以前也有实验利用光纤来做微谐振器，但它们主要依靠磨光或熔化光纤来改变其直径，这不仅会使光纤的结构非常不均匀，而且也无法达到纳米尺度。而最新方法能将微谐振器周长的变化控制在 0.1 纳米的精度以下。科学家们表示，能在纳米尺度上修改光纤的直径，得益于光纤固有的一个属性，因此，只要光纤在同样的环境下制造出并被加热到熔点下，就能获得同样的效应，这就使这种技术能从实验室研究走向工业制造。这些微谐振器，有望被用于制造各种专门设备，但其最大的应用潜力，在于制造光子计算机，以及用于基础的物理学研究中。

二、光信息观察与存储设备的新进展

（一）显微镜研制的新成果

研制成功纳米级光学显微镜。

2011 年 3 月 1 日，英国曼彻斯特大学李琳教授领导，王增波博士参与的，一个由英国和新加坡两国研究人员组成的研究小组，在《自然·通讯》杂志上发表研究报告称，他们制造出能够观测 50 纳米大小物体的光学显微镜，这是迄今观测能力最强的光学显微镜，也是世界上第一台能在普通白光照明下直接观测纳米级物体的光学显微镜。

研究人员表示，由于光的衍射特性的限制，光学显微镜的观测极限通常约为 1 微米。他们通过为光学显微镜添加一种特殊的“透明微米球透镜”，克服了上述障碍，使这一极限达到 50 纳米，观测能力提高了 20 倍。

王增波说：“这是目前世界上唯一能在普通白光照明下，直接观测纳米级物体的光学显微镜，是一个新的世界纪录。”

据介绍，目前一般使用电子显微镜观测极其微小的物体，但它也有一些缺陷。比如，在观测细胞时，电子显微镜只能显示出细胞表面的状况，而不能用于观测细胞内部结构。之前还有研究人员先为细胞染色，然后利用特制光学显微镜观测染色后的细胞内部结构，但这种方法对病毒无效，因为染料无法进入病毒内部。而这种新型光学显微镜，首次提供了在普通条件下，观测细胞内部结构和病毒活动机理的手段。

李琳说，这可能会为观测细胞和病毒的方式带来革命性变化，有助于研发新的药物和疾病治疗方法。

研究人员还表示，利用类似方法，可以进一步制造出观测能力更强的光学显微镜。从理论上说，这种基于“透明微米球透镜”的光学显微镜，不存在观测极限。

（二）光盘研制的新进展

1. 研制出存储量可增10倍的新型光盘

2004年10月，伦敦皇家大学物理学系的一个研究小组发明了一种新的资料存储技术：在外形类似于普通DVD的光盘上，可存储1兆比特的信息资料。

这种被称作“多元化光学资料存储器”的新产品，能够在一张光盘上存储1兆比特的资料，这是目前普通光盘资料存储量的数10倍。这种存储器以光的极性为基础，它能够对储存信息进行压缩。这种存储器使用双面、双层光盘，其中每一层可存储118小时的高清晰影像资料，其每一个存储单元就能够储存10比特的信息，整张光盘可以存储长达472小时的高清晰影像资料。

据研究人员表示，发明这种新型存储技术的想法其实早就有了，但以前他们没有研制出用于此方向的仪器和专门的程序，以精确识别每个存储单元对光反射的细微差别。

另外，最近光盘存储技术不断得到完善和发展。如不久前研制出的HD－DVD可存储30G的资料，而采用“蓝光”（Blu－Ray）光盘可存储50G的信息资料。

2. 突破多数据层DVD光盘技术难题

2006年9月26日，路透社报道，英国新媒体企业首席执行长尤金·列维奇宣布，他们解决了多数据层DVD光盘生产上的一个技术问题，从而使其可以廉价生产。这种光盘，可以采用不同格式存储同一部电影。

列维奇说："当前制作多数据层光盘的技术大多行不通。我们已开发出的多数据层光盘批量生产技术，解决了令人头疼的优良率低的难题。"产品优良率低，意味着从生产线上下来的 DVD，大部分不能正常工作，因而不得不作废。

英国新媒体企业宣布取得这项技术突破，距华纳兄弟影视公司申请"单张 DVD 光盘多格式应用"专利，不到一周时间。

不过，列维奇表示两者没有冲突。他说："他们申请的是应用，我们申请的是技术，两者互为补充。我很高兴华纳兄弟影视公司拓宽了我们的视野，因为这表明了他们乐于接受多格式、多数据层光盘。"

荷兰光盘生产设备制造公司，对于英国新媒体企业取得的技术突破，给予了证实。该公司首席执行长亚德兰科·杜维克说："对此，我可以给予证实。在英国新媒体企业与我们联系时，起初我们还很怀疑，因为我们有过生产双层可刻录 DVD 的经验，优良率不到 50%。但他们的技术大大提高了产品优良率，而且还在其他方面降低了成本。"杜维克表示，他们即将推出采用新媒体企业技术的生产设备样品。

此外，英国新媒体企业，还发明了一项新技术，解决了 DVD 播放器遇到的一个技术瓶颈。当前一代的 DVD 播放器，只能够读写单层或双层的光盘，但英国新媒体企业利用新技术，制作的高达 10 层的光盘，依然可以被播放器阅读。目前，英国新媒体企业已开始制作了自己的播放器，但它表示愿意把相关技术，授权给主流的消费电子企业。

（三）照相机研制的新成果

研制能以光速拍摄的照相机。

2014 年 7 月 1—6 日，赫瑞瓦特大学物理科学与工程学院讲师乔纳森·里奇，他的同事，以及格拉斯哥大学相关人员组成的一个研究小组，在英国"皇家学会夏季科学展会"上，向前来参观的人们提出以下问题：你怎样拍摄一张快照，快到能看见光在空中飞行？你怎样不用照相机也能拍出照片？你怎样用技术看到四周角落里的物体？反过来，怎样把物体隐藏起来让人们在照片中看不到？

实际上，该研究小组正在探索一种全新的拍照策略。里奇解释道，他们研究的相机，能以光速拍摄，记录下光脉冲在空中飞行的过程。他说："光由光子构成，速度为每秒钟 3 亿米，没有什么东西比光跑得更快。光子飞行的速度如此之快，普通相机是无法拍下它们的运动的。而我们的新相机极为灵敏而且极快，能拍摄单个光子，当它们在空中旅行时，还能给光脉冲录像。"

该相机的感光部件，由单光子光敏像素阵列构成。据物理学家组织网 7 月 6 日报道，这些像素有两种特性：一是对单个光子敏感的能力：每个像素的敏感性是人眼的 10 倍左右；二是它们的速度：每个像素被激活只要 67 皮秒（万亿分之一秒），比人眨一下眼的时间要快 10 亿倍。里奇说："这些特性让我们能实现'飞光成像'。"当光在空中飞行，从物体上散射开来时，这种成像方法连光本身也能拍下来。

里奇还介绍了相关摄像机的情况，他说，摄像机结合了脉冲激光源的工作原理。在录像中，记录了光脉冲里的光子在空中飞行。里奇说，人们可以看到光子在一系列镜子上发生的反射。当光脉冲与空气分子碰撞时，会随机散射出光子，这些光子中有些会被摄像机拍下来。

根据皇家协会会展介绍，这些技术，可以用于巡查环境角落。放在隐蔽角落处的物体也会散射光子，通过记录这些散射光，就能显示屏幕上看不到的物体。此外，该相机还可以用在需要精准计量时间信息的地方。

（四）摄像设备研制的新成果

1. 研制出高速摄像机

2006 年 2 月，有关媒体报道，英国一个研究小组研制成一种名为"雷神"的高速摄像机，它的拍摄速度，快到可以捕获到子弹在空中飞行的过程。高速摄像机的研究人员称，该摄像机上装有一个高速反射镜透镜，几乎可以让时间处于静止状态。

据悉，这款高速摄像机装有电子测速装置，可以捕捉到一颗出膛子弹的速度，以及人的视觉从来看不到的图像。一枚炮弹从大炮里发射出来，时速达到 2700 公里，整个过程其实只有 150 毫秒，也就是 1/10 秒多点。但高速摄像机却清晰地拍下了炮弹发射的瞬间，图像中可以看到空气中的冲击波，以及炮弹弹体上的数字。有了这种高速摄像机，就可以用来分析炮弹在高速飞行过程中存在的问题。

目前，英国军方打算把“雷神”高速摄像机用于军事领域，用来研究和提高导弹一类武器的性能。

2. 笔尖下装摄像头的智能笔在警察局推广

2006 年 3 月 2 日，《每日电讯报》报道，英国一家名为 Magicomm 的公司生产制造出一种特殊的智能笔。它看似与普通圆珠笔没什么两样，但在靠近笔尖处却装有一架微型照相机。照相机长 5 毫米，宽 3 毫米。它可以拍摄下使用者书写的文字内容，然后照相机中的数据通过移动电话传入警察局的电脑，最后电脑再将数据转化成文本。

这种智能笔的单价为 100 英镑。从 2005 年开始，多西特郡警察局成为全英首家试用这种笔的单位，该局目前已为犯罪现场调查小组的 30 名警员配置了这种笔，并决定还要投资 1.7 万英镑购置新笔。

多西特郡警察局表示，有了这种智能笔后，外出办案的警员再也不用返回警察局将现场记录输入电脑中。以往，即使是一桩小的案件，也需要花费长达 3 小时的时间，来完成将笔录输入电脑的工作。

多西特郡警察局局长马丁 · 贝克说：“这种笔的使用，意味着我们在文书等工作中花费的时间减少了，而且还运用了更加巧妙的方法去完成。一般警员总是需要花费四分之一的工作时间，来完成各种表格的填写，来完成现场记录。但现在，当一桩案件发生时，我们可以在案发现场，集中精力调查案情而不是用来填写各种表格。这样，我们就可以对受害者或证人提供更多的帮助。”

警官理查德指出：“其实，许多警员对于电脑打字都不在行，这种笔可以完全解决这个问题。”理查德还介绍说：“如果有智能笔辨认不了的文字，你可以从原始的文字记录中查找并修改。即便智能笔出现故障，你也还有原始记录可以查询。”

三、光源设备开发的新成果

（一）照明光源设备研究的新进展

1. 利用毫微科技研制能发自然光的照明光源

2005 年 1 月，有关媒体报道，英国巴斯大学毫微科技学科研究中心迈尔斯教授、布里斯托大学王朗教授等人组成的一个研究小组，运用毫微科技方法，研制成功一种能够发出自然光的发光二极管（LED）。

在物理学中，毫微是目前最小的长度单位，相当于一百万分之一毫米。而在英国巴斯大学，研究人员正在使用毫微科技进行一项特殊研究。他们通过模仿昆虫听声音的方式，进行原子能显微镜的研究。通过原子能显微镜，研究人员能够在原子单位的基础上获取图像资讯。它就像一部老式留声机，以分子为单位，勘测光线构成的轮廓。

迈尔斯表示，因此，我们试着做的就是以毫微为单位，对光源的结构和特性进行分类，了解它背后的科技。在我们了解它的结构后，我们就能从某些方面改造它，并重新建立结构作为实践用途。

与此同时，英国布里斯托大学的研究人员则利用这一科技，尝试在两极真空管的基础上创造出自然光。

王朗介绍道，我们在这里对两极真空管的某些新设计进行研究，来提高真空管的效率尤其是每瓦特的流明，同时我们将不同的两极真空管及光学设计结合在一起，创造出混合各种不同色彩的发光二极管，从而制造出与自然光非常相似的照明光源。

研究人员介绍说，发光二极管是普通灯泡寿命的 20 倍，他们认为在未来的 20 年内，全世界使用的 90% 的照明光源都可以用这种方式产生。

专家表示，一旦这种能发自然光的发光二极管得到普及应用，那么因长时间在办公室或工厂的人造光环境下工作而导致的头疼以及眼睛疲劳等现象，将有望得到解决。这项经过 5 年时间研制成功的新技术，称为电晶体光源技术。利用电晶体光源技术，不仅能够全天 24 小时为住家与办公室带来自然光，而且可以为能源消耗节约数十亿英镑的开支。有关专家预计，发出黄色可见光谱的传统电灯泡不久将成为历史，它的位置将由发光二极管取代。

2. 研制大幅度减少温室气体排放的环保照明灯

2005 年 5 月，在众多环境专家对气候变暖忧心忡忡、一些国家寄希望于《京都议定书》时，英国剑桥大学科学家科林·汉弗莱斯教授率领的一个研究小组，则以一种独特的方式：研制新型照明灯，来应对地球面临的危机。

按照汉弗莱斯的说法，新型照明灯可把二氧化碳等温室气体的排放量减少15%。汉弗莱斯是剑桥大学材料科学与冶金系教授，他的研究小组正在研制一种照明灯用新材料。他们相信，这种材料的推广可把二氧化碳和其他温室气体排放量减少15%。

发光二极管（LED）是一种可将电压转变成可见亮光的装置。LED可以不靠火力发电，从而削减潜在温室气体排放。手机、电子闹钟和交通信号灯等，都已采用LED照明。目前，研究人员正在研制一种基于氮化镓的新型照明材料。

氮化镓是一种可以释放强光的化合物，汉弗莱斯相信，它有可能成为继硅之后最重要的新型电子材料。他确信，使用氮化镓的晶体制造LED，可以提高照明灯亮度，减小能耗，而且更加耐用。

3. 研发可替代灯泡的节能“发光壁纸”

2010年1月，英国碳信托公司宣布，将投入资金资助一家公司研发“发光壁纸”，预计它在照明效果和能源效率上都将优于现有灯泡。

据有关报道，碳信托公司宣布投资45.4万英镑（约合73万美元），资助位于英国威尔士地区的一家公司，研发这种基于有机发光二极管技术的新产品。这种发光材料，可以制成覆盖在墙壁上的薄膜，全方位发出类似自然光的柔和光线，避免灯泡带来的阴影和晃眼等问题。据介绍，这种材料的能效比现在的标准节能灯还高2.5倍。

这一新产品，使用非常薄的有机材料涂层和玻璃基板，当有电流通过时，这些有机材料就会发光。采用这种技术的显示屏，具有更轻薄和更省电的特点，目前已被应用在手机等电子产品中。但现有产品在大面积显示、降低成本和延长使用寿命等方面，都有待改进。碳信托公司和该公司负责人都表示，相信可以通过技术进步，在2012年将“发光壁纸”推向市场。

碳信托公司由英国政府创办，其宗旨是推动先进低碳技术的商业化，以帮助应对全球变暖。它已经投资数千万英镑，资助了一百多个相关项目。

（二）开发新型同步辐射光源装置

建成第三代同步辐射光源装置。

2006年7月，英国第三代同步辐射光源装置，正式宣布测试成功。这是英国近30年来投资兴建的最大民用科研基地，为科学家了解宇宙和自然奥秘又提供了一项重要武器。

第三代同步辐射光源装置位于牛津郡南部，由英国钻石光源公司负责开发和运营。它的大小相当于五个足球场，为环状现代派建筑。除了产生同步辐射光的设备外，还为不同学科的科学家设计了实验室和办公场所，每年可以接待2000个用户，其周围目前还在兴建宾馆旅社，以方便科学家前往进行科学研究工作。

利用这种第三代同步辐射装置，可使电子在环状同步加速器的作用下，获得30亿电子伏特的能量，速度之快可达每秒钟绕地球7圈半。电子在环状同步加速器运动的过程中，会不断以光的形式释放能量，光的亮度是普通X光的1000亿倍。用射线流照射研究样本，观察光在物质内部的反射、折射和吸收情况，可帮助科学家在分子和原子尺度上，深入了解物质的结构和特性。

同步辐射装置，是材料、生命、环境、医药、物理、化学、地质等学科，基础和应用研究不可或缺的工具。它在电子、医药、石油化工、生物工程和微细加工等方面，也有广泛的应用潜力。比如，可观察生物大分子的三维结构，进而揭示分子结构和功能的关系；生物学家详细了解了病毒蛋白、癌症基因的结构后，有助于发明可阻断病原对细胞感染或抑制其致病功能的药物；物理学家利用同步辐射光，还可以清楚地了解到材料原子的精确构造和电磁结构参数等。

该项目耗资为3亿英镑，一期工程预计于2006年年底竣工，2007年1月正式启用。届时将有7束同步辐射光可以投入使用，其中两条专用于生命科学和医药研究。英国钻石能源公司首席执行官迈特立克表示，第三代同步辐射光源装置，是英国学术界和企业界共同营造的，一个充满活力的科研基地，它的科研成果将造福后代子孙。

（三）X光光源技术开发的新进展

1. 研制相当于太阳光亮度100亿倍的超强X光

2009年2月17日，英国《每日邮报》报道，该国钻石光源研究基地，正在制造一种新型的超强X光新光源，它采用光的亮度，将达到太阳光亮的100亿倍。研究人员将首先用它来探测大英博物馆内的一组青铜雕像，以揭开尘封数百年的古代世界之谜。

位于英国牛津郡的钻石光源研究基地，是目前世界上首屈一指的光源中心，也是近年来英国投资最大的科研项目，预计耗资达4.73亿英镑。所谓的钻石光源，是指第三代同步辐射光源，其主要装置是用电磁铁做成的环行管道，发射的射线具有常规光源与医用X光都难以比拟的品质，可以深入到分子级程度，直接观察生命现象和物质运动。利用钻石光源，科学家能更透彻地研究生物样品的构造、地质结构，以及读出隐藏在古代文物中的秘密。

新研制的超强X光，将利用同步光源获得稳定高能的辐射。研究人员需先向直线加速器射击电子，令其达到接近于光速的速度，电子随后进入到一个增压环以获得3千兆电子伏的能量，再被推进储存环，穿过令光束弯曲的特制磁体，释放同步光源，对光线进行过滤。

该X光的整体工作时间，只相当于常规X光的一小部分，效果却能达到帮助研究人员看穿重达两吨的固体物件，进而以微米尺度绘制出直径低于头发丝的物体细节图。而在此之前，研究人员根本无法以非入侵的方式，对大体积文物进行精确的扫描及绘图，深藏于其中的秘密也一直“不见天日”。

研究人员计划于2009年秋天启动这种新型超强X光，大英博物馆的科学家们将第一批使用这种先进光源设备，对一组神秘的古埃及青铜像进行探测。这批青铜像虽由不同的部分组合而成，但连接处堪称天衣无缝，密度之高只有此次新研制的X光可以对付，届时其制造工艺之谜终将呈现给世人。

2. 开发出桌面高能X射线光源系统

2010年10月24日，英国伦敦帝国学院物理系的斯蒂凡·柯耐普博士主持，美国密歇根州立大学和葡萄牙里斯本大学高等技术学院的研究人员参加的一个国际研究小组，在《自然·物理学》杂志上发表研究论文称，他们开发出一种微型同步加速高能X射线光源系统，其能效和质量可与世界上某些最大的X光源设备媲美，这种微型化的廉价高质量X射线光源将有着广泛应用前景。

研究人员表示，新设备能在桌面上，实现当前巨大激光设备的多项功能。他们的缩微系统，采用了一种微型氦气喷气机和一种高能激光，是一种只有铅笔粗细的超短波高能空间相干X射线光束。

柯耐普说，我们在产生更加简洁廉价的高能高质X射线方面，迈出了第一步。用相对简单的系统，在几毫米范围内产生的高质量X射线光束，能和几百米长的同步加速器产生的光束媲美。尽管我们的技术，目前还不能与世界上少数几个大型的X射线源直接竞争，但对于当前某些难以办到的检测来说，它提供了一种重要的应用手段。

新系统产生的X射线具有极短脉冲长度。它们能从一个约1微米的空间小点产生，这会导致一个狭窄的X光束，使研究人员能清楚地看到目标物的细节。这些特性是其他X光源不具备的，超短脉冲使研究人员能以毫微微秒（千万亿分之一秒）的解析度，测量原子和分子的互相反应。

新型X射线系统发出称为HERCULES的超高能激光束，进入氦气喷气机生成一个微小的等离子氦柱，激光脉冲在这个等离子内部，生成一个被带负电荷的电子包围的带正电的氦离子泡。

由于这种电荷分离，等离子泡具有强大的电场，不仅能促使等离子体重的某些电子形成能量束，还能使光速“扭动”。当电子束扭动它产生的峰值共振X射线光束时，就能够在实验中进行测量。

这一过程，跟其他同步加速光源中所发生的过程相似，但是在一个微观领域内产生。整个桌面X射线源，装在一个边长约1米的真空箱里，加速和X射线的产生在不足1平方厘米范围内。这种微型化导致更加廉价高质量的X射线光源，也将带来超短高耀度的属性。研究人员称，像这样的系统有很多用途，比如，使用高能X射线，它最终能极大地提高医学图像的解析度，也能更容易地检测机翼接合有没有微缝隙，还能用于开发特殊科学应用，X射线的超短脉冲可在极短时间内研究“结冰”运动。

四、激光设备开发应用的新进展

（一）研制激光设备的新成果

1. 发明传输距离最长的激光器

2006年2月，英国伯明翰阿斯顿大学胡安·阿若尼亚博士负责的研究小组，发明世界上传输距离最长的激光器，它能通过75公里长的光纤传递激光，这项研究将提高全球远距离通信的研究水平。

据介绍，这种新型激光器非常特殊，能在无任何能量损失的情况下，远距离传输光信号。正常的电话交谈和网络数据发送，通过光纤每传送 1 公里距离，信号能量损失 5%。因此信号必须被放大，但同时背景噪声也被放大。

阿若尼亚研究小组利用拉曼效应研制超长激光器。激光器在两端激发光纤原子，释放更多的能量并发射长波光子。这些光子被特殊的镜面反射后，光纤就会形成储存稳定、数量均一的激光，使之能在无损耗的状态下传输，从而省去信号放大的环节。

阿若尼亚博士认为，这项研究将对电信事业产生巨大影响，它不仅是远距离通信传输研究领域的重大进展，也为其他的科研领域打开了方便之门。

2. 利用激光激发设备制成能单个发射光子的装置

2007 年 3 月，有关媒体报道，位于英国剑桥的日立欧洲有限公司的首席研究者雪莱·徐领导的研究小组，通过一种由激光激发的设备，研制出一种单一光子源，这种光子源能一个接一个地发射光子。研究人员将这种计算机硬件装置比作“即插即用”装置。这是推动单个光子生产的关键性步骤，同时也是成功和安全地实现量子通信的基础，即使用单个光子携带信息进行数据传输。

该装置的即插即用性能，源于它的创新设计。一束光纤外加或可以说“插入”一块由量子点组成的晶片。量子点是一种半导体材料（比如硅）的微小原子簇，它可容纳约 100 个原子，并可在许多单一光子生产设计中扮演关键角色。在这种情况里，当受到激光的激发后，它们就会发射出光子。

雪莱·徐称，研究人员合作完成了此项研究。“配对光纤束和量子点晶片，为我们展示了一条实现真正量子通信的方法，其他的单个光子源却不能做到这一点。”

这种晶片被安装在一个样本固定器上，然后浸入液体氦中，最后用一束激光对其进行激发。在这一过程里，量子点的原子吸收激光光子，并突升到一种更高的能量状态，但几乎与此同时，它也会重新发射光子，然后又回到一种较低的能量状态。被发射出来的光子通过纤维束到达一个光束分离器，在这里被发射出来的光子将被分离到一个光纤束当中，而其他残余的激光光子则被分离到另一个光纤束当中。

精确测定光子源是否已产生单个光子，是一项非常棘手的任务。雪莱·徐及其同事不得不使用几种装置，对被发射光子的信号进行分析。这些装置包括：一个用于测量光强度的分光仪、两只单个光子计数“光电二极管”，以及用于检测光的半导体装置。他们还利用一个过滤器滤掉那些本底辐射光子，从而保证从量子点发射出来的光子没有与从晶片的“润湿层”发射出来的光子发生混合。晶片的“润湿层”，指的是当晶片制成时在量子点的表面上，由残留物形成的一个薄层。

研究人员对通过测量和检测装置获得的数据进行分析发现，光子并不倾向于被成对发射。根据研究人员的计算，当将过滤器放到一个合适的角度时，光子计数器一次检测到一个以上光子的概率将大幅降低，更为明确地说，即这种情况发生的可能性将减少 100 倍。

雪莱·徐称：“这可以说是一种接近完美的单一光子源。”为了测试他们的设计的稳定性，该研究小组在为期 24 天的时间里，对从 27 个量子点发射出来的光子进行了测量，这些光子穿梭于光纤束中不同的光纤。测试结果表明，光子源稳定性可持续数周时间，目前还没有证据证明一段相当长的时间是否会导致光子出现衰减现象。

3. 开发能嗅出炸药气息的激光器

2010 年 6 月，英国圣安德鲁斯大学物理学家格拉哈姆·特恩布尔领导，艾弗·塞缪尔教授为主要成员的一个研究小组，在《先进功能材料》杂志上发表研究报告称，他们研发出一种能够探测出隐藏炸药的新型激光器。研究人员相信，依靠这个激光器，机器人将很快取代人来搜寻地雷等爆炸物，该激光器也可用于改进机场的安检工作。

该研究小组把光源发出的光子，作用于名为聚芴的塑料上，研究人员发现，通常情况下这种作用可导致激光产生，可一旦聚芴遭遇三硝基甲苯（TNT）等炸药的挥发物，激光光束便随即消失。

特恩布尔指出，新型激光器的优势，在于它创造了一种能够感应与三硝基甲苯类似的炸药分子的新机制。聚芴膜即使只捕获到微量与三硝基甲苯类似的炸药分子，也会迅即做出反应，让激光不再发出。这是因为，与三硝基甲苯类似的炸药分子，同聚合物链之间的相互作用产生了一种全新的阻止激光工作的方式。

塞缪尔说，运用这种机制，可研发出能感应到任何类型爆炸装置（包括路边炸弹）的激光器。他认为，这项成果非常重要，由于聚合体激光器由塑料制成，这就使得应用廉价设备探测低浓度炸药分子成为可能。

科学家相信，这类激光器可用在远程操控车上，人们无须以身犯险，就能够“嗅”到炸药挥发物的“气息”；该激光器也可用于机场安检，探测行李中可能隐藏的爆炸物。新型激光器的另一个卖点，是其制造成本相当低，因为聚芴这种塑料成本并不高。

（二）研制激光设备的新技术

发现可使激光器更有效率的新方法。

2006 年 3 月，有关媒体报道，英国伦敦皇家学院的物理学家克里斯·菲利普斯，以及他在瑞士纽夏特大学研究伙伴等人组成的一个研究小组，采用特殊排列的纳米微晶，在不需要粒子数反转的情况下，实现光的放大。这种新方法，可望使激光器变得更有效率。

一般激光器中的活性介质多半是气体或晶体，其中的原子必须先被激发，使多数电子位于两条能阶中较高者（即达到粒子数反转），通过的光束，刺激电子落入低能阶而发出相同波长的光，才能产生激光。现在，该研究小组，却发现如果以脉冲把两条能阶中电子波函数的量子相位耦合起来，则不需要居量反转系统也能发光。虽然科学家已经在气体中实现观察上述现象的条件，但在此之前仍未在固体中观察到。

纳米微晶由于量子尺寸效应之故，具有类似原子的离散能阶，因此被称为人造原子。该研究小组，以砷化铟镓及砷化铝铟制造出一层半导体纳米微晶，该结构含有三条能阶，其能量大小及间距，可以通过改变纳米微晶层的厚度及成分加以调整。被激发的电子可以跃迁至第二能阶，或跃迁至第三能阶再到第二能阶。研究人员利用激光脉冲来控制上述两种过程的电子相位，使其产生交互作用，结果发现在相干的情况下，即使高达 80% 的电子仍在基态，系统仍会发光。

这项实验，也可用来达成电磁致透明效应。以脉冲激光激发电子在原子的两条能阶间跃迁，在一定的条件下，电子与光子间的量子干涉效应，能使跃迁概率降为零，于是第二道频率与此共振的探测激光器，将能在没有吸收的情况下穿越该介质。

该研究小组观察到材料的折射率，因量子干涉效应而增加了数个数量级，材料中的光速因而大幅降低。研究人员表示，这个现象可望应用在光储存及量子计算上。

（三）应用激光设备的新进展

利用激光仪探测潜在地震断层。

2006年11月，有关媒体报道，世界上绝大多数地震都是由地震断层引起的，提前发现潜在的地震断层，对于预防地质灾害具有极为重要的意义。英国莱斯特大学地质系教授迪更斯·坎宁安主持的一个研究小组宣布，他们将利用飞行器携带激光探测仪，寻找被森林以及高山掩盖的地震断层。

研究人员称，世界上存在很多地震断层，但由森林以及高山的覆盖，科学家们此前一直没有发现任何将要发生地震的迹象。2005年，克什米尔地区发生强烈的地震，并造成巨大的财产人员损失，就是由于地震带位于茂密森林的掩盖下，使得人们无法提前做出任何预报。科学家们已经研制出了一款新型的激光探测仪，这种仪器的功率十分强大，将通过飞行器从空中对地面进行扫描探测，可以发现地震断层的具体特征，甚至能够准确地预报地震将要发生的日期。

坎宁安称，地震断层板块边界的运动形态，使得板块边界地区的地壳发生弹性变形，并因此产生地质应力。由于变形的持续加剧，应力也会继续累积，一旦超过抵抗它的摩擦阻力时，地壳即会错动反弹至没有应变的位置，同时发生固体的振动而产生地震。目前看来，全球的地震断层，主要分布在环太平洋带、阿尔比斯－喜马拉雅带和大西洋中脊和印度洋中脊上。总的来说，地震断层主要发生在洋脊和裂谷、海沟、转换断层和大陆内部的板块边缘等构造活动地带。

坎宁安说："全球的地震断层，主要集中在环太平洋地震带，包括南北美洲太平洋沿岸和阿留申群岛、堪察加半岛，经千岛群岛、日本列岛南下经中国台湾再到菲律宾转向东南，达新西兰。喜马拉雅地中海也存在一个巨大的地震断层，其范围从印度尼西亚西部经缅甸至横断山脉，喜马拉雅山脉，越过帕米尔高原，经中亚细亚到达地中海及其沿岸。目前记录到最大的地震还没有超过8.9级地震，1960年5月22日南美智利曾发生8.9级地震，1933年3月2日日本三陆东边海中也曾发生8.9级地震。这些地震的直接原因，全部是因为地震断层。”

坎宁安认为，绝大多数地震，都是地壳中的岩层发生断裂错动造成的，这种地层断裂并移动了位置的现象，被称为断层，这类地震也就被称为断层地震。有的断层地震，是原有的断层重新活动而造成的，有的则是由于新产生了断层而造成的。1891年日本地震的断层，就是新出现的。1906年美国西部的地震，除了原有的断层重新活动外，也有新的断层产生，在旧金山的地下就正好有一条新断层通过，所以震动特别强烈。在地壳中，存在着许多断层，不过并不是任何断层都会继续升沉错动的，有些断层已经不再活动了。地震的产生，主要出现在那些今天还在强烈运动着的地区。那些还具有活动性的断层，特别是它们的端点、转折处和两条以上断层的交会处，最容易成为地震的震源。

2004年12月，印度尼西亚苏门答腊岛海底突发大地震，并引起强烈的海啸灾难。地质学家们最终确认，在苏门答腊岛海底的桑达海沟区域，竟然隐藏着一条深2.3公里、长45公里的地震断层。该地震断层的上下落差达10米，最大裂口处宽40米。地质学家们如果能够提前发现这一断层，就能及时避免灾难造成巨的人员财产损失。

第四章　航空航天领域的创新信息

英国在航天器领域的研究，主要集中在研制可重复使用的航天飞机，开发太空飞船外壳自愈的聚合物基复合材料，研制宇宙飞船人工智能控制系统；研发“极光”项目首个任务漫游车，试验可穿透月球表层的钻地火箭，开始实施超小型人造地球卫星项目，开发能“嗅出”地外生命分子的甲烷检测器模型。在天文仪器领域的研究，主要集中在提高地面望远镜的观测能力，研制观测视野达180度的“龙虾”望远镜，投资修建世界最大天文望远镜；发明天文观测无须凭运气的数码相机，研制出高速高灵敏度的天文照相机。在天文观测领域的研究成果，主要集中在发现土星存在一种新型极光，发现太阳系“冰火山”星球存在新物质，发现太阳系外行星或近干涸，发现银河系的真实质量远小于此前预期。另外，分析天文观测产生的新见解有：认为宇宙暗物质可能将很快现身，认为宇宙中微子质量比先前估计的要重得多，认为国际空间站外壳附着海洋浮游生物，可以证明地球生命来自外太空。

第一节　航天器与天文仪器的新进展

一、研制航天器的新成果

（一）载人航天器研制的新进展

研制可重复使用的航天飞机。

2009年11月，英国媒体报道，简单、低成本、可靠地进入太空的方式，对于全球空间市场的发展是至关重要的，据估计，它在全球范围内的价值超过1500亿美元。如今，英国航空航天工程专家，正在研制一款能够重复使用的航天飞机——Skylon，它可以载重12吨，能够从常规飞机跑道进入轨道，并且可以在同一个跑道返回地面，这一切只需10年就能成为现实。

这个项目由英国的REL公司领导，它是一个斥资数百万英镑的公共和私有部门联合项目的一部分，并且得到了欧洲空间局（ESA）100万欧元的资金资助。这项由包括布里斯托尔大学航空工程系的学者在内的一组欧洲专家，正在开发新技术，研制“佩刀”吸气式火箭发动机，将为该航天飞机提供动力。

佩刀是一种特殊的混合发动机，当它在大气层中时，它可以吸入空气，像喷气式飞机发动机一样运行；当进入太空时，它会转变为一个火箭发动机。在吸气模式时，空气在被压缩之前，首先会被一个热交换器预冷装置冷却，并和氢燃料一起燃烧，为火箭发动机提供动力。在火箭模式时，氢将和液氧一起燃烧。

该公司负责人艾伦·博德认为，这一项目的最终目标，是“利用一个真正可再利用的、能够在机场起飞，并直接进入太空的航天飞机，发射有效负载卫星并安全地自动返回地球”。他补充说：“传统的一次性使用火箭，每次发射的费用超过1亿美元，这拖累了空间市场的发展。多年来，该公司一直对航天飞机进行规划和研究，并开发其独特的佩刀吸气式发动机，这意味着我们处在实现这个目标的有利地位。据估算，该航天飞机可以使进入太空的成本，将减少到原来的1/10。”

这个示范项目将关注发动机的3个关键领域。第一个关键领域，由REL公司负责，主要关注可以在空气进入发动机时，对其进行冷却的革命性预冷装置。第二个关键领域，是燃烧室的冷却。燃烧室是推进剂混合及燃烧，并产生大约3000℃水蒸气的所在。佩刀发动机利用空气或液氧作为冷却液，这是一个重要且不寻常的设计特点，因为大多数火箭发动机利用氢燃料进行冷却。第三个关键领域总裁，是探索可以适应周围大气压力的先进排气喷嘴。这个示范项目的目标，是消除所有佩刀发动机的明显技术忧虑。这将作为航天飞机开发项目的一部分，为整个发动机开发项目铺平道路。

英国科学与创新大臣德雷森勋爵说：“这是一个能够为空间未来发展带来令人兴奋结果，并震撼世界的技术例证。REL公司、布里斯托尔大学和欧洲空间局能够成功达成合作协议是极好的一件事情，我期待项目的推进。”

（二）载人航天器配套材料和部件研制的新成果

1. 开发太空飞船外壳自愈的聚合物基复合材料

2006年2月，欧洲航天局技术研究中心克里斯多佛领导，英国布里斯托尔大学伊恩·邦德和理查德·特拉斯克负责具体实施的太空飞船外壳自愈材料项目，已进入测试阶段。该项目目的是开发一种神奇复合材料，可自动愈合宇宙飞船在飞行过程中出现的小孔或裂缝，避免类似哥伦比亚号航天飞机的悲剧重演。

此项研究的灵感来自人类皮肤。当人被割伤时，血液会自动流出，并在空气中凝结形成一个起保护作用的血痂来愈合伤口。邦德表示，目前他们所研制的系统与人体的血管系统极为相似，也是一种完全自动的愈合系统。

为了保护太空飞船，研究人员制作了一种复合压缩材料，该材料中包含成百上千约60微米宽的空心玻璃丝，每个玻璃丝内径为30微米。玻璃丝内部的一半填充环氧聚合物或树脂，另一半填充化学制剂，一旦化学制剂与聚合物发生反应，就可形成非常坚硬的物质。当复合材料受到损坏后，玻璃丝很容易破裂，从而导致玻璃丝内填充物发生泄漏并迅速堵住裂缝或漏洞。邦德表示，实验证明，这种材料确实具备自动修复的功效。

目前，实验主要针对两方面进行测试：一是在真空条件下，这种复合材料是否能依然保持自我修复的特性；二是研究引力对其特性的影响，比如，在飞船的顶部和底部，其保护特性是否发生改变。研究人员计划开发更硬的含玻璃丝的复合材料，以使其适应极端恶劣高温环境。

克里斯多佛认为，该项技术形成的聚合物基复合材料，可以多方面保护宇宙飞船。如它可以避免太空船受到太空微粒的损害；如果宇宙飞船在高温的太空环境中一旦发生泄漏，这种复合材料也可以大展身手。另外，飞船在发射和返回过程中极易受到损坏，为此，美国爱荷华州大学的研究小组已经开发了一个震动传感器，可在飞船舱内探查隐患，从而提高该复合材料的自我修复功能。

专家认为，太空交通工具自愈合的复合材料研发，目前仅仅迈出了第一步，这项技术要投入使用至少还要十年时间。

2. 研制宇宙飞船人工智能控制系统

2011年2月14日，英国《每日电讯报》报道，英国南安普敦大学自动控制系统专家桑德尔·维纳斯领导的研究小组，正在研制宇宙飞船人工智能控制系统，并已将其部分成果配备在即将发射的欧洲航空局智能运输车2（ATV2）上。未来的宇宙飞船或能自己做决定、提要求、预测危险并像人类一样思考。

在欧空局的支持下，该研究小组一直在研发能用于人造卫星、机器人探索工具和宇宙飞船中的人工智能控制系统，以便这些设备能更好地控制自身。

欧空局智能运输车2（ATV2）上已配备了一套人工智能系统，它有望证实这项技术的安全可靠性。它将遵循提前编好的路线，并使用车载传感器和避免碰撞系统，安全到达国际空间站。

目前，航天运输车把物资送往国际空间站后，会自动在大气中焚毁。但欧空局已开始着手研发能把物资和实验设备放入回收舱，并运回地球的航天运输车。

（三）无人航天器开发的新成果

1. 研制行星探测器：研发“极光”项目首个任务漫游车

2006年6月12日，英国粒子物理与天文学研究理事会宣布，将投资170万英镑，支持英国科学家与工程师为欧空局火星探测计划任务研发关键仪器与技术。

火星探测计划，是欧空局行星探索“极光”项目的首个任务。它将使用移动漫游器和静止科学模块探索火星表面，将在火星表面或附近寻找过去、现在生命的迹象；研究火星多处地点的星球化学与水文分布特点；增加对火星环境及星球物理的了解；在其他机器人航天器或人类着陆之前确认潜在的危险。

英国粒子物理与天文学研究理事会的投资重点，将是英国已证明和认可的仪器与技术，如在“猎兔犬”－2技术及火星快车、惠更斯等任务中获得的经验。这些投资，将研发英国认为至关重要的领域，可使学术界与工业界及时为火星探测计划任务，研发飞行就绪的技术。

投资领域包括：探索火星表面的漫游器；寻找有机物质的生命标识芯片；绘制火星三维地图的全景照相机；研究火星地质的X光衍射仪；寻找火星地震的微震计；研究风传感元件的大气试验包；观察火星辐射的紫外－可见光分光计；航天器安全着陆火星表面的进入（大气层）、降落、着陆系统技术；模拟火星上降落活动的液体惯性仿真器。

英国是欧洲投资“极光”项目数额第二多的国家，此项投资将使英国获得火星探测计划任务中仪器与技术方面的领导权。

2. 研制月球探测器：试验钻地火箭可穿透月球表层

2008 年 6 月 7 日，英国广播公司报道，参加拟议中的英美联合探月项目的科学家相信，他们的核心技术钻地火箭的试验取得了圆满成功。这项名为“月球轻量内部及电讯试验”，计划在 2013 年实现。

该计划与发射在月球着陆探测器的传统方式不同，它准备从地球发射出绕月卫星，再由绕月卫星向月球表面反射 4 枚装有各种科学仪器的钻地火箭。火箭将深入月表 3 米深，搭载的仪器可以发回地震活动、矿物组成、地下温度等大量数据。

2008 年 5 月底，英国科学家在威尔士一处保安严密的国防部试验场，试射 3 枚这种火箭，效果大大超出预期。

试验火箭被安置在 1500 米长的加速轨道上，射入模拟月球表面的一个沙堡。这些火箭，虽然看起来和普通的导弹没有什么区别，但撞上目标后并不爆炸，而是尽量保持完好，使里面的科学仪器免于受损。

负责这一项目的奎奈蒂克公司，是从英国国防部私有化出去的，他们不仅设计了这些火箭，还将负责提供火箭内的电池和通信系统。除美国宇航局外，欧洲航天局也对他们的成果有兴趣。

研究人员认为，和探测器着陆相比，钻地火箭可以收集星球表面以下更多信息，也更适用于地表岩石较多的、一般探测器不易安全着陆的星球及其卫星。

这方面的候选者，包括太阳系中木星的卫星欧罗巴，据信其冰盖表面下可能是海洋，还有土星的卫星泰坦和恩科拉多斯。

3. 研制人造地球卫星：开始实施超小型人造地球卫星项目

2013 年 8 月，英国媒体报道，UKube－1 号是英国宇航局的第一个立方体卫星任务，而且它完全是由苏格兰的克莱德太空公司组装的。它是由艺术家乔恩·吉普森和阿曼达·华艾德设计的，它现在也有着“世界首颗功能波普艺术卫星”的称号。虽然这种波普艺术装置或许无法真正为星际太空飞船补充燃料，但是它标志着英国新超小型卫星项目的开始。

这座太空充电站，有希望被看做是向那些太空侵略者表达一种友好的姿态。吉普森在写给《英国连线》杂志的一封邮件中说道："这就像机场一个完全陌生的人，让你使用他们的墙壁充电器。如果他们的最初目标，是使用一种巨大的等离子加农炮消灭我们人类，或许这种友善的姿态会让他们重新考虑。"

廉价的超小型卫星，被看做是在轨道中测试设备和进行有价值科学研究的一种省钱方式。克莱德太空公司首席执行官克雷格·克拉克说道："超小型卫星，能让我们在太空中进行许多不同的研究，五年内我们将能够每年制造100颗超小型卫星。"克莱德太空公司已经为UKube－1投入了超过50万英镑，它将成为第一颗完全由他们组装的卫星。

吉普森说："为地球轨道卫星做设计是多么令人难忘的事情。"华艾德补充道："太空有可能成为艺术表现形式的新领域。这就像是庆祝人类想象力的一个天然场所。这是完美环境中的终极画廊。"然而，她告诫称："你必须小心一点，因为这是一个我们需要负责的环境。这会带来许多问题，比如说使用的材料会对宇宙产生什么影响等等。"

UKube－1将在12月17日从哈萨克斯坦的拜科努尔航天发射场发射升空。它将测试宇宙辐射对于硬件的影响，而且也会拍摄地球照片和测量宇宙气候。它是英国宇航局"国家立方体卫星项目"的一颗测试卫星。当然它也是新提议的星际高速的第一个加油站，而且是星际交通基本设施的重要部分。

4. 研制行星际探测器：开发能"嗅出"地外生命分子的甲烷检测器模型

2014年6月，英国伦敦大学学院谢尔盖·尤尔琴科教授主持，乔纳森·丁尼生教授，以及澳大利亚悉尼新南威尔士大学研究人员参与的一个国际研究小组，在美国《国家科学院学报》上发表论文称，他们新研制出一种甲烷探测模型，能够更广泛地发现外星球上的生命分子，它或许能够探测到神秘的地外生命。不过，由人类主动去发现地外智慧生物是否是一种明智的行为，目前尚未有定论。

地球的大气层中，至少90%的甲烷气体是由生物体产生的。甲烷因此被认为是生命潜在的迹象，这种地球上最简单的有机分子，出现在其他行星上，也会被视作是生命能否存在的一个指标。但在此前，科学家的甲烷模型的制作方法有失准确，导致甲烷模型并不完整。

据报道，英国伦敦大学学院和澳大利亚悉尼新南威尔士大学的研究人员，日前研制出了强大的甲烷检测模型。这是一种新型“热”甲烷光谱，可以检测高于地球环境温度的有机分子。研究人员预计，目前已可探测到高达1220℃环境下的甲烷气体，这在以前是不可能实现的事情。

为了找出环绕其他恒星运行的遥远行星组成成分，天文学家分析了那些大气层吸收不同色彩星光的行星，并将其对照模型光谱，从而鉴别出了不同的分子。丁尼生表示，当前的甲烷模型是不完善的，它导致某些行星上的甲烷水平被严重低估。他预计，最新模型将对未来行星研究产生重大影响，帮助科学家们探测到外星球上的生命体的迹象。

研究人员称，他们使用英国最先进超级计算机提供的项目，计算了近100亿个光谱线。由于甲烷能够吸收光线，而每个光谱线具有不同颜色，这就意味着模型将能提供大温度范围下甲烷的更准确信息。研究人员指出，新研究调查的光谱线，数量是之前研究的2000倍之多。

目前，该模型已经过测试和验证，其成功再现了褐矮星中甲烷吸收光线的细节。尤尔琴科补充道：“我们建立的光谱模型，要与现代超级计算机的惊人力量结合才能完成。”未来他们会对模型进行更多研究，以将温度阈值调至更高。

不过，随着近年有宜居潜力的系外行星的发现不断增多，与这种科学界寻找地外生命的热情高涨相反，也有声音一再提醒：此举并非明智。著名物理学家史蒂芬·霍金几年前就曾警告，外星人存在但别主动去寻找，如果外星人想拜访我们，他认为结果可能与哥伦布当年踏足美洲大陆类似——对当地印第安人来说不是什么好事。

二、研制天文仪器的新进展

（一）天文望远镜研制的新成果

1. 提高地面望远镜的观测能力

2004年9月，有关媒体报道，大气的折射往往会给地面天文观测者带来很多不便，使用地面望远镜拍摄到的遥远银河系照片，其清晰度和效果极不理想。为了解决这一难题，不久前，英国杜伦大学的天文学者研制出一项新技术，可以有效提高望远镜的观测能力，这样，天文爱好者就能克服大气对地面天文观测带来的干扰。

多年来，天文学者一直致力于解决大气对地面天文观测的干扰问题。不论是将望远镜置于海岛上的制高点，还是空旷的内陆地区，即使采用最先进的成像技术，在地面获得的图像，其清晰度还是远远无法与空中获得的图像相比。

现在，英国天文学者开始采用调制光学技术，来消除大气对天文观测的影响。它的基本工作原理是，望远镜中的主镜，能随大气的扰动改变自身的形状和曲率，因此就能降低大气干扰的幅度，这样就极大地提高了望远镜的解像能力。研究人员表示，采用这项技术，在不久的将来，地面望远镜将能和太空望远镜相媲美，给天文研究带来便利。

对于下一代超大型望远镜来说，把它们庞大的“身躯”送入太空几乎是根本不可能的。因此，就必须想办法来提高地面望远镜的观测能力，使它们在地面上获得的图像，就像没有大气干扰一样清晰。

2. 研制观测视野达 180 度的“龙虾”望远镜

2006 年 4 月，英国媒体报道，该国莱斯特大学奈杰尔·班尼斯特博士主持，他的同事参与的一个研究小组，目前正在研制新一代的 X 射线空间望远镜。

班尼斯特介绍说，这种新型望远镜将拥有与龙虾一样宽阔的视野，能够在短时间内拍摄整个天空的照片。

龙虾的视觉系统非常特殊：它由大量光纤通道组成，并通过反射将收集到的光线进行汇聚，因此具有非常宽阔的视野。该研究小组研制的新一代 X 射线望远镜，正是利用了这一原理。

目前，研究人员已经把这种模拟龙虾视觉系统研制的新型望远镜，命名为“龙虾全空域 X 射线监视器”。

班尼斯特解释说：“在天文学研究领域，你必须能在需要的时间观测正确的区域，这就意味着：研究人员要么靠运气，要么就得毫无间断地进行观测。我们研制的这种仪器完全能够满足迅速和全面观测的需要。”“龙虾全空域 X 射线监视器”将由六个模块组成，观测视界可达 180 度。如果把它部署到公转周期为 90 分钟的绕地轨道上，它将能够在 1 个半小时内拍摄到天空的完整图像。

按照现有的计划，“龙虾全空域X射线监视器”，可能会被安装到国际空间站位于欧洲或俄罗斯所辖部分的外置组件上。当然，它也有可能像“哈勃”望远镜那样，被部署到独立的轨道上。科学家们希望通过它来纪录那些有趣的X射线事件。例如，超新星爆发和黑洞在吞噬恒星的过程中，都会产生强烈的X射线辐射。

3. 投资修建世界最大天文望远镜

2013年3月，英国媒体报道，该国将在修建与管理世界最大天文望远镜，位于智利的欧洲特大天文望远镜（简称E-ELT）中发挥重要作用。目前，英国政府已决定对该项目投资8800万英镑，项目的总投资额高达11亿欧元。

镜面直径达到39米的欧洲特大天文望远镜，可以首次直接观测到绕遥远恒星轨道运转的行星，并通过分析其大气层的氧气含量及与生物学过程有关的有机化学物质，来确定它们是否拥有过生命。到目前为止，在太阳系以外的行星都是通过间接方式探测到的。

不过，寻找行星仅是欧洲特大天文望远镜所执行任务的一小部分。它的光线收集能力超过了现有的天文望远镜的总和，将使天文学家能够确定宇宙最早期和最遥远的特征，并追踪恒星、星系、黑洞及类星体和脉冲星等更为奇异的物体。

该天文望远镜将由欧洲南方天文台修建。目前，欧洲南方天文台正在负责管理智利阿塔卡马沙漠的多座天文望远镜，极为干燥和干净的空气，让阿塔卡马沙漠地区被公认为地球上的最佳观测区。

参与该项目的英国科学和技术设施委员会主管约翰·沃默斯利说：“此外，对科学家而言，南半球在科研方面比北半球更具吸引力。由于银河系的中心更靠近南半球，因此南半球也更适于观测太空。”

被选定修建欧洲特大天文望远镜的地点，位于智利塞罗阿马索内斯山上，海拔大约3000米，靠近帕拉纳尔山，它是欧洲南方天文台目前的旗舰天文望远镜所在地。

（二）天文照相机研制的新成果

1. 发明天文观测无须凭运气的数码相机

2004年11月，英国媒体报道，自从伽利略发明望远镜后，人们一直面对着一个难题，就是大气层扰动形成的“视像度”问题。这像风吹湖面看不到水中的鱼一样，观星时如果风吹云起，人们就什么也看不清了。为此，英国剑桥大学天文学家麦基教授主持的一个研究小组，发明了一架新型数码相机，它可以帮助人们解决天文观测当中“雾里看花”式的难题。

这架数码相机名叫“幸运成像”，科学家说，以前人们利用望远镜观测天象时，确实需要些运气，而现在幸运可以自己创造了。把这种数码相机安装在望远镜上，即使天气情况不好，也能拍到清晰的照片。

麦基说：“我们发明的数码相机，具有很强的解析能力，它可以达到1/10 的可解析角，也就是说它的清晰度很高，从地面上就能拍出清晰的天文照片。”

“幸运成像”数码相机每秒钟可拍 100 张照片，人们可以把照片输入电脑，选择效果最好的保留下来。

超广角拍摄是这种数码相机的另一个独特的功能。麦基说：“我们可以利用数码相机，拍摄银河系复杂的星团，哈勃望远镜也能做到这一点。但是它一次只能观测天空中面积很小的一块区域，而这种数码相机的拍摄范围更大，如果我们能利用它获得更多的图像，我们就能拓宽我们的研究领域。”

麦基接着指出，银河系中 90% 的物质都是看不到的，里面存在着很多人们通常所说的“暗物质”。人们不知道暗物质具体分布在哪里，也不知道它们是怎样形成的。只有通过宇宙的其他表象，间接地进行观察。可以排除大气干扰的高清晰度数码相机，将帮助人们获得更多的图片资料，辅助科学家在暗物质领域的研究。

2. 研制出高速高灵敏度的天文照相机

2009 年 6 月，英国媒体报道，该国科学家研制出一款新型天文照相机，每秒钟可以拍摄 1500 张图片，是现在世界上速度最快、灵敏度最高的天文照相机。

尽管拍摄图片的制式为 240 像素 ×240 像素，但是比起目前使用的超级天文望远镜，它能减少至少十倍的数字噪音。天文学家认为，这款相机能给天文学研究带来非同一般的影响。

第二节　天文观测的新发现与新见解

一、天文观测的新发现

（一）太阳系行星观测的新发现

1. 发现土星存在一种新型极光

2008年6月，英国媒体报道，该国莱斯特大学的斯塔拉德及其同事发现，土星上可能存在另一种新型极光。这种极光在极地的周围产生了一个昏暗的光环，而土星的恩克拉多斯卫星的碎片，可能与这种极光的产生有密切的关系。

土星的极光为椭圆形，周期性照亮极地。人们认为，这种极光与地球北极光的形成很相似。地球北极的极光，是太阳风（辐射微粒流）的电子穿透地球的磁层时出现的，这些电子同上层大气层发生作用，就可以形成类似烟花一般的奇异极光。

但是天文学家认为，土星上还可能存在另外一种类型的极光。这种新型极光非常昏暗，人们很难发现它们。斯塔拉德等人利用地球上的观察仪器，观测了土星南极的红外线，发现土星椭圆形极光的外部，还有带电粒子发出的光芒，从而发现了这种新型极光。

天文学家认为，土星的新型极光虽然可能与土星环有关，但恩克拉多斯卫星更可能是直接制造者。这种极光的起源，可能与木星极光极为类似。木星的卫星艾奥上存在大量的火山，艾奥与其他木星卫星，每秒向木星的轨道上喷发大约1吨的物质，进而形成了木星极光。

2005年，天文学家发现，土星的恩克拉多斯，每秒钟向土星轨道上喷发大约100公斤的物质。天文学家目前正试图发现，恩克拉多斯卫星与土星磁场相互作用的直接证据，以证明这个观点。科学家曾发现，木星的极光是由于其木卫二卫星喷发物质所形成，而科学家还未曾发现土星极光存在类似的情况。

科学家认为，该发现揭示了极光是如何在拥有强大磁场的行星上形成的，并有助于建立太阳系外极光形成的模型。

2. 观测太阳系中具有“冰火山”星球的新发现

2011年2月，英国伦敦大学学院的行星学家多米尼克·福特斯等人，在美国《科学》杂志上发表研究报告称，天体研究一般少有实用性发现，但他们却在研究太阳系中一些具有“冰火山”的星球时发现，甲醇－水合物在某些条件下具有特殊材料学性质，这在纳米技术等方面具有实际应用前景。

近来，福特斯等人研究太阳系中一些具有“冰火山”的星球，如海王星的卫星海卫一等。这些星球上有类似地球火山的构造，但由于离太阳远、温度低，喷出的物质是水冰和甲醇－水合物等物质混合而成的冰状物。

福特斯等人在研究航天器传回的一些观测数据后发现甲醇－水合物，在某些条件下具有特殊的材料学性质。通常的物质在受热时会在各个方向均匀膨胀，在受到均匀的压力时会在各个方向上都收缩。但在某些条件下，这些规律会被打破，例如甲醇－水合物，会出现受热时只向一个方向膨胀，而在其他两个方向上收缩等现象。

据介绍，现在人们已知很少的材料具有这种奇特性质，而这种性质可用于纳米技术等领域，如制作由压力控制的阀门等。

（二）太阳系外天体观测的新发现

1. 研究发现太阳系外行星或近干涸

2014年7月24日，英国剑桥大学天文学家尼库·马杜苏丹领导的一个研究小组，在《天体物理学杂志快报》上发表研究报告称，他们在寻找太阳系外行星时，研究了3颗类似于木星的遥远的气态巨行星，结果发现，它们都极端干燥。这一发现，对现有行星形成理论提出严重挑战。

研究人员用美国宇航局的哈勃空间望远镜进行的观测显示，与之前的预期相比，这些被称为“热木星”的系外行星，大气包含的水分只有前者的1/1000～1/10。这一发现，有悖于行星形成理论。

“热木星”是指大小与木星相当，但温度极高、运行轨道距其绕行恒星非常近的气态巨行星。

这项研究重新分析对太阳系外行星HD 189733b、HD 209458b和WASP－12b的观测结果，这些天体距离地球约20～270秒差距（60—870光年），它们围绕着类似太阳的母星运转，表面温度介于815～2200℃，是典型的“热木星”。在每一颗系外行星从其母星前经过时，哈勃空间望远镜便会观测经由行星大气过滤的红外光谱。马杜苏丹研究小组，利用大气模型确定形成每一颗行星光谱的元素构成情况。

结果表明，所有这3颗热木星的环境，都比木星本身还要干燥。其中进行了最精密测量的HD 209458b似乎是最干燥的，测到的大气水蒸气含量介于4ppm~24ppm（百万分之一），也就是说，它的大气比木星大气要干燥1000倍，比太阳则干燥100倍。马杜苏丹说："我们现在能以比以前大得多的确定性宣布，我们已经在系外行星找到了水。但是，其含量之低令人相当吃惊。"

研究人员指出，在当前的理论下，行星通常能够比它们的母星更快地积聚分子，例如水。热木星通常形成于恒星系统中富含水的区域，并向着它们的母星迁移。但马杜苏丹指出，新发现表明，这些理论可能要修改。

马杜苏丹说："基本上，这说明行星形成理论遇到了大麻烦。我们期盼着，在这些行星中找到大量的水。但现在我们不得不重新讨论巨行星，尤其是'热木星'的形成与迁移模型，研究它们是怎么形成的。"

与此同时，一些科学家更偏爱另一种可能的解释。位于系外行星高空的云团，可能会模糊哈勃空间望远镜，对于隐藏在大气底层的水蒸气的观测。如果真是如此，并未参与该项研究的，美国新泽西州普林斯顿大学天文学家亚当·伯劳说："他们的结论，则是完全站不住脚的。"

马杜苏丹认为，尽管存在这种可能性，但云团不太可能使其研究结果发生偏移。马杜苏丹同时认为，这一发现意味着，未来科学家寻找潜在宜居的地球大小的系外行星时，"可能得准备面临其含水量比预想低得多的情况"。

根据现有的行星形成理论，行星是在年轻恒星周围，由氢、氦、冰和尘埃粒子组成的尘埃星盘中形成。这些粒子聚集在一起日益增大，直到在引力作用下形成一个固体核，继续吸引周围的尘埃和气体后，形成巨大的行星。在这个过程中，行星大气的氧，应该大体上以水蒸气的形式存在。但是，马杜苏丹及其美国与加拿大的同行发现，水蒸气含量极低，给这一理论"提出了许多问题"。

研究人员希望，正在不断提升性能的天文望远镜，包括美国宇航局的詹姆斯韦伯空间望远镜，以及其他在建的大型地基设备，未来将能够提供高分辨率的数据，从而驱散当前的困惑。

2. 研究发现银河系的真实质量远小于此前预期

2014 年 7 月 30 日，英国《每日邮报》网络版报道，该国爱丁堡大学豪尔赫·佩纳卢比亚领导的天文学研究小组，在《皇家天文学会月刊》发表研究报告认为，银河系的真实质量，要远小于此前预期，仅为太阳质量的 8000 亿倍，这意味着，它是离我们最近的巨大星系 250 万光年外仙女座星系质量的一半。研究人员认为，这种质量的差别，可能受暗物质存在的影响，也就是说，仙女座星系的“额外体重”应以暗物质的形式存在。

报道称，直到近期，科学家还一度认为，银河系质量要比太阳质量大 3 万亿倍，但英国学者否定了这一观点。他们的相关研究，可以揭示出星系的外部区域是如何构造的，还可以为暗物质的存在和形成提供解释。

银河系被认为横跨 12 万光年，包含超过 2000 亿颗恒星。除了这些成员外，其质量还由气体、尘埃和难以捉摸的暗物质混合组成。测量银河系的质量十分复杂，部分原因就是其质量大多来源于人们无法观测到的暗物质。此前，科学家曾估算银河系的质量界于太阳质量的 7500 亿～20000 亿倍，但后来，他们又倾向于一个更大的质量值，即 3 万亿倍。

佩纳卢比亚表示，之前进行的此类研究，只是测量了封闭在星系内部区域的质量，而新的研究包含了外部区域的不可见物质。人们一直怀疑仙女座质量比银河系要大，两个星系似乎尺寸相当，但科学家还是无法确切证明谁更重，因为同时为两个星系“称重”的想法是极具挑战性的。最近的研究中，科学家编辑了附近星系的最大目录，并结合对银河系与仙女座星系相对运动的测量，使一切想法成为可能。

佩纳卢比亚称：“我们对暗物质可说是全无了解，新研究可以帮助人们去解释它的行为。”银河系较少的暗物质，或许能更有效地把原始氢和氦转化为恒星，因而了解银河系确切质量，也对理解银河系是怎样形成的，以及星系团在未来几十亿年的发展趋势非常重要。

二、分析天文观测产生的新见解

（一）分析天体观测形成的新认识

1. 认为宇宙暗物质可能将很快现身

2008 年 11 月 6 日，英国杜伦大学计算宇宙学学院院长卡洛斯·弗伦克教授、德国马普天文物理研究所所长西蒙·华艾德研究员牵头，成员来自英、美、德、荷兰、加拿大等国的一个研究小组，在《自然》杂志上发表研究论文称，他们使用大型计算机，模拟了像银河系这样的星系进化的过程，“观察”到了暗物质发出的伽马射线。

暗物质被认为占了85%的宇宙质量，75年前科学家根据引力作用判定暗物质的存在，但迄今也没有用望远镜观察到暗物质。不过，根据该研究小组的这项新研究，对暗物质的寻找可能很快就能结束。

这一称为宝瓶座计划的模拟计划，揭示了来源于大爆炸的相对较小的暗物质，如何经由一系列猛烈碰撞和合并而生成了星系的光晕。

研究小组观察了暗物质光晕，这是种环绕在星系周围的结构，其质量是太阳质量的几万亿倍。研究人员发现，暗物质高密度区域中粒子碰撞产生的伽马射线，最容易在靠近太阳的银河系区域发现。

研究预测，这部分星系区域会有暗物质发出伽马射线，从而发出“柔和变化的有特定形状的”光，研究人员建议用费米望远镜观测这部分星系区域。研究人员相信，如果费米望远镜真的观测到了预测的现象，就有可能观察到距太阳非常近的不可见的暗物质。

弗伦克说：“解决暗物质之谜，将是这个时代最伟大的科学成就之一。对暗物质的寻找，是数十年来宇宙学的中心任务，这个任务可能很快就会结束了。”

华艾德说：“这些模拟计算的结果，最终使得我们有可能‘看’到太阳附近暗物质的分布。”

2. 认为宇宙中微子质量比先前估计的要重得多

2014年2月，英国诺丁汉大学物理和天文学学院的亚当·莫斯博士、英国曼彻斯特大学的理查德·巴蒂教授等人组成的一个研究小组，在《物理评论快报》上发表论文称，他们通过分析普朗克卫星的最新观测数据和对引力透镜效应的测量，认为中微子质量比先前人们估计的要重得多。这也是使用宇宙大爆炸理论和时空曲率，首次准确测量到这种基本粒子的质量。这项研究，有望加深人们对亚原子世界的理解，解决困扰现有宇宙模型的多个难题。

普朗克卫星是宇宙微波辐射探测器，是专门用来研究宇宙微波辐射的。目前，科学家普遍认为，宇宙微波背景辐射产生于宇宙大爆炸，是大爆炸的“余烬”，均匀分布于整个宇宙空间，可以被看作是宇宙中最古老的光。对宇宙微波背景辐射的研究，能够让科学家精确地测量宇宙的各种基本参数，如宇宙的年龄，物质与暗物质的数量等。

但是，在一些大尺度结构，如星系分布上，这一方法却出现前后不一。研究人员发现，普朗克卫星最近观测到的，宇宙微波背景的“高亮”区域，与目前宇宙学的结论和预测存在一定差异。

莫斯说：“按照普朗克卫星的观测结果，我们看到的星系团比原以为的要少，并且引力透镜效应所产生的信号，也要比宇宙微波背景辐射来得弱。能够解释这种差异的一种可能，就是中微子具有质量。因为，大量具有质量的中微子，会抑制这种致密结构增长，而这是导致星系团增加的主要原因。”

中微子与其他物质的相互作用力非常弱，因此非常难以对其进行研究。根据爱因斯坦的相对论，它们最初被认为是没有质量的，但实际情况是它们不但有质量，还具有 3 种不同类型：电子中微子、μ 子中微子和 τ 子中微子。在振动中，3 种类型的中微子还可以相互变异。这些不同类型中微子质量的总和，此前被认为约为 0.06 电子伏特，还不及质子的十亿分之一。

莫斯和巴蒂根据普朗克卫星的数据和时空曲率进一步推断，导致这些差异的原因，是比目前宇宙模型中更重的中微子。他们估算 3 种类型中微子的总质量应为（0.320 ± 0.081）电子伏特，远大于此前的数值。

巴蒂说，如果该结论被进一步分析证实，其意义将不仅仅是增进了粒子物理学家对亚原子世界的认识，还将是对已经发展了近 10 年的现有宇宙学标准模型的重要延展和补充。

（二）发现国际空间站外壳附着海洋浮游生物后形成的新认识

2014 年 8 月，俄罗斯科学家使用高精度设备，在对取自国际空间站窗户和墙壁的样本进行分析时，发现国际空间站的外壳竟然附着了海洋浮游生物，目前科学界对其来源还没有达成一致说法。而最新一项研究观点认为，这些浮游生物，可以成为“地球生命来自外太空”的有力证据。

俄罗斯科学家在国际空间站表面上找到的浮游生物痕迹，成为研究课题的一大热门。空间站成员称该实验的结果“绝对是独一无二的”，但目前仍不清楚这些浮游生物是如何进入太空的。它们在海洋中容易找到，但俄罗斯的升空地点是哈萨克斯坦的拜科努尔发射场，属于典型的内陆地区，这里是难以找到此类生物的。这项发现可表明，某些生物，是能够在国际空间站的外壳上生存的，有科学家甚至认为，这些生物应该也可以在恶劣的环境下，例如，真空、低温、辐射等航天条件中生长。

以往的实验也曾显示，细菌可以在地球以外的环境中生存，但这却是第一次在外太空发现了更复杂的生命体。据英国《每日邮报》网络版近日消息称，一项最新的来自英国白金汉郡大学的研究认为，该发现证明了地球上的生命，都是“外星血统”这个命题，不过，该结论目前仍有争议。

来自白金汉天体生物学中心的研究员钱德拉·威克拉马辛表示，藻类生物体或硅藻类，以前曾被发现经由陨石降落到地球上，“在斯里兰卡的陨石样本上就发现了硅藻类，但一直没有证据表明它们是从何处来的。而现在是第一次有证据指向复杂生命形式可以‘从天而降’来到地球。”

尽管有一种观点认为，这些浮游生物是从空间站“美国那部分”来的，因为美国航空航天局的发射场，多数临近大西洋。但威克拉马辛表示，鉴于空间站外部是一个完全真空的环境，那些说海洋浮游生物是从地球带过去的人，完全是无视物理定律。唯一的解释是，它们来自太空的其他区域。英国谢菲尔德大学的微生物学家弥尔顿·温赖特教授也认为，对于这项惊人的发现来讲，有压倒性证据表明它们来自外太空。

因此，研究人员认为，这些浮游生物支持了长期以来的一个命题：宇宙才是包括人类在内的地球上所有生命的“发源地”。这一理论，也被称为有生源说，如果其确实站得住脚，将预示着宇宙里存在生命，且任何地方都有可能存在这种情况。不过，该理论也一直遭受质疑，因为在传统观点看来，宇宙放射线对微生物构成的伤害将推翻这一可能。

而关于在空间站上发现的浮游生物一事，美国宇航局尚未确认他们过去是否曾得出过相同的结论，也没对最新发现表明立场。

第五章　材料领域的创新信息

英国在金属材料领域的创新成果，主要集中在研制可望解决物理学重要问题的世界最大磁铁，研制出能延长量子比特寿命的人造分子磁铁，发现单原子磁性控制新方法；利用高强度软 X 射线使固态铝变透明，开发出介电常数更高的新式氧化铪。在无机非金属材料领域的研发活动，主要集中在开发特种玻璃、碳素材料与无机纤维、无机超导材料、新型建筑材料，以及具有特殊功能的涂料。在有机高分子材料领域的研发活动，主要集中在研制高性能塑料、服装与鞋面材料、生物医用高分子材料、橡胶制品，以及有机电子材料等。

第一节　金属材料研制的新进展

一、磁性材料研制的新进展

（一）已经开发成功的新磁铁

1．研制可望解决物理学重要问题的世界最大磁铁

2006 年 10 月，有关媒体报道，牛津大学李察·尼克森博士领导的研究小组，研制的世界上最大超导磁铁，已经成功达到其运行所需条件，它被叫做圆桶，因为它形状类似。这一磁铁是阿特拉斯设备的重要组成部分，阿特拉斯是获取欧洲核子研究中心大型强子对撞粒子数据的主要探测器，新的粒子加速器将在 2007 年 11 月正式运行。

阿特拉斯探测器能帮助科学家解决宇宙的重大问题：大爆炸时究竟发生了什么？为什么宇宙物质会变成现在这样？为什么我们看到的宇宙物质多于反物质？

英国科学家承担的任务，是阿特拉斯设备计划的重要部分。尼克森博士很重视这一进展，他说：“这是测量 μ 介子的关键，并且能帮助我们更好地了解物理世界。”

阿特拉斯探测器的这个磁铁，由 8 个超导线圈组成，每一个都是 5 米宽，25 米长，100 吨重的圆角长方形，精确到毫米。它们会帮助控制大型强子对撞产生带电粒子的路径，测量重要性质。阿特拉斯设备不需要大量金属，这使探测器可以非常大，提高测量的精度。

阿特拉斯设备长 46 米，宽 25 米，高 25 米，是粒子物理学史上最大的探测器。它主要研究为什么粒子拥有质量，宇宙 96% 的未知成分是什么等。来自 35 个国家 165 个大学及实验室的 1800 名科学家，参与了阿特拉斯探测器的建造，并为明年获取的数据做着准备。

大磁铁首先在六周时间内，被冷却到 –269°。然后逐步提高电流，在 2006 年 11 月 9 日达到 21 千安培。接着电流被切断，储存的磁能达到 1.1GJ，这大约等于 1 万辆车以 70 公里每小时速度行驶。阿特拉斯探测器磁系统领导赫尔曼 · 十凯特说：“我们可以说阿特拉斯探测器，为物理测量做好了充分准备。”

2. 研制出能延长量子比特寿命的人造分子磁铁

2012 年 3 月，英国牛津大学阿章 · 阿达万博士，以及他的同事和曼彻斯特大学研究人员联合组成的一个研究小组，在《物理评论快报》上发表论文称，他们通过化学工程，制造出一种名为 Cr7Ni 的特殊分子结构，并演示了其磁性能保持量子叠加态超过 15 微秒，在因退相干而失去信息之前，它们的自旋状态可反复转换。研究人员指出，这一成果，为未来的量子计算机中，用分子磁铁作为量子比特提供了证据。

分子磁铁是一种分子，其磁矩通常按分子结构的特殊轴线排布，因此在磁场的影响下，其电子自旋方式也会变成不止一种状态。在低温下，即使没有磁场，它们也能保持这种状态，这一特性使采用它们来存储信息成为可能。

利用化学工程合成人造分子可以作为量子比特，并使其记忆时间段大大延长。研究人员介绍说，实现单量子比特操作的必要时间为 10 纳秒，根据以往对 Cr7Ni 分子磁铁的研究，其相干时间大大超过了这一限制。此前的记忆时段最高纪录为 3.8 微秒，另外一些分子磁铁系统的记忆时长也能保持在 1 微秒左右。

阿达万说："记忆时段和相干时间，是非常相似的概念。记忆时段越长，表明在量子信息损失之前，能操控量子比特的次数越多。如果能精确控制分子结构，找出各种退相干的机制，就能尽可能减少这些退相干因素。"

在这项新研究中，他们找出了使分子磁铁退相干的特殊来源，即原子核自旋扩散和光谱扩散，研究了怎样才能最优化分子结构以尽可能地延迟退相干。

他们改变了 Cr7Ni 分子结构中的两个关键部分：某个阳离子和配合基，并比较了它们之间的差异。他们还专门研究了在低温条件下，这些不同结构的分子保持自旋状态的情况，测量了它们的退相干时间。最终造出了结构最优化的 Cr7Ni 工程分子磁铁，其保持记忆时段超过 15 微秒，这比操作单量子比特必要的时间高出好几个数量级，也大大超过了以往研究的记录。

研究人员表示，这一结果，会大大提高人们操控分子磁铁簇内部量子态的能力，他们还将对控制方法做进一步研究。

阿达万说："按照理论设想，可以通过电场来操控分子磁铁的磁性，我们正在对此进行检验。同时，会检验多种可能性。我们的同事正在专门研究怎样通过化学工程方法，合并多个连接着的分子磁铁，并把它们合成更大的分子结构，而我们负责用这些分子开发出简单得多量子比特算法。"

（二）发现研制磁性材料的新方法

发现单原子磁性控制新方法。

2014 年 1 月，英国伦敦纳米技术中心研究员赛勒斯主持，葡萄牙伊比利亚纳米技术实验室费尔南德斯·罗西尔博士等来自英国、德国、西班牙和葡萄牙研究人员，组成一个国际研究小组，在《自然·纳米技术》杂志上发表研究成果称，他们发现，决定磁性稳定性及其在各种设备用途的单个原子的磁场方向，可以通过改变这个原子与附近金属间的电耦合进行修改。

任何人只要玩两块磁铁，就可以体验它们是如何依靠磁极的相对方位，来互相排斥或吸引。事实上，在一个给定的磁体里，这些极点倾向于一个特定的方向，而不是被称为磁各向异性的随机性。所谓磁各向异性，就是磁性物质沿不同方向磁化的程度不同。其特性，被应用于，从指南针到硬盘驱动器的多个领域当中。

罗西尔博士强调："对于大片的磁性材料，磁各向异性主要是由一个磁铁的形状决定的。形成磁性材料的原子也是磁性本身，所以具有其各自的磁各向异性，但原子是如此之小，几乎不可能归因于其形状，并且一个原子的磁，各向异性通常是由相邻原子的位置和电荷来控制的。"

研究小组利用能够在表面上观察和操纵单个原子的工具，即扫描隧道显微镜，发现了在原子尺度上控制磁各向异性的新机制。在实验中，他们观察到，单个钴原子的磁各向异性依靠其在铜表面上的位置，覆以原子薄的氮化铜绝缘层后戏剧性的变化。

这些变化随着另一种现象的强度而有很大改观，即近藤效应，就是来自磁性原子和附近金属之间的电耦合。在德国和葡萄牙理论和计算模型的帮助下，研究人员发现，除了常规的结构机制，在金属基体和磁性原子间的电子相互作用，也可以起到确定磁各向异性的主要作用。

赛勒斯说："电气控制属性，以前只能通过结构的变化来调整，而未来将能够为设计小型化信息处理、数据存储和传感仪器提供极大的可能性。与更为传统的机制相反，这将促成利用驱动许多晶体管、场效应的相同过程，在电力上调谐这种磁各向异性。"

二、其他金属材料开发的新进展

（一）开发轻有色金属材料的新成果

利用高强度软 X 射线使固态铝变透明。

2009 年 7 月，英国牛津大学物理学院贾斯汀·沃克领导的一个国际研究团队，在《自然·物理》杂志上发表论文称，他们利用目前世界上最具威力的软 X 射线激光轰击金属，制成了透明状态的铝。这一研究成果，可对行星科学以及核聚变能利用有所启示。

此前，透明铝仅在科幻小说中存在，由于电影《星际迷航 4》而名满天下。该研究团队，把所有能量聚焦在直径小于人类头发粗细 1/20 的点上，利用自由电子激光装置产生短脉冲，轰击样本中每个铝原子的核心电子，而不破坏金属内的晶体结构，从而使铝金属在极端紫外线辐射的状态下变得近乎透明。这表明，极强的X射线源可催生新的物质状态。但这一效应仅能持续极短时间，约40飞秒。

沃克说："我们所研制的，是之前从未有人涉及的新态物质。透明铝只是一个开始，我们正在研发的物质的物理性质，与大型行星内部的状况紧密相关；我们还希望，通过研究此种物质，能对同样需要高强度激光内爆激发的小型恒星的生成过程，有更清晰的了解；有朝一日在地球上也能对核聚变的能量加以利用。"

沃克教授表示："我们实验的非凡之处在于，仅利用高强度激光这一个步骤，就把普通的铝转化为了新态的物质材料。在某些特定方面，其表现得如同我们已将每个铝原子转化为了硅原子，这就如同你发现可以利用光源将铅转化为金一样神奇！"

这一发现，因比世界上任何同步加速器，都亮100亿倍的新辐射源的发展而变得可能。德国汉堡电子同步加速器中心的自由电子激光装置，能产生极短的软X射线脉冲，其每条脉冲的能量，都比能供应一整个城市电力的发电厂还要强劲。研究人员坚信，这一光化电离方式，是研制类似新态物质的理想方式，这也将为行星科学、天体物理学和核聚变能利用等不同领域的进一步研究提供有效帮助。

（二）研制金属氧化物的新成果

开发出介电常数更高的新式氧化铪。

虽然金属氧化物不属于金属材料，但它是制取纯金属或合金材料的主要原料，与金属材料开发成果的关系十分密切，为了便于了解金属材料的开发进展情况，这里特意把金属氧化物归类到金属材料中进行分析。

2012年2月7日，物理学家组织网报道，英国剑桥大学工程系的安德鲁·弗洛维特领导的研究小组，研制出一种介电常数更高的新式氧化铪，有望用于制造下一代更微型的电子设备、光电设备以及更高效的太阳能电池等。目前，氧化铪已成为电子工业领域的关键材料。

氧化铪等金属氧化物的应用范围非常广泛。正常情况下，它们一般通过喷溅在基座上制造而成。然而，当科学家们试图通过喷溅制造高质量的电子材料时，却碰到了一个问题，即很难精确控制沉积过程的能量情况以及材料的属性。为此，弗洛维特研究小组使用英国等离子探索有限公司研发的新奇沉积技术，利用高靶溅射来促进等离子溅射。

氧化铪是一种电绝缘体，能被用于制造光学涂层、电容器以及晶体管等。因为氧化铪的介电常数（电位移与产生电位移的电场密度之间的比率）比较高，而材料的介电常数越高，其存储电荷的能力越强，也就是说电容越大，有些公司目前正用氧化铪替代晶体管中的二氧化硅。

氧化铪可以不同的非晶体结构和多晶体结构的形式出现。但非晶体结构缺少多结晶结构内存在的晶界。晶界是指一个多晶体材料内，两个晶体相遇的点。晶界就像导电通路，不仅会让电阻率变小，也会导致设备大面积出现导电能力不均的情况，这会导致设备的性能变得不均匀。因此，非晶体结构比多晶体结构更好。然而，迄今为止，非晶体氧化铪的介电常数一直比较低，仅为20左右，而弗洛维特研究小组研制出的新式氧化铪的介电常数则高于30。

弗洛维特表示，与其他形式相比，非结晶电介质（包括氧化铪）的性质更加均匀，而且，没有晶界也使材料的电阻率更高、光子散射更低。

研究人员在室温下，利用快速沉积过程制造出新材料，这使其尤其适合用来制造有机电子器件、大容量的半导体等。没有晶界，也使该材料成为制造光学涂层和高效太阳能设备的理想材料。

第二节　无机非金属材料研制的新进展

一、特种玻璃研制的新进展

（一）开发特种玻璃的新成果

1. 发明光线透进来热量拒窗外的智能玻璃

2004年8月，伦敦大学材料专家伊万·帕金与同事特洛伊·曼宁等人组成的一个研究小组，在《新科学家》杂志发表研究成果称，他们研制出一种聪明玻璃，房间里的温度过高时，只有光线能透进来，将热量拒之窗外。

如果室内温度在29℃以下，那么，这种玻璃既可以让可见光，也可以让紫外线透过。但是，一旦室内温度超过29℃，玻璃表面的一层物质就会发生化学反应，将紫外线挡在外面。这样，房间在保证光线充足的前提下，会拥有一个适宜的温度。

在此之前，研究人员想了许多防止房间过热的方法，比如，给窗子安装茶色玻璃，但这些方法都不理想。以茶色玻璃为例，它无法根据变化了的条件而做出相应的变化，虽然茶色玻璃减少了进入房间的光线，有时候房间过冷，需要更多温暖阳光的时候，它却没有办法放过更多的光线。

帕金相信，这种新材料将改变大型建筑物的设计方式。他说："现在的建筑趋势，是在建筑物上大量使用玻璃，但这对建筑师来说是个两难选择。如果采用有色玻璃，自然光的好处就会减少，不用有色玻璃，有时候室内温度就会很高，你就不得不缴纳高额的电费。"

聪明玻璃解决了这些难题。这种玻璃的表面涂有一层二氧化矾，无论是可见光，还是紫外线，都可以穿过这种物质。二氧化矾在70℃的时候就会发生变化，如果温度超过这个过渡温度，它里面的电子就会改变排列顺序，这样它就会从半导体变成金属，从而挡住紫外线。研究小组经过许多次试验，在二氧化矾里掺入金属钨，终于使二氧化矾的过渡温度降低到29℃。

另外，他们还找到了一种生产这种混合材料的方法，使大批量生产价格相对低廉的聪明玻璃成为可能。他们表示，三年之内就会出现商业型的聪明玻璃。但现在他们仍有一些问题需要解决，首先，他们研制的涂料尚不能永久附着在玻璃上，另外，现在的涂料带有很强的黄色。

曼宁相信，克服这些难题是有可能的。他说："你可以往这种物质里再掺入另一种物质，比如二氧化钛，这样，涂层就会固定在玻璃上。你可以使用另一种染料来淡化黄色。"

2. 研制冬暖夏凉的智能玻璃

2005年3月，美国《发现》杂志报道，近日英国伦敦大学的一个研究小组，研制出一种"智能玻璃"，不用空调，光是玻璃就能让室内冬暖夏凉。这种玻璃能够有选择性的吸收或反射红外线，从而保持室内温度舒适宜人。

为什么"智能玻璃"具有如此神奇的作用？研究人员说，秘密就在于涂抹在它表面上的超薄层物质——二氧化钒和钨的混合物。天气寒冷的时候，二氧化钒能吸收红外线，产生温热效应，从而提高室内温度；相反，在炎热的天气里，超薄层混合物中，粘在一起的两种物质的分子发生相应变化，反射红外线，从而使得室内温度凉爽。薄层混合物质中 2% 含量的钨决定了二氧化钒是吸热还是散热。

目前，智能玻璃距离大规模的生产还存在一定距离，它面临的问题是：智能玻璃表面有一层黄棕色的色调薄层，这层涂层看上去很脏，不能吸引建筑设计者的眼光。现在研究人员正在考虑的是，能否在薄层中加入其他成分来中和这种颜色，让智能玻璃变得干净起来，好尽早把这种玻璃运用到实际生活当中。

3. 发明能自洁的神奇玻璃

2005 年 5 月，英国媒体报道，经常擦拭外窗玻璃是件很辛苦的事情，而如果你家住高层，那么恐怕就对此更加犯愁了。不过如果在你的家中，安装的是一种英国研制的特殊玻璃，恐怕清洁之苦也就会大大地减轻了。因为这种由英国玻璃公司研究人员经过多年研究发明的玻璃，是一种能够借助自然界力量来自我清洁的神奇玻璃。

负责研究这种自洁玻璃的克温·桑德尔松教授介绍，这种玻璃和普通玻璃的不同之处在于，它使用了一种并不十分复杂的工艺，为玻璃的表面镀上了一层超薄的化合物膜。而这个薄涂层的主要成分是二氧化钛，它是一种光触媒，能够引起特殊的催化作用。当这种物质在受到大于二氧化钛能隙宽度的光线照射时（例如紫外光），内部电子会被激发，与空气的氧气和水分子发生作用，产生负氧离子和氢氧自由基，由此产生强烈的氧化还原反应，将附在表面的有机物分解成水和二氧化碳。正因为如此，这种玻璃就能够利用户外的阳光中的紫外线将附着在玻璃上面的各种有机污垢分解掉。

也许有人会担心，在不断的氧化作用中这层镀膜会被消耗殆尽。不过研究人员告诉大家，因为二氧化钛非常稳定，在整个过程中也只起到催化作用，本身不损失，所以从理论上来讲这层镀膜可以永远地发挥作用。而且在太阳光照的作用之后，镀膜还能维持这种作用，这就使得我们窗户玻璃上的清洁工作即使是夜间和阴霾天气也不会停止。

完成了清洁之后，自洁玻璃窗还能把清洗工作一并完成，科学家们发现二氧化钛光触媒涂层在光的作用下具超级亲水性，被涂在玻璃上的镀膜中也含有能够有较强吸水作用的化合物，于是过路的雨水很容易就被这层镀膜拦截了下来，早已被分解的有机污垢是非常容易从玻璃表面剥落的，这些雨水自然就能够将它们全部冲刷掉，保持洁净的外表了。

桑德尔松指出，尽管用二氧化钛化合物做自洁玻璃是一种很酷的想法，但是二氧化钛本身确实呈白色，直接使用会影响玻璃的透明度。为此，研究人员想出的解决办法是，把这层镀膜纳米化，其厚度仅仅只有40纳米左右，是人的头发细丝的一千五百分之一，基本可以保证玻璃的透明度，只是在一些特殊的角度可以观察到玻璃的颜色有些泛蓝。

（二）研制特种玻璃的新发现

1. 发现金薄膜涂层可让玻璃更加透明

2011年10月，英国伦敦大学国王学院物理系博士生瑞安·麦卡伦领导的一个研究小组，在《应用物理学快报》上发表研究成果称，他们发现给玻璃涂上一层金质薄膜，能使更多光线以更广的角度透射过玻璃，从而减少了反射光数量，可让玻璃看起来更加透明。这一发现，有望改变人们观看平板电视、电子手表里发光二极管（LED）的方式，目前必须从它们的正面方向才能看得清楚。

研究人员称，在这些设备的屏幕上，人们看到的并非玻璃后面的图像。光线是从玻璃内部的一层活性材料中发出，被陷落在发光层内部，只有正对着才能看清楚，因为在较大的角度，光线会被玻璃完全反射回去而无法透射出来，也就几乎无法看到。

研究人员解释说，如果将一层非常薄的金膜贴在玻璃上，控制好薄膜厚度，光和电子之间就能在纳米尺度内形成相互作用，增加从玻璃中射出的光的数量，因此，即使不是从正面直接对着玻璃，也能看到更强的光。

麦卡伦表示，这一成果，能大大增加从发光二极管中射出光线的数量，使其发光效率达到一个新高度；也有望让纳米光源有更多的应用，比如用在生物与化学传感器和集成光子学方面。

2. 发现玻璃失透物可制成高效光扩散器

2014年3月，英国剑桥大学一个研究小组在《ACS纳米期刊》上发表论文称，他们研究发现，长期以来被认为是玻璃制品中“瑕疵存在”的失透物，具有很好的散光性，用其制造的光扩散器廉价且高效，具有广泛的应用前景。

失透物是商用钠钙硅玻璃热处理过程中产生的一种结石，它由呈扇状排列的针状晶体组成，最大可达几毫米。失透物的存在，会影响到玻璃的外观和光学均一性，进而降低玻璃的使用价值，所以一直被认为是一个瑕疵，是制造商们想方设法要剔除的东西。正因为被视为玻璃制品中的“瑕疵存在”，多年来，很少有人对它的性能进行更多的深入研究。

英国研究小组发现，失透物晶体具有相对较高的各向异性，使其能够产生可见光的相位调制效应，而晶体间纳米级的微小空隙，使得通过的可见光可呈大角度散射。实验测量结果表明，其光扩散角度可达 120 度。

研究人员称，失透物的这一特性，使其具有了很大的利用价值，用其制造的光扩散器廉价且高效，有着广阔的应用前景。

目前，市场主流的光扩散器主要使用喷砂玻璃来制造。对于制造商来说，这类扩散器的制造成本，是一个很大的问题：可对通过光线进行有效控制的工程全息扩散器造价昂贵，如要降低造价，则只能以一种相对统一的方式散射光线，而这类扩散器效用不高，常常无法满足客户需要。利用失透物制造光扩散器则有效地解决了这一问题。

一方面，失透物可以大规模生产，造价不高；另一方面，失透物晶体本身即存在于玻璃之中，玻璃的高熔点意味着扩散器可以承受超过 500℃的高温，其抗损伤能力很强。

而在性能方面，失透物制光扩散器不仅可对输送光进行有效控制，而且它对传输光线的散射角度也更宽，其性能足可保证用户需要。在未来的医疗激光设备、光学成像设备以及日常家用设备等一系列领域，失透物制光扩散器，都会有很大的应用空间。

二、碳素材料与无机纤维开发的新成果

（一）研制碳素材料的新成果

1. 从废轮胎中提取用作黑色印刷油墨的炭黑

2005 年 12 月，英国三位研究人员从废轮胎中提取出可用作印刷油墨着色剂的炭黑。这种炭黑可作为印刷油墨着色特种炭黑的代用品，且价格

低廉。

该方法在隔绝空气的条件下，用800℃高温大热解废轮胎，得到炭黑、钢丝和白炭黑等的混合物，磁选、筛选之后烘焙，制得半纯炭粉。再用盐酸和氢氧化钠分别洗涤半纯炭粉，即可得到黑色印刷油墨用炭黑。与传统的炉法炭黑生产过程相比，这种高温热解过程不排放二氧化碳。炭黑，是一种无定形碳。轻、松而极细的黑色粉末，表面积非常大。

2. 研制出由大量空气构成的“飞行石墨”

2012年7月，英国基尔大学和德国汉堡科技大学联合组成的一个研究小组，在《先进材料》杂志上发表研究成果称，他们研制出迄今为止全球最轻的材料——“飞行石墨”，其密度仅为0.2毫克/立方厘米。虽然它看起来像一块黑色不透明的海绵，但却是由99.99%的空气构成。研究人员表示，新材料性能稳定，具有良好的导电性、可延展性而且非常坚固，因此，可广泛应用于电池、航空航天和电气屏蔽等领域。

“飞行石墨”是由多孔的碳管，在纳米和微米尺度三维交织在一起组成的网状结构。尽管其质量很轻，但弹性却非常好，拥有极强的抗压缩能力和张力负荷。它可以被压缩95%，然后恢复到原有大小。它还几乎能吸收所有光线。

因为其独具的特性，“飞行石墨”能被安装在锂离子电池的电极上，这就使电池需要的电解质溶液很少，电池的质量由此大为减轻，得到的小电池可以用在电动汽车或电动自行车上。其未来的应用领域还包括让合成材料具有导电性，困扰很多人的静电干扰，可能会因此得以避免。

另外，“飞行石墨”，还可以应用于航空航天和卫星领域所用的电子设备上，因为这些设备必须能耐受大量的振动；而且，新材料也有望应用于水净化方面，作为吸附剂吸附水中的污染物，因为它能氧化或分解并移除水中的污染物。其卓越的力学稳定性、导电性以及表面积大等优点，也会让科学家们大大受益，甚至还可以用于恒温箱或通风设备以净化环境空气。

（二）研制无机纤维的新成果

1. 研制出高强度新型碳纳米管纤维

2007年11月，英国剑桥大学材料科学教授阿兰·魏德尔与美国陆军士兵研究开发中心的研究人员一起，共同研制出一种新型碳纳米管纤维。该碳纳米管纤维上，最脆弱的地方也需要1吉帕斯卡的拉力才能折断，强度足以与钢铁相媲美。研究人员称，这种纤维最具前景的应用，也许是制作防弹衣和开采油气钻头。

碳纳米管是一种棉线状的碳分子，带有仅一个原子厚度的壁。虽然它们具有非常强的导电性能，但可靠性难以保证。为了制作这种超强纤维，魏德尔在热炉中将碳汽化，然后吹出一股碳纳米管流。当这些碳纳米管在空中被捕获并围绕一个轴旋转时，就会形成一根由数十亿个分子组成的纤维，而这些分子沿着碳纳米管紧密排列在一起。

研究人员认为，强度的改善主要取决于缠绕速度，以便将碳纳米管更好地排列成线以及更紧密地包裹起来。研究人员通过调节炉温和调整缠绕速度优化制作工艺，制作出的纤维强度较其他小组制作的要高出0.3倍。为了使制作的纤维密度更大，他们还在制作工艺中增加了一个步骤，让纤维通过丙酮气体。丙酮气体可在纤维上凝结成一层液体，由于表面张力效应将纳米管拉在一起，从而增强纤维强度。

新碳纳米纤维一般要在施以大约6吉帕斯卡的应力时才发生断裂，强度要高于制造防弹背心的常用材料芳纶，而且可与两种最高强度的商业材料——基纶和迪尼玛相抗衡。目前，研究人员已制作出一根单独的超强碳纳米管纤维，可承受9吉帕斯卡的应力，表现出具有无与伦比的超强性能，而用别的方法制作的碳纳米管纤维，最多可承受3吉帕斯卡的应力。

目前，魏德尔能制作出的最好纤维长度仅为1毫米，这主要是因为纤维越长，包含的细微碳颗粒和其他缺陷就越有可能削弱它的强度。即便调节制作工艺，如调整缠绕速度和利用丙酮方法，都不能改变这些碳素颗粒，因此必须回到化学合成的方法来解决这类问题。

2. 制造出光电功能兼备的新式光导纤维

2012年2月，英国南安普顿大学光电研究中心的高级研究员皮尔·萨齐奥、研究员安娜·皮科尔、博士后研究生诺尔·希立，与美国宾夕法尼亚州立大学化学家约翰·拜丁等人组成的一个研究小组，在《自然·光子学》杂志上发表研究成果称，他们首次把半导体芯片嵌入光纤中，制造出一种具有高速光电功能的新型光纤，这种光纤可用于改善通信技术和其他混合光电技术。

拜丁解释道："把光纤和芯片整合在一起很困难，原因如下：首先，光纤是圆柱状的，而芯片是平的。另外，光纤和芯片的块头实在太小，光纤的宽度仅为人头发丝的1/10，而其上建有导光通路的芯片仅为光纤的1/10，因此，让这两种设备很好地排列，对现有技术来说是一个巨大挑战。"

该研究小组采用了一种新奇的方法，来解决上述与嵌入技术有关的问题。他们采用的方法，不是把平直的芯片和圆柱状的光纤直接合并在一起，而是使用他们自己的集成电子元件，不需要将光纤直接整合在芯片上，而是使用高压化学技术将半导体材料一层一层直接沉积在光纤的微孔内，制造出新型光纤。

萨齐奥表示："我们的最大突破在于，不需要把整个芯片作为最终完成产品的一部分。制造传统芯片需要耗资数百万美元的无尘室设施，而我们的过程能使用成本更少的简单设备来完成。我们也在光纤内设法制造出了结点，让所有的电子行为发生在此活动边界内，确保新产品拥有非常高的光电性能。"

皮科尔补充道："对于未来的通信网络来说，把光电设备的功能整合入光纤内，是一个重要的技术进步。在这种意义上，或许在未来，我们可以借此获得更快、更廉价、更高效的系统。而且，最新研究代表了一种全新的建构半导体结点的方法，因此，也有可能应用于很多非通信领域。"

希立得出结论说："在光纤内演示复杂的光电工程技术，是一件令人兴奋的事情，因为，它有潜力成为一种关键技术，让速度更快、成本更低、能效更高的通信网络成为可能。"

三、开发超导材料的新进展

（一）研制超导材料取得的新成果

1. 开发出新型碳基超导物质

2010年5月，英国利物浦大学无机化学教授马修·罗塞斯基、杜伦大学化学系教授科斯马斯·普拉斯德斯等人组成的一个研究小组，在《自然》杂志上发表论文称，他们发现，通过施加一定的压力，改变C60的晶体结构，不同C60晶体结构下的Cs3C60，能够从磁绝缘体转变为超导体，而其超导转化温度也从 38K 转化为 35K。研究人员表示，新发现将有助于降低诸如磁共振成像扫描仪及其他依赖超导体的能源存储应用的成本。

研究人员指出，他们使用英国卢瑟福·阿普尔顿实验室的散裂中子源和同步辐射光源，以及位于法国的欧洲同步辐射设施成功证明，金属原子和巴基球（碳原子组成的一种天然分子，又称为 C60），组成的新物质 Cs3C60 本身并不导电，但其在受到挤压时会变成高温超导体。施加在该物体上的压力会使得 C60 收缩，由体心立方结构转变为面心立方晶体结构，同时，克服了电子之间的排斥力，使得电子能够“成双结对”、毫无阻力地通过物质。

该研究项目，是英国工程与自然科学研究理事会资助的一个研究项目的一部分，旨在调查可使用什么方法制造出在更高温度下工作的超导体，在减少成本的同时让这些物质处于最适宜的温度，应用范围更广。

研究人员表示，C60 与碱金属作用能形成 AxC60（A 代表钾、铷、铯等），它们都是超导体。基于碳的超导物质的优势在于，不同的碳结构具有不同的特征，因此，制造出的物质具有不同的功能和属性。碳基超导物质结构的灵活性，让科学家可更好地厘清高温超导产生的内在机制，了解如何制造更高温度的超导体，碳基高温超导物质或将成为未来的主流。

罗塞斯基称，这是人们首次证明，控制一个高温超导体中的分子的排列方式可控制其属性，比如 C60 就可以做到这一点。

普拉斯德斯表示，新研究对高温超导领域的发展非常重要，因为它让人们看到，超导性在何时突破绝缘状态“破土而出”，而不用考虑原子的具体结构如何，这是以前的任何物质都无法做到的。

2. 合成具有超强导电性能的三维材料

2014 年 5 月 25 日，英国牛津大学科学家陈玉林领导的研究小组，以及美国斯坦福大学直线加速器实验室、美国伯克利国家实验室三支研究队伍，同时在《自然·材料》上发表论文称，他们分别独立发现了名为砷化镉的新合成材料。科学家说，这种材料在电气性能上，可以看成是三维的石墨烯，或石墨烯的 3D 版。

研究人员说，这是一种能够替代石墨烯的三维材料，它的电气性能与石墨烯相当，且更便于生产，有望借此制造出运行速度更快的晶体管、传感器和透明电极。

石墨烯可谓是材料界当红巨星，各种美誉不绝于耳，各种应用吊足了人们的胃口。但与此同时，它独特的单层原子结构，也为原料的大规模生产和实用产品的制造，设置了障碍。因此，科学家们一直在寻找一种既有石墨烯的功能，又便于加工的三维材料，终于找到了砷化镉。

陈玉林说，现在越来越多的人，意识到石墨烯等材料在技术上的巨大潜力。这种日渐增长的兴趣，正在促使这一领域的快速进步，其中就包括对具有类似功能的替代材料的研究。

据报道，陈玉林研究小组此前用钠铋化合物，模仿石墨烯超强导电性能，但这种化合物的性质极不稳定，当暴露在空气中就会变成粉末。在此研究过程中，他与中国科学院的理论物理学家方仲和戴希一起，共同预测出包括砷化镉在内的两种化合物，具有替代石墨烯的类似功能。

石墨烯是单层碳原子结构材料，具备很多神奇的特性。其中之一，就是其优异的导电性能：在石墨烯材料上，电子的运动速度，远超过它在一般导体中的运动速度。

有关报告称，陈玉林研究小组合成了砷化镉样品，并且用设在英国的砖石光源和美国伯克利国家实验室的先进光源进行了实验。

陈玉林说："就日常使用而言，此类物质是石墨烯很好的一个替代品。我们正在与理论物理学家合作，看看是否还有更多更好的材料在等着我们。此外，也可以将此次研究作为一个平台，用来探索更多更奇特的物质形态，合成出更多有趣的物质，因为当你打开一扇门后，就会发现这扇门的后面，还有很多其他的门。"

（二）研制超导材料发明的新技术

发明直接"书写"出高温超导电路的新技术。

2011 年 8 月，英国伦敦大学纳米技术中心主任加布里·埃普里与意大利罗马第一大学物理学家安东尼奥·比安康尼教授等人组成的一个国际联合研究小组，在《自然·材料学》杂志上刊登论文称，他们发明了一种 X 光光刻电路技术，用 X 光照射直接把电路"书写"在特殊材料上，形成高温超导微电路。这种产生和控制微小超导结构的技术，能带来全新的低能耗电子设备，在燃料电池、催化剂等多个领域都具有广泛的应用前景。

超导材料能以零电阻导电，将电路中的能量损耗降低到零。早在25年前科学家就发现，用X光照射某些金属氧化物材料，能使其中的氧原子重新排列，使材料在微小范围内具有高温超导性能。这一过程中，X光就好像一支“绘图”铅笔，在二维平面上“画出”超导电路。

研究人员解释说，过渡金属氧化物的微观结构都很复杂，其中氧原子的微观排布对材料的整体属性有着不同影响，也影响材料的超导转变温度。他们发现，一种含有铜和镧元素的氧化物（La2CuO4+），属于高转变温度的超导材料，在其间隔层La2O2+中，晶格间氧原子序列呈不规则分布，这种不规则掺杂的特点增强了材料的高温超导性能。他们通过X光照重新排列材料微观结构，可以控制高温超导的温度范围，绘制出比人的头发丝还细的高温超导电路。此外，还能通过一种热处理技术，“擦掉”这些电路。

目前，研究小组已经开发出高精度的“绘图”和“擦除”工具。比安康尼说：“现在我们只要几个简单的步骤，就能直接给普通的铜氧材料加入超导‘智能’了，甚至不需要设备制造中常用的化学药品。”

埃普里说：“我们的研究证明，不需要化学品也能造出超导体，尤其是可擦写的超导逻辑电路，这为电子产品制造打开了新的大门。该技术更深刻的意义还在于，它有助于解决著名的‘旅行推销员’问题（多局部最优化问题），这一问题是世界上众多计算难题的基础，从基因学到逻辑学，解决这类问题意味着计算技术范式的转变。”

四、研制无机非金属材料的其他新成果

（一）研制新型建筑材料取得的成果

1. 发明有望使建筑物隐形的可透视固体材料

2006年2月19日，英国伦敦帝国理工学院与瑞士纳沙泰尔州大学联合组成的一个国际研究小组，发表题为《开发可透视固体新材料》的简报称，他们已经创造了一种新的光学效应新材料，也就是说，诸如墙壁这样的固体物质在将来是可以透视的。

对此，有关媒体报道说，超人凭借眼中发射的X光射线与罪恶周旋，令世人拍案叫绝，自那以后，拥有可以穿透墙壁的“透视眼”就成为人们

的一个梦想。科学家现在相信他们已经迈出了达到这一目标的第一步，在不远的将来，“透视眼”有望变成现实。

研究人员表示，最近几年，科技界对微小晶体的研究取得长足发展，促使这样一种理论问世：如果建筑物的墙壁使用了这种材料，住房者就可以随意炫耀自己的“透视眼”了。这一发现，将革新21世纪的建筑工艺。房产承包业，将更便于检查砖结构后面或里面的管线；警察和士兵也将有能力窥视潜伏在墙壁之后的威胁。

报道称，研究小组决定公布他们实现“透视眼”的最新尝试结果时，已对这项研究的详细内容做出严密封锁。然而，研究部门向记者们发出的，现场聆听研究最新进展情况的邀请函，还是透露了不少非常令人兴奋的线索。据信，这种光学效应与一种新材料的开发有关，其原理是利用物质内的原子运动。帝国理工学院研究人员在前一天证实，实验室已经取得了虽然很小但是胜利的第一步，把人类像超人一样拥有“透视眼”的距离拉近。

需要解释的是，他们的研究不是让人类的双眼像超人一样放射X光射线，而是建筑物本身可以用肉眼透视，从而达到建筑物隐形的效果。帝国理工学院一名发言人表示：“利用微小的，在特殊情况下肉眼看不见的水晶体研究，已经取得了突破。这种新材料，潜在的使用价值令人兴奋，对人类的生活将产生深远影响，但就目前来说，利用这种新材料为时尚早。”

美国军方科学家，也正致力于可以透视现今建筑的装置的开发。国防先进研究项目局，正在开发一种名为“可视建筑”的系统。研究人员希望，这个系统可以透视整座建筑。利用这一系统，研究人员可以看到士兵和飞行员穿过或飞跃一座建筑，从而获得类似于X照片的图片。

2. 研制出能为建筑物大量节能的热调节材料

2011年8月，欧洲设计和技术网站报道，英国诺丁汉大学中国宁波分校可再生能源技术研究中心的主任乔大宽领导的一个研究小组，研制出一种可使建筑物大量节能的热调节新材料。这种不变形的储热相变材料，可以吸收超过预设温度的热量，并且当周围气温低于设定温度时，能释放出存储的热量，这样能大大减少建筑物的供暖和制冷费用，也能有效减少建筑物排放出来的温室气体。

研究人员表示，这种新奇材料的储能能力特别强，其热响应速度也比现有材料快，而且生产成本很低。

研究人员介绍道，实验室中制造出的这种材料，看起来就像一枚硬币大小的圆板，但是可以把它做成不同大小的各种形状成品，而且也可以作为微小的薄膜喷射到已有建筑物的表面，因此，其应用领域非常广泛，可以用来制造墙壁、屋顶、墙纸等等。

研究人员估计，这种材料最多能为建筑物节省35%的能耗，也可用于增强太阳能电池板和发光二极管灯泡的性能。

不过，乔大宽指出："这种材料不会让空调过时，因为人们仍然需要空调来控制湿度和空气的运动，它只是减少室内多余的能量。"

研究人员已经为这种新奇材料申请了专利，并正在对其进行进一步的研究，以尽快进行商业化生产。

乔大宽说："建筑工业的碳排放，远远超过包括航空航天业在内的其他工业。建筑消耗了全球总能源的30%，也排放出了大量的污染物。这种材料如果被广泛使用，可能大大有助于全球的节能减排活动。"

（二）研制具有特殊功能涂料的新进展

1. 研制出可预防传染病的抗病毒涂层

2006年4月，英国《新科学家》杂志网站报道，在传染病肆虐的时候，如果在人们经常接触的设施上添加抗病毒材料，就会对传染病的传播起到有效的抑制作用。英国伦敦大学的材料研究人员，日前就发现了这样的材料。

据报道，研究人员发现，大量金属、金属氧化物和陶瓷微粒都具有很强的抗病毒作用。研究人员设想，可以把这些微粒涂覆在人们常用的取款机、自动售货机以及办公室公用的复印机、传真机的按钮上，从而限制病毒传播。

研究人员还希望制造一种充满上述微粒的面罩。这样当人们吸入由空气传播的病毒时，就可以由面罩上的微粒将病毒摧毁。

2. 开发出具有自洁功能的抗反射涂层

2014年2月，英国剑桥大学发布新闻公报称，该校研究人员开发出一种具有自清洁功能的新型抗反射涂层，可在阳光照射下快速分解附着其表面上的污垢，这种涂层不仅可使得建筑物窗户自洁，更可增强太阳能电池效率。

对于太阳能电池研究来说，能提高一个百分点的光转换效率都是十分重要的，而目前太阳能电池板的抗反射性能，多会因其表面附着的一些污垢而降低，从而影响到电池效率。

研究人员的设计理念，源于飞蛾眼睛的结构。飞蛾的眼角膜很特别，有很多细小的凸块，凸块之间的缝隙十分微小，排列成六角型阵列，这种结构，使得飞蛾的眼睛，可以吸收不同波长、不同角度的光线，从而具有很强的抗反射效果。目前很多的抗反射涂层，都是模拟蛾眼结构而开发。与其他涂层不同，剑桥大学研究人员研发的新型涂层上的孔洞要更大一些，其结构中包含有二氧化钛纳米晶体。这些纳米晶体具有光催化特性，当受到阳光照射时，它们会将阻塞这些孔洞的污垢，分解成二氧化碳和可蒸发的水，从而达到自清洁效果。

测试结果显示，堵塞抗反射涂层孔洞的绝大部分碳氢化合物，都可以被这种纳米粒子分解掉。比如，附着在涂层上的指纹油脂，可在 90 分钟内被完全分解。

新闻公报称，研究人员目前正在研究，如何把这种新材料，用于建筑玻璃和太阳能电池上。他们指出，这是其首次有效地把纳米粒子纳入抗反射涂层的研究中，使得开发出具有自清洁功能的抗反射塑料或者抗反射玻璃成为可能。由于需要紫外线催化，目前这种新型材料还只能用于室外，如果这种材料适用于室内光线，则会具有更广阔的应用前景，但这还需要进行更多的研究。

（三）研究无机化合物的新发现

发现可从月球岩石中大量获取氧气的无机化合物。

2009 年 8 月，英国剑桥大学一个研究小组在英国举行的一个国际学术会议上报告研究成果称，他们发明了一种新技术，可以从月球岩石中大量获取氧气，这为人类在月球建立基地提供了可能。

据报道，这项技术，基于研究小组在 2000 年发明的一种从金属氧化物中提取金属的方法，把金属氧化物和碳棒浸入到一种电解液中，通过高温加热，金属氧化物上的氧离子会剥离出来，与碳棒发生反应生成二氧化碳，同时得到金属。

由于月球岩石中存在大量氧化物，研究人员设想可利用这种技术来制造氧气。但这需要一种不容易氧化和损耗的物质来取代碳棒，以使氧离子不变成二氧化碳，而是直接生成氧气。多次实验发现，在钛酸钙中加入一些钌酸钙可以达到上述效果，这种混合物参与反应，150 小时后几乎没有损耗。研究人员估计，这种混合物使用 1 年的损耗约为 3 厘米。

研究人员说，利用美国航天局研发的模拟月球岩石进行的实验显示，这种方法可以大量生成氧气。据估计，在月球上安装 3 个这种 1 米高的反应装置，可以每年生成约 1 吨氧气。而每生成 1 吨氧气所需的月球岩石约为 3 吨。英国研究人员正与欧洲航天局合作，以开展进一步的大规模实验。

第三节　有机高分子材料研制的新进展

一、研制高性能塑料的新进展

（一）开发具有不同功能的新型塑料

1. 研制成具有防氧渗透功能的塑料包装材料

2004 年 5 月，英国媒体报道，为了解决塑料包装材料容易导致氧渗透，使产品储存一段时间之后发生风味流失、颜色变化的问题，一些包装公司采用多层挤压技术或将除氧剂包放在食品包装中，但两种方法均存在不同的缺陷。

最近，英国一家公司，成功研制出一种新型塑料包装，具有被动和主动屏障两种功能，有效抑制了氧的渗入，甚至在食品袋包装蒸煮之后，作用仍然不会减弱。它不仅可以延长产品的储存期，而且可以直接采用微波炉加热，特别适合于方便食品的包装。

这种被称为“屏障之和”的新包装，由 6 层不同材料复合而成。第一层是一种具有高阻油性聚合材料的聚丙烯；第二和第四层为黏和胶之间是阻氧聚合材料，属于被动屏障；第五层是除氧剂混合物，被称为主动屏障，不仅可以阻止外来氧分子进入，而且可以吸附包装内的氧。最后又是一层聚丙烯材料。

2. 制成可为企业罩上一张纸质安全网的塑料复合材料

2004年8月，有关媒体报道，由英国电信监管部门出资，英国航空航天系统公司一个研究小组开发出一种具有保密功能的墙纸，它能够屏蔽除手机信号以外的其他无线电波，从而防止外界利用接收到的无线电波信号，对公司内部的网络安全系统进行干扰和破坏。

目前，有不少公司职员，习惯在办公室内用手提电脑无线上网，但殊不知这样很容易被不怀好意的网络入侵者利用，在距离建筑物100米以内的任何人，其实都有可能通过无线接入的方式突破防火墙，进入公司的内部网络，从而带来很大的信息安全隐患。针对这一问题，最有效的防范方法，就是在办公室的墙中嵌入薄铝片，并安装可吸收无线电波的玻璃，将整个办公室，变成一个拥有屏蔽无线电波功能的“法拉第笼”。然而，这样做也就意味着，在屋子里的人，将因接收不到信号而无法使用手机。

近日，该研究小组研发的高聚物基塑料复合材料保密墙纸，使得这个难题迎刃而解。这种墙纸，实际上是一种频率选择护墙面板，由0.1毫米厚、双面镀铜的聚酰亚胺塑料薄膜板制成。很多便携式摄像机内部的印制电路板，采用的就是这种塑料材质。研究人员把墙纸一面的部分镀铜刮掉，形成格子，然后在背面对应处旋转45度角，进行镂空处理，这样墙纸就会出现许多十字格，只要对格子的大小和间距加以调整，就能够使这种墙纸允许固定频率的电波穿越而屏蔽其他的干扰电波。据介绍，2.4千兆赫、5千兆赫和6千兆赫的无线电波，均能被这种墙纸屏蔽，而GSM和3G手机信号都不受影响，紧急特服电话也能正常拨打。

同时，该研究小组还在开发具有相同功能的透明超薄窗户用贴纸。有了这层安全屏障，电波就可以得到控制，让它们传播到应该去的地方。

（二）开发可生物降解的环保型塑料

1. 以油菜为原料提炼塑料聚合物

2005年3月，英国达勒姆大学、伦敦大学和曼彻斯特大学共同组成的一个研究小组，培育出一种叶片中含有大量塑化聚合物的油菜，并已用这种油菜的种子和叶片，成功地提炼出天然塑料，加工成家用垃圾筒以及包装瓶等包装物。

为培育这种油菜，研究人员首先利用基因遗传技术，将3种能产生塑化聚合物的生物基因，植入油菜种子，然后播种。这种油菜不仅能像其他油菜一样自然生长，而且在种子和叶片中含有较多塑化聚合物，其中种子中塑化聚合物的含量可达20%，极具商业开发价值。

据介绍，用油菜子和叶片提炼的天然塑料，与普通塑料相比，最大的特点是没有污染，可自行生物降解。正是这种原因，培育含有大量塑化聚合物的油菜，并用这种油菜的种子和叶片提炼天然环保塑料，应用前景十分广阔。

2. 开发出可生物降解的玉米制塑料饮料瓶

2006年6月，英国贝卢公司研制生产的第一批可生物降解矿泉水瓶，正式投放英国市场。这种水瓶以植物性塑料制成，大大缩短了降解所需时间，是环保型材料应用领域的又一新突破。但环境保护学家在肯定这种塑料环保价值的同时，又对饮用瓶装水这一行为本身提出了质疑。

生产可生物分解矿泉水瓶的贝卢公司，是一家致力于开发绿色环保产品的公司。这种瓶子用以玉米为原料的塑料制成，虽然容量达到0.5升，但在商业肥料作用下，只需12周便可全部降解。即使使用家庭肥料，9个月到1年之内也可完成降解过程。而普通塑料掩埋在土壤里，需要几百甚至上千年才能分解。玉米塑料瓶的广泛应用，有助于从根本上，遏制英国垃圾场，将被越来越多难降解塑料制品淹没的不妙趋势。

贝卢公司认为，新研制的环保塑料瓶可以刺激消费者对可生物分解制品的需求。该公司官员麦·西蒙森说："想想看，用玉米制成的塑料。这种绿色原料环保潜力巨大。"

但这种可生物分解制品，在英国推广有其困难之处。因为英国没有这种瓶子分解所需的商业肥料，而且作为原料的玉米聚合物也要从美国海运进口。以贝卢公司的经营规模，要长期进行如此大规模的商业运作仍有困难。

贝卢公司常务董事里德·佩奇说："希望我们开发的新材料矿泉水瓶，能够打开市场获得消费者青睐，以鼓励更大型的公司也引进生产。"

其他公司也在努力研制可生物降解产品。马莎百货公司的三明治，已采用玉米淀粉制成的塑料薄膜包装。可口可乐公司正在试验减轻塑料瓶重量，并表示他们也在研究使用可生物降解瓶的可行性。瑞士著名企业雀巢公司，正在为其牛奶巧克力制品开发新型包装盒，其好处是在水中即可分解。

英国大型连锁超市森斯伯瑞，已在旗下140家连锁店，引进可家庭降解的包装袋和盘子，用于盛装有机食品。这样做的部分原因，是意识到日常食品包装需求扩大，将导致对环境更为严重的破坏。

3. 开发出用于生物降解塑料的新增塑剂

2006年12月，有关媒体报道，一项由英国政府部分资助的项目，成功开发出一种生物降解塑料用增塑剂，用于薄膜和其他软包装用聚乳酸中，可大幅改善聚乳酸的力学性能。

该项目得到英国政府可持续发展技术启动计划的支持，它使常规硬聚乳酸的柔性得以改进，其延伸度可从原来的5%提高到320%。这类增塑剂可被生物降解，它们在产品中的用量为助剂的10%～20%。这种改性剂基于聚乳酸与聚乙烯乙二醇之间生成的嵌段共聚物。

经过改性的聚乳酸，在混合料中，大约经过20～25天就可消失。目前，该类助剂已实现工业化规模生产。

（三）开发高性能的塑料薄膜

1. 研制出可检测食品变质的会变色塑料薄膜

2007年7月，美国每日科学网站报道，当你清理冰箱时，看一下包装纸的颜色有无变化，就能知道食品是否已变质。想知道手上的美元是不是假币，只要展开看一下变色没有就行。这是一种新型软塑料薄膜两种很有希望的商业应用。

据报道，这种新型材料是由英国南安普敦大学和德国达姆施塔特塑料研究所共同开发的，它把天然和人造光学效果结合在一起，实际上是让物体精确显示颜色的一种新途径。

研究人员说，该新型材料叫做“塑料蛋白石薄膜”，它属于一种名为光子晶体的物质。光子晶体由许多微小的重复单元组成，其感光特性通常有很大的差别，导致很宽的“光子频带隙”。

跟其他人造蛋白石结构一样，塑料蛋白石薄膜也能“自组装”。在自组装过程中，微粒子自己组装成一种规则的结构。不同波长的光会向不同方向折射，于是，这种塑料薄膜就可以用来检测食品是否变质。

2. 发现能够维持蛋白质活性的医学用聚合物纳米膜

2012年8月，英国布里斯托尔大学研究人员亚当·佩里曼和法国、德国和澳大利亚研究人员组成国际研究小组，在《美国化学学会杂志》网络版上发表研究报告称，蛋白质要保持正常的生物机能，其表面由水分子形成的水化膜十分重要。现在，他们证实，一种聚合物纳米膜，拥有和水化膜类似的特性，能够维持蛋白质活性。

2010年，佩里曼与他的同事，成功制造出一种肌红蛋白聚合物纳米膜，实验中让蛋白质，在完全没有水分的条件下保持了活性。然而，这种纳米膜，能够替代水化膜，使蛋白质正常存活的机制，一直不明确。甚至有人认为，实验中蛋白质"脱水存活"仅是例外情况。

为证实这种纳米膜的作用，该国际研究小组进一步研究这种纳米膜的特性。他们利用中子散射技术，研究了纳米膜中肌红蛋白的微观运动情况。结果发现，包围在肌红蛋白表面的聚合物，在蛋白质的运动过程中，起到像水分子一样的润滑剂作用，使其在缺水的条件下得以保持正常的生物机能。

研究人员认为，确认这种纳米膜的作用，将为工业、药理学和医学等领域开启新的研究方向。

（四）研制高性能塑料的新技术

1. 研制出己内酰胺生产新工艺

2005年11月，英国剑桥大学化学系科学家罗伯特·拉贾主持的一个研究小组，已开发出一种对环境更友好的一步法，己内酰胺生产工艺。该工艺采用空气作为氧化剂，可以放大进行批量生产。

据介绍，传统的己内酰胺生产工艺采用两个双步骤工艺，每个步骤均使用侵蚀性试剂并产生大量副产品硫胺。传统工艺大约每生产1吨己内酰胺，就要生成副产品4.4吨硫铵，而且最后分离己内酰胺过程中还需使用有机溶剂。

拉贾称，新工艺采用空气作氧化剂，并且不使用对环境有腐蚀作用的溶剂或试剂。由于尼龙的工业需求日益增加，探索和开发对环境污染最小的尼龙生产新工艺，是当代化纤领域科研工作者的责任。新工艺简单、不使用溶剂，并且使尼龙产品生产成本和废物处理成本降到最低。

据研究人员介绍，在80℃空气条件下，己内酰胺产率为65%～78%，催化剂进行优化还可以进一步提高产率。据称，该工艺具有商业化前景，但还必须提高反应速度，如果得以实现，该工艺将成为生产己内酰胺的最经济的实用工艺。

2. 建立按需开发新型塑料产品的计算机模型

2011年9月29日，英国利兹大学数学学院丹尼尔·里德博士和汤姆·麦克利什教授共同领导，工业界代表伊恩·罗宾逊博士参与，成员来自利兹大学和杜伦大学的一个研究小组，在《科学》杂志上发表论文称，他们开发出一种计算机模型，能在化学水平预测各种高分子成型时的形状，让人们能够按需生产具有特殊用途的塑料产品，这一成果将彻底改变开发新型塑料的方式。

新研究属于微观高分子加工项目的一部分，这一项目是学术界和工业界专家之间的一项长达10年的合作，旨在研究如何更好地制造巨型“高分子”。塑料的基本成分就是一些长长的、互相纠缠的高分子，它们的属性是在生产、融化、流动和成型过程中决定的。

研究人员把两部分计算机编码结合在一起，开发出一套数学模型。第一部分能预测聚合物在它们线绳一样的分子之间是怎样流动的，第二部分能在化学水平预测制造出来的分子会变成什么形状。他们用该模型实验合成了一种“完美聚合物”，同时也对模型进行了检验和改进。

里德说，这一突破，将给专家带来一本高技术“菜谱”，让他们能按照自己的心意，生产调配出特殊性质和用途的完美塑料，并提高人们对塑料的回收利用能力。这对工业和环境都有巨大的利益。

麦克利什说：“经过多年的试验，在各种化学方法中仅有少数能带来有用的产品。新研究为工业制造提供了一个工具包，能更快、更有效地带来新型材料以满足市场需求。开发新塑料过程中的‘试验与失败’阶段，现在已经被超越了。只要在计算机编码中改变两三个数字，我们就能调整所有预测，生成一种新的生物高分子材料。”

罗宾逊博士说：“这种方法让人们所看到的，就好比解开了塑料的基因（脱氧核糖核酸）密码。”

二、研制服装与鞋面材料的新进展

（一）开发具有智能防护功能的衣料

1. 研究出智能防护衣料

2004年8月，德国《世界报》报道，英国赫特福德郡大学创新中心的研究人员与伦敦一家公司合作，研制出一种特殊衣料，受到撞击时会迅速变硬，借此减缓撞击力，随后立刻变软，不限制穿着人员的灵活性。

研究人员表示，这种材料平时轻而柔韧，但受到撞击时会在1/1000秒内变硬，而且撞击力越强，反应越快。据悉，这是因为这种材料，由在高速运动时会彼此勾连的柔韧分子链构成，其原理有点像汽车在潮湿的沙地上行驶的情况：慢速行驶时会陷下去，但车速很快时，沙粒就会粘在一起，车也不会下陷。

这种衣料有两种型号：一种由内外两侧，分别被透气层和弹性材料所包裹的材料构成；另一种，则在前一种的基础上加有塑料片层，在剧烈震动时可以提高衣服的防护力。

用智能衣料制成的第一个产品，是供运动员使用的柔韧护膝，在英国上市已3个月，销量是以往的3倍。目前，正在开发的产品，还有滑雪运动员的比赛服、运动头盔和适应跑步时负荷变化的反应鞋等，研究人员拟与阿迪达斯等运动服企业合作，用这种布料为职业运动员设计服装。

2. 研制出被击中即变硬的液体防弹衣

2010年7月，据国外媒体报道，英国布里斯托尔国防航空业巨头，BAE系统公司设计和材料工艺学业务拓展部，负责人斯图尔特·佩尼等人组成的一个研究小组，利用一种俗称为“防弹奶蛋糊”的物质，研制成液体防护衣。这种防护衣在受压后会自动变硬，吸收撞击在它表面的弹片产生的冲击力。

研究人员表示，他们先用自己独有的化学配方制成一种液体，再把它与传统的凯芙拉纤维结合起来，制成这种“超级护甲”。当这种衣物的黏性物质与传统的凯芙拉纤维粘贴在一起时，可以吸收子弹产生的冲击力，并通过变稠，对撞击做出反应。他们希望利用这种物质，为前线的士兵制作更轻、韧性更好和更有效的防护背心。

人们之所以会将这种液体称作“防弹奶蛋糊”，是因为它的分子的结合方式和“变稠”方式，跟搅拌中的甜点奶蛋糊一样。佩尼说：“当它受到冲击时，组成这种材料的分子的结合方式，跟奶蛋糊类似。用汤匙搅动奶蛋糊的例子，是这项技术的最好解释。汤匙搅奶蛋糊时，会感觉汤匙受到了阻力。当液体防护衣里的液体成分结合在一起时，你会感到明显的阻力。你搅拌得越快，奶蛋糊变得就越硬，因此当子弹高速撞上该材料时，它会迅速变硬，吸收撞击产生的冲击力。”

该技术利用抗剪稠密液体，即当其受到外压时，分子会紧紧结合在一起的液体，以及凯芙拉纤维等增强材料。现在的军用防弹衣非常厚重，限制了士兵的灵敏性，这会给阿富汗等战争地区带来很大不便。而这种新型液体防弹衣需要的材料更少，这意味着防弹衣会更薄、更轻，因此可以用它包裹更大范围的身体，而且士兵的灵活性不会受到太大干扰。

该技术与传统的凯芙拉纤维防弹衣结合，会增强士兵作战的灵活性，并使防弹衣的厚度减少多达45%。测试过程中，科学家以每秒300多米的速度向两种材料发射滚珠——一种是31层厚的未经处理的凯芙拉纤维，另一种是10层凯芙拉纤维与抗剪稠密液体的结合物。佩尼说：“与这种液体结合的凯芙拉纤维的反应更快，而且撞击点的深度更浅一些。传统防弹衣是用很多层常规的凯芙拉纤维制成，非常厚重，会对士兵的行动产生干扰，使他们更易疲劳。”

液体防护衣里的液体与凯芙拉纤维结合后，它会对滚珠的运动产生干扰，分散了物体表面受到的冲击力。专家希望这项研究成果，也可以应用到其他的防护用品上。佩尼说：“除了增强防护衣的保护效果外，这种新型材料或许还能为警方和救护人员提供保护。”

（二）开发具有某种特殊效用的布料

1. 成功研制出一种模仿壁虎脚掌的攀爬服物料

2006年7月，《苏格兰人报》报道，英国士兵未来或可像电影中的蜘蛛侠一样，在笔直的玻璃幕墙上行走自如。原因在于，英国航太系统公司成功研制出一种模仿壁虎脚掌的物料，只需用1平方米，就可将一架汽车粘在垂直的平面上。

目前，研究虽在初级阶段，但该公司相信，这种物料未来可制成“步兵攀爬服”，士兵穿上它就可像壁虎般飞檐走壁。

壁虎的脚掌上有无数细毛，细毛小得可以和接触物件的分子结合，不少公司曾尝试模仿壁虎脚部制造物料，但航太系统公司相信，他们研制的“合成壁虎物料”，与壁虎的脚部最为相似，而且制造成本较低。

但研究人员也指出，要制造出“蜘蛛侠手套”还要一段很长的日子，尤其是要像壁虎那样，在污秽、湿润或粗糙的东西上行走，还需要突破众多技术难题。

2. 发明可溶解于水的聚乙烯醇布料

2007 年 1 月，英国谢菲尔德大学，斯托里教授和瑞安教授等化学专家组成的一个研究小组，与时装设计师一起，利用新物料研制出全球首创的可溶解时装，让消费者追上潮流的同时，又能保护环境。

该研究小组用聚乙烯醇织成的布料，缝制了 8 条可溶解于水的连衣裙。可溶解裙子上面，还配有各式各样的花朵饰物，这些花朵同样遇水速溶。

据悉，模特儿会在即将举行的展览会上穿上裙子走秀，然后再将这些裙子扔到大型金鱼缸内，让其当众液化。由于裙子花饰上的颜料有阳离子颜料及阴离子颜料之别，所以当花饰溶于水时，两种颜料在水中相吸的情景会非常有趣。当然，这些花朵的颜料也是无毒无味的。

3. 发明可制发光衣物的高科技纺织纱线

2007 年 11 月，外国媒体报道，英国曼彻斯特大学的一个研究小组发明了一种高科技纺织纱线，它用电池驱动，能制造在黑暗中发光的衣物。

目前，人们所使用的各种发光物体，如用于紧急标志发光物体、高速公路维护工人所穿服装等，都是依赖外在光源来使其发光，在低光源情况下就会失效。

英国研究小组的发明来源于电致发光纱线，它使得穿着者持续性可见，因此有助于安全。电致发光纱线是一种全新的技术。它通过电池驱动发光，采用了薄膜电致发光原理。该技术可望用于织物以及路面安全标志。

（二）开发具有特殊性能的鞋面材料

推出离子罩防水运动鞋鞋面材料。

2007 年 1 月，有关媒体报道，英国牛津的太空时代技术公司开发出保护士兵免受化学武器袭击的产品。目前，他们生产的产品将成为田径运动员的最新武器，这种田径运动鞋的防水性能，超过以前所有的鞋子。据说，他们采用的是离子罩，它的创新进程是通过离子化气体，为鞋面增加一个只有几纳米厚度的保护层。

这种处理方法不仅仅给鞋面涂层，还要给鞋里面的具体纤维涂层。这样做主要是对包含化纤鞋材的鞋子进行特殊处理。

肉眼看不到，但离子罩可以让脚呼吸，同时阻止水分通过鞋帮渗入鞋里面，水珠将从鞋面反弹起来。传统的防水处理是在鞋里面添加防水层，那样会增加鞋子的重量，而且导致鞋子的跟脚性很差，应用离子罩方法生产的鞋子，不会增加鞋子的重量，也没跟脚问题。此外，对所有鞋材的加工处理，都在对化纤鞋材或者皮革的一次涂层过程中完成。

目前，该公司正在与鞋类贸易研究协会紧密合作，对离子罩的所有特征进行全面详细的定义，增加鞋履以及鞋材品种，充分发挥这一具有突破性方法的优势。

三、研制生物医用高分子材料的新成果

（一）开发硬组织修复和再生用高分子材料

1. 研制出能用来修复人体骨骼的超高强度材料

2004 年 9 月，英国广播公司报道，英国伯明翰大学的一个研究小组已研制出磷酸钙超高强度黏合剂，它有可能成为修复人体骨骼的新材料。这种加有柠檬酸钠的黏合剂的强度，是人体骨骼强度的三倍，可以用来修补人身体上的承重骨骼和着力骨骼，如大腿骨和颌骨等。

这种黏合剂可以用小针头推注到需要修补的部位，不仅简单易行，而且可及任何角度和空隙。该材料在人的体温下呈中性，还可以与药物和蛋白质一同使用，促进受损处骨骼的复原。

医生希望，这种材料能够运用在断骨复原上，治疗老年性骨质疏松症或使用在部分癌症患者身上。它还可以重建人的颌骨，治疗患者在睡眠中的呼吸暂停。

《自然》杂志材料专业分析家说：“这是一个非常简单又非常高明的办法。不久的将来，手术医生就可以把这一可靠的生物科技技术带上手术台，造福骨伤患者了。”

2. 发明可“溶解”的人造骨

2004 年 10 月，有关媒体报道，瑞士联邦综合理工大学的一研究小组开发出一种可替代断裂骨骼的人造骨，它能够让骨质细胞迅速生长，自身却随着骨质细胞的不断成熟而“溶解”，并最终给发育好的新骨骼让路。

报道说，研究人员发现，一些聚合物和陶瓷材料构成的新复合材料，便于逐渐被人体吸收，于是以其为材料，研制出一种像骨头一样坚硬而又有小孔的新型人造骨。

这种新材料的外形可以模仿断裂的骨骼，并作为替代品植入人体。此后，人造骨能让骨质细胞附着并渗透进来，有关实验显示，新材料中的毛孔，使这些细胞可以交织在一起，并逐渐成熟生长为骨头，而人造骨则随着骨质细胞的逐渐“丰满”而自行“溶解”。研究人员准备先把这种人造骨在动物身上试验 5 年，然后进行人体临床实验。

（二）研制具有药物运送载体功能的高分子材料

1. 研制具有纳米药物递送车功能的 DNA“分子笼”

2011 年 7 月，英国牛津大学物理学院教授安德鲁·特波菲尔德领导、其他物理学家和分子神经科学家参加的一个研究小组，在美国化学学会《ACS 纳米》期刊网络版上发表研究论文称，他们首次开发出一种由 DNA（脱氧核糖核酸）制造的分子“笼子”，能进入活细胞内部并在其中生存，由此可能带来一种有效的药物递送新方法。

这种 DNA“分子笼”，由 4 条人工合成的 DNA 短链构成，这些短链能自行组装成一个约 7 纳米高的四面体（由 4 个三角面组成的金字塔形）。

在此前的研究中，牛津研究人员已经证明，这些短链能围绕蛋白质分子组装起来，从而形成一个“分子笼”将该蛋白质包在内部，而且能够通过设计程序，让“分子笼”在遇到细胞内特定的“触发”分子时再度打开。

在新实验中，他们把荧光标记的 DNA 四面体“分子笼”，引入实验室培养的人类胚胎肾脏细胞，结果发现，这些“分子笼”大部分完好无损，至少能抵抗细胞酶的攻击达 48 小时之久。这种生存能力对于药物递送工具而言非常关键，DNA“分子笼”必须能有效进入细胞并生存下来，直到在合适的时间和地点释放出内部所携带的药物。

特波菲尔德说：“我们已经对制造和控制 DNA 笼子的能力进行了检

验，这很重要，但只是第一步，更重要的是，让这些笼子能载着货物或药物进入活细胞内部。”他进一步解释说，根据以往研究，递送工具的大小，是决定它们能否顺利进入细胞的重要因素，如果直径小于50纳米，进入细胞内部的可能性就比更大号的粒子要大。这种四面体“分子笼”只有7纳米，不但很容易进入细胞，还留出了相当大的空间以容纳有用货物。目前还需要进一步研究这些DNA“分子笼”进入活细胞的路径。

2. 研发能将酸奶益生菌安全送入肠道的可食用聚合物

2011年9月，英国伍尔弗汉普顿大学微生物专家伊萨·拉德卡等人组成的一个研究小组，在英国普通微生物学学会举行的学术会议上报告研究成果称，他们开发出一种新型聚合物，能充当保护膜将益生菌安全送入肠道。

人们常喝的酸奶中含有不少益生菌，但这些益生菌在经过胃部的时候常被胃酸杀死，能抵达肠道发挥作用并不多。英国研究人员开发出一种新型聚合物，能充当保护膜将益生菌安全送入肠道。

据介绍，一些常见益生菌如乳酸菌和双歧杆菌，都能用这种聚合物进行处理。被聚合物形成的保护膜覆盖后，这些细菌能够在实验室模拟的胃酸环境中，坚持4个小时不死亡，而没有保护膜的细菌通常2个小时就会死亡。细菌抵达肠道后，保护膜就会分解，释放出益生菌。

拉德卡说，这种聚合物是无毒、可食用、可生物降解的，因此它能够用于食品。当前益生菌产业，追求的一个目标，就是提高能够穿过胃部抵达肠道的益生菌比例，这种聚合物提供了一个较好的解决方案。

此外，这种聚合物还有应用于医药领域的潜力，比如用于保护某些有特定要求的药物，帮助它们通过胃部的酸性环境进入肠道。

益生菌是对人体健康有益的细菌，研究显示一些益生菌有增强免疫力、防止感染等功效，甚至可能有抗癌作用。近年来，益生菌产业在全球出现繁荣增长的趋势，据估计，英国益生菌产业每年的价值约2亿英镑。

四、研制有机高分子材料的其他新成果

（一）开发橡胶制品的新成果

1. 提出用橡胶“隐身衣”保护建筑理论

2012年2月，英国曼彻斯特大学数学学院威廉姆·帕内尔博士领导的

一个研究小组，在《英国皇家学会会刊》上发表论文，提出一种新理论：用橡胶制成一种类似“隐身衣”的设备，可以保护建筑免遭地震、自然灾害或恐怖袭击的破坏。对于核电站、高压电缆塔和政府办公室等关键性建筑来说，这种“隐身”将成为一种重要的防护措施。

帕内尔说，这种隐身衣是用应力橡胶制成的，用它把建筑物的某些关键部分隐藏起来，地震产生的强力震波就无法“看到”该建筑而绕过它们，可避免严重的破坏。他指出，最近几年，科学家已经开发出多种功能用途的隐身衣。他们的理论集中在开发一种隐身设备，让其在震动、地震等破坏性灾难中保护建筑物及其内部结构。

这是目前最新的隐身技术之一，即让物体相对于某种波而言几乎不可见，不管这种波是可见光、声音还是震波。人们早已在研究物体在可见光下的隐身，但很少人研究波在固体中的传播，如地震波，而后者在建筑物保护等许多方面至关重要。

帕内尔说介绍道：“我们五六年前开始研究可见光波，前几年才开始考虑另一些类型的波，最重要的就是声波和弹性波。弹性波是震动在弹性介质中传播形成的，但弹性波的一个问题是，用天然材料通常无法取得效果。”新理论证明，在一种天然橡胶中施以非线性预加弹性应力，能让反平面弹性波绕开物体，即让这种波“看不见”该物体，从而产生隐身效应。

帕内尔解释说，这表明，确实有可能控制弹性波的传播速度和方向。这非常重要，因为研究人员希望能在多种环境下引导这种波，尤其是在纳米应用领域。如果该理论能扩展到更大的目标物上，就可能制造出一种能保护建筑物及其结构的“隐身衣”，或者保护其结构中某个特殊重要的部分。目前他们还正在研究更广泛的理论，并努力把这些理论变为现实。

2. 以硅橡胶为基础制成新型光活性抗菌材料

2014 年 3 月，英国伦敦大学学院伊万 · 帕金教授等人组成的一个研究小组，在《化学科学》杂志上发表论文称，他们用硅橡胶制制成一种新型光活性抗菌材料，不仅可在光照条件下对细菌产生致命效果，在黑暗环境中亦具有很好的抗菌作用，现代医院如广泛使用这种抗菌材料，可有效降低院内感染。

院内感染是所有医院都不可忽视的问题，即使在建立了一系列严格清洁制度的现代化医院，也难以完全消除这类感染，医用设备、门把手、仪表键盘，甚至圆珠笔等物体表面，都成为病原菌肆虐的温床。要减少甚至消除院内感染，只建立清洁制度是不够的，把医院整体环境，改造成一个病原菌难以存活之地才是根本，而开发新型抗菌材料，则被视为一个可行的解决方案。

帕金说："有一些染料，在被强光照射时会对病菌造成伤害，光线会激活染料中的电子，使得染料分子呈现活跃的三重态，产生高活性的氧自由基，破坏病菌细胞壁。我们研究的目的，就是测试这些染料和金纳米粒子的新组合，寻求一种简化方法，使得这种技术能更容易地推广使用。"

研究人员测试了结晶紫、亚甲蓝这两种染料，与金纳米粒子的组合。他们利用一种有机溶剂使硅橡胶膨胀，使得亚甲蓝和金纳米粒子很容易地在这种聚合物中扩散，然后再将硅橡胶浸入到结晶紫溶液中，在硅橡胶表面形成一层薄薄的染料层。这种处理手段并不会改变硅橡胶的特性，染料层的粘附力也很强，即使用酒精擦拭也无法去除。这意味着处理过的硅橡胶可以被反复清洗。

测试表明，这样处理过的硅橡胶，具有十分强大的抗菌效果，在医院标准荧光灯照射下，附着于样本表面的细菌会在3～6个小时内死亡。而令研究人员更感惊异的是，即使在无光线照射的黑暗环境中，该材料依然有很好的抗菌效果，只不过杀死病菌的时间会有所延长，需要3～18个小时。

研究人员表示，这是他们首次发现光活性抗菌涂层，在黑暗环境中具有抗菌效果。虽然目前还没有弄清楚，这种材料在无光照条件下的抗菌机制，但该材料在医院照明条件下所具有的良好抗菌效果，在黑暗环境中所能发挥的抗菌作用，以及相对简单低廉的加工方式，使得它具有很好的应用前景，将在降低医院院内感染方面发挥巨大作用。

硅橡胶是一种在医院中被广泛使用的材料，它可作为密封剂或防护层用于各种医疗用品，也可做成导管、垫圈等用于各种医疗器械，还可用于仪表键盘、电话等设备的防护外壳。正因为用途广泛，硅橡胶才成为开发抗菌材料的研究目标。

（二）研制有机电子材料的新成果

1. 研制出世界上第一块室温塑料磁性材料

2004年9月1日，英国媒体报道，英国达拉谟大学研究小组研制成世界上第一块能够在室温温度下发挥作用的塑料磁性材料，近日已通过初步检验。研究人员尝试，在室温下用它吸附椅子上的铁质资料夹，并获得成功。

据报道，自2001年以来，英国化学家先后开发出多种不同的塑料磁性材料，但它们都必须在超低温环境的前提下，才能发挥作用。如果在室温中，这些塑料磁性材料，只可显现出非常微弱的磁性，因此没有实际应用价值。

该研究小组研制出的这种新型聚合物，能够在常温下显现出较强的磁性。

研究人员认为，如果把这种室温塑料磁性材料投入到实际应用中去，这项新成果将给一些产业带来革命性的转变。例如，如果能够把它应用在电脑硬盘的磁涂层中，就可制造出新一代大容量硬盘。

担任IBM等多家电子公司顾问的美国材料科学专家杰里·托瑞斯认为："这项成果，是科学领域里的一个重大突破。"但他同时指出，要把这项成果最终投入使用，可能还需要很长时间。

2. 研制出能改变颜色的人工智能肌肉

2012年5月，英国布里斯托大学人工智能专家乔纳森·罗斯特等人组成的一个研究小组，在英国物理学会创办的《生物灵感和仿生学》杂志上发表研究成果称，他们研制出一种人工智能肌肉，有望在此基础上设计出一套能改变颜色的智能服装，最终让人能像乌贼一样伪装起来。

研究人员表示，这项最新技术，隶属于软机器人学领域，该领域把有机化学、软材料科学和机器人学有机融合在一起。罗斯特说："传统的机器人非常僵硬而且不灵活，因此，我们希望把模拟自然的技术即仿生学，与机器人学结合在一起，研制出非常适于自然制造的软结构。我们研究并模拟了生物有机体的特征，制造出了这些人工智能肌肉。"

为了研制出这些人工智能肌肉，研究人员研究了某些动物改变颜色的方式和技巧。动物在躲避危险，受到情绪、压力和外部温度变化的影响或与配偶联系时，都会改变身体的颜色。包括乌贼、鱿鱼、章鱼等在内的无脊椎软体动物，会通过让其皮肤内细小的肌肉伸出黑色的小液囊来改变身体颜色。这些小液囊位于动物的皮肤细胞内，当一个细胞准备改变颜色时，大脑会朝肌肉发送一个信号，接收到信号的肌肉会收缩。这会使得这些液囊扩展并制造出光效应，使动物看起来就像改变了颜色一样。不过，斑马鱼不一样，它主要通过从皮肤下喷射出黑色素液体到皮肤表面，来改变身体颜色。

为了模拟出这些自然机制，该研究小组使用了同电路连接在一起的“智能”电活性高分子材料。当朝其上施加电压时，这些高分子材料会收缩；而当发生短路时，这些材料会恢复到原初的形状。

罗斯特指出：“我们制造出的人造肌肉能复制天然肌肉的活动，并且具有非常强的视觉效果。这些材料以及这种方法，可以很好地制造出智能变色皮肤或柔性设备，而这些设备内的液体可以从一个地方泵压到另一个地方。同时，有望在此基础上创造出很多新技术，制造出能改变颜色进行伪装的智能服装，以及让人体冬暖夏凉的‘智能’皮肤。”

3. 发现蓝色染料酞菁铜可用于制造量子计算机

2013 年 10 月，英国伦敦大学学院纳米技术中心马克·华纳主持，他的同事，以及加拿大英属哥伦比亚大学研究人员参与的一个研究小组，在《自然》杂志上发表论文称，他们发现，一种常见的蓝色染料酞菁铜（CuPc），或许能在量子计算机中发挥重要的作用。

酞菁铜的分子与叶绿素分子类似，是一种低成本有机半导体材料，应用范围十分广泛，在许多家庭用品中都可以看到。更重要的是，它可以加工成薄膜，能够很容易地用于电子设备当中。此前，类似的材料，已经被证明具有显著优势。

在新的研究中，研究小组发现酞菁铜的电子可以保持叠加状态，即它能实现同一时刻具有两种状态的量子效应。而更令人惊讶的是，该量子叠加状态，还能保持相当长的时间。这意味着，酞菁铜分子具有用于量子技术的潜力。

量子计算机运行需要精确控制微小的量子比特，它类似于二进制计算机中的 0 和 1。要将普通比特和量子比特区分开来，就看其是否能够实现量子叠加状态。而量子叠加状态延续的时间长短，则能告诉人们，候选量子比特在量子技术中的价值。如果这个时间足够长，量子数据的存储、处理和传输便能够成为可能。

华纳说："量子计算机能够进行大规模、高强度、高精确度的运算。理论上，一台量子计算机能够轻松解决普通计算机连续运算几十亿年都无法解决的问题。我们的研究显示，这种普通的蓝色染料，在量子计算上的潜力，甚至超过了许多先前曾考虑用于量子计算的人工合成材料。"

华纳进一步解释称，酞菁铜的结构及其能级特点，决定了它具有很多优良的特性。这些特性已经在很多领域得到应用：如利用其光电导性，可以制备出性能优良的液晶光阀；利用其气敏性，可制备出灵敏的气体传感器；利用其光伏效应，可制备出廉价的太阳能电池。而在量子计算领域，它能够利用电子的自旋，而不是它们的电荷，来存储和处理信息，对传统的量子技术而言这非常难得。另外，这种染料吸收可见光的能力极强，物理和化学属性容易改变，因此，与其他材料相比，其磁电性能更容易被控制和设计。

华纳表示，酞菁铜的特殊性质，对于新型的量子计算和量子工程领域，无疑是一大财富，未来科学家们或许还能从中发现更多有趣的属性。

（三）研制有机高分子材料产生的新技术

开发使有机分子合成如同搭积木的新技术。

2010 年 4 月，英国媒体报道，该国布里斯托大学化学系瓦利德·阿加沃尔教授领导的一个研究小组开发出一种新技术，可有的放矢地激活小分子"组件"上特定位点，进而设计出一条有机分子合成"流水线"，可更加方便地制造出具有特定形状和功能的有机分子。有关专家指出，这种方法或将加快新药的研发速度。

今天，从杀虫剂、用于治疗心脏病的药片到手机屏幕，都有复杂的有机分子的足迹。然而，制造复杂的有机分子绝非易事。

有机分子合成主要是指把更小的分子"组件"搭建在一起，制造出目标分子，但其过程并不像把一块砖头垒在另一块砖头上那么简单。在有机分子合成学领域，研究人员必须首先激活"组件"的两端，让它们能够相互吸引，绑在一起。一旦被绑定，新分子将与另一个"组件"反应，这个过程不断重复，环环相扣，直到制造出目标分子。

然而，随着分子的大小和复杂性不断增加，要想仅仅激活目标位点而不激活其他位点，变得更加困难。科学家在成功制造出他们想要的分子的同时，也会得到不想要的化合物，于是，必须要从混合物中提取想要的分子，再用于下一步的激活以及同其他“组件”连接在一起。

阿加沃尔研究小组的突破在于，他们找到了一种方式，可有的放矢地激活“组件”上特定的位点。更重要的是，得到的分子组件很容易和下一个“组件”发生反应，而不需要再激活，这样就避免了在一个特定的位点有选择性地激活一个日益复杂的分子。研究人员在各种化学实验中已经验证了这一点。

该研究小组进一步设计出生产分子的流水线。在这一过程中，研究人员通过不断增加分子“组件”，就可以制造出复杂的分子。随着分子依次通过流水线，组件被依次精确地添加上去，到这个过程结束时，一个具有特定形状和功能的复杂有机分子就“出炉”了。

科学家希望，这个分子生产流水线最终能够做到自动化，未来仅仅通过按压几个小的按钮，人们就能够轻而易举地制造出具有特定结构和功能的复杂有机分子。

第六章　能源领域的创新信息

英国在电池领域的创新成果，主要集中在研制锂电池、燃料电池、空气电池与全固态电池。在太阳能开发领域的创新成果，主要集中在发明让窗户玻璃变为太阳能电池，开发出有机混合型太阳能电池，发现控制电子自旋可提高有机太阳能电池的效率，还找到了太阳能电池的一种新配方。同时，推出太阳能及热能两用小型发电机，设计既美观又环保的“太阳能睡莲”。在氢能领域的研究，主要集中在制造和利用氢气的新技术，储存氢气的新材料和新方法。在生物质能领域的研究，主要集中在用含油或含糖植物、含木质素植物，以及生产或生活废弃物制造生物燃料。在海洋能领域的研究，主要集中在研制海浪发电机，潮汐能涡轮发电设备，波浪能量转换器发电机系统，用橡胶管制成波浪发电装置等。同时，还推进了核能、风能和人力动能等方面的开发利用研究。

第一节　电池与太阳能的开发进展

一、研制锂电池与燃料电池的新成果

（一）研制锂电池的新进展

开发出安全廉价的新型锂电池。

2011 年 9 月 10 日，英国广播公司报道，该国利兹大学伊恩·沃德教授领导的一个研究小组，开发出一种性能与传统锂电池相当，却减小了起火等安全隐患、且更为廉价的新型锂电池，有望广泛用于笔记本电脑、手机等电子产品。

传统的锂电池使用液态电解质，并用一层聚合物薄膜隔开正负极，而在这种新型锂电池中，两者被结合在一起。研究人员设法把液体电解质和聚合物薄膜融合到一起，制作出一种类似果冻的胶状物，电池的正负极连

在这种胶状物上。

沃德介绍说，这种胶状物看起来是固态的，但其中70%的成分是液体电解质。它可以很好地起到传统锂电池中液态电解质的导电作用，在此基础上制成的新型锂电池的功能与传统锂电池相当。

新型锂电池的一个重要优点是在安全方面。传统锂电池因为使用液态电解质，如果封装工艺不好，起火和爆炸的风险相对较高，这方面的新闻不时见诸报端。使用胶状物的新型锂电池相比之下就要安全得多。

此外，由于这种胶状物易于生产、切割和成形，新型锂电池的生产成本也较低。据报道，这种新型锂电池的价格，只有传统锂电池的10%～20%。研究人员因此认为，这种安全且廉价的新型锂电池，有望被广泛用于各种电子产品中。

（二）研制燃料电池的新进展

1. 研制以酶为基础的生物燃料电池

2006年5月，英国媒体报道，牛津大学凯利·维森特博士领导的一个研究小组，在酶基础上研制成一种燃料电池，它比传统结构燃料电池便宜很多倍。

目前，以酶为基础的第一个氢燃料电池样品，虽然只能输出0.7伏电压和微小电流——足以使电子表行走，但是却能确保各种袖珍电子装置的用电。在普通燃料电池中，氧气（来自空气）和氢气从交换膜片两面通过，膜片分开带有电极的小室，膜片能自由通过质子。在一个电极上氢气被分解成质子和电子，电子不能通过膜片，在外电路接通时只能抵达燃料电池对面的小室，在那里参与通过膜片的氧气与质子的水合成。镀在电极表面上的催化剂，保持燃料电池中发生的两种反应，通常使用铂作为催化剂。铂催化剂和交换膜片是燃料电池最昂贵的组分，这也是它们难以推广应用的一个原因。

但是，在维森特研究小组开发的燃料电池中，既没有铂催化剂，也没有交换膜片，而是利用两种廉价的酶：一种取自细菌的氢化酶，另一种是取自真菌的虫漆酶，它们能参加与催化剂相同的反应。每个电极上覆盖有这两种酶中的一种。由于每一种酶能加速自身的反应，因此这种生物燃料电池不需要膜片，因为“燃烧”的空气和氢气两种成分，在燃料电池中能自由混合。

其实，试验样品是一个带有两个电极的简单玻璃瓶，电极上覆盖有酶，研究人员在试验样品上加上空气和少量（百分之几）氢气混合物时，即成功地获得了电流。

2. 研究发现高空“超级细菌”用来制造燃料电池

2012 年 2 月，英国纽卡斯尔大学化学工程与先进材料学院基思·斯科特博士领导，海洋生物技术教授格兰特·伯吉斯等人参与的一个研究小组，在美国化学协会杂志《环境科学与技术》上发表研究成果称，他们发现，一些正常情况下存在于地球 3 万米高空的细菌，可用在微生物燃料电池中，可作为一种高效发电机。

斯科特研究小组，在英国达勒姆郡的威尔河口，分离出 75 种不同的细菌，测试把每一种作为微生物燃料电池时的发电效率，筛选出效率最高的菌群组合。经过精心挑选后的菌群形成了一种新型“超级”生物膜，使微生物燃料电池的电流输出功率提高了近一倍，从 105 瓦/立方米达到 200 瓦/立方米。

其中的关键细菌名为同温层芽孢杆菌，通常情况下，它们以高浓度存在于地球同温层，也会随大气循环降落到地球上。研究小组从河床上分离出这种细菌，经过设计改造后，其会形成一种人工生物膜。在此前的研究中，生物膜的生长还是不受控制的，但新研究首次证明了控制生物膜，能大大提高燃料电池的电输出功率。

研究人员解释说，微生物发电并不新鲜，一些废水、污水处理厂已在使用这种技术。微生物燃料电池的工作原理也与此类似，通过生物的催化氧化过程，细菌能将有机混合物直接转变为电流。涂在微生物燃料电池碳电极上作为细菌养料的生物膜或“黏液”，能产生电子，这些电子通过电极会产生电流。

伯吉斯说：“我们所做的是人为把各种微生物混合在一起，设计改造它们的生物膜，让它们能更有效地发电。”尽管目前的功率还相对较低，但已足够给电灯供电，为那些缺电的地方提供必要的电力。

除了同温层芽孢杆菌，还有另一种来自地球上层大气中的高地细菌：拟杆菌门的新成员，正在作为试验对象。伯吉斯说，研究各种不同的微生物，并以这种方式来筛选它们还是首次，他们证明了这一技术的未来前景：将来可能有数十亿种微生物能为我们发电。

二、研制空气电池与全固态电池的新成果

（一）研制空气电池的新成果

利用多孔碳开发新型空气电池。

2009 年 5 月 18 日，《每日科学》网站报道，英国圣安德鲁斯大学化学系皮特·布鲁斯教授为主要领导，他的同事，以及思克莱德大学和纽卡斯尔大学研究人员参加的一个研究小组，研制出一种新型空气电池，可比目前所用电池的使用时间长 10 倍。这将提高诸如手机等电子产品的表现能力，并有力地推动可再生能源工业，尤其是电动汽车产业的发展。即使天气变幻，太阳西沉，这种电池一样可以使风能和太阳能装置持续发电，"风光"依旧。

研究人员在电池中添加了由多孔碳制造的元件，用以取代目前充电电池中常用的一种化学成分锂钴氧化物。这些元件可以在电池放电时，从周围空气中吸取氧气来加以利用，在碳孔中进行反复的交互作用，形成一个充放电周期，从而使该电池拥有高于其他电池 3 倍的蓄电能力。

因为没有了锂钴氧化物这种化学成分，与目前使用的电池相比，同样大小的这种新电池，能提供更多的能量。这对于电动汽车产业来说，无异于一个福音，因为长期困扰电动汽车发展的难题，就是如何在保障必要动力供应的前提下，减少电池的体积和重量。同时，由于使用了氧而非化学制剂，该电池比现有的电池更经济。空气是免费的，而碳组件也很便宜，其价格远低于它所替代的锂钴氧化物。

布鲁斯说，我们的目标是使电池的蓄电能力提高 5 ~ 10 倍，这将远远超出现在锂电池的水平。目前，研究小组正致力于先做出适合小型应用系统，如手机或 MP3 播放器的该电池原型。布鲁斯预计，该电池大规模投入商用至少还需要 5 年时间。

（二）研制全固态电池的新成果

研制出全固态薄膜电池雏形。

2011 年 12 月，英国媒体报道，目前，英国一家基础材料研发公司与

丰田公司的研究人员一起，共同成功构建了全固态薄膜电池的雏形，并达到了预期的效果。该公司正在参与开发多项技术，其中包括固态电解质的研发。研究人员说，联合的项目开发造就了一项新的薄膜电池生产技术，该技术适用于大规模生产。

这种全固态薄膜电池，与传统电池相比，有了全方位的性能提升，能满足重要细分市场的需求：电池的厚度和重量减少了30%；电动汽车的续航里程大大增加，并且只需区区数分钟进行充电；电网能为可再生能源项目配备寿命达几十年的储能系统。更重要的是，随着生产规模的扩大，由于薄膜的生产技术和光伏、半导体行业有着许多共通点，全固态薄膜电池的生产成本也会以相同的速度迅速下降。

蓄电池发展至今，已有150年的历史了，然而电池的构造却并未发生大的变化。无论使用哪种电化学体系（如铅酸电池、镍氢电池或锂离子电池），电极需要被液态的电解质浸润，并与之发生反应，从而产生电流。这种固态和液态并存的结构，不可避免地会导致电池的体积偏大，并且存在漏液的危险。因此，全固态的电池结构，被广泛认为是一种更诱人的解决方案。

三、开发利用太阳能的新成果

（一）研制太阳能电池的新进展

1. 发明让窗户玻璃变为太阳能电池的新技术

2010年8月11日，英国《每日邮报》报道，该国莱斯特大学教授克里斯·宾斯领导的一个研究小组，与一家挪威公司合作，研发出能让窗户玻璃转变成太阳能电池的新方法。这项革命性技术可在5年内投入使用，有望把每一扇窗子都变成一台太阳能发电机。

研究人员表示，实际上他们研制成功一种新型太阳能电池，能像玻璃贴膜一样使用，既透光又发电。研究人员指出，以往的薄膜太阳能电池，可与建筑完美结合，又可作为一种新型建筑材料，但光电转换效率和光致衰退率的不足，让其发展似乎遭受一定的瓶颈。

新型的“贴膜”太阳能电池由挪威一家公司设计，原材料来自莱斯特大学研究人员合成的一种金属纳米粒子。这些直径10纳米左右的金属粒子，被嵌入排列在透明化合物的矩阵中。尽管为了发电必须有一部分的光被吸收，但该材料的特点，是在此同时还透过一部分光，其“贴”在玻璃门窗、透明屋顶及外墙的表面后，会让使用者感觉像装了浅淡的有色玻璃。

宾斯介绍道，这种膜非常薄，能“把窗户变成一台台发电机”。它可以贴，亦可以在制造过程中，直接加到玻璃窗或其他建筑材料上，即使大面积铺设，也比传统太阳能装置的投资要节省许多，甚至它还能加在汽车顶棚上为电池充电。但研究人员明言，如果你指望纯靠它来驱动汽车的话，那和用手推车不相上下。

目前，小块的电池片材料已经成型，研发的下一个目标是系统化完善该技术，让电池效率达到20%或更高。

2. 开发出有机混合型太阳能电池

2012年2月8日，英国剑桥大学物理系卡文迪什实验室尼尔·格里纳姆教授和理查德爵士领导，布鲁诺·埃尔勒、马克·威尔逊、拉奥·阿克沙伊等研究人员参加的一个研究小组，在《纳米快报》上刊登研究论文称，他们开发出一种有机混合太阳能电池，可把最大光电转换率提高25%以上。

太阳能电池主要以半导体材料为基础，利用光电材料中的光子吸收光能后，发生光电转换反应而产生电能。传统的太阳能电池只能吸收太阳光谱中部分可见光至近红光部分，随着温度的增加，许多蓝色光子的能量就损失掉了。这种一次不能吸收不同颜色光的性能，决定着其光电转化率不会超过34%。

剑桥大学研究小组开发出一种有机混合电池，它可在吸收红光的同时，利用额外蓝光能量产生更大的电流。通常情况下，太阳能电池可使一个光子产生一个电子。而在太阳能电池中加入一种有机半导体并五苯后，太阳能电池可以激发每个光子从蓝色光谱中产生两个电子，由此使电池转换效率提高到44%。

埃尔勒说：“有机混合型太阳能电池，比现在基于硅的太阳能电池具有技术优势，因为它可像报纸印刷的卷带式系统一样，低成本大量生产。然而，一个太阳能电站的成本，大多体现在土地、劳动力和安装硬件上。

因此，即使有机太阳能电池板比较便宜，我们仍需要提高其效率，使其更具竞争力，否则，你会发现好似买了一幅便宜的画后配了一个昂贵的框架。”

威尔逊说：“重要的是，我们在向采用可持续能源的方向迈进，并且为探索可能的解决方案提供了有益思路。”阿克沙伊指出：“这仅仅是迈向新一代太阳能电池的第一步，而能成为这种努力的一部分，我们感到非常兴奋。”

3. 控制电子自旋可提高有机太阳能电池的效率

2013 年 8 月，英国剑桥大学物理系卡文迪什实验室研究员阿克沙伊·拉奥领导，他的同事，以及美国华盛顿大学研究人员参加的一个研究小组，在《自然》杂志上发表研究论文称，他们的研究发现，让有机太阳能电池内的电子，采用特定的方式“自旋”，有望大幅提高有机太阳能电池的光电转化效率。同时发现，这项新技术还可用于研制性能更高的有机发光二极管。

有机太阳能电池模拟植物的光合作用进行工作，其纤薄、轻便而且柔韧，也可以像报纸一样打印出来，与目前广泛使用的硅基太阳能电池相比，制造过程更迅捷，成本也更低。但其最高光电转化率只有 12%，还无法与硅基太阳能电池相媲美。因为硅基太阳能电池转化效率高达 20% ~ 25%，所以更具有商业优势。

现在，该研究小组携手进行的研究发现，对有机太阳能电池内电子的自旋方式进行操控，能显著提高其性能，有助于研究人员研制出廉价且高性能的有机太阳能电池。

此前，科学家们对有机太阳能电池内电子的不同表现困惑不已，希望厘清为什么有些电子的表现会出乎意料地好，而另外一些电子的表现则差得多。为此，该研究小组研发出一种敏感的激光技术，来追踪有机太阳能电池内电子的行为和相互作用。他们惊奇地发现，“罪魁祸首”是电子拥有的自旋这种量子属性。

自旋是粒子拥有的一个与其角动量有关的属性。电子拥有两种自旋方式：朝上或朝下。通过一个名为“再结合”的过程，太阳能电池中的电子会失去其拥有的能量，进入一个完全空的名为“洞”的状态。研究人员发现，让电子采用特定的方式“自旋”，能够阻止能量损失，并增加太阳能电池的电流。

拉奥表示：“借用这一令人兴奋的研究发现，我们能利用自旋物理学，提高太阳能电池的性能，以前，我们认为这不可能发生。使用这种方式研制的新材料和太阳能电池，或许很快会面世。”

研究人员认为，这一设计概念有助于研究人员缩小有机太阳能电池，与硅基太阳能电池，在转化效率方面的差异。另外，也有望用于制造性能更高的有机发光二极管。有机发光二极管是一种方兴未艾的显示技术，用于制造手机和电视中使用的更高效的显示器。

4. 从豆腐中找到太阳能电池新配方

2014 年 6 月 26 日，英国利物浦大学乔南善 · 梅杰领导的一个研究小组，在《自然》杂志上发表论文，描述了一种制造碲化镉太阳能电池的新配方。这种新配方使用了一种廉价、环保的盐，而此类盐同时也被用在豆腐制作过程中。

研究人员表示，碲化镉电池在太阳能电池市场中处于领先地位，这种电池是当下使用的光伏发电系统中，最具成本效益的一种，但是这些设备仍有改进的余地。制造这些太阳能电池要使用昂贵的含镉盐，这要通过氯化镉来处理碲化镉。氯化镉这种水溶的有毒材料，对工人和环境都有风险。

梅杰研究小组展示了使用廉价且没有毒性的氯化镁代替碲化镉，可以制造出一样性能的太阳能电池。氯化镁的价格只有氯化镉的 1%，并且已经在生活中被广泛应用，例如，用于地面融冰，用作浴盐和作为生产豆腐的食品添加剂。

研究人员表示，新方法只需要把现有碲化镉电池制造方法中的一步进行简单替换：把氯化镉换成氯化镁，就有潜力把环境风险降到很低，同时在不影响设备性能的同时，显著降低生产氯化镉太阳能电池的成本。

（二）开发利用太阳能的其他新成果

1. 推出太阳能及热能两用小型发电机

2004 年 5 月，英国索拉尔吉恩公司推出一种太阳能及燃气涡轮两用发电机，为解决发展中国家一些边远地区的缺电问题，提供了一种新选择。

新型发电机主要通过占地800平方米的抛物面状反射罩阵列，把太阳光反射至30米高的收集塔，以产生热能来驱动传统的燃气涡轮机。整个发电机组面积仅为1.5平方米，其中的涡轮机只有普通酒瓶大小，每分钟转速可达9万转。它通过与一个交流发电装置相连来最终产生电力。小型涡轮机同时也可利用丙烷或柴油驱动，因此当夜幕降临或阳光不足时，发电机仍可照常工作。

由于新型发电机采用了积木式结构，因此还可采取组合方式获得不同的发电能力。发电机最小的功率组合为25千瓦，基本上能满足一个小型工厂或一座村庄照明的电力之需。

2. 设计既美观又环保的“太阳能睡莲”

2008年5月，英国媒体报道，苏格兰著名的ZM建筑公司近日为格拉斯哥市设计出了一套可持续能源方案，其中最引人注目的是该公司皮特·理查森设计的一种漂浮在河面上的“太阳能睡莲”。

报道称，在格拉斯哥市克莱德河中摆放的这些“太阳能睡莲”，表面上看起来像是一片片巨大的植物睡莲，相当美观。实际上，这些“睡莲”全是巨型太阳能帆板，能把日间吸收到的太阳能收集起来，转化为电能向城市输送。

由于“太阳能睡莲”具有独特的创造性、美观性和实用性，曾获得国际设计大奖。ZM建筑公司的负责人表示：“这种太阳能浮板转化的电能，比通常放置在屋顶的太阳能板，以及风力涡轮机转化的更多，这是城市能源计划中一个非常有创新性的点子。”此外，由于太阳能帆板模样美观，一旦投入使用也就成为城市一道独特的风景。

第二节　氢能开发利用的新进展

一、制造和利用氢气的新技术

（一）制造氢气的新技术

1. 发明从葵花子油中提取氢的新技术

2004年11月，英国媒体报道，很多学者和专家认为，氢气经济要远比石油经济更利于可持续发展，但现有的提取氢气的技术方法不仅所需设备造价不菲，而且提取氢气所产生的废气污染环境。英国利兹大学一个研究小组发明一种能从葵花子油中提取氢的新技术，可以较低成本提取汽车燃料用氢气，这种氢气有望成为新型、环保的汽车用燃料。

这项技术的核心就是采用镍碳催化剂来激发提取过程中的化学反应链，以保证从葵花子油中的碳酸分子中分离出可作汽车燃料用的氢气。设备可以是大型固定设备，也可以是小型的、适合车载的装置。

研究人员认为，以葵花子油提取氢气为燃料的汽车将很快被研发出来。这种汽车将配置能够从葵花子油中提取氢气的装置，并把提取出来的氢气转化成车用燃料输送进汽车发动机。

氢气在发动机内的燃烧原理，是与氧结合并燃烧，产生电能和水。这种过程也会产生一些碳酸气体，由于提取氢气的原料是葵花子油，向日葵种植面积肯定会扩大，所以，这些气体又会被向日葵所吸收。有研究表明，向日葵吸取空气中碳酸气体的能力，在农作物中首屈一指。

专家强调，由于提取过程中所必需的镍碳催化剂的生产成本较高，“向日葵让汽车跑起来”还需时日。

2. 利用糖果业废弃物制造氢气

2006 年 5 月，英国媒体报道，该国伯明翰大学生物学院的林恩 · 马卡斯奇教授领导，位于伯明翰的国际糖果饮料公司吉百利 · 史威士公司等参与的一个研究小组，经过研究发现微生物能够利用糖果厂的高含糖量的废弃物产生氢气，这将为开发无污染的清洁氢能源带来希望。该项研究得到英国工程和自然科学研究委员会的资助。

氢已经用于燃料电池，产生清洁的电能。展望未来，氢有可能驱动明日的氢燃料汽车。人们越来越认识到，在未来十年里，氢能因其安全、环保的特性，将取代化石能源，成为能源的主流。

马卡斯奇教授进行的实验室研究，非常成功地证明：微生物能够以糖果厂的废弃物为原料产生氢气。试验用的糖料废弃物由吉百利 · 史威士公司提供。由另一个合作伙伴出具的经济评估报告显示，这项研究成果具有大规模重复生产的实用价值。

除了对能源和环境有好处，这项技术也为糖果企业和其他食品行业提供了一个处理生产废弃物的有效途径。目前这些废弃物的处理方法大多是垃圾场填埋。

该项目研究中，研究人员先把冲淡的奶油杏仁糖和饴糖废弃物倒入5升的试验反应器中（其他同样的废弃物也可用），然后加入一定量具有消耗糖、产生氢气特性的微生物。

实验中，微生物消耗糖，并产生氢气和有机酸。研究小组在第二个反应器中，加入另一种微生物，又能把有机酸转化成更多的氢气。产生的氢气装入燃料电池，与空气中的氧气反应产生电能。而在第一个反应器中产生的二氧化碳，能被收集并安全地处理，防止被释放到大气中。

最后，研究人员除去该过程中剩余的生物物质，在其表面涂上金属钯，又可以作为其他反应过程中的催化剂。

这一研究项目还得到英国生物工艺学和生物学研究委员会的资金支持，旨在寻找一些新的途径，可以去除环境中的污染物质，诸如六价铬酸化合物、多氯联苯等。该反应过程中，也需要氢的参与，同样可以通过糖消耗反应过程获取，从而进一步体现了这项新型制氢技术，所具有的绿色环保特点。

马卡斯奇教授指出，氢作为一种无碳的能量载体，可以提供巨大的能量，虽然这项研究目前还处于起步阶段，但是研究人员已经试验了氢气产生、废弃物处理的整个过程，或许还需要5—10年的时间，就能用于工业发电和废弃物的处理。

研究小组正在进行后续研究试验，力求勾勒出一副采用同样基础技术、用于更广泛的高糖废弃物生产清洁能源的清晰画面。

3. 利用光合作用研发出造氢新方法

2013年5月15日，英国格拉斯哥大学李·克罗宁教授、马克·司麦思博士等人组成的一个研究小组，在《自然化学》杂志刊登论文中称，他们已用光合作用原理，研发出一个制造氢的新方法。这一重大突破为解决全球能源问题提供了一个潜在的解决方案。

研究人员表示，这一先进技术可能有助于挖掘氢作为一种干净、廉价和可靠能源的潜力。与矿物燃料不同的是，氢被燃烧制造能源时不会产生排放物。另外，它还是地球上最丰富的元素。将水分解，生成氢和氧。研究人员在论文中，详细介绍了在不同时间和不同物理位置，植物通过太阳能把水分子分解成氢和氧的方法的。数十年来，科学家一直不懈寻找在不同时间提取氢元素的新方法。植物光合作用制氢方法，不仅更有效，还能减少爆炸危险。

洛桑市瑞士联邦理工学院无机合成与催化实验室负责人胡希乐教授表示：“这项研究为用电解分离氢和氧的原理提供一个重要示范，很有独创性。当然，还需进行深入研究才能改进这一系统、能源效率和寿命等方面。但这项研究让我们对未来充满希望，可能有助于我们以更低成本存储绿色能源。”迄今为止，科学家已通过电解分离出氢和氧原子。电解原理是让电通过水，不仅需要耗费大量能源，而且还有爆炸危险，因为氢和氧是被同时分离出来的。

但在格拉斯哥大学研究小组研发的新的电解方法中，通过研究人员所谓的“电子耦合质子缓冲”，氢和氧在不同时间从水中分离出来。在电通过水时，这有助于收集和存储氢。通过这种方法，先只有氧被释放出来，然后氢在合适时间才被释放出来。纯氢不会自然产生，所以要用能源制造它。这个新的电解方法需要更长时间，却更安全，每分钟消耗更少能源，使其更容易依赖于电流所需的可再生能源把氢分离出来。

司麦思表示：“我们研发的这个新系统，适合于工业规模的氢气制造，可能比现在的氢气制造法更便宜，更安全。眼下，工业中大部分制造氢的方法，依赖于矿物燃料的改善，但如果用太阳、风或波浪提供电源，我们就可制造一种几乎完全干净的能源。”

克罗宁说：“现有把天然气送到全国各地的天然气基础设施，可毫不费力地把氢运送到指定地点。如果通过更廉价更有效的解耦过程用可再生资源制造氢，整个国家就能用氢取代甲烷，为家庭制造电源。这还将使我们明显减少国家的碳足迹。”

绿色能源专家、加利福尼亚理工学院化学教授内森·刘易斯表示：“这好像是一个令人关注的科学示范，它可能解决一个和水电解有关的难题。现在的水电解依然是一个相当昂贵的制氢方法。”

（二）利用氢气的新方法

计划建造世界上第一座利用氢气发电的电厂。

2005年6月29日，英国广播公司报道，英国石油公司与康菲石油公司、壳牌能源和南苏格兰电力公司等3家合作伙伴，在一份声明中表示，它们计划在苏格兰建造一个发电厂，这将是世界上第一座利用氢气发电而不产生二氧化碳的电厂。这个项目包括建造一个35万千瓦的电站，耗资6亿美元左右。

电力行业是产生二氧化碳最多的行业，这种温室气体造成全球变暖，受到广泛的批评。该项目准备把天然气转化为氢气和二氧化碳，然后利用氢气做电站的燃料，并把二氧化碳运到北海油田，帮助生产石油，最后储藏在油田里。

英国石油公司集团首席执行官约翰·布朗说，这个项目重要而独特，旨在提供更清洁的能源，并能减少二氧化碳排放。这个项目每年可以储藏大约130万吨二氧化碳，可以为25万英国家庭提供环保能源。

前几天，政府批准了多项授权，帮助这些公司开发技术，以收集二氧化碳，并储藏在北海废弃油田或气田内。

二、储存氢气的新材料和新方法

（一）发明用锂化合物存储氢气的新技术

2007年6月，英国媒体报道，牛津大学彼得·爱德华滋教授作为项目协调人，由一家公司研究人员组成一个研究小组，发明出一种锂化合物，可使机载燃料电池存储足够的氢气，从而能驱动汽车连续行驶500公里。这一新技术，对于未来燃料汽车市场有着重要意义，因为现有的氢储存技术还不能做到这一点。

氢燃料电池是利用氢和氧的电化学反应来产生清洁能源，它不会产生二氧化碳。但是，由于受到氢储存技术的限制，目前燃料电池驱动的汽车样机和示范模型，最远行驶距离仅能达到350公里。在标准的温度和压力下，如要存储足够的氢达到500公里的行驶距离，就需要一个体积相当于双层巴士大小的机载燃料电池；而其他方法如将氢气压缩储存在钢瓶里或将液化的氢气存储在罐里等，均因重量和体积问题无法推广应用。

于是，英国研究小组另辟蹊径，尝试把氢以更高的密度储存，而将电池重量控制在可接受范围内。他们采用“化学吸附”方法，把气体分子吸入固体化合物的晶格间，在需要时再被释放出来。研究小组对上千种化合物进行试验，以找到一种轻便和廉价的材料，这种材料要能在典型燃料电池操作温度下，使氢的吸附或解吸快速、安全地进行。现在，研究人员已制出一系列氢化锂化合物，能很好地满足上述要求。

爱德华滋说："这是燃料电池行业和交通运输部门期待已久的突破，这项关键性的突破，将使燃料汽车在未来10年内大量生产和应用成为可能。"

燃料电池也是一项促进"氢能源经济"的关键技术。它对交通运输业的环保具有特别重要的应用潜力，可使目前以石油为燃料的大量交通工具减少二氧化碳排放。目前，一辆汽油燃料汽车平均每年约排放3吨二氧化碳。

（二）发现用氨制氢储氢成本低廉且方法简单

2014年6月，物理学家组织网报道，英国科学和技术设施委员会科学家比尔·戴维领导，马丁·琼斯教授等人参加的一个研究小组，在研究中发现通过对氨进行分解来制造氢气，不仅成本低廉，而且简单高效，为在现场实时按需制氢，解决所面临的存储和成本方面的挑战，提供了一种可靠的办法。

很多人把氢气看作交通领域最好的替代燃料，但其安全性和如何可靠地存储一直是个问题，且建造加氢站的成本也居高不下，大大限制了氢作为绿色燃料的大好前景。研究人员表示，新发现或许可以解决这些问题。

当采用裂化技术分解氨时，会得到氮气和氢气。目前，有很多催化剂能有效地裂化氨气释放出氢气，但最好的催化剂是非常昂贵的金属。据报道，新方法并不使用催化剂，而是由两个同时进行的化学过程完成，最终得到的氢气与使用催化剂一样多，但成本降低很多。

而且，研究人员表示，氨的制造成本非常低；氨也能以低压储存在合适的塑料罐中，然后放在车上；另外，建造氨气站也像建造液化石油气（LPG）站一样简单方便，因此，最新研究有望大力加快氢作为交通用绿色燃料的步伐。

戴维表示："新方法与目前最好的催化剂一样高效，但使用的活性材料氨基钠的成本很低，我们能用氨'按需'廉价高效地产出氢气。"该方法的另一发明人马丁·琼斯教授表示，他们目前正在研制第一个低功率的静态演示系统。

2015年将是汽车的研发制造大踏步向前迈进的一年，预计很多汽车制造商，将竞相研制新一代燃料电池电动汽车。对这些汽车来说，电池至关重要，而燃料电池则以氢气为原料。英国大学与科学大臣戴维·威利茨说："这无疑正是我们需要的创新技术，我们致力于在2050年，把温室气体排放减少80%，最新研究或许能大力促进这一目标的实现。"

英国能源与气候变化部首席科学顾问戴维·麦凯说："我们相信，在减少燃料的碳排放方面，没有单一的解决方案，不过，最新研究表明，氨基技术值得我们进一步探讨，而且，其未来有望发挥重大影响。"

第三节　生物质能开发的新进展

一、用含油或含糖植物制造生物燃料

（一）建设用油菜子为原料的发电厂

2004年7月，英国媒体报道，继风电、潮汐电、太阳能电之后，现在是用油菜子发电。目前英国约克郡正在一个农场建设首座黄色植物电厂，这标志着生物发电向前迈进了巨大的一步。领导这种发电方式的人叫斯宾塞尔，他是英国首个种植非食品植物的人。明年他的公司准备种植7万英亩用于工业的植物。

作为第三代农场主的斯宾塞尔，他认为，如果是市场真正需要的东西，而非布鲁塞尔补助金鼓励的东西，才是英国农业的未来。他的油菜子电厂是非食品贸易的自然延伸，过去十几年在英国乡下种植的是多种赢利植物，其中包括海甘蓝、健康大麻，可以作化妆品，榨油和纤维制品。他的生物电厂计划已成为英国－瑞士农业综合企业先正达公司的合作伙伴。先正达公司为他们提供高效榨油技术，目前当地100多家农场与公司签约。根据约定，他们将生产1400吨油菜，并把种子运往正在建设的电厂，电厂是燃油电厂。

斯宾塞尔认为，农业应该以市场为导向，生产适合市场销售的东西。

他自20世纪90年代开始，就使传统农产品多样化，因为他担心价格下降。

他的新电厂对反击全球气候变化，是个潜在的巨大贡献。生物发电与风电、潮汐电、太阳能一样是新能源，它能发电而不给大气增加二氧化碳。

（二）利用甜菜生产“绿色”燃料

2006年6月，英国石油公司和英国联合食品有限公司着手联合开发利用英格兰东部的甜菜，共同打造英国最大的“绿色”燃料工厂。

据报道，这家“绿色”工厂将耗资2500万英镑，计划年产7000万升以甜菜等植物为主原料的生物丁醇。这一产品可与传统汽油混合使用，不仅能够拓宽能源供应的种类，还可以减少车辆二氧化碳的排放。

英国联合食品有限公司首席执行官乔治·韦斯顿认为，英国建在诺福克郡的这座生物丁醇生产设施，将有助于利用农业剩余产品，并能为实现政府制定的“绿色”燃料目标做出贡献。

英国每年农产品的产量，比国内市场需求多出200万~300万吨，其中主要是小麦。英国联合食品有限公司表示，如果相关试验进展顺利，希望能更多地利用这些过剩农产品。目前，部分传统燃料能与生物丁醇混合使用，而无须对汽车进行任何改造。

二、用含木质素植物制造生物燃料

（一）通过木材燃烧设施进行发电

大力发展用柳树等发电的生物质能源。

2006年4月，英国广播公司报道，作为一个资源并不十分丰富的国家，英国已经拥有了世界上规模最大、效率最高的秸秆燃烧发电厂，以及欧洲最大的养殖家禽废弃物发电厂。如今，英国人正在加紧步伐，建设一座发电能力为4.4万千瓦的生物质发电厂，并有望在一年后建成。

这座建在苏格兰洛克比的发电厂，以可再生的木材混合物作为燃料。据专家介绍，以植物为基础的生物质燃料在燃烧时，释放的二氧化碳数量，正好相当于这些植物在生长过程中所消耗的二氧化碳数量。依据设计发电能力，洛克比发电厂在投入使用之后，将为大约7万个家庭提供符合碳平衡要求的电力。作为对照，如果一座以煤炭为燃料的发电能力达4.4

万千瓦的发电厂，在使用后将向大气释放 15 万吨二氧化碳。

据报道，洛克比发电厂最初的燃料就是森林残留物、树枝以及附近锯木厂的边角料。最终，这一发电厂每年将消耗大约 47.5 万吨可再生木材，其中包括 9.5 万吨短轮伐期灌木林。附近地区将为其提供大约 22 万吨经过烘干的燃料，其中 4.5 万吨是附近农民砍伐的柳树。负责该项目的 E. ON（英国）公司的一位发言人表示："我们希望当地的农民转而种植能够快速生长的柳树，这将为该发电厂准备充足的燃料。"

迄今为止，英国规模最大的生物质发电厂，是位于英格兰东部诺福克的一座年发电量 3.85 万千瓦的养殖家禽废弃物发电厂。该发电厂不仅能够为一个城镇的 9.3 万个家庭提供充足的电力，而且还为当地家禽产业每年 40 万吨的废弃物，找到了最受欢迎的解决方案。作为燃料使用时，养殖家禽的废弃物的热值几乎是煤炭的一半。而且额外的好处就是作为燃烧副产品的灰，可以作为高质量的肥料加以利用。

英格兰东部还拥有世界上规模最大的秸秆发电厂。年发电量为 3.8 万千瓦的伊利发电厂，每年消耗从半径 80 公里的范围内，收集来到 40 万包秸秆，而它发出的电能可以供给 8 万个当地家庭使用。近年来，生物质发电厂的燃料范围，已经扩大到了芒属植物，以及榨油后留下的残渣，这样不仅可以降低成本还可以增加供电的安全性。

生物质能源的发展必将对农业产生一定的冲击。一位生物质产业发言人说："一旦生物质能源发展起来，当地的农民便可以种植数千英亩的能源作物，比如柳树、芒属植物或者像草（一种像竹子的草）等。这将足以供给一个小型的发电厂使用。"

英国能源政策的目标是到 2010 年，可再生能源在英国全部能源供应量中，所占的比例达到 10%。生物质能源和风能将有望成为能源公司达成这一目标的主要选择。果真如此的话，英国就需要建设更多的生物质发电厂，以便使生物质发电厂的总发电量，从目前的 10 万千瓦增加到 100 万千瓦。如果按照这样的趋势发展下去，洛克比的木材燃烧设施将很难长期保持其英国规模最大的生物质发电厂的荣誉。

据悉，该发电厂将创造 40 个就业机会，另外还会有 300 人被直接雇用，从事与林业以及农业有关的工作。这一项目还使得当地的锯木厂有望获得进一步的投资以保证该发电厂的燃料供应。

（二）通过分解木质素制造生物燃料

1. 利用蛀木水虱分解木头的酶制造生物燃料

2010 年 3 月，英国约克大学新型农产品研究中心克拉克·麦森教授领导，朴次茅斯大学的结构生物学家约翰·麦克吉汗博士，以及美国国家可再生能源实验室研究人员等参与的一个研究小组，在美国《国家科学院学报》上发表研究报告说，他们使用先进的生物化学分析方法和 X 射线成像技术，找出蛀木水虱体内能分解木头的酶，并揭示其结构和功能。这项研究将帮助研究人员在工业规模上再现这种酶的效能，以便更好地把废纸、旧木材和稻草等废物变成液体生物燃料。

为了用木材和稻草等制造液体燃料，人们必须首先将组成其主体的多糖分解成单糖，再将单糖发酵。这一过程很困难，所以，用此方法制造生物燃料的成本非常高。为了找出更高效而廉价的方法，研究人员把目光投向能分解木材的微生物，希望能研究出类似的工业过程。

蛀木水虱是海洋中的一种小型甲壳动物，俗称“吃木虫”，会蛀蚀木船底部、浮木、码头木质建筑的水下部分等。研究人员在蛀木水虱体内找到一种纤维素化合物，实际上，它是一种可以把纤维素变成葡萄糖的酶，这拥有很多非比寻常的特性。他们借用最新成像技术，看清了这种酶的工作原理。

麦森表示：“酶的功能由其三维形状所决定，但它们如此小，以至于无法用高倍显微镜观察它。因此，我们制造出了这些酶的晶体，其内，数百万个副本朝同一方向排列。”

麦克吉汗表示：“随后，我们用英国钻石光源同步加速器，朝这种酶的晶体发射一束密集的 X 射线，产生了一系列能被转化成 3D 模型的图像，得到的数据让我们可以看到酶中每个原子的位置。美国国家可再生能源实验室的科学家接着使用超级计算机模拟出了酶的活动，最终，所有结果向我们展示了纤维素链如何被消化成葡萄糖。”

这项研究结果，将有助于研究人员设计出更强大的酶用于工业生产。尽管此前，研究人员已在木质降解真菌体内，发现了同样的纤维素化合物，但这种酶对化学环境的耐受力更强，且能在比海水咸 7 倍的环境下工作，这意味着它能在工业环境下持续工作更长时间。除了尽力从蛀木水虱中提取这种酶之外，研究人员也将其遗传图谱转移给了一种工业微生物，使其能大批量地制造这种酶，他们希望借此削减把木质材料变成生物燃料的成本。

英国生物技术与生物科学研究理事会首席执行官道格拉斯·凯尔表示："最新研究，既可以让我们有效地利用这种酶将废物变成生物燃料，也能避免与人争地，真是一举两得。"

2. 发现降低分解木质素生物燃料成本的新方法

2012 年 3 月，英国帝国理工学院研究人员安尼斯卡·布兰特等人组成的一个研究小组，在《绿色化学》杂志上发表研究报告说，他们的研究显示，在分解木质素制造生物燃料的过程中，如果在粉碎木材时添加某种离子液体作为润滑剂，可显著降低该环节所消耗的能源成本，其终端产品生物乙醇的价格，有望因此降低 10%。

离子液体是完全由阴阳离子组成的盐溶液，通过改变阴阳离子的组合，可得到不同种类的离子液体。

研究人员说，目前用分解木质素制造生物燃料时，需将木材粉碎成很小的颗粒，这个过程需消耗不少传统能源，据估计现在每粉碎 1 吨木材需消耗约 8 英镑的能源。

本次研究发现，如果在粉碎过程中加入某种离子液体，可把这个环节所消耗的能源量降低 80%，把粉碎每吨木材需消耗的能源成本降到约 1.6 英镑。布兰特说，离子液体在粉碎木材的过程中，主要发挥润滑剂的作用，它所能帮助节省的能源让研究人员惊讶。

该研究提供的数据显示，如果在生物燃料产业链上如此节约成本，可使每升生物乙醇的价格下降 0.03 英镑，目前生物乙醇的价格约为每升 0.3 英镑。

三、用生产或生活废弃物制造生物燃料

（一）把巧克力废料转化为生物燃料

2007 年 11 月 8 日，路透社报道，英国生态技术公司的安迪·帕格负责的一个研究小组研发出一套新的生产程序，能够把制造巧克力时所产生的废料，转变成生物燃料。

据报道，该研究小组把巧克力生产过程中的废料转化成乙醇，然后与植物油混合起来，制造生物柴油。一辆由这种生物柴油驱动的卡车，准备将在两周后，从英格兰南海岸的普尔市出发，目的地是西非国家马里，进行一次慈善之旅。

组织本次活动的帕格说："生产巧克力的废料，过去都用于废渣填地。但是现在我们能让它转变成生物燃料。"他还说，使用这种燃料的汽车，排放出的气体不会有巧克力的味道。

为了制造生物燃料，人们往往把本来种植粮食作物的农田，改种可用来生产燃料乙醇的其他农作物或大面积毁掉森林，而利用巧克力废料生产生物燃料，则不会导致这种后果。

（二）研究表明咖啡渣可用于制造生物柴油

2014 年 6 月，英国巴斯大学可持续化学技术中心博士生胡德·詹金斯、化学工程系研究员克里斯博士等人组成的一个研究小组，在《能源和燃料》杂志上发表研究成果称，他们的研究表明，废咖啡渣可用于制造生物柴油，且有潜力成为可持续的第二代生物燃料来源。

通过一个被称为"酯基转移"的过程，把咖啡渣浸泡在有机溶剂中，便可以提取出生物柴油。研究人员用产自 20 个不同地区的咖啡粉（包括含咖啡因和不含咖啡因）制成生物燃料，结果发现，不同来源的咖啡生成的生物燃料相关物理性能差别不大。

克里斯解释道："就其他生物原料来讲，来源不同，生物柴油的产量和属性会有所不同，甚至有时生物柴油会不符合规格。研究表明，不同咖啡原料，能生产出规格全面一致的生物柴油，这对于生物燃料的生产商和用户无疑是个好消息。"

全球每年的咖啡产量大约达 800 万吨，废弃咖啡的含油量每单位重量高达 20%。研究人员认为，咖啡生产的生物柴油，只会成为能源结构中较小的组成部分，它目前的最实际用途在于，咖啡连锁店收集咖啡渣，送到生产生物柴油的处理中心，这些小规模生产的生物柴油可为连锁店运送货物的车辆提供燃料。

詹金斯表示："我们估计小咖啡馆每天会产生大约 10 公斤的废咖啡，这些咖啡可生产出约 2 升的生物燃料。在咖啡豆烘焙行业还会产生大量的废物，以及一些被丢弃的有缺陷的豆子。如果扩大规模，咖啡生物柴油将有很大潜力，可成为一种可持续发展的燃料来源。”

第四节 海洋能开发利用的新进展

一、开发海洋能的新成果与新技术

（一）开发利用海洋能的新成果

首台海浪发电机开始供电。

2004 年 9 月 16 日，英国媒体报道，该国首台海浪发电机已成功运行一周，并已开始向国家电网供电。位于英国奥克尼的欧洲海洋能源研究中心的项目负责人安德鲁·米勒说，首台海浪发电机开始向国家电网输电，是一件令人激动的事，海浪发电站将和风力发电站一样，成为英国海岸的一大景观。

这台名为帕拉米斯的波浪发电机由爱丁堡海洋能输送公司生产，输出功率为 750 千瓦，可供 500 户居民使用。英国计划在西南部地区建造一座占地面积约 1 平方公里、由 40 台波浪发电机组成的波浪发电站，并通过一条海底电缆为 2 万户居民提供电力。

海洋能源通常是指海洋中所蕴藏的可再生自然能源，包括潮汐能、海浪能、海流能、海水温差能、海水盐差能，广义的海洋能还包括海洋上空的风能、太阳能及海洋生物质能。海浪发电，主要是利用波浪上下波动或海浪所引起的水中压力变化来发电，与汽车发动机通过活塞在汽缸中往复运动获得动力有点类似。

自从 20 世纪 70 年代以来，英国制定了能源多样化政策，鼓励发展包括海洋能在内的多种可再生能源，并把海浪发电研究放在了新能源开发的首位。此次海浪发电机的供电，标志着英国的海洋能利用已进入了一个新阶段。

欧洲海洋能研究中心还将测试适应不同海洋条件的各种不同类型的发电机，为今后的商业化应用奠定基础。如果今后能将风力发电、潮汐发电及海浪发电有效地结合在一起，海洋能利用将在世界上有广阔的发展空间。

（二）开发利用海洋能的新技术

1. 找到利用潮汐能发电的新方法

2004 年 11 月，英国媒体报道，潮汐能指的是海水涨潮和落潮时形成的水的势能，是一种可持续性的清洁能源。由于建立潮汐电站要受地理条件限制，而且只有出现大潮、能量集中时，才便于利用潮汐能，因此驾驭和利用潮汐能还有一定的难度，而且成本很高。如今，英国一个研究小组找到两种利用潮汐能的新方法。其中之一，就是这种能量转化器——奥瑞康（Orecon）。

奥瑞康的制作原理很简单，首先将几个高矮不一、底部中空的水箱连接在一起，固定放置在海水中，在潮起潮落时，水箱中的水位会相应地出现高低起伏。水箱的顶部安装了气垫和涡轮，水位发生变化时就会挤压或倒吸气垫从而带动涡轮，这样机械能就转化成了电能。奥瑞康可以放置在距海岸 10～16 公里开外，50 米以下的海水中。一台奥瑞康的发电量可达 1000 千瓦，能够满足 1000 个家庭的用电需求。目前，奥瑞康还处于试验阶段，由于它具有很强的适应性，因此可以最大限度地利用潮汐能。

由于我们将多种型号的水箱放在一起，这样奥瑞康就能适应各种类型的潮汐，不论是在英国、葡萄牙还是非洲、美国西海岸，或者是新西兰、澳大利亚和南非，任何地方只要能出现潮汐，不管是什么样的地理条件都可以使用奥瑞康。

此外，研究人员还发现海岸自身也能成为发电的理想场所。海岸边这个天然的岩洞与一个废矿井相通。当潮水涌上海岸进入岩洞时，空气就会随之被挤进矿道。当潮水退去后，空气又会被倒吸回来。科研人员利用传感器对气流的运动进行测量后发现，气流在矿道中移动的速度为每秒 100 多米，这样在矿道中安装一个涡轮，就可以利用空气的流动来发电了。当然，如果找不到天然的岩洞，人工挖凿的洞穴或隧道也能起到同样的效果。

2. 发明探索大洋底部持续能量源的一种全新技术

2005 年 6 月，英国媒体报道，该国加的夫大学地球、大洋和行星科学学院帕克教授在领导的一个研究小组，发明了一种全新的技术，通过对来自海底沉积物中的古耐高压细菌进行分析，研究来自大洋底部的持续能量源。

研究人员对提取自深海底部沉积物的细菌进行研究。这些沉积物，存在于压力大于1000个大气压，温度变化范围达到2℃～100℃，深度达数千米的海底。这些存在了几百万年的沉积物，拥有地球上大部分细菌。

在这些细菌中，有部分细菌可以产生甲烷，积聚成“气体水合物”，这是一种超浓缩甲烷冰合物，比传统的化石燃料含有多得多的碳，当然，这也是潜在的巨大能源来源。但是，科学家对气体水合物了解甚少，只知道在压力减小的情况下，这些水合物会融化。

研究人员表示，他们这项研究就是研制一种在高压下发现这些气体水合物和细菌的装置。帕克教授现在已经求助于加的夫大学的制造工程中心，来帮助他的研究小组研制一种可以在实验室里培养、分离和研究这些古细菌的系统。帕克说：“对这些沉积物进行DNA分析表明，沉积物中含有不同的细菌群落，甚至还包括一些新类型。但是，我们目前还不能对这些细菌进行培养，原因是，我们并不为这些细菌提供它们所必要的超高压生存环境。”

加的夫大学工程学院制造工程中心已经帮助设计制造了一个高压系统，这一系统是至今为止全世界绝无仅有的。该中心的工程师们，利用钛和不锈钢的合金以及宝石蓝玻璃，制造出一个分离系统，也是一个特殊的切割室，使研究人员可以在近似于1000个大气压条件下，提取精确的沉积物样本，培养细菌。

这项探索工作对存在于地球最深处的有机体进行研究同时，通过研究上述水合物的其他性状，还有可能揭开蒙在百慕大三角上的神秘面纱。有理论认为，百慕大三角地区海底存在大量的“甲烷冰”，当这种“甲烷冰”的表面开始不稳定的时候，就会引起该地区海洋的不稳定，并可能促使空气与甲烷混合而具有爆炸性。任何船舶或者是飞机要是穿过这片海区，就会发生沉没或者是起火。所以，这种古细菌就可能成为未来可持续能源的关键，也可以解释一些灾难的发生。

二、研制利用海洋能的新设备

（一）研制潮汐能涡轮发电设备的新进展

1. 开发出一种构造简单的潮汐能涡轮发电机

2004年6月，英国媒体报道，该国“SMD水世界”公司开发出一种构造很简单的潮汐能涡轮发电机。形象地说，这是一种“水下风车”，能够向人类提供又一种可再生清洁能源。它的安装相当容易，对环境几乎没有影响。预计以这种方式开发潮汐能，其综合成本与开发风能相当或更低。

这种“水下风车”通过锁链把其涡轮发电机锚定在海底，随潮汐的运动而向前或向后摆动，所以总可以沿着最好的方向从旋转叶片中获得能量。在偏远的海滨地区，它可以成为主要的动力来源。

研究人员先在巨大水箱中测试了一个1/10尺寸的模型发电机，根据测试结果推断，一个实用尺寸的发电机，足以产生1000千瓦电力。研究人员希望，一年后在苏格兰奥尼克郡的欧洲海洋能量中心，安装一个“水下风车”，其叶片长度将达15米。

长期以来，人们就试图从潮汐中获取能量，一是因为其能量巨大；二是因为其比较稳定，比风能容易预测。

但到目前为止，潮汐能应用的步伐一直都比较缓慢。现有利用潮汐能的发电厂绝大多数都是在河流入海口处架设巨大的障碍坝，但这会给景观和环境带来破坏，因此这种方式没有得到推广。

也许人们习惯于把获取潮汐能想得太复杂，SMD公司的“水下风车”反其道而行之，从非常简单的设计出发。该公司的商务经理伊恩·格里菲思说：“我们的系统对环境的影响微乎其微，对景观的影响则是零。”这意味着，这种发电设备很容易获得安装许可。

2. 发明新型潮汐能涡轮发电机

2008年3月23日，英国《独立报》网站报道，为开发海洋能源，英国的一位名叫彼得·弗伦克尔工程师发明了新型潮汐能涡轮发电机，可直接从海洋潮汐能量中获取电力。

报道称，这一发电装置的投入使用，可能带来海洋能源利用领域的“革命”，使英国这个岛国所需电力的1/5，都能从环绕它的海洋中获取，从而使英国成为“海洋能源中的沙特阿拉伯”。

报道说，这台新型潮汐能涡轮发电机是研究人员的设想和不懈努力的结果。只要直接放在海湾时涨时退的潮汐中，就能产生可供1140户居民使用的电力。专家说，这个新装置使海洋能源的开发利用又迈出了一大步。

这台新型潮汐能涡轮发电机放置地点是斯特兰福德的海峡出口处，海湾宽约500米。这里也是野生生物的重要栖息地，因此运作者将对机器的运转情况进行密切监测。目前，人们主要的担心是，涡轮发电机会伤害到海豹这样的海洋哺乳动物，但弗伦克尔说，涡轮机的转动速度很慢，而海洋动物都非常灵活，因此这不会是个很大的问题。

弗伦克尔说，该发电机的发电能力可以达到1200千瓦，将是“世界上第一个利用海潮发电的工业规模的装置系统”。

3. 水下涡轮机“激发”潮汐发电测试成功

2012年5月20日，物理学家组织网报道，英国苏格兰可再生能源电力公司（SPR）在奥克尼郡北部艾代岛，成功完成水下涡轮机“激发”潮汐发电的测试。该机器的使用标志着苏格兰雄心勃勃的潮汐发电项目的开启，随之将会规划上马一系列的涡轮机，让更多的家庭和企业用上可再生电力。

苏格兰可再生能源电力公司称，此次测试的成功，是苏格兰利用潮汐能发电创新迈出的重要一步。该技术证明，可以有效地在苏格兰水流湍急的潮汐中有效运作，在冬季风暴来临时，涡轮机会调整降低相应位置。

这部1000千瓦HS1000水下涡轮机，有100英尺高，被称为“前期商用示范仪”。该重型仪表涡轮机在为艾代岛上的家庭和企业提供电力的同时，将继续作为一个研发平台。欧洲海洋能源中心基地会监测涡轮机的运行状况；工程师也可以从格拉斯哥通过远程，以及其上嵌入的摄像机操作来检查设备。

作为潮汐能发电的涡轮机，HS1000采用的是固定在海底位置的风力涡轮机版本，其叶片会在潮汐流中旋转发电。相比之下，潮汐涡轮机具有更短的刀片，旋转速度较慢，能量被倾斜的刀片转换成电流。其基底构造被设计成一个三脚架，在海底占有最小足迹，并由重力和附加的安定器稳固其位置。

苏格兰拥有丰富的潮汐发电资源。苏格兰近期新颁布的一份政府报告确定，到2030年将恪守承诺100%电力需求来自可再生能源。为了提供更多的可再生能源，当地工程师迫切地从自然运动的潮汐中，探索出绿色发电概念，开发清洁、绿色的发电机组项目。苏格兰电力可再生能源公司首席执行官基思·安德森说，此次完成这个较大规模的项目，让他们信心倍增，未来几年将在艾拉海峡建立一个1万千瓦的潮汐能发电系列。

潮汐能发电支持者说，与其他可再生能源如风能和太阳能发电相比，潮汐发电是可再生能源中的重要组成部分且更具优势，由于它与月球运动周期有关，故潮流可提前数年被预见。

（二）研制其他潮汐能发电装置的新成果

1. 研发出波浪能量转换器发电机系统

2007 年 7 月，英国媒体报道，海洋波浪发电给人类提供了一个令人振奋的可再生能源方式，未来将成为越来越多的国家使用的新能源之一。近日，英国苏格兰海洋可再生能源会议在珀斯举行，苏格兰海洋能源有限公司宣布，该公司的自动气象站发电机系统，通过简单而高效的阿基米德波浪摆动原理与技术，为采集海洋波浪发电这一重要资源提供了可能。

苏格兰海洋能源有限公司证实，该公司的波浪能量转换器发电机系统，将于 2008 年正式启动使用。该系统计划将于 2010 年开始，为英国、葡萄牙等国提供清洁可靠的电力。在 10 年内，该发电机系统将对世界能源供应做出重要贡献。

自动气象站的波浪能量转换器，是一个固定于海底的圆筒形浮标，位于波浪中的充气套管与底部的缸体上下运动，即可将动能转化为电力。当一个波峰到来时，缸顶与上部“浮子”压缩气缸来平衡压力。相反，波峰过后，汽缸膨胀。这种相对运动在浮子下部的缸筒内转换为电流，通过液压系统及电动发电机组发电。该装置结构非常简单，利用现有的水下技术，使用与维修都相对容易。

苏格兰海洋能源有限公司成立于 2004 年 5 月，主要利用海浪发电系统生产清洁的可再生能源。现在，该公司所开发的技术，已成为世界上首屈一指的波浪能量转换技术。自 2004 年，在葡萄牙外海安装中级试验装置至今，该公司的自动气象站发电机已经得到成功运转。经过第三方专家评估，自动气象站波浪能量转换器发电机系统，与其他海洋发电系统相比，具有一些明显优势，具体体现在以下方面：

生存能力强：自动气象站被淹没在至少 6 米以下的海里，因此避免了其装置受到日光照射，降低了系统的成本和风险损失。

可维护性高：自动气象站，有一个主要运动和辅助部分。这大大降低了发生故障的风险及维修的需要。自动气象站的设计简单、维修方便。在生产中一旦出现故障，一天时间便可恢复正常。

环保条件好：该自动气象站波浪能发电系统，没有嘈杂的高速旋转设备，因此，对环境的影响是微不足道的，甚至视觉污染也不存在。

生产成本低：该自动气象站有较高比例的能源生产能力，加上低维修要求，电力生产成本低于其他波浪发电机。

最后，该自动气象站波浪能发电系统是一个大功率发电机装置，旨在为大型电网生产电力，它最适合于安装在波涛汹涌的海洋，例如，英伦三岛、爱尔兰、法国、西班牙和葡萄牙都具有可行性。

2. 用橡胶管制成波浪发电装置

2008 年 7 月，有关媒体报道，随着世界范围能源危机和环境恶化的不断加剧，人们迫切希望找到各种绿色环保的可替代能源。不久前，英国科学家弗朗西斯·法利和罗德·雷尼等人组成的研究小组，用橡胶管制成一种独特装置，可以利用海水起伏产生的波浪来发电。

研究人员把这种用橡胶制成，形如海洋生物水蟒的管状发电装置，取名为“水蟒”。该装置长约 182 米、宽约 6 米。

“水蟒”工作原理非常简单：把“水蟒”安装在距离海岸 1.6 千米 ~ 3.2 千米远、36 米 ~ 91 米深的水下，并系在海床上，同时使“水蟒”的橡胶管道内充满海水。这样每当有波浪经过时，弹性极强的橡胶管就会随之上下摆动，橡胶管内部就会产生一股水流脉冲。随着波浪幅度的加大，脉冲也会越来越强，并汇集在尾部的发电机中，最终产生电能，然后通过海底电缆传输出去。

英国南安普敦大学进行的试验表明，每条“水蟒”最多可以产生 1000 千瓦的电能，足以满足数百个家庭的日常电能需要。如果进一步的测试取得成功，首批“水蟒”将在五年内安装完毕，从而替代未来几十年需要建造的数千台风力发电装置。据该项目负责人介绍，安装地点，可能选择在苏格兰和爱尔兰的西海岸，因为那里可以产生更长距离的水下海浪。

由于制作材料主要是橡胶，“水蟒”比其他波浪发电装置重量更轻、构造更简单、建造和维修成本更低。英国政府碳信托基金的研究也证实，与近海风力发电相比，“水蟒”发电的成本更低。科学家相信，这种发电装置，很可能成为未来解决能源危机的答案。

第五节 其他能源开发的新进展

一、核能开发的新成果

（一）计划兴建10座新核电站

2009年11月9日，英国天空电视台报道，英国政府公布了庞大的核电站发展计划，将在英格兰和威尔士地区兴建10座新核电站，预计将在2025年前建成。

英国能源和气候变化大臣埃德·米利班德表示，英国需要新的核电站、新的可再生能源发电站和新的清洁煤炭能源发电站。

但是环保组织认为，核能存在危险性，也很昂贵，在解决气候变化和能源安全方面起不到什么作用。报道援引一位环保组织负责人的话说："事实证明，绿色技术，例如，风力以及混合能源，就可以保障英国的能源需求，并创造就业以及降低温室气体排放。"

目前，英国有10座核电站，15%的电力供应来自核能，这一数字将有望到2030年增加至40%。

（二）发明制备核燃料铀氮化合物的新方法

2012年6月28日，英国诺丁汉大学发布新闻公告称，该校史蒂芬·里德尔博士等人组成的一个研究小组发明了一种制备铀氮化合物的新方法，不仅制备条件要求比现行方法低很多，且清洁高效。

铀氮化合物因其高密度、高稳定性和高热导性等特点，被认为有望成为未来反应堆所需核燃料。该化合物，通常是在高温高压下把氮或氨与铀混合而获得，但其制备条件十分严格，且制备过程中会产生难以去除的杂质。因此，近年来，科学家们努力尝试是否可以在低温下，使用分子方法来进行制备。过去多次制备铀氮三键的尝试，都需要零下268℃的低温，这一要求十分严苛，需要专门的设备和技术，因此很难操作。

据诺丁汉大学新闻公告介绍，该校研究小组发明的新方法相对简单。他们用大量的氮配体（与金属绑定的有机分子）把铀包裹起来，形成一个内含氮化物的防护"口袋"；在合成过程中注入弱绑定的钠离子（带正电离子)，用来有效阻隔氮与其他元素的化学反应，以保证氮化物的稳定；然后再将结构中的钠离子剔除，最终得到稳定的铀氮三键。公告称，使用该方法制备的铀氮化合物，不仅在室温情况下可保持稳定状态，且可以晶体或粉末形式存储于容器中。

里德尔表示，这一新方法简单易行，且有助于科学家理解铀共价化学键的性质与范围，这十分重要，可能会有助于从核废料中提取 2% ~3% 的高放射性物质。

新闻公告称，这一突破性研究成果表明，在未来的核能产业中，铀氮化合物材料，可成为现行的混合氧化物核燃料的有效替代品。

二、风能开发的新进展

苏格兰用 6 亿英镑打造欧洲最大风力发电场。

2008 年 8 月，英国媒体报道，该国电力巨头苏格兰和南方能源公司近日宣布，将在苏格兰南部建设欧洲最大陆地风力发电场，工程总造价达 6 亿英镑。

该风力发电场预计由 152 座风力发电机组成，发电规模将达 45.6 万千瓦。工程预定于 2009 年 3 月底开工，2011 年竣工。所发电力大半向英格兰供应。

根据该风力发电场的建设计划，这家公司陆地风力发电场的发电能力，将扩大到 150 万千瓦。今年 2 月，该公司成功收购了爱尔兰风力发电公司安粹控股公司，从而成为英国最大的风电场运营商。

三、人车动能开发的新进展

（一）人力动能开发的新成果

1. 设计出利用人潮脚步发电的地下发电器

2008 年 6 月 8 日，英国《星期日泰晤士报》报道，风力和水力等能源都已陆续用于发电，如今，人类的脚步有望成为最新的无污染能源。英国工程师最近设计出一种地下发电器，能够利用人潮脚步发电。这一发明将很快用于各大超市和地铁站。

这项新的脚步发电技术能够利用脚步对地板的压力推动地板下液体的流动，继而带动迷你涡轮旋转，产生电能并贮存在电池中。

研究人员已经在伦敦中部的维多利亚地铁站试验这一技术。结果证实，每小时3.4万人的客流量，能够提供6500个灯泡的电能。

这种利用脚步发电的装置将首先应用于英国朴茨茅斯的三角帆塔上。三角帆塔是一座高170米的观景塔，利用脚步发电的迷你发电机，将安装在供游客使用的每一级楼梯下方。

开发脚步发电的专家大卫·韦布说："我们不仅要利用人群的脚步，还将利用整个三角帆塔上所有的轻微摇动来发电，所有建筑物都会轻微摇动。当然，如果有像电视天线那样的摇动再好不过。"

除了安装在地板下利用人群脚步发电，这项装置还可安装在铁轨下或桥下，利用经过的火车和汽车释放出的能量发电。

事实上，这项技术2007年已在英国米德兰兹的一座桥下试用成功。桥下的发电机成功把火车经过时释放的能量转化为电能，供洪水监测器使用。

研究人员说，这种安装在地下的发电机，还能在人流大的体育场或人行天桥使用。理论上说，这种装置能够在任何人流拥挤的地方使用。但是，考虑到这种技术的高昂成本，目前几年内可能都无法将其广泛推广。

今后，这项技术还可能用于个人。例如，将iPod播放器连接到使用者的鞋跟处充电。使用者鞋跟处安装有小型电池，储存走路时积聚的能量。

2. 研发利用人的动能发电的单兵装备

2009年7月26日，英国媒体报道，该国利兹大学安德鲁·贝尔教授等人组成的一个研究小组，正在研发一种能将动能转换为电力的单兵装备，如果研究成功，将可为每个士兵减少约10公斤的电池负重。

这一装备将使用以高技术陶瓷和晶体元件生产的压电转换器，以把脚步等行动的机械压力转换为电力。此外，这一装备的初步设计，还包括在士兵背部和膝盖等处设置特殊的皮带，以从其行动中获得更多能量，并为剧烈动作提供缓冲。

贝尔称，这套装备将考虑每个士兵的运动特点，不会增加他们的负担。他还表示，相关技术也可用于民用，以减少电池使用，保护环境。据报道，战场上负重过多，会影响士兵行动的灵活性和自身安全。

3. 研制出可利用膝盖活动发电的新装置

2012年6月，英国克兰菲尔德大学研究人员米歇尔·波齐等人组成的一个研究小组，在《智能材料和结构》杂志上发表研究报告说，他们研发的一种新型发电装置，可利用人们走路时膝盖的活动来发电，能为随身携带的电子设备供电，这项发明在军事等多个领域都有广阔的应用前景。

研究人员说，目前研发出的原型装置发电功率约为 2 毫瓦，但在进一步改进后，其功率可超过 30 毫瓦，这足以为一些随身携带的电子设备供电，如心率监测器、电子计步器和新型 GPS 定位设备等。

这种装置呈圆盘形，包含一个中心轴和可绕其旋转的外环。将它绑定在膝盖位置，走路时随着大腿和小腿之间夹角的变化，其外环就会绕中心轴转动，使其中的一些特殊器件产生电力。

波齐说，现在开发出的还是原型装置，如果今后能实用化并进行大规模生产，预计每个这种装置的成本可降到 10 英镑以下。

这种装置对于要经常背负电子设备的士兵来说，具有很高的实用价值，有助于士兵们减少对电池的依赖，从而减轻负重，更轻松地行走。因此这次研究也得到英国军方的资助。

（二）车辆动能开发的新成果

开发泊车发电的“动力路板”。

2009 年 6 月，英国《每日邮报》报道，该国塞恩斯伯里超市的格洛斯特分店，在店外路面嵌入“动力路板”，顾客只需开车进入超市停车场，即可为超市供应电力，实现“车辆开进来、收款机动起来”的节能目标。这家店由此成为欧洲首家利用泊车供电的超市。

据介绍，车辆驶入超市停车场时，会压过“动力路板”。这种装置能“捕获”过去无用的压路动能，进而转化动能为电能，供超市使用。这种泊车发电，每小时能供电 30 千瓦，超出格洛斯特分店所有收款机运转所需的电量。

报道称，这种“动力路板”，如果嵌入主题游乐园车道，所生电能足以确保过山车运转。如果它嵌入高速路口，可产生公路系统照明用电。

第七章　环境领域的创新信息

英国在环境污染治理领域的研究，主要集中在防治大气污染、防治水体污染、回收利用固体废弃物、防治噪声污染和辐射污染。在节能环保产品领域的研究，主要集中在研制环保型塑料、环保型涂料和环保型建筑材料、开发节水节能的用水器具和研制节水环保的洗衣机。同时，开发主要利用风能或太阳能的节能房屋，建造综合利用太阳能、风能和生物能的环保房屋，设计建造具有某种特殊环保功能的房屋。在生态环境保护领域的新成果，主要集中在研究气候变化对动物的影响、气候变化对植物的影响和气候变化对生态环境的影响；研究生态环境与动物演变的相互影响，生态环境变化对物种演变的影响；研究预测气候变化的新方法，发现一种能清理大气为地球降温的新方法；加强对地球表面植被和土壤细菌变化的监测，加强对飓风、山崩和洪水等灾害的防护。

第一节　环境污染治理的新进展

一、大气污染防治方面的新成果

（一）防治大气污染研究的新发现

发现四种破坏臭氧层的新气体。

2014 年 3 月，英国东英吉利大学一个研究小组在《自然·地学》杂志上发表论文指出，他们对空气成分（这些空气有的采自 20 世纪 70 年代）进行多次分析后，发现了新的物质，它们在大气中的积累让人感到不安。

研究人员说，臭氧层的空洞没有封闭，这令科学界为之担忧。他们最近发现，四种破坏这个大气保护层的新气体，但尚不清楚它们从何而来。

位于地面上空约 30 公里处的臭氧层，在过滤紫外线方面发挥着重要作用，过强的紫外线能致癌，并影响动物的生殖系统。1985 年，英国科学家发现南极臭氧层出现一个空洞，这促使国际社会在1987年签订保护臭氧层的《蒙特利尔议定书》，以限制破坏臭氧层气体的排放。当时，专家们确定氯氟烃物质，会破坏臭氧层。这些氯氟烃物质，是20世纪20年代发明的，被广泛应用于气雾剂和制冷剂，它们可存在50—100年。

然而，最新研究显示，20世纪70年代之前的空气中，还有人类生产的未被发现的新气体。这四种新气体，进入大气的方式尚不清楚，其中三种气体含有氯氟烃成分，另一种是氟氯化碳。

专家在分析20世纪70年代，以不同方式获取的空气样本，以及从格陵兰冰雪层中获得的气泡时，发现了这些新气体。科学家估计已有大约7.4万吨的新气体排放到大气中，并以令人担忧的速度累积，虽然它们破坏臭氧层的速度很慢，但也因此可能长时间停留在臭氧层中，即便采取限制排放的措施也无济于事。

科学家表示，不清楚这些气体是从哪里释放出来的，可能的来源，包括杀虫剂或者清洗电子元件的溶剂等化学品。

（二）防治大气污染的新技术

1. 提出把二氧化碳埋入海底的新技术

2005年4月，英国一个研究小组表示，他们已找到一个解决全球气候变暖的方法，就是把引致温室效应的元凶二氧化碳埋入海床下。

研究人员相信，他们每年可将数百万吨的二氧化碳重新泵回北海的海底，以减轻全球的气候变暖。他们选择英国石油公司的米勒油田进行首个试验。

根据这项技术，发电站不再将二氧化碳排放到大气中，而是通过液化技术，经由一条废弃不用的输油管，重新泵回米勒油田。液化二氧化碳，将填满原本用来储存石油的岩石气孔中，而覆盖油田之上的不透气泥岩将阻止二氧化碳升上海床。研究人员表示，米勒油田每年可吸纳500万吨液化二氧化碳，并可将之储存在那里达1万年以上。

英国石油公司也可从中得益，因为这些被泵回的二氧化碳，有助于油田的最后一批石油储藏流出来。

2. 提出通过云彩增白技术来治理全球气候变暖的大胆计划

2005年8月14日，《星期日泰晤士报》报道，英政府目前正在测试一种英国科学家发明的系统，该系统可以把海水喷洒到空气中，取得令云彩“增白”的效果。其设计理念是通过增强云层的反射能力，使热量远离地球，令全球范围内气温日益升高现象有所缓解。

这项技术是由爱丁堡大学工程设计名誉教授斯蒂芬·萨尔特发明的，要使用一个小船队去制造良好的喷射效果。随着海水蒸发，微小盐粒将会随着升高的气流进入低空层积云。盐粒将会令层积云变白，使它们的反射效果更强，另外还会产生更多的水滴，进一步减少穿透大气层的太阳光线。萨尔特教授的此项研究将刊登在《大气研究》杂志上。萨尔特教授宣称，通过将全球1/3云层的反射能力增长4.5%，将有效减少到达地球表面的热量，从而打消了人们对全球气候变暖预言的忧虑。

萨尔特教授认为，试验计划将在4年内付诸实施。他一直与美国科罗拉多州玻尔国家大气研究中心的约翰·拉特哈姆合作。最初，500条无线电控制的无人小船，将会部署到层积云最为普遍的非洲西海岸和秘鲁西部附近。这种小船每条造价100万英镑，高70英尺，每隔25英里停放一条，可以通过卫星跟踪。

小船在风力旋转装置驱动下前行，这种前行活动将使水下涡轮机产生转动，制造一个静电场，被吸入旋转装置的水流将撞击静电场，从而产生雾蒙蒙的海水。

在世界范围内，每秒大约会有四万吨海水被喷射到大气层。萨尔特教授认为，要想使云彩的“亮度”增长4.5%，必须每秒钟向大气层喷射半吨水。萨尔特教授认为，他们可以劝说企业向这一计划每吨投入10英镑，从而令排放到大气层使气温升高的二氧化碳量减少。

3. 推进煤炭清洁发电技术

2006年2月，有关媒体报道，英国能源科技在世界上处于领先地位，尤其在减少二氧化碳排放的清洁能源研发方面具有优势。

英国对气候变暖和海平面上升十分敏感，对控制温室气体和碳排放也格外重视，目前已经研发出碳减排的组合技术，也称绿色煤炭技术或清洁煤技术。

应用这一技术可以减少碳排放50%～60%，使燃煤发电对环境的影响达到燃气发电的水平。由于煤炭价格相对便宜，因而清洁煤技术具有广阔的应用前景。英国在提高能源使用效率的同时，为减少碳排放，研究开发了碳的收集和储存技术，把燃煤排放的二氧化碳储存在地层中，可减少85%的二氧化碳排放，为煤炭等化石燃料应用提供了新的选择。英国计划到2030年，将60%的碳排放收集、储存起来。

当前世界发电燃料再度转为以煤炭为主，是由多种因素促成的。其中，最重要的是清洁煤技术的研究开发，使煤炭变得更加环保、更为经济，这证明了科学技术对于世界能源利用的积极推进作用。

4. 模仿植物光合作用把二氧化碳转化为天然气

2008年5月，由西班牙专家马罗托·巴莱尔领导的一个英国研究小组，发明了一项模仿植物光合作用，把二氧化碳转化为天然气的新技术。

这一技术是英国诺丁汉大学碳捕获和存储技术创新中心专家的研究成果。该中心已经发明几项技术，收集热电厂、水泥厂和石油提炼工厂等高污染工业释放出来的二氧化碳，并将其储存在废弃油井或天然气井等地质沉积场所。但把二氧化碳"隐藏"在地下的方法，虽然减少了大气中的二氧化碳含量，但有人对此表示担忧，因为目前尚不清楚二氧化碳的最大存储期限，一旦它们大规模散发出来，将造成严重的环境后果。

因此，科学家利用一个与植物光合作用相似的过程，发明出把二氧化碳转化成天然气主要成分沼气的技术。植物把二氧化碳、水和阳光转化成糖，而该技术则用这3种物质合成沼气而不是碳水化合物。巴莱尔表示，如果这一技术在全球范围使用，将带来完美的能源循环。

（三）防治大气污染的新材料

1. 开发出"捕捉"工业废气的新材料

2007年2月，英国科学促进会主办的科学新闻网站报道，英国巴斯大学一个研究小组开发出一种新材料，它可以"捕捉"工业废气，有助于减少工业产品生产和使用过程中造成的空气污染。

据报道，研究人员开发的这种新材料，由纳米级多孔纤维构成。这种纤维上有许多小孔，孔眼大小不及一根头发丝直径的1‰。这样的结构和纤维中所含的物质，均有助于从气流中"捕捉"二氧化碳气体、挥发性碳氢化合物和其他工业废气。

巴斯大学的专家指出，与目前工业生产中废气清理技术的能耗相比，制作并使用上述新材料的能耗只及前者的5%。这种新材料最初将应用于饮料制造业，此外加油站等设施，也可用该材料清除汽油挥发时所含的苯。

据报道，这种新材料的研制技术已获得英国皇家学会管理的一个创新奖，奖金额为18.5万英镑。

2. 研制成可捕捉二氧化碳的新材料

2012年6月，英国诺丁汉大学等机构组成的一个研究小组，在《自然·材料》杂志上报告说，他们研制出一种新型多孔材料，这种材料中的孔洞就像一个个“笼子”，其他气体可自由通过，但二氧化碳会被截留，因此这种材料有望用于工业上“捕捉”二氧化碳，减少碳排放。

研究人员报告说，他们研发出一种名为NOTT-202a的新材料。它的分子结构单元，是以铟原子为中心，周围是以各种有机分子链条编织成的“笼子”，整体上看呈现出多孔特征，有些类似自然界中的蜂窝结构。

实验显示，这种“笼子”具有一种特殊性质，那就是如果把空气压入这种多孔材料之中，大部分气体如氮气、氧气、氢气和甲烷等随后可以从“笼子”中出来，唯独二氧化碳会被留下，锁在“笼子”中。

研究人员说，在当前需要减少二氧化碳排放以应对气候变化的大背景下，这种材料有望用于工业上捕捉二氧化碳。比如在工厂的烟囱中安装由这种材料制成的捕捉装置，减少工厂的碳排放，帮助减排。

3. 开发出新型二氧化碳吸收材料

2012年9月，英国诺丁汉大学施罗德教授领导的一个欧洲研究小组，在《自然·材料》杂志上发表研究成果称，他们在欧盟第七研发框架计划250万欧元的资助下，成功研究开发出一种新型的二氧化碳吸收材料。

这种新材料被命名为NOTT-202a，它具有专门独特的吸收并储存二氧化碳的特性，可以被直接应用于降低大气中的二氧化碳含量，也可以通过设计开发出的新产品应用于减少化石燃料燃烧过程中的二氧化碳排放，属于新型的碳“捕获”及封存技术材料。

研究人员表示，新型材料独特的结构缺陷，显示出强大的吸收二氧化碳的能力。他们使用欧盟设立于英国的“钻石光源”大型科研基础设施，利用最先进的X-射线粉末衍射，测定技术工艺和自行设计开发的计算机模拟系统，对开发出的新型材料，进行了详细的结构分析测定，并在此基础上确定和合理化新型材料的结构及功能。

研究小组开发出的新型材料，为连锁金属有机框架结构材料，主要由四羧酸配体组成。其结构为铟金属中心，绑定到中央原子的系列粒子或离子构成，类似蜂巢状图案的材料结构，可以有效地保证有选择性的专门吸收二氧化碳，而其他的气体如氮、甲烷和氢等，可以顺利地通过材料结构。二氧化碳被材料结构中的纳米孔束缚住，甚至在很低的温度情况下，从而可实现二氧化碳的“捕获”及封存。

4. 研制吸收二氧化碳的“海绵”

2014 年 8 月，英国利物浦大学安德鲁·库柏博士领导的一个研究小组，在第 248 届美国化学学会国家会议博览会上发表研究报告说，他们致力于研制新的方法治理全球气候转暖现象，目前，已研制出一种可以吸收二氧化碳的“海绵”，或许未来将对抑制全球气候转暖起到关键性的作用。

研究小组指出，“海绵”使用制造塑料的较大聚合物分子制成，可以将化石燃料生成的二氧化碳转变为氢气，并作为一种新能量来源。

这种分子接近用于制造食物包装的塑料物质，未来可安装整合在发电厂的烟囱上。库柏说：“关键在于这种分子非常稳定，并且成本较低，它吸收二氧化碳的效果非常好。这种海绵装置，具有独特的环保作用，未来使用燃料电池技术时，该吸附材料可实现零排放。”

二氧化碳吸附剂通常用于移除燃煤发电厂烟囱释放的二氧化碳气体，但是库柏表示，这种新材料将是整体煤气化联合循环新兴技术的一部分，它能够将化石燃料排放物转变为氢气。

一些科学家认为，氢气具有巨大的应用潜能，可用于燃料电池汽车和发电，因为它在能量转换过程中几乎不产生污染。整体煤气化联合循环，是一项桥接技术，可适用于氢燃料转换，而同时仍使用现有化石燃料基础设施。

库柏指出，“海绵”最好处于整体煤气化联合循环操作的高压环境下，它就像厨具海绵，一遇到水就会膨胀，当它分子结构微小空间吸收二氧化碳时，就会略微膨胀。当压力下降时，吸附性聚合物会泄气，释放出气体，之后可以收集或者转变这些气体成为有价值的碳化合物。

这种材料是一种褐色粉末，是由许多小型碳基分子连接成一个网状结构，使用该聚合物的一个优势在于非常稳定，该材料甚至可以在酸性液体中煮沸，能够承受发电厂的恶劣环境；另一个优势是无须接触水蒸气便能吸收二氧化碳气体，其低廉成本使它更具吸引力。

（四）防治大气污染的新设备

1. 开发成功新型气体成分探测仪

2004 年 6 月，英国莱斯特大学化学系保尔·蒙克斯博士领导的一个研究小组，开发出一种新型空气成分探测仪，这种探测仪具有反应灵敏、迅速的特点，能在很短的时间内探测出空气中包括人的呼吸等在内的微量成分。

新型探测仪是该研究小组进行的城市污染监测项目的一部分，是研究人员利用质子转移电离反应和质谱分析相结合的成果。实验显示，利用这一技术，对空气中微小的易挥发有机物进行探测，在不到一分钟的时间内就可获得准确的分析结果。

蒙克斯博士表示，他们开发这种仪器的主要目的，就是要为人们监测日益增加的易挥发有机物，提供一种迅速准确的监测手段。这种仪器不仅能精确地探测大气成分，在医学、司法和电子探测领域，也有很大应用潜力。比如，由于人体平时也会自然产生一些易挥发有机物，并从口中呼出来。因此，通过对呼吸成分进行分析，就可判断某人是否患有某种疾病。另外，通过探测腐烂尸体会散发出的易挥发有机物，还可判断出尸体掩埋的大致区域等。

2. 推出船用发动机二氧化硫检测器

2005 年 11 月，有关媒体报道，为了适应近日生效的国际海事组织防止船舶污染国际公约的要求，英国一家船舶公司推出可检测船用发动机排放二氧化硫的空气质量检测器。

这种海上分析仪采用紫外线荧光探测方法，对稀释抽取排放的二氧化硫进行连续测试。

据了解，检测器质地坚固紧凑，只需要压缩空气启动，用干燥清洁的压缩空气稀释抽取船舶排放的气体后，再用长达 40 米的未加热抽样管传回分析仪。该检测器安装和使用方便，并配置了报告软件，可以获取世界各地的最新数据。

3. 发明让汽车废气变油变水的“绿盒”装置

2007年7月19日，英国媒体报道，英国北威尔士一名有机化学家和两名工程师组成的一个研究小组，发明了一个名为“绿盒”的装置，可以安装在汽车后方消音器的位置，收集汽车喷出的废气，经过处理后，这些废气剩下的便基本上只有水蒸气了。绿盒回收的废气包括二氧化碳和一氧化二氮，收集所得的废气经藻类生物反应器处理，再加提炼成为生物柴油，可供车辆使用。

“绿盒”装置化废为宝的过程非常简单，当“绿盒”收集满废气之后，车主可以换下它，然后放入藻类生物反应器，经过化学作用，“绿盒”中收集满的废气，被用来“喂养”给藻类。藻类长成后则被压碎，制成生物柴油，加入汽车用的油品中。研究人员称，“绿盒”能用在公共汽车、轿车、卡车上，未来甚至能应用到建筑物、重工业厂房乃至于核工厂中。他们还开了一间公司专门研究这一技术。

过去两年，该研究小组共进行130多次测试，结果证明“绿盒”可收集85%~95%的汽车废气，现在还与日本以及美国的几家大型汽车制造商接触，希望能建立合作关系。这三名发明家表示，他们共花了近17万英镑，来研究有关技术。

4. 研制新型空气质量测量设备

2009年5月，英国媒体报道，英国莱斯特大学保罗·蒙克斯教授负责的一个研究小组，研制出小型空气质量分光计。这是对地观测仪器中心的一个项目，旨在开发一种能够在紫外线和可见光谱部分使用的小型成像分光计，以及众多可以基于卫星平台的潜在应用。作为“城市扫描”计划的一部分，这项已开发出的技术目前正在应用当中，以简单且不间断的方式，对广大城市和工业区域上空的空气质量进行监视。

蒙克斯说：“这个已经开发出的设备，具有作为小卫星荷载物进行部署的潜力，而且提供与当前使用设备相似的性能，后者在体积上都要大很多。它紧凑的体积，以及通过使用新的光学设计所能达到的功能，意味着制造、平台开发和发射成本都能够最小化。”

蒙克斯补充说：“现在，压倒性的意见一致认为糟糕的空气质量影响着人类健康。据世界卫生组织估计，每年有240万人直接因空气污染而死亡，其中有150万人的死亡是因为室内空气污染。人们处于一个有害气体和颗粒含量不断增加的世界中，这要求世界各国、地区乃至国际范围的公共权力机构要采取行动。”

2009年，莱斯特大学将与萨里卫星技术有限公司合作，制造并安装两台新设备，作为地面差分吸收光谱系统使用。这些设备将在可视光波区操作，能够在5分钟内，绘制出空气中诸如二氧化氮之类有害气体的实时三维图。通过同时分析，来自多个设备和多角度几何排列的，散射太阳光紫外线与可见光辐射，可以达到实时绘图，而且能够获得关于城市环境动态和成分的空前级别信息。

研究人员表示，“城市扫描”设备，将比现有的空气质量监视器拥有更多的优势，可以为整个城市地区提供不间断的监视技术。每个拟投入使用的系统，都可以覆盖大约25平方公里的范围，能在空间分辨率为50米的情况下，对二氧化氮和悬浮颗粒进行实时监视，就像是一个“污染监视雷达”。

二、水体污染防治方面的新进展

（一）水体污染防治的新发现

发现屋顶绿化可能成为未来的水污染源。

2013年12月，英国曼彻斯特大学博士生安德鲁·斯皮克领导的一个研究小组，在《环境污染》杂志上报告说，他们评估了绿色屋顶和传统屋顶之间的差异后发现，屋顶绿化有可能成为未来的水污染源。

绿色屋顶能够有效地净化空气污染，到现在为止，人们都认为土壤层和植被将捕捉到的污染粒子保存下来了。研究小组报告说，他们的研究显示，污染物能够顺着屋顶泄入雨水中并影响水质。

斯皮克说：“绿色屋顶的雨水径流是绿色和黄色的，因此我们把样本送去进行重金属和营养元素浓度的分析。结果发现一些重金属的含量相当高。铜、铅和锌的水平都超出了环境质量标准。”

由于铅含量，在传统屋顶和绿色屋顶的雨水送检样本中都很高，研究小组于是对铅的可能来源进行了更深入的调查。研究人员从绿色屋顶上取了一些土壤样本，也从传统屋顶的石板下收集了灰尘样本，发现其中的铅含量都非常高。

然而，附近并没有任何明显的重大铅源，研究人员据此认为，铅可能是使用含铅汽油的汽车多年来遗留下来的，因为屋顶建于20世纪70年代，那时含铅汽油还远没有被淘汰。不过，随着我们已经走向无铅汽油，现代绿色屋顶将不会再有这类重大的铅供应源了。

斯皮克认为："这项研究最大的发现是，虽然屋顶绿化的确可以减少空气污染，但污染物可能会积聚起来，导致将来出现雨水径流水质下降的问题。"

研究人员建议，如果规划者打算进行屋顶绿化，必须注意房屋所在的位置。基本上在未来任何车源性污染，能够影响到雨水径流的地方，比如繁忙的高速公路或者市内高速公路毗邻处，都不应该安置绿色屋顶。

该小组还建议，应该对绿色屋顶所使用的培养基做更多的研究，例如生物炭，这种类型的木炭已经被证明可以避免营养物质从土壤中流失，并且有助于缓解重金属渗入雨水系统中的问题。

（二）水体污染防治的新设备

1. 发明有机水污染快速探测器

2006年4月，英国媒体报道，英国伯明翰大学地理、地球与环境学院安迪·贝克博士领导，他的同事及仪器仪表生产公司研究人员参与的一个研究小组，研制出一种有机水污染探测器，能够在数秒钟内探测出水质的污染情况。

研究人员表示，这种水污染探测器可在河流与湖泊中使用。它利用荧光测量的方法，可以探测出下水道中以及进行垃圾填埋造成的有机水污染。研究人员介绍，荧光是利用某种特殊物质吸收并发出光线的自然现象。利用这种方法还能够监测农业废水，并确定其成分。

贝克博士说："起初，我们研究的是洞穴中地表水的荧光现象，但是后来发现，河水中出现了不同类型的荧光。随后又分析出河水中所含物质的荧光'指纹'，据此便能够分析出水中的污染物质。"

贝克补充说："一般意义上的检验要在实验室中进行，需要花费5天的时间，同时还要确保水样在从河边送到实验室的过程中，水质不会发生任何变化。所以我们希望能够开发出一种可以放置在河边，并能够立即对水样进行检测的设备。现在我们能够抽取水样、检测荧光并鉴别污染物类型，我们成功地讲实验室搬到了河边。”

研究人员希望，这种设备还能作为一种减灾方面的救生设备，特别是对那些人口众多、水源相对紧张的地区提供帮助。探测水源是否符合饮用条件，只是该设备的众多用途之一。环境保护组织和商务团体同样可以从中获益，特别是对于那些需要快速鉴定水污染源的工作。

2. 研制用于水污染监测的仿生鱼

2009 年 6 月 10 日，有关媒体报道，英国 BMT 集团正在研制一种可在水中自由游动，监测及报告原油泄露等水质污染问题的仿生鱼。

这种“鱼”搭载了先进的传感设备，具备人工智能，相互之间可以用超声波进行通信联系，传达污染信息。更有意思的是，如果电力不足的话，它还能自动返回充电平台进行充电。

据介绍，这种仿生鱼长约 50 厘米，由于外形酷似鲤鱼，与其他鱼雷型探测装置相比，它转弯半径更小，也更灵活。研究人员称，今后这种仿生鱼还可以做到 1.5 米长，从而使之具备更多的功能。以往当油船等发生原油泄露时，由于船是不断移动的，所以早期很难发现，以至于很容易造成大范围的污染。现在有了这种仿生鱼跟随油船活动，就有可能在第一时间发现并通报漏油情况，以便尽早采取应对措施。

三、固体废弃物处理方面的新成果

（一）固体废弃物回收利用的新进展

1. 利用的热气体爆破方法回收利用废弃轮胎

2007 年 5 月 29 日，英国《新科学家》周刊网站报道，英国斯旺西大学的戴维·艾萨克领导，他的同事参与的一个研究小组，近日发现，经过超热气体爆破处理的旧轮胎，回收后可成为制造新轮胎的材料，这将解决世界上最大的废物处理难题之一。

当前，世界各地的废旧轮胎往往被集中掩埋，循环使用的余地有限。这是因为轮胎所使用的橡胶经过了硬化处理，不会熔化，因而难以回收和再利用。

研究人员把旧轮胎放进氧气离子室中进行爆破处理，可产生大量橡胶碎屑。把这些碎屑掺入未经硬化处理的新鲜橡胶中，就可以制造新轮胎。实验表明，经过这种处理的旧轮胎橡胶，与新鲜橡胶的拉伸强度等力学特性相似。

开发出回收利用废弃轮胎的“生态热解”法。2009 年 10 月，马德里媒体报道，对废弃轮胎进行处理和再利用，一直是个不易解决的问题，为了更有效地将废弃轮胎变废为宝，西班牙巴伦西亚市的一家企业开发出“生态热解”法，它能回收利用 98% 的轮胎成分。

这家企业对当地媒体说，废弃轮胎很难自然降解，如果露天存放，不仅占用大量土地，而且日晒雨淋后，极易孳生蚊虫，产生有害气体，并有火灾隐患。

为了改进对废弃轮胎的处理，该公司研究人员在低温、无氧条件下，用一种特殊催化剂，对废弃轮胎的成分进行分解和加工，这一过程可将 7% 的轮胎成分转化成可燃气体，将 40% 的成分制成粗柴油或石蜡，51% 的成分可转变成可制作增强橡胶拉伸强度制剂的炭黑。

据研发人员介绍，上述分解加工过程不排放废气，所获得的可燃气体可用作工厂燃料。目前，这家企业已能够以“生态热解”法，对废弃轮胎进行工业化分解和加工，并准备进一步扩大产能。

2. 利用废旧塑料建造房屋

2010 年 2 月，英国媒体报道，该国威尔士斯旺西一家公司，以总经理兰·麦克弗森为首的一个研究小组最新推出一项垃圾回收技术，可利用废旧塑料建造房屋。他们认为，这既可解决住房问题，也可解决垃圾处理问题。

研究人员说，可将无法回收的废旧塑料和矿产品，加工成一种坚固质轻的板材，用于修建房屋。建造这样一所三居室“垃圾房”，平均需要 18 吨废旧材料。这不仅可解决垃圾处理难的问题，还为人们建房提供新选择。

麦克弗森说，这种由垃圾制成的房屋十分坚固，坚固程度几乎是普通水泥的 4 倍。房屋还有诸多优点，不仅防火、防风、防腐、绝缘、可回收，由塑料制成的它还具有天然防水功能。另外，这种房屋隔热效果，是一般房屋的两倍，可替房主节约一半采暖费。房屋预期使用寿命大约 60 年。

据介绍，建造这样一座集厨房、浴室、排水系统于一身的“低碳”三居室房屋成本较低，大概需要花六七万美元。

公司管理人员表示，无论桌子、椅子，还是建筑物固定装置，几乎所有塑料都可被加工成一种名为TPR的材料。麦克弗森说，由这种材料做成的TPR板既结实又便宜，“你可以用一把长柄大锤砸着试试，它肯定不会坏……还能为我们减少10%～15%建房成本”。

这家公司员工介绍，建造房屋时，人们可用40块TPR板构建一个用于承重的房屋框架，再在外侧贴上砖石，内侧粉刷涂料。这样，一座房屋即可大功告成，看上去与普通房屋几无差别。

由于这种板材在工厂加工而成，人们不必担心实地建房可能造成材料浪费。另外，这种板材质量较轻，便于运输，搭建房屋的方式也较灵活。按公司方面说法，搭建房屋框架一般可在4天内完成。

麦克弗森最初产生建“垃圾房”的想法，需追溯至3年前，他卖掉自己的IT公司，随后与英国卡迪夫大学、格拉摩根大学等机构合作，研发这一技术。他认为，用废旧塑料建房可谓一举两得，既可解决国内住房问题，又可回收垃圾，保护环境。

麦克弗森说：“这种方法能帮我们解决垃圾处理问题，现阶段，大约50%～60%的塑料制品可被回收，我们要收集其余的40%～50%，用它们做一些真正有用的东西……用我们扔掉的东西造出新东西让人激动。”

他说，世界各国都需要处理垃圾，用废塑料建房的市场潜力巨大，特别是在人们关注减少碳排放、节能房屋以及可持续发展之际。该公司计划3年内，利用这一技术建造3000所房屋，主要投放在住房市场。

（二）固体废弃物处理的新方法

1. 寻找循环利用贵金属的新方法

2007年7月，英国媒体报道，英国卡的夫大学地球、大气和行星科学学院黑兹尔·普瑞博士领导，他的同事及伯明翰大学研究人员参加的一个研究小组，正在研究循环利用道路灰尘和汽车尾气中的贵金属。

目前，汽车上用来将排放尾气的污染物浓度，降到可以接受水平的催化式排气净化器，都使用金属铂，然而，天长日久，铂会通过尾气排放管而损耗掉。据普瑞博士估算：每年有数公斤的金属铂被喷射到街道和马路上。

普瑞博士表示：铂不仅对汽车尾气催化转化器来说至关重要，同时它也是燃料电池的关键元素。燃料电池是一种重要的新兴清洁能源。铂是一种贵金属，其来源稀少并且昂贵。而该项研究旨在寻找循环利用铂以及其他贵金属的方式。

目前，普瑞研究小组寻找铂浓度足够大，以至可以回收的地点，以开发重新利用这种有限资源的经济可行的、可持续的方法。他们设想的一个主要目标，就是街道清扫车上的垃圾罐。同时，研究小组也在开发利用食品垃圾以及环境友好型细菌，创造更加合理高效的固体废弃物处理方法。

2. 研发低成本碳纤维再循环工艺

2009 年 2 月，诺丁汉大学研究人员研发出碳纤维循环再生工艺，将使飞机和汽车制造业，变得更加绿色、环保。

飞机制造商逐渐开始使用碳纤维替代金属来建造飞机，因为碳纤维更轻也更坚固。但是，现在业内，还没把再循环碳纤维，用于商业化生产。诺丁汉大学这一独特的科研项目，可能将改变这种状况。

再循环碳纤维项目将开发出一种成本低、强度高的碳纤维基制造原材料。它可用于飞机和汽车制造中轻质结构增强件，主要用于非重要用途比如座椅、头顶行李柜，以及其他飞机内饰部件和汽车车身面板。

3. 发现可用微生物清除黑索金污染的新方法

2009 年 10 月，英国约克大学的一个研究小组在美国《生物化学杂志》上发表研究报告说，他们发现了一种结构独特的酶，可以用来清除高能炸药黑索金对环境造成的污染。

研究人员告诉大家，他们找到了一些以黑索金为食物的细菌，并正在以此培育转基因植物，它能把黑索金污染物从土壤中分离出来，最终将其分解。研究人员说，在这个过程中，起关键作用的是一种名为 Xp1A 的酶，它可以帮助细菌或植物分解黑索金。

黑索金是一种高能炸药，因其威力强大而常被军方使用，近年来恐怖分子也常使用这种炸药进行恐怖袭击。研究人员说，黑索金具有毒性，吸入或误服后会引起中毒，因此爆炸后对环境造成的污染是一个值得重视的问题。

四、其他污染防治方面的新进展

（一）噪声污染防治的新成果

发明可兼防噪声的助听器。

2006年12月，英国皇家国立聋人学院在举办的助听器展示会上，诸多具有新奇功能的未来助听器引起参观者兴趣。

随着噪声污染日益严重，听力正常的人也需要助听设备来消除噪声污染。人们在展览上看到，有的助听器被设计成可以在声音十分嘈杂的环境里，加强谈话的音质和音量。人们借助这种助听器可以自主控制周围的声音世界。

一款叫作“科罗纳”的助听器产品，可以帮助使用者对周围的声音环境，进行控制和选择。当使用者在火车上接听手机或是听音乐时，“科罗纳”就可以过滤掉周围的噪声。

有些助听器具有保护听力的功能。当使用者在酒吧、夜总会，或其他一些噪声特别大的地方时，使用名为“席间谈话”的助听设备，可以使人在声音震耳欲聋的场合不受影响。

（二）辐射污染防治的新成果

发现大肠杆菌配合肌醇磷酸可回收铀。

2009年9月，英国伯明翰大学林恩·麦卡斯基教授主持的一个研究小组，在本月上旬爱丁堡赫瑞瓦特大学召开的普通微生物学学会会议上报告说，他们近期发现，大肠杆菌配合肌醇磷酸可以用来回收铀矿污染水中的铀，同样的技术甚至可被进一步利用于核废料的清理。肌醇磷酸也称为植酸，是一种可从米糠和其他农作物种子、麸皮等廉价农业废料中提取的物质。这意味着，在不久的将来，清理核废料也许将拥有一种低成本的便利方法。

研究人员在试验中，把大肠杆菌与肌醇磷酸配合使用，肌醇磷酸是一种存在于植物种子中的磷酸盐的储存原料，大肠杆菌能分解其中的磷酸盐，让磷酸盐分子处于自由状态。之后，磷酸盐分子与铀结合称为铀磷酸盐，并凝结沉积在大肠杆菌细胞表面。最后，这些细胞就可以被收集起来重新回收铀。大肠杆菌是我们生活中最常见的细菌之一，而肌醇磷酸也是一种来自植物的廉价化学物质，这种方法显然拥有非常明显的优势——低成本。

不过，早在1995年，这项技术就曾被提出，但在当时，因成本高而被弃用。因为在早期的研究中，这种技术需要使用一种非常昂贵的添加剂，用这种方法来回收当时相对低成本的铀并不划算。然而，在这次的新研究中，科学家发现了廉价的农业废料——肌醇磷酸，成本很低，同时却能让反应过程中对铀的回收效果提高 6 倍。这对于企业来讲更具可行性和吸引力。尤其是目前，为了寻求低碳能源，越来越多的国家，开始涉足并扩大核技术的研究和运用，铀的价格在全球市场上势必会不断提高，这种低成本高效率的方法具有重要的意义。

更重要的是，这种技术除了经济上的优势外，还具有环保效益：既可回收再利用农业废料，同时又能清洁水中的铀污染。

麦卡斯基指出："英国没有天然的铀储量，然而在核废料中却产生了大量的核。尽管目前全球的铀能源还非常充足，然而，从能源安全和环保的角度来看，欧盟有必要尽可能多地从矿井中回收铀（这绝对是一种污染环境的物质），同时尽可能重复利用铀核废料。"

有了经过实验证明的技术，有了成本低廉的反应物质原料，虽然目前还没有成型的反应设备，但一种经济又高效的核废料回收技术的推广，可以说已经指日可待了。

第二节　研制节能环保产品的新进展

一、研制环保型新材料

（一）研制环保型塑料的新成果

1. 用胡萝卜制成可食用的塑料包装纸品

2004 年 12 月，英国一家公司的科研人员利用胡萝卜为基料，添加适当的增稠剂、增塑剂、抗水剂，研制成功价廉物美的可食性彩色胡萝卜塑料包装纸品。

这种产品可用作盒装食品的内包装或直接当作方便食品食用，既能减少环境污染，又能增强食品美感，增加消费者的食趣和食欲。若能进一步提高强度和可塑性能，改善表面质感，可制成各种形状的盒、碗等。

2. 研制新型环保塑料技术取得突破性进展

2011 年 11 月，英国利兹大学雷阿德博士领导，欧盟 8 个成员国的科研机构、大学和企业研究人员参与的一个研究小组，在欧盟第七研发框架计划 350 万欧元的资助下，对研制新型环保塑料取得重大突破。

塑料已深入到人们的日常生活，极大地丰富了我们的物质世界，但其不可降解的“垃圾”特性，又常常使人们左右为难。

该研究小组经过多年的努力，在大量搜集数据的基础上，利用两组信息技术编码组合的方式：第一组用于设计大分子链之间的连接，从而构成新的聚合物溶剂；第二组将直接显示这些大分子通过化学方法所表现出的形状和特性，为设计新型可降解塑料铺平道路。利用这项微尺度聚合物操作系统，研究人员就可以在实验室设计出“十全十美”的聚合物，为塑料工业的革命性突破打下良好基础。

迄今为止，化学工业一直沿用事先研究生产出一种塑料，再根据其特性寻找用途的方法。鉴于塑料在溶解、流动、再成形的过程中，大分子的特性会发生变化，往往需要经过反复无数次的试验，随机性很大。该项技术的应用可以在创造新塑料时，就为其专门的用途进行设计，省钱省时，同时又兼顾化学工业和保护环境的双重利益，皆大欢喜。

（二）开发环保型涂料的新成果

研制出可吸收有毒烟雾的涂料。

2004 年 10 月，英国一家公司研制出一种新型涂料，它能吸收空气中的有毒烟雾。据报道，这种新型涂料能吸收有毒的汽车尾气，清除城市主要的空气污染物，解决交通繁忙地段人的呼吸问题。

这种涂料的秘密在于，它含有一种极小的二氧化钛和碳酸钙球形粒子。这种粒子与一种特殊的、能吸收有毒烟雾的多空硅酮材料混合在一起。然后，紫外线使其发生特殊的化学反应，有毒的氧化氮就被分解成了硝酸，而硝酸很容易被雨水冲刷掉或者被碳酸钙的碱性粒子变成二氧化碳、水或硝酸钙。

（三）研制环保型建筑材料的新成果

1. 发明可吸收二氧化碳的环保水泥

2009 年 1 月 12 日，有关媒体报道，水泥这个昔日被认为是排放二氧化碳导致全球气候变暖的“罪人”，在英国科学家的发明下，开始转变为吸收二氧化碳的有力武器。总部设在伦敦的新星公司称，这种新型环保的水泥的诞生，意味着水泥行业，将从重大的二氧化碳排放者，转变为重要的二氧化碳吸收者。其发明已经获得产业界和环保界的大力支持和资助。该公司也正在积极申请专利。

专家相信，这种采用新型原料的水泥将会产生巨大的潜在市场。全世界每年生产20亿吨水泥，这些水泥的生产占世界二氧化碳排放量的5%，超过整个航空业的年排放量。并且，人们对水泥的需求量是呈直线上升的。

传统水泥的生产会导致温室气体的排放，主要有两个来源：生产水泥的时候需要高温加热。因此，需要耗费大量能量，对水泥窑里面的加工原料进行加热，比如像石灰石。但是这些原料在分解的过程中，会进一步释放出二氧化碳。具体来说，标准的水泥，也称为普通硅酸盐水泥，是由石灰岩或黏土加热到大约1500℃后形成。每加工一吨水泥会产生0.8吨的二氧化碳。当它最终与水混合用于建筑时，每吨水泥能吸收0.4吨的二氧化碳，因此每吨传统水泥的碳足迹为0.4吨。

这家公司的水泥，以镁硅酸盐为基础原料，它不仅在制造过程中比标准水泥需要的热量少，而且在硬化过程中，还能够有效吸收空气中大量的二氧化碳，这使得生产总体上呈现“碳负性”。该公司的水泥，在加热的时候不会释放出二氧化碳。其生产过程是在大约650℃的低温运行。这导致每吨水泥生产只排放0.5吨的二氧化碳。但其水泥在硬化的时候，可以吸收更多的二氧化碳，每吨水泥能吸收0.6吨的二氧化碳，因此，不会产生碳足迹。

生态区域发展环保组织建设顾问兼英国土木工程师学会环境和可持续发展小组成员乔纳森·艾塞克斯对新型水泥的发明表示欢迎，他说：“英国气候法案要求我们减少二氧化碳排放量，这就要每个部门都应该发挥其作用。建造业在环境影响方面尤其需要承担更大的责任。”他还表示，希望该公司可以在提供竞争性价格的基础上，不断研发改进技术，开发出可以吸引出更多量的二氧化碳的水泥，而且希望该公司利用可再生能源对熔炉进行加热。

之前，为了使水泥更环保，人们采用不断在水泥混合物里面添加骨料的方法，但是这仍然没有解决在制造水泥的过程中要产生二氧化碳的问题，有的在水泥混合物里面使用聚合物，但是对市场的影响也不大。新型水泥的问世很好地解决了这一问题。

但是，英国水泥协会的发言人在综合原料的地质情况和在全球的分布后，对这种新型水泥的影响提出质疑，认为这种水泥对于大体量的建筑来说，并不是一个现实的替代品。该公司则回应称，全球有丰富的镁硅酸盐资源，储量高达10万亿吨，此外，新水泥的生产工艺是属于化学性质的，这意味着它也可以利用各种含镁成分的工业副产品作为原料，他相信这种材料将足以用于建筑物，但同时也承认获得使用许可证需要几年的时间。

2. 开发纤维灰建筑材料

2009年6月，英国媒体报道，英国建筑研究所建筑材料创新中心主任彼得·沃克领导的一个研究小组，以英格兰的巴斯大学为基地，已经开始开发纤维灰建筑材料应用的独特住宅项目。

纤维灰是一种轻质合成建筑材料，它通过快速生长的纤维类作物的纤维，并以基于石灰的黏合剂粘着在一起而制成。纤维类植物在生长时会储存碳，这些碳与石灰的低碳足迹及其有效的绝缘性能相结合，使该材料具备了近乎零碳的碳足迹。

沃克说："我们将着眼于利用纤维灰来代替传统材料的可行性，以使这种材料可以被更广泛地应用到建筑行业中去。"他表示："我们还要测量纤维灰材料的特性，比如它的结实程度和耐性，以及使用这种材料的建筑物的能源效率。使用可再生作物，来生产建筑材料，具有真正的意义。仅利用一块橄榄球场面积大小的土地，在4个月的时间里，就可以生长出足够建造一个典型三居室房屋所需的纤维来。"沃克说："通过农业及相关领域的新市场，种植纤维类作物，也能为农村经济提供经济和社会利益。"

二、研制节能环保型家用器具

（一）开发节水节能的用水器具

发明新型节水节能淋浴器。

2005年7月，外电报道，夏天热，人们洗澡次数增多，这样一来就会加大水的消耗量。最近英国首都伦敦，一位名叫彼得·布鲁因的大学生，发明了一种新型淋浴器，既节水，又节能。

据报道，这个新型淋浴器从外形上看，与一般淋浴器没什么不同。不过，它的最大特点就是节水，因为淋浴器的内部设有净化与循环装置。在使用过程中，淋浴器能够把使用过的洗澡水收集到过滤器中，废水在旋流器的带动下不停旋转。由于洗澡水中的污物密度比较大，在离心力的作用下，污物就会从水中分离出来，然后，经过初步净化的洗澡水将通过过滤装置获得进一步净化。

布鲁因介绍说，这种新型淋浴器有一个控制系统，实际上就是一块触摸式面板。它很容易清理，只要擦一擦就行，就像擦浴室墙上的墙面砖一样。他还说，除了省水，这种新型淋浴器还具有调节温度的功能。

据报道，用这种新型淋浴器洗澡，可以节约70%的水和40%的能源。目前已经有商家对这种新型淋浴器表示出兴趣。

（二）研制节水环保的洗衣机

推出用“一杯水”洗净衣物的节水洗衣机。

2009年6月22日，英国《每日电讯报》报道，英国利兹大学教授斯蒂芬·伯金肖领导的一个研究小组，在法国爱碧集团资助下研制“一杯水”洗衣机。据悉，它只需一杯水就可以洗净衣物。这款超级节水洗衣机，在进入百姓家庭之前，可能先供旅馆或洗衣房等商业用户使用。

负责推广这项技术的英国克赛罗斯有限公司说，“一杯水”洗衣机明年先向旅馆或洗衣房等商业用户推广，然后逐渐争取普通消费者认可。

这家企业已与美国干洗连锁商“绿色大地洗衣”签约，将新款洗衣机率先打入北美市场。

“一杯水”洗衣机的奥妙，就在于它用数千枚塑料珠，代替传统洗衣机所用的大量水。洗衣时，消费者只需在洗衣机内加注1杯水，便足以产生洗衣所需的水蒸气，伴随塑料珠运转，衣物脱去污渍。洗衣过程结束后，这些塑料珠会落入滚筒内的过滤网，以便回收使用。报道说，这种塑料珠能重复洗衣数百次。报道说，“一杯水”洗衣机用水量不到传统洗衣机的10%，能耗减少30%。

三、设计建造节能环保的新型房屋

（一）开发主要利用风能或太阳能的节能房屋

1. 开发自然通风而无空调建筑的设计软件

2006年9月，有关媒体报道，美国麻省理工学院建筑系主任利昂·格利克斯曼教授领导，英国剑桥大学专家参与的一个研究小组，正试图开发一种软件，以帮助建筑师设计楼房的自然通风路径，利用房屋朝向、科学设计的窗户等方法，尽量减少空调的使用。

研究小组在英国卢顿市，尝试建造了一幢利用自然风原理设计的楼房。楼房呈“口”字形，每层房间都面向中央庭院，中央庭院上方有5个巨大的通风口。这些设计很好地解决了空气流通问题。

研究人员记录了楼内6个月的温度和空气等指标，发现这种设计仍有瑕疵。例如，庭院里的空气有时会出现“反对流”，与楼外流入的空气形成漩涡，不利于新鲜空气的获得。最后，研究小组通过模型和电脑数据分析，找到了解决问题的办法。

在这些实验和发现的基础上，专家将研究出一套简单易操作的软件，帮助建筑师设计自然通风的路径，使楼房无须安装空调系统就能保持空气新鲜和凉爽。

格利克斯曼认为，正确的楼房设计可以改善空气流通，保持楼内适当的温度，从而减少甚至取消传统空调的使用。但建筑师们担心这种新理念行不通。因此研究小组现正在开发实现这一目标的软件模型。

2. 设计出能随太阳旋转的环保屋

2007年4月，英国媒体报道，英国发明家汉密尔顿已经设计出一座能随太阳旋转的环保房屋，并准备在英格兰中部的德比郡建造。

这座房屋高三层，将装备太阳能电池板，利用轮子和轨道使房屋随太阳转动，并在屋顶安装风力发电机，以利用当地较强的风力，房屋建材也将使用环保材料。该房屋的总造价为50万英镑。

目前，汉密尔顿的房屋建造计划已得到当地建筑规划部门的许可。

（二）建造综合利用太阳能、风能和生物能的环保房屋

1. 建成太阳能、风能、生物能同用的环保样板住宅

2007年3月，英国著名环保组织“地球之友”发起人马蒂·威廉，历时5年，终于把他位于伦敦的一套普通复式楼房，改建成当今“环保样板住宅”。据悉，该住宅安装了太阳能电池面板、风力涡轮机、生物发电机及绝缘墙壁、双层真空玻璃等节能设施。

马蒂·威廉在伦敦东部的汉克尼区，拥有一套三居室的复式小楼。大

约5年前，他突然萌生一个大胆的念头，将自己这幢普通住宅楼全面改造成一套“环保样板房”。经过长达5年的艰苦摸索和不断实践，一套堪称当今“最环保”的住宅终于问世。乍望去，这套尖顶复式住宅并无什么特别之处。可仔细一瞧，不难发现其中玄机多多。

首先，住宅迎风的院墙前矗立着一个扇状涡轮发电机，随着叶片的转动，不时将风能转化为电能。其次，在斜面屋顶外铺设着数块巨大的太阳能电池板，将日照转化成电能，并加以储存。再次，在一楼的储藏间安装有一个硕大的生物发电机，食物的残渣和人畜的粪便，在此经发酵变成沼气，继而转化为电能。

另外，所有门窗的普通玻璃，被清一色的双层真空隔热玻璃取代。原有混凝土墙体经过改造，内部夹层一律添加了绝缘材料。此外，住宅内原有的普通洗碗机、电冰箱、洗衣机、烘干机及电灯泡一律淘汰，取而代之的是全面升级换代的环保型家电。另外，还安装了一个节水型马桶和一套屋顶废水回收系统。一共花了近3万英镑。

据测试，他家的水电费与原来相比，现在每月骤降70%～80%。不过，要想收回全部房屋改造资金，怎么也得几十年，可见改造成本还是比较高的。然而，不久前，马蒂试探性地宣布出售这套绿色住宅，市场对此的追捧程度竟大大超出他的预期，连日来前来问价的顾客络绎不绝。

2. 设计建成多能并用的碳零排放环保住宅

2007年6月，英国媒体报道，碳零排放的新型环保住宅揭开神秘面纱，在英国沃特福德亮相，这是首座完全符合英国可持续性住宅法所规定的，六级环保标准的五星级商业性住宅。英国建设部部长库玻为其颁发了免除财产购置税证书，专家预计这种新型节能环保住宅，今后将在英国大量涌现。

这种新型零排放4层木框架结构住宅，是由斯图尔特米尔恩集团设计开发的，住房为两卧室，居住面积为110平方米左右。该设计的最大特点是使用可再生能源，由太阳能热水器提供热水，屋顶的风能涡轮发电机及太阳能板提供电力，生物质能锅炉燃烧特制的小木球来供暖。屋顶装有雨水回收器，室内用水为循环使用，洗澡洗脸用过的水，可用于冲刷卫生间。住宅的密封条件极高，据计算，比传统住宅减少60%的热量散发。室内装有温度传感器，自动控制通风口调节室内的温度，保持室内空气流通，保证空气质量。智能电表可向住户提供详细的能源消耗情况，帮助其提高能源使用效率。当住户外出度假时，其可产生的再生能源还可并入国家电网中，供其他居民使用。

据统计，英国住宅的二氧化碳排放量，约占全国二氧化碳排放总量的1/4。解决住宅二氧化碳排放问题，成为英国政府当务之急。今年4月，英国颁布了可持续性住宅法，对住宅建设和设计提出可持续性新规范。根据房屋的能源效率，设定了一至六星的评定等级，要求到2016年，英国的新住宅，需按照可持续住宅法的标准进行设计和建筑，并对符合可持续性标准的住宅，提供免除财产购置税的优惠政策。

虽然这种新住宅还没有达到可持续性住宅最高六星的评级标准，斯图尔特米尔恩集团的执行总裁表示，新住宅还不能称作完全意义上的零排放住宅，比如生物质能锅炉还要排放二氧化碳，还需要利用作物生长吸收二氧化碳来作抵偿。不过，他认为，这毕竟是首座达到五星级可持续性标准的商业住宅。随着时间的推移，六星级的可持续性住宅肯定会在不远的将来出现。

另一个民众非常关注的问题，就是新型住宅的成本问题。开发者表示现在谈论成本，还有点为时过早。虽然目前样本房的建筑成本，比标准住房要高40%左右，今后如果大规模开发建设，其成本将会大大降低。此外，还要考虑免除1%的财产购置税，以及大幅降低的用电支出等因素。如果有50户以上居民使用风能，可降低当地60%～80%的能源消耗。一个标准的新型住宅一年的电费只需要31英镑，而同等大小的传统住宅年平均电费则需要大约500英镑。

（三）设计建造具有某种特殊环保功能的房屋

1. 开发出能吸收污染净化空气的房子

2006年11月，英国《星期日泰晤士报》报道，位于英国林肯郡格里姆斯比附近的千年化学药品公司，研发出一项创新成果，它正被用于建造吸收污染的建筑物。这一成果，使人们有望用上不会被烟熏黑，甚至能够净化周围空气的房屋和写字楼。

据报道，这种技术是把二氧化钛雾化，喷在建筑物的表面，或把它作为塑料、织物或瓷砖的配料。通过这种方式，它可以成为分解汽车排放污染物的催化剂。

报道说，这种材料可用于现有建筑物外墙涂层，或直接加入新的建筑物当中。除了保持墙面洁净，它还能通过净化建筑物周围的空气，来减少呼吸系统疾病。伦敦市中心的一处人行道和伦敦约翰卡斯爵士学校，正在进行实地试验。

这项技术及其有关用途的研究，得到欧盟的支持。数十年来，二氧化钛一直作为牙膏等产品的漂白剂，而它具有吸收污染的能力，最近才得到确认。

2. 设计建造防火并能减少碳排放的“稻草屋”

2009 年 11 月，英国巴斯大学发布公报说，该校一个研究小组利用稻草和植物纤维等材料做成预制板，然后把它嵌入木制框架中，并用石灰等进行特殊处理，建成了一座“稻草屋”。稻草是易燃材料，而这座“稻草屋”，刚刚通过了 1000℃高温的防火测试。

据介绍，这是一座绿色环保的房屋。由于稻草预制板具有良好的隔热效果，因此与普通房屋相比，这座“稻草屋”不仅能大大节省供热费用，而且还能减少因供热等导致的碳排放。

目前，人类排放的二氧化碳有很大一部分来自建筑领域，包括生产建筑材料和对房屋供热等。研究人员说，这座“稻草屋”的建成说明，在建筑领域使用新型绿色可持续建筑材料是可以实现的。

第三节　生态环境保护的新进展

一、气候影响生态环境研究的新发现

（一）气候变化对动物影响研究的新发现

1. 研究显示气候变化可能使一些猴类灭绝

2009 年 12 月，牛津大学罗宾·邓巴教授等人组成的一个研究小组，在《动物行为》杂志上报告说，他们收集了几十种猴子的生活习性资料，并与过去几十年的气候状况进行对照，发现气候对猴类的休息时间有明显

影响。

如果温度较高，猴子就需要找背阴处休息。这种由外部环境造成的“强制休息时间”，会导致它们用于觅食和与同伴交流的时间减少，从而降低种群的生存可能性。那些以树叶为主要食物的猴类，受影响尤其严重。树叶中含有大量不易消化的纤维，需要通过休息来帮助消化，这些猴类的“强制休息时间”本来就比较长，而气温上升将使问题更为严重。

研究人员预测，如果全球平均气温再升高2℃，以树叶为主要食物的一些猴类，将可能灭绝。如果全球平均气温比目前升高4℃，一些以水果为主要食物的猴类也面临灭绝危险。人们过去常担心，毁林和捕猎会威胁猴类生存。但上述研究显示，就算能解决这两个问题，它们仍可能因气候变化而面临灭绝危险。

邓巴说，有望解决这一问题的方法，是人工建造适合有关猴类生活的栖息地，使它们能借助自身调节能力来慢慢适应气候变化的影响。

2. 发现气候变化已影响南极海狗生存

2014年7月，英国自然环境研究委员会和德国比勒费尔德大学研究人员组成的一个研究小组，在《自然》杂志刊登研究报告说，他们经过长期跟踪研究发现，气候变化已经切实影响到南极海狗的生存，后果包括海狗总体数量下降、新生海狗体重变轻、生育期推迟乃至基因改变等。

研究人员说，他们从20世纪80年代初开始，通过英国设在南极地区的监测站，对南极海狗进行长期监测，包括它们的总数量、健康状况和生活习性等。

结果发现，在过去30余年中，雌性海狗的生育年龄平均推迟近2年，新生海狗的平均体重也大幅下降。

研究人员认为，这些变化与南极海狗的主要食物磷虾数量下降有关。随着气候变暖，生活在海冰区域的磷虾逐渐减少。在磷虾数量格外少的年份，南极地区的海狗和企鹅等动物的幼崽，饿死数量明显增多。

此外，研究还发现，南极海狗尤其是雌性海狗的基因，在过去30年中发生改变。研究人员认为，这说明生存环境的大幅改变，加速了南极海狗的自然选择过程，迫使它们每一代都要作出调整以适应这种改变。

（二）气候变化对植物影响研究的新发现

研究表明气候变暖导致植物繁茂而无助减碳。

2011 年 8 月，英国生态与水文中心博士艾玛·萨耶尔领导，剑桥大学博士埃德·蒙唐纳等人参加的一个研究小组，在《自然·气候变化》杂志网络版发表研究成果称，他们发现，虽然气候变暖会加快植物尤其是热带雨林的生长速度，但枯落物也会随之增加，并刺激土壤微生物释放出比以往更多的二氧化碳。如果气候变暖没有得到遏制，更多更茂盛的森林或许无助于减少空气中的二氧化碳。

该项目以史密森热带研究所一项长达 6 年的实验为依据，对位于巴拿马、中美洲热带雨林的枯落物（如落到地面的落叶、树皮和树枝等）进行了研究，试图查清这些枯落物在碳循环中的作用。研究结果显示，"额外的枯落物"会触发所谓的"启动效应"，刺激原先储存在土壤中的碳发生分解和释放。

萨耶尔说："大多数科学家在对热带森林的碳封存能力进行估算时，都依赖于对树木生长的测量，认为树木生长越快其固碳能力越强。然而，我们的研究表明，树木和土壤之间的相互作用，在碳循环中扮演着重要角色。树木生长所吸收的二氧化碳中，大部分极有可能被土壤中流失的碳所抵消。用现有气候变化模型预测未来大气中二氧化碳水平时，应该把这一因素考虑在内。"

研究人员估计，对热带低地雨林而言，凋落物每增加 30%，每公顷土壤所释放的二氧化碳就会增加 0.6 吨。热带雨林覆盖面积广阔，储存着大量的二氧化碳，一直都在调节气候和维持全球碳平衡中发挥着重要作用，这一数据应当引起人们的关注。

人类活动造成了二氧化碳含量的上升，但不少人却认为这些二氧化碳会加速树木和其他植物的生长速度，从而增加对碳的吸收，让人类所面临的困境得以改善。然而，树木在加速生长的同时，也产生了更多的枯落物，这些返回地面的有机物将对碳循环产生重要影响。萨耶尔补充说，一直以来土壤都被认为是一个长期稳定的碳存储介质，但新研究表明，如果大气中二氧化碳水平和土壤中氮沉积量，持续增加并导致植物快速生长，这种固碳作用将会大打折扣。

蒙唐纳说，这种启动效应意味着，土壤中原先所储存的那些相对稳定的碳，被容易分解的“新鲜碳”所取代。在一个较长时期内，该效应对碳循环和整个生态环境产生的影响目前还不得而知。

（三）气候变化对生态环境影响研究的新发现

1. 发现全球变暖导致北极海底释放大量甲烷

2009 年 8 月 14 日，英国国家海洋学中心发布新闻公报说，他们及其同行，利用声呐等手段探测北极海洋中存在大量甲烷气泡，证实了全球变暖会使海底释放大量甲烷的说法。

研究人员乘坐一艘英国皇家科考船，考察了北极地区的西斯匹次卑尔根海域。他们使用声呐探测到，从海底升起的甲烷气泡串数量超过 250 个，并已收集了不同深度的气泡样本。

分析显示，这一海域的水温在过去 30 年里上升了 1℃，导致海底的甲烷水合物分解出甲烷，以气泡形式浮上水面。甲烷水合物又称可燃冰，仅在海底高压下稳定存在。在这一海域，可燃冰 30 年前在海底 360 米处就能稳定存在，而现在要到 400 多米深处才能保持稳定。

研究人员说，如果全北极海域都出现类似情况，那么每年将会释放出数千万吨甲烷，甲烷是一种温室气体，这将加剧全球变暖。此外，溶于海水中的甲烷会导致海水酸度增加，对生态环境造成影响。

2. 发现气候变暖会导致热带储碳能力下降

2014 年 1 月 26 日，一个由中、英、德等多国研究人员组成的国际小组在《自然》杂志上发表论文称，在过去 50 年间，热带碳循环对温度变化的敏感性，已经加倍。他们认为，热带地区温度每升高 1℃，会导致每年从热带生态系统释放到大气中的碳，要多出 20 亿吨左右。研究人员通过地球系统模型模拟显示，在 21 世纪内，随着气候变得更加温暖、干旱，热带陆地生态系统的储碳能力将会下降。但从该模型还无法反映出二氧化碳对热带温度敏感性增加。

研究人员用了来自毛那罗亚山和南极大气二氧化碳的长期增长率数据。这个二氧化碳长期增长率的年际变化，被认为是由热带陆地碳流量的变化造成的，因此，它对热带气候年际变化的反应，可作为反应热带陆地碳对气候变化的敏感性指标。经分析显示，在过去的 50 年，它对热带温度年际变化的敏感性，增加了1.9（±0.3）倍。而且如果热带陆地区变得更干旱，这种敏感性会更大。这表明它对年际温度变化的敏感性是受降雨量控制的，虽然它与热带降雨量之间的直接相关性比较弱。

英国埃克塞特大学工程、数学与物理科学学院教授彼得·考克斯说："二氧化碳浓度的年际变化，是监视热带生态系统对气候反应的重要指标。过去几十年来，二氧化碳变化的增加表明，热带生态系统对温度升高已变得越来越脆弱。"

埃克塞特大学教授、全球碳循环研究专家皮埃尔·弗雷德林斯坦补充说："目前的陆地碳循环模型，并未显示过去50年来，这种敏感性的增加，或许因为这些模型低估了热带生态系统正逐渐显露出来的干旱影响。"研究人员在论文中指出，更好地理解热带生态系统，对干旱和变暖的反应动力过程，才能为预测未来碳循环建立起更实用的模型。

二、生态环境变化影响研究的新发现

（一）生态环境与动物演变相互影响研究的新发现

研究发现单一动物物种缺失会严重影响淡水生态系统。

2006年8月11日，美国达特茅斯学院的生物学副教授泰勒领导，英国科内尔大学以及怀俄明州立大学研究人员参加的一个研究小组，在《科学》杂志上发表研究成果称，他们发现，淡水系统中仅一个重要动物物种的缺失，都会显著影响环境功能的运行。

研究小组对南美河流中南美脂鲤的鱼类进行研究。这种鱼以河流底部的碎石和细小的有机物为食。它们在调节河流中，碳降解和运输过程中起到关键的作用。泰勒指出：我们通过研究发现，在河流中除去南美酯鲤这种鱼类，极大地改变了河流生态系统的新陈代谢活动。其他的鱼类物种都不能补偿它的缺失。

研究人员用一个塑料屏风，将委内瑞拉境内的一条210米长的支流，隔为两个独立的河段，在其中的一个河段清除了南美酯鲤，而另一个河段却没有。接着，研究人员对上下游两个河段中的颗粒有机碳的运输进行了测量。

泰勒表示：尽管在这个小河中有80多种鱼类，但是食腐殖质的南美酯鲤，占到了50%～80%。它们的丰度，使得它们成为人们捕捞的目标。当我们将它们捞走之后，结果发现不仅产生的影响是令人惊骇的，还发现它们的缺失，如何改变了这条河流的碳流动——生态系统功能的一个重要标志。

在6年的时间中，泰勒研究小组发现，南美鲳鲤丰度和河流下游颗粒有机碳运输之间的密切关系。当南美鲳鲤存在的时候，有机碳沿着河流分配得更均匀。如果没有南美鲳鲤，大量的有机碳都会聚集在上游，被细菌分解，因此生活在下游的有机物就无法获得有机碳。和其他回游鱼类物种不同（例如鲑鱼死亡之后尸体被分解，会产生营养元素），这种鱼类通过它的活动，改变营养元素的可用性。

研究人员发现，缺失南美鲳鲤会增加有机碳转化为二氧化碳的速率，这可能会增加河流向大气中释放二氧化碳的量，这是泰勒下一步将要研究的领域。泰勒指出：他们对过去28年来，在委内瑞拉的奥里诺科河盆地收集的，南美鲳鲤标本含有的大量资料，进行研究发现，这种鱼类个体体重的最大值，在逐年降低，从2.2～0.5磅。

泰勒表示，尽管过了几百年或者几千年之后，可能会有其他的物种代替南美鲳鲤所起的作用，但是目前，人类和其他有机物还是要高度依靠南美鲳鲤所起的作用。所以希望这项研究，能够引起政府和其他科学家们的注意。保护和研究更小更丰富的有机物是非常重要的，它们构成了地球生物多样性的大部分，但是却正在成为人类捕获的目标。

（二）生态环境变化影响物种演变研究的新发现

研究发现随着生态环境变化全球物种正在快速改组。

2014年5月，英国圣安德鲁斯大学科学家玛丽亚领导，美国佛蒙特大学教授尼克、缅因大学研究人员等人参与的一个研究小组，在《科学》杂志上发表研究成果称，他们没有发现全球性物种灭绝危机会造成地方性生物多样性水平下降。相反，他们惊讶地发现，随着时间的推移，从极地到热带，从海洋到陆地，很多地方的物种数量甚至有所增加。

从珊瑚到食肉动物，世界上生命形式的多样性正在受到不同程度的攻击。由于栖息地被破坏、污染、气候变化、生物入侵和过度捕捞，几十年的科学研究记录着生态系统正在磨损，经历着可怕的物种灭绝。那么，为什么有的地方又会出现物种数量未降反增呢?

玛丽亚表示，他们仔细地查找了世界各地多年之前跟踪和统计的物种检测研究，选择了100年中，包含超过3.5万个不同物种观测，其中的数据资料可以追溯到1874年，而更多的数据集中在过去40年中。

研究发现，几十年来，许多地方的物种数量一直没有太大的改变，反而有所增加。而且，几乎80%的群落在物种组成方面发生了变化。59%生物群落的物种丰富度显示增加，41%有所下降。在所有的研究中，变化的速度是适度的。这表明，全球物种在快速周转，导致新的生物群落出现。科学家认为，生物多样性变化与生物多样性丧失同样是一个大问题。

不过，研究人员在研究中也发现一些快速变化：几乎80%的群体，在物种组成方面表现出实质性变化，平均每十年有约10%的变化，明显超过由各种模型所预测的速度。

换言之，这个新的报告显示，在全球栖息地物种正在进行巨大的周转，由此而产生新的生物群落。尼克说："在同一个地方，就在我们的眼皮底下，十年前甚至只是一年，一个新的动物、植物组合可能正在产生。"

尼克指出，仅佛罗里达州的蚂蚁就有巨大的多样性，其中大约30%都不是本地的，它们主要是从热带地区意外地被引入，现在组合成为当地群落的一部分，所以由于全球的均化作用，地方性的群落多样性在增加。

尼克认为，被扰乱的珊瑚礁可能由一组藻类所取代。这种取代可能保持的相同物种数目，不一定会给渔业、旅游业，或沿海提供原来珊瑚礁那样的保护。在海洋中，可能不再有很多凤尾鱼，但似乎有很多可怕的水母。而这些类型的更改，是不会通过现在对物种数量计数可以看出的。

这种转变的原因尚不完全明晰，但保护和政策的影响可能最显著。从历史上看，科学保护和规划，对濒危物种的重视，超过了其中植物和动物组合在一起的转变。尼克说："这项工作需要尽可能多地识别有哪些物种，如同获得这些物种的数量一样。"

这项研究，鉴于对栖息地变化和个别品种下降的广泛观察，得知灭绝率比正常要高出许多倍，科学家已预测随着时间的推移，在这些研究中观察到的个别物种数量在下降。

采样可能会隐瞒重要事实：一些物种可能已经变得相当罕见，如白犀牛是极不可能在一般的物种调查中被发现的，所以它既不在初步的研究结果显示，也不会在后面的研究中体现。

气候变化也可迅速把物种推进新的区域。2014 年 5 月 6 日，白宫发布的《国家气候评估》指出，由于人类造成气候变暖的结果，“物种，包括许多标志性的物种，可能在其盛衍的地区消失或灭绝，改变了一些地区的植物和动物组合，由此变得几乎无法识别”。

这项研究强调这一新兴的现实，给出一个令人担忧的进度。研究人员认为：“从生物多样性的损失到生物多样性的变化，需要扩展研究和规划的重点。”

三、研究气候变化的新方法

（一）开发预测气候变化的新方法

1. 尝试预测气候风险的新方法

2007 年 8 月，英国气象局的马修 · 柯林斯、牛津大学的大卫 · 斯坦福斯等科学家组成的一个研究小组，在《伦敦皇家学会哲学汇刊》上发表研究成果称，他们正采用新方法改进对全球变暖影响的预测，该方法综合考虑了气候变化可能引起的所有危险，试图引入“不确定性”，并用概率论方法增强其准确性。

目前，研究人员采用确定论预测气候。联合国气候组织的研究人员，大多使用几种复杂的计算机模型，来预测全球变暖带来的影响，包括非洲的异常降雨和不断上升的海平面等，但这些方法都有缺陷，如不能确切了解云是如何形成的，以及气温升高会对南极冰层有何影响等，且很多国家气温的准确记载，只能追溯到 150 年前。

柯林斯说：“我们可以确定未来气候变化的某些趋势，如气候变暖等，但其中很多细节还不清楚。”新方法结合不同的模型预测，以及不确定因素，分析气候变化将带来的影响。该方法，有可能量化洪区建筑物被毁坏的危险，有助保险公司根据灾难大小确定其保费。柯林斯说，不确定因素，包括超出人类控制的自然灾害对天气的影响，例如 1991 年菲律宾品纳土玻火山的爆发，可能暂时降低地面温度，因为沙尘阻止了太阳光。

斯坦福斯说：“气候科学是一门新兴科学，探索不确定性的‘旅程’

才刚刚起步。随着对气候了解越深入，我们只能假设不确定性会增加而不是减少，这无疑会让概率分析更加复杂。”他举例说，欧洲学校的设计者们，想知道是否会有更多像2003年那样的酷热天气，在那种炎热的天气里，孩子们无法在户外玩耍，怕被晒伤或得皮肤癌。如果答案是肯定的话，他们就会设计有较多绿茵场地的学校。斯坦福斯又说：“但较高温度，也可能会产生更多云层，这就没必要担心皮肤癌了。我们希望将来能彻底了解这些影响。”

2. 将用超级计算机改进天气预报

2014年10月28日，英国气象局对媒体称，多变的天气是英国人永不过时的话题之一。为提高天气预报精准度，英国政府将斥巨资建造一台超级计算机，用准确及时的天气信息改善民众和社会对极端天气的应对能力。

据悉，这台投资9700万英镑的“高性能计算机”，计划在2017年全部建成。其最快运算速度，将比气象局目前使用的计算机系统强大13倍。其重量预计为140吨，相当于11辆双层大巴。

这个“庞然大物”将使气象局有能力提供更精确的天气预报，并可每小时更新。比如提前预测机场附近出现雾的可能性和浓度等。此外，它还有助研究人员建立更精准的气候变化模型，提前数月预测某一地区出现干旱、洪水和热浪等天气状况的可能。

尽管耗资巨大，但英国气象局预测，这台超级计算机可带来的社会经济效益，超过20亿英镑，因为它将有助于政府和民众提早准备和制订应急计划，应对日益频发的极端天气，减少自然灾害带来的财产损失。

英国气象局首席执行官罗布·瓦利说，这项科技领域的最新投资，将改变天气预报和气候预测现状，为政府、商业界和民众提供更有力的信息支持，提高英国对极端天气和环境风险的防范能力。

（二）开发清理大气为地球降温的新方法

发现一种能清理大气为地球降温的新方法。

2012年1月，曼彻斯特大学的卡尔·珀西瓦尔博士、布里斯托大学达德利·夏克罗斯教授等英国学者，与美国桑迪亚国家实验室研究人员联合组成的一个研究小组，在《科学》杂志上发表研究成果称，他们发现，利用双自由基 CH2OO 的潜在功用，可以实现为地球降温的目标。双自由基 CH2OO 属于无形的化学中间产物，它是针对二氧化氮和二氧化硫等污染物的强效氧化剂，能够自然地清理大气，达到为地球降温的效果。

尽管早在20世纪50年代，鲁道夫·克莱格依就对 CH2OO 的存在做出了假设，但直到现在它们才被探测出来。在桑迪亚国家实验室设计的独特装置的支持下，对于 CH2OO 反应速度的测量成为可能。借助来自劳伦斯伯克利国家实验室第三代同步加速器，强烈的可调节光，科学家可辨别出多种同质异构的物种（包含同样的原子，但排列组合不同的分子）的形成和消亡。同时，研究人员发现 CH2OO 的反应速度比最初预想更快，并会加速大气中硫酸盐以及硝酸盐的形成。这些化合物将导致气溶胶的形成，并最终导致云的形成，从而为地球降温。研究人员坚信进一步研究可证实，CH2OO 能在气候变化的平衡中发挥重要作用。

过去100年来，地球表面的平均温度上升了0.8℃左右，其中2/3的增幅发生在过去30年。大多数国家一致认为，有必要大幅削减温室气体的排放，并认同未来的全球变暖应局限在2.0℃以下。

研究人员表示，随着 CH2OO 的发现，将有更多更重要的研究陆续出现。珀西瓦尔表示："直到现在，科学家才能借助先进光源对 CH2OO 进行测量，这也使我们第一次，能够量化这种双自由基反应速度的快慢。"此次研究，对于学界对大气氧化能力的认知有重要影响，对于污染和气候变化也具有深远含义。由于 CH2OO 的主要来源不依赖阳光，因此这一过程，在白天和晚上都能进行。夏克罗斯也补充说："生产 CH2OO 的主要成分，可由植物释放的化学物质中所得。因此，自然生态系统，也将在抑制全球变暖的进程中扮演重要角色。"

四、生态环境监测与灾害防护

（一）生态环境监测工作的新进展

1. 设计出一种检测地球表面植被情况的新方法

2006年2月，英国伯恩茅斯大学和南安普敦大学联合组成的一个研究小组，最近设计出一种检测地球表面植被情况的新方法。这种方法可以对地球表面植被覆盖面积的多少进行检查，并对植被的生长状况进行评估。

欧洲宇航局，已经对这种方法得出的结果予以认可。这些结果，将成为研究地球陆地生产率、气体交换和气候变化模型至关重要的工具。

研究小组使用的数据是由安装在世界上最大的环境观测卫星上的设备来收集的，这种设备被称为“中度清晰度成像分光仪”，它可以测量在可见红光和近红外光线中反射的辐射线。然后，把这些信息运用到一个被称为“中度清晰度成像分光仪陆地叶绿素指数”系统中得出结果。研究人员表示，欧洲宇航局从 2004 年起，投入使用的“中度清晰度成像分光仪陆地叶绿素指数”系统，相当于给地球做了一面镜子，在一个定期的基础上，观测地球健康的真实情况。

该系统结合了地球表面绿色面积的范围和对叶绿素水平数量的评估，来生成每公顷或其他单位面积，叶绿素水平的详细图像。叶绿素是植物叶子变绿和吸收阳光的分子，它利用太阳能量把二氧化碳和水中合成碳水化合物，同时还会放出氧气。植物中叶绿素的数量，是决定植物健康状况的重要因素。

从去年 3 月和 8 月拍摄的图片来看，北半球和南半球在叶绿素水平有明显的不同。这两个半球的热带雨林地区都有相对较高的“中度清晰度成像分光仪陆地叶绿素指数”水平，但是这些地区的中心地带的数值，在去年 3 月和 8 月之间发生了变化。这些全球合成图像，是由英国的“多任务产品档案设备”每周和每月定期制成的，是目前唯一能从太空收集的陆地叶绿素的等相关信息的方法。

2. 绘制完成测定土壤细菌的分布图

2011 年 4 月，英国生态与水文学中心罗伯特·格里菲斯博士主持，安迪·怀特利教授、马克·贝利等他的同事或来自纽卡斯尔大学和牛津大学多名科学家参与的一个研究小组，在《环境微生物学》杂志上发表研究成果称，他们成功绘制了英国首张土壤细菌分布图，该图对英国土壤中的微生物进行了迄今为止最为全面和详尽的测定。

研究人员对采集自英格兰、苏格兰以及威尔士的 1000 份土壤钻孔样本进行检测、分析，并绘制出这幅土壤细菌分布图。研究显示，细菌多样性程度与土壤 pH 值密切相关，地下菌落和地面植物群落之间，也存在着极为密切的关联。细菌是土壤多样性的主要组成部分，在维持土壤健康方面发挥着重要作用，对种植业发展和固碳都有着十分重要的意义。

格里菲斯说：“迄今为止我们对细菌群落差异性的认识，在整体上还十分有限。新的研究首次在宏观上对英国土壤细菌群落的分布状况进行了描述，为此后土壤细菌多样性，以及土壤生态系统等更为复杂的研究，奠定了基础。”

怀特利说：“外出散步时，我们绝大多数人，都不会注意到脚下那些只有通过显微镜才能看到的细菌，但它们的数量和作用实际上都十分惊人：一个脚印大的一块土壤中就有将近100亿个细菌，它们在保持土壤肥力、维持地球温室气体循环方面，均发挥着不可替代的作用。新研究中，我们试图揭开地表中这些视野之外的微型群落，并以此来弄清菌群以怎样的方式存在以及为什么要这样，它们在人类生活中发挥着怎样的作用。”

贝利说：“英国生态与水文学中心，曾在1996年时绘制了英国首张洪水风险地图。15年后，我们又绘制了世界首张土壤微生物分布地图。从今年开始，我们将把部分土壤样品和原始数据提供给更多研究人员，以让它们发挥出更大的研究价值。”

此外，本次实验中所使用的部分土壤样品和细菌DNA，还将作为历史资料冷冻保存下来，以方便未来的研究人员，研究气候变化对土壤细菌多样性的影响。

（二）生态环境灾害防护工作的新进展

1. 开发出飓风损失评估模型

2005年4月，英国伦敦大学学院的一个研究小组在《自然》杂志上报告说，他们最近开发出的一种模型，能够预测每年7、8月份飓风损失是否超过平均水平，能为居住在美国东海岸的人们提供预警，并为保险公司进行风险评估。

此前开发的类似模型以海洋温度、北太平洋上方气压变化等变量为基础，能够计算出北大西洋上形成的飓风次数，却无法预测哪些时间形成的飓风会登陆美国东海岸。

研究人员说，他们采集了1950—2003年对流层风形成的数据。对流层是地球大气的最下层，在中纬度地区，位于地面至海拔约10公里高处。他们通过计算发现，夏季天空，大西洋上方的6个区域有持久稳定的风系，他们将其称作“操舵风”，操舵风决定着每一年飓风对人类的打击力量。

研究人员解释说，飓风在北大西洋热带地区形成时，如果遇到风向偏出陆地的操舵风，就会向海洋上方转移，不会对海岸线居民形成危险。如果遇到风向偏向陆地的操舵风，就会登陆海岸，造成损失。

研究人员表示，该模型预测每年飓风损失是否超过平均水平的准确率可达到74%。在向居民预警的同时，也可以减少金融风险和与飓风季相关的不确定性。研究人员说，保险公司如果长期使用这种模型，可以使保险费用降低30%。

2. 开发出山崩的声学实时监测系统

2006年6月，有关媒体报道，英国拉夫堡大学岩土工程的高级讲师尼尔·狄克逊博士领导的一个研究小组开发出一种新技术，用于山崩的预测。这一技术有望在全球范围内减少因山崩造成的数百万的人员伤亡。如果通过检验，那么拉夫堡大学设计的这项声学实时监测系统，将有望降低这一自然灾难所带来的危害。

这种声学实时监测系统，通过收听地质运动的声音，来确定山体斜坡的稳定性。它通过附带传感器的管子，收集山体土壤粒子移动的高频声音，之后将收到的信息传给电脑，研究人员据此可以分析出山体斜坡的稳定性。英国纽卡斯尔大学正在对这一系统进行检验，大约需要3年时间。

声学实时监测系统，有望对山体斜坡运动做出最为明确的反应，并推动传统监测技术的发展。狄克逊博士说：“全球每年有相当数量的人死于山崩。我们不能控制山体斜坡，但一旦有山崩发生，像这样的监测系统可以提前给我们警示，从而使我们做好防御工作。”

研究人员说，山崩有时长达数小时，有时只是几分钟。目前来说，提前五分钟或是十分钟接收到山崩预警，对于疏散公寓和马路的人群，挽救生命来说，可能是绰绰有余的了。

3. 开发出洪水智能监测系统

2006年10月，英国电子科学核心计划署发表新闻公报称，英国电子科学核心计划研究署科学家负责，英国莱斯特大学研究人员参与的一个研究小组，最近开发出一种洪水智能监测系统，可以对突然暴发的洪水发出预警。目前这一系统正在约克郡进行测试。

新系统利用网络计算，可及时发出洪水警报，以便采取预防措施，降低洪水造成的损失。

新闻公报说，该监测系统由 13 个智能回声传感器和一部数码相机组成。每个传感器，装有一个比口香糖包还小的高性能计算机，以无线方式与网络中的其他传感器相通，形成计算网。这些传感器可以被安置在洪灾易发地点，专门向这些地点发出快速警报。

当洪水来临时，传感器可根据情况改变它们的协作运行方式，即使某些传感器被水淹没或冲走，网络仍可继续监测洪水的情况。此外，传感器还有自身能耗调节功能，干旱时将电池储备起来，供洪水一旦发生网络加速运行时用。

第八章　交通工具领域的创新信息

英国在汽车及配套装置领域的新成果，主要集中在研制极速型赛车、超音速汽车、最快风力汽车和最快蒸汽汽车等极速型汽车，开发“绿色”环保的氢动力汽车、生物质能车和太阳能车、三轮小型生态汽车、电力混合车，以及低排放量的环保型发动机等环保型交通工具，设计既能上公路也能跑铁轨的两用车等特色型汽车，研发智能型汽车及其配套装置。在其他交通工具领域的新成果，主要集中在计划研制蜜蜂大小的微型侦察机，首架防劫客机进入地面测试，研制出可减少等待降低污染的飞机计划技术系统，研发有望取代昂贵飞机工程样机的新模型技术；发明火柴盒大小的铁路微型探测仪；研制出反海盗的机器人巡逻艇，研制出无人驾驶的扫雷潜水器，发明堪称水下飞机的新型潜水艇，开发出船舶润滑油自动监测系统；研制出摩托车与汽车的“混血儿”，发明最轻巧的可折叠自行车，研制出最快电动自行车，研制可收集实验室质量数据轻量级自行车。

第一节　研制汽车及配套装置的新进展

一、研制极速型汽车的新成果

（一）研制极速型赛车和超音速汽车

1. 尝试用遗传算法软件设计更快的赛车

2004 年 6 月 19 日，英国《新科学家》杂志报道，舒马赫霸占一级方程式赛车的冠军宝座已经很久了，其技术固然是关键因素，但车子本身也很重要。英国伦敦大学学院的一个研究小组正在尝试用遗传算法软件，通过适者生存的“进化”过程，得到更好的赛车设计方案。

据报道，研究人员以电脑游戏“一级方程式挑战赛”为基础，得到不断打破新纪录的赛车参数配置方案。他们说，如果利用真实的比赛数据，用同样方法有可能设计出更好的真正赛车。

遗传算法是利用进化论原则进行工程设计的方法。设计人员提出多种初步方案，在计算机上对不同方案的效果进行模拟。效果差的方案被淘汰掉，好的方案生存下来，互相“杂交”并发生“变异”，最终得到令人满意的方案。遗传算法，已经被用于设计一级方程式比赛的中途维修方案和某些零件。

在“一级方程式挑战赛”游戏里，玩家可对汽车的68个参数进行调整，包括极限转速、传动比和轮胎气压等，这些因素会影响汽车的性能。科学家先随机生成多组参数，在虚拟赛道上进行试验，然后保留名次位居参赛车总数前40%的那些参数组合，让它们发生“进化”，几代之后所得参数组合就越来越出色。

一些专家对这种方法持保留态度，认为真实赛场上影响成绩的因素非常复杂，假设中难以全面考虑到，根据遗传算法得出的参数而设计的赛车有局限性。

2. 超音速汽车创陆上极速世界纪录

2010年10月17日，英国一个研究团队向世人展示了他们研制的超音速汽车“寻血猎犬”（Bloodhound），该车速度当天达到每小时1609公里，创造了短期内无法超越的陆上行驶世界纪录。

据“寻血猎犬”项目官方网站称，该超音速汽车是由1997年曾创造世界纪录的“超音速推进号”汽车设计者理查德·诺伯和安迪·格林打造的。这两人中，理查德·诺伯是陆地速度记录车（LSR）领域知名老将，而英国皇家空军战斗机驾驶员安迪·格林则是当时“超音速推进号”的实际驾驶者。在1997年，“超音速推进号”是第一辆在正式规则之下，于陆地上突破音障的车子，创下平均时速1227.99公里的高速纪录。

而今问世的这款“寻血猎犬”超音速汽车，其铅笔形状的外壳是由航空级铝材打造的，比“超音速推进号”车体更轻、更平滑，车身长12.8米，重量6.4吨，并由高强度钛合金制造出直径为0.9米的车轮。因“寻血猎犬”的最大功率为135000匹马力，这相当于180个一级方程式赛车的功率，所以必须以高强度材料，来防止车轮转速太快而从车身飞出去。

在最受关注的动力系统上，“寻血猎犬”的车体搭载新型战斗机发动机，并配有一个重400公斤、长4.27米的固液混合火箭发动机。火箭发动机包括一个传统的火箭和一个单独的发动机燃油泵，用来向火箭引擎输送燃料。这不但是英国有史以来最大的汽车火箭发动机，且在车辆加速至每小时483公里后，位于车顶的混合火箭发动机将继续为车辆加速，直至上升到最终的极速。

据英国《泰晤士报》网站对“寻血猎犬”的追踪报道称，根据该汽车的功率计算，“寻血猎犬”超音速汽车能够在短短的40秒内，从静止加速到每小时1600公里的速度。这种有别于传统汽车的极速，决定了“寻血猎犬”不能采用传统的风洞测试和图纸模拟，它的每一项处理细节，都必须经由一组功能强大的超级计算机矩阵来模拟。只因在极速之下，车身外的任何一点点多余的油漆涂层，都将足以导致汽车方向的偏离，造成重大危险。

“寻血猎犬”将会在南非沙漠中，由试车手对其进行速度测试，而这一人选仍是艺高人胆大的安迪·格林。但这种陆上前所未有的加速过程会使格林感受到约2.5公斤的压力，而在减速过程中他还会再感受到3公斤的压力。压力差将会使车手全身血液倒流，甚至有屏蔽呼吸的危险。因此在试车之前，格林会进行一系列的飞行模拟训练，但他表示，他个人20年喷气式飞机的飞行经验，以及过去10年的科技进步，让其信心十足。

2010年7月，在英国范堡罗国际航展上，“寻血猎犬”的研制团队曾首次公开了与实物大小相同的模型展车。那是一辆按1∶1比例制成的复制品，当时研究人员表示，为完善该车的形状及其空气动力套件，他们足足进行了3年的空气动力学研究，以及10种设计演变。最终敲定，“寻血猎犬”车内部采用三颗英特尔处理器作为核心枢纽，负责引擎控制和驾驶信息显示，为驾驶员提供有关车辆状况、性能方面的重要信息，以保极速中的安全。

团队成员表示，之所以不懈地创造陆上极速，只希望通过该项目计划，激励下一代工程师的钻研和创新激情。目前，英国许多学校，都设有与“寻血猎犬”超音速汽车项目相关的课程。老师会通过对“寻血猎犬”构造及动力学细节的演示，传授数学、物理学和工程学最前沿的科技知识。

（二）研制最快的风力汽车和蒸汽汽车

1. 推出世界最快风力汽车

2009 年 3 月，有关媒体报道，英国的一位动力工程师驾驶自己设计制造的“绿鸟”风力驱动车，在风速仅为每小时 48.2 公里的情况下，创造了每小时行驶 202.9 公里的最快世界纪录。此前由美国人创造的风力车速度纪录是每小时 187.8 公里。

与传统的风帆汽车不同的是，“绿鸟”风力车采用一种钢性翅膀，它能以与机翼同样的方式，产生向上提升的动力。整辆风力车几乎全部采用碳复合材料，唯一的金属部件就是翅膀和车轮的轴承。据介绍，这种空气动力学设计和较轻的质量，能够让“绿鸟”风力车轻易达到风速的 3 ~ 5 倍。“绿鸟”风力车早期的一个原型，曾经在风速为每小时 40 公里的情况下，跑出每小时 144 公里的速度。

2. 制造出破百年速度纪录的蒸汽汽车

2009 年 8 月 25 日，美国《连线》杂志报道，英国蒸汽动力车终于创造了一项新的蒸汽车陆上速度纪录。当时，查尔斯·伯内特三世驾驶这辆有“世界上速度最快的水壶”之称的蒸汽车，两次穿过美国莫哈韦沙漠，往返平均速度达到每小时 225.055 公里。

“快壶”名为“灵感”（Inspiration），车身长 7.62 米。在 8 月 25 日向新速度纪录发起挑战过程中，这辆汽车轻轻松松打破佛瑞德·马里奥特于 1906 年驾驶斯坦利蒸汽汽车“火箭”创造的纪录，当时的时速为每小时 205.447 公里。

伯内特在创造新纪录后表示：“真的是太棒了。我尽情地享受着整个过程的每一分钟。”“快壶”此次堪称完美的表现，是英国研究人员长达 10 年的艰苦努力，以及几周来一系列不成功开始的结晶。在一个月前，英国蒸汽车研究团队，抵达美国莫哈韦沙漠之后，“灵感”出现了一系列机械故障。这辆蒸汽汽车装有一组复杂的锅炉，让它们全部以正常状态运转绝对是一项巨大挑战。机械师用了几周时间解决电气故障、不安分的滤水器以及其他问题。

8 月初，“灵感”的状态出现好转，当时试车员堂·威尔斯开出了每小时 211 公里。在此之后，“灵感”的时速又曾 5 次超过每小时 160 公里。8

月 15 日，威尔斯创造了个人最好成绩，时速达到每小时 221 公里。这一次的尝试之后，“灵感”最终进入最佳状态。

8 月 25 日上午 7 点 27 分，伯内特钻进“快壶”，跑出了挑战速度纪录以来的个人最好成绩，在此之后，他开出的时速又百尺竿头，更进一步。他说：“在使用减速伞之前的第一次尝试中，我们达到了约每小时 225 公里。一切系统均完美运转，我们最终迎来一个令人相当满意的开局。第二次的时速又向前迈进一步，超过每小时 241 公里。这辆车的表现真的是太棒了。”

根据挑战速度纪录的规则，“快壶”必须朝相反方向行驶两次，两次所需时间应控制在一小时之内。被官方承认的最终成绩为两次的平均速度。在第一次尝试中，伯内特开出每小时 219.037 公里。

52 分钟之后，“快壶”开始朝相反方向行进。这一次，伯内特的时速达到每小时 243.148 公里。两次的平均速度为每小时 231.092 公里。但最后的成绩为何是每小时 225.055 公里，仍需要“快壶”团队的解释。

这项创纪录的速度，需要得到国际汽车联合会的确认。8 月 25 日，来自联合会的计时官见证了整个挑战过程。

有个小插曲值得一提：就在伯内特创造新速度纪录两天前，这支蒸汽汽车团队还萌生过扔毛巾认输回家的想法。但是，伯内特对英国广播公司表示：“我可不想就这样结束。这是我们的最后一天，我们必须抓住这个机会，创造新的速度纪录。”

二、研制环保型汽车及发动机的新进展

（一）开发“绿色”环保的氢动力汽车

1. 研制出耗电量极低的氢能轿车

2005 年 7 月 4 日，英国《卫报》报道，该国 BOC 燃气公司，对外展示了他们最新研制的一辆氢能轿车，它在行驶时所耗电能甚至不足以点亮一只电灯泡。

据报道，该公司表示，这辆氢能轿车只需输入功率为 25 瓦的电流，即可完成长达 4 万公里的环球旅行。如果用汽油来衡量，则其耗油量不到 2 加仑。该车唯一的排放物为水。不过，由于它的最高时速只有每小时 48 公

里，即使开足马力，也需要3个月的时间，才能完成4万公里的旅程。

BOC燃气公司为这辆车设计了氢燃料储存系统。车身、底盘及操纵系统是由一家专业汽车公司负责设计的。电能传动系统则由牛津大学开发完成。制造该车所用的材料为碳纤维和铝。

据悉，该车不久将参加在北安普敦郡科比附近的罗金厄姆赛道举行的壳牌环保汽车马拉松赛，并试图在本次赛事中打破汽车燃料使用效率的世界纪录。届时，驾驶这辆原型车的是来自沃里克郡索瑟姆学院年仅13岁的杰克·戴克斯，尽管其年纪小，体重轻，但他却已是一位经验丰富的卡丁车手了。该赛事的参赛车辆大多以汽油或柴油做燃料，但汽车燃料使用效率的世界纪录：用相当于1升汽油的能量跑5385公里，约等于1加仑汽油跑2.4万公里，是由一辆瑞士制造的氢燃料汽车创造的。

BOC公司可再生能源部的主管约翰·卡罗林表示："通过这辆汽车及其他同类项目所得到的经验，将会告诉世人，把氢燃料电池作为汽车的动力来源这一想法，是可以变为现实，且颇具吸引力的。从经济角度来看，这种车也完全可以替代那些以汽油或柴油做动力的汽车。"

2. 研制出首辆废弃物是水的"绿色"氢能跑车

2006年4月，英国广播公司报道，该国牛津大学与克兰菲尔德管理学院联合组成的一个研究小组，研制出一种极为清洁的氢能汽车，其排气系统产生的唯一废物便是蒸馏水。

这辆超级跑车不仅速度快而且无须其他燃料便能行驶。无论你选择什么颜色，由于达到了零排放，因此从环保角度而言，这款跑车都是"绿色"的。据该项目的一位发言人介绍："该项目是车辆动力方面的革命性改变。它在兼顾车辆性能、行驶距离以及燃料经济性方面取得的成果，将为未来汽车发展奠定基础。最终这款车在达到环保要求的同时，还将具有极小的噪音和时髦的外形。"

据报道，该车将以摩根公司生产的气流-8型跑车为基础，配备由奎奈蒂克公司生产的燃料电池。这种燃料电池可以把氢和从周围空气中获得的氧，转化为电能。这一系统在工作时，非常清洁、安静并且具有很高的经济性。而且，在车辆运行过程中，产生的唯一废弃物就是水。

特别值得一提的是，这款车的燃料电池系统，通过电化学手段使车辆上携带的氢与从周围空气中的氧，发生反应并产生电能。从产生电能的方式来看，燃料电池更类似于引擎而不是普通电池，它通过储存在燃料箱中的燃料产生电能，而不是直接储存电能。但是从某种意义上说，它又与普通电池有些类似：它们都有电极（固体导电体）和电解液（某种电解质）。当氢分子接触到负电极后便分裂为质子和电子。此时，这些质子便会穿过质子交换膜，聚集在燃料电池的正电极周围，而电子则沿着外电路运动产生电流。氢分子和氧分子发生化学反应时，产生的唯一废物就是水。燃料电池产生的电能驱动电动马达，从而带动车轮转动。

这辆车的动力系统表现同样令人惊讶。研究人员表示，对比原先的燃料电池车辆，其动力系统的效能，得到了令人难以置信的提升。这辆车的燃料电池系统，能够为驱动四个车轮的四台独立的电动马达提供动力。该车的动力系统，能够如此高效的主要原因，就在于减轻重量和采用了与众不同的设计方法。这种新的设计方法，不仅能够减少车辆的能量损耗，还能减少车辆行驶过程中的能量需求。

这款车在刹车时产生的能量以及剩余的能源，将被用来为超级电容器充电，而当车辆需要加速时，超级电容器将释放储存的电能。这种设计，使得这款车所使用的燃料电池，比老式设计中使用的燃料电池小得多：它在维持运行速度时所需功率，仅为 24 千瓦左右，而其大多数竞争对手，在维持运行速度时则需要大约 85 千瓦的功率。

作为汽车工业强国，英国政府对于这项有利于环境的研究项目十分重视。据悉，这项为期 30 个月的研究项目，得到了英国政府贸易与工业部的大力支持。

3. 推出“只租不卖”的超级环保氢动力轿车

2009 年 6 月，英国广播公司报道，售价低廉，运行便宜，外观迷人而又大大减少环境污染的汽车，是不少人的梦想。现在，梦想成真的日子，可望不久便能到来。英国交通技术开发公司本周揭示了它们设计的一种小型氢动力轿车，这种车时速可达 80 公里，每添一次燃料可运行 320 公里。

据报道，研究人员说，他们打算 2010 年在英国一些中小城市推出十种样车，为此已同英国 BOC 燃气公司商定，在试行城市设立供气点。研究人员说，他们设计的车，距离投放市场的时间，比主要竞争对手近得多，如果一切顺利，汽车将从2013年开始批量生产。

该公司表示，根据公司的创办理念，他们并不想鼓励私家车，也不准备开设销售网络，而要把车租给用户，让人在需要的时候租车，不用了就退回来再租给别人。

公司负责人说，这样的模式，因为没有把维修保养及燃料费用转嫁给他人，而是由生产公司本身承担，所以会鼓励厂家尽力制造寿命长、耗能低、质量高的车。目前，预计在英国每辆车的月租为200英镑，这包括维修和所用燃料。

（二）研制环保的生物质能车和太阳能车

1. 制成以蔬菜作车身巧克力当燃料的“生态赛车”

2009年4月22日，英国《每日电讯报》报道，该国考文垂沃里克大学“沃里克创新制造研究中心”詹姆斯·梅雷迪思领导的一个研究小组，多年来一直致力于开发新技术，利用可再生的生物质能，帮人们体验驾驭乐趣。

报道称，研究小组开发出一种以蔬菜为车身原料、以巧克力为能源的赛车，希望它有朝一日能登上F1方程式赛车比赛的殿堂。

这辆名为“生态F3”的赛车，外观上看起来与普通赛车类似，只是车后部的鲜艳蔬菜图案，提示它的“出身”与众不同：制作方向盘的原料来自胡萝卜、座椅来自大豆、车身则来自土豆。

“生态F3”可以使用植物油润滑剂，它的生物柴油引擎能“消化”蔬菜油，甚至从废弃巧克力中提取的燃料。

这听起来很像童话的“生态F3”赛车，跑起来的速度可一点儿不含糊，设计者说，它的最高时速有望达到233公里。

梅雷迪思说，“生态F3”将于下月正式与公众见面。他介绍道，赛车零部件以蔬菜纤维与树脂混合制作而成，发动机改造自宝马2.0升涡轮增压发动机，至于人们最感兴趣的巧克力燃料，则是来自吉百利公司的巧克力废料。

梅雷迪思说：“任何含有脂肪的物质，都可以用来提炼燃料，我们一直在就此进行尝试。”他接着指出：“这辆车还没有上过赛道，但它在测功机上表现良好，我们计划两周内组织实地场地测试。”

谈及研发这一赛车的目的，梅雷迪思说，设计者想给汽车工业证明，用环保的可再生能源制造一辆有竞争力的赛车，并非不可能。他说："人们喜欢赛车，问题是怎么才能用一种对环境负责的方式开展这项运动。赛车不一定会有害环境。"

梅雷迪思介绍，"生态 F3"，是第一辆用可持续及再生能源制作的 F3 赛车。不过受到燃料规定限制，它目前还没有资格进入 F1 赛场。

研究小组希望应用在"生态 F3"上的环保技术，能获麦克拉伦、法拉利等 F1 顶级车队采用。该小组一位研究人员说："我们希望 F1 队伍能够看到，环保车并不等同于慢车。我们盼望，本次开发的新材料，将来能被 F1 赛车使用。"

2. 推出新型低功率太阳能车

2009 年 7 月 6 日，英国剑桥大学发布新闻公报称，该校研制的一辆新型低功率太阳能车，日前公开亮相，它时速能达到近百公里，但能耗仅为普通轿车的 1/50。

公报称，这辆新型太阳能车，被命名为"奋进"号。它是剑桥大学一个学生研究小组设计建造的，其组长为安东尼·罗。它车型扁平，上面覆有约 6 平方米的太阳能电池，是该车所有能量的来源。全车重量仅 170 公斤，相关设计经过了空气动力学、摩擦阻力、动力控制等多方面的优化。其特殊的刹车系统，甚至可以在刹车时把动能转换为电力。

公报称，"奋进"号于 7 月 5 日，在英国古德伍德速度节上正式登场，著名 F1 赛车手詹森·巴顿为其揭幕。看过它的表现后，巴顿称赞说："虽然这离 F1 赛车还有点距离，但以两马力的功率，让一辆车跑到每小时 96 公里，确实体现了非常先进的设计理念与技术。"

安东尼·罗说，他们建造"奋进"号的目的，是为了在气候变化的大环境下，探索汽车向绿色和低碳方向发展的潜力。这个小组此前还曾研发出英国第一辆也是目前唯一一辆被允许合法上路的太阳能汽车。

"奋进"号太阳能车，是 2009 年剑桥大学建校 800 周年的献礼项目之一，它也将代表英国参加在澳大利亚举行的全球绿色汽车大赛。

（三）研制环保型汽车及发动机的其他新成果

1. 推出低能耗的三轮小型生态汽车

2006 年 4 月 25 日，法新社报道，英国巴斯大学机械工程系高级讲师杰兰特·欧文主持，包括德国宝马汽车公司专家在内的英国、德国、法国、奥地利等国研究人员与学生共同参加的一个研究小组，经过三年努力后，最近推出一种只有三个车轮、可以在堵车时灵活穿行的小型生态汽车，消耗燃料量很低。

报道说，这种汽车宽一米，车上有两个座位，前面是司机，后面坐乘客，停靠非常方便。该车型配备了218立方厘米发动机，由法国小组基于宝马C1坐式摩托使用的发动机研发而成。它以压缩天然气为动力，每百公里耗燃料2.5升，最高时速为128公里，并且在7秒钟内，就能把速度提高到每小时64公里。它既适合城市交通，也能满足长距离高速公路驾驶。

据报道，到目前为止，这辆双人座三轮汽车，已获得欧盟225万美元的资助，估计研发总成本在290万美元左右。研究人员说，车内普通汽车放置控制仪板的地方，被一个安全系统所取代，所有的技术和设计都为了追求高速度而不是光鲜的外表服务。它集摩托车的紧凑感和汽车的安全性于一体，同时加入了一项新技术以保证车在拐弯时可改变重心防止翻车。这种汽车的倾斜悬挂车体，是独一无二的。在拐弯时，它的底盘会像摩托车一样自动倾斜，协助保持车身的稳定。

参与设计防倾斜装置的学生本·德鲁说："我们的目标是要制造一种低排放车辆，并将摩托车的高效和汽车的舒适安全结合起来。"

英国巴斯大学的研究人员一直在对这种汽车的样车进行测试。假如有厂家感兴趣，这个车型可能在10年后进行商业性生产。它可被列入小型车系列，预期售价在8500~17000美元。欧文说："研发窄小轻便的汽车有重要优势，它比摩托车的危险要小。"

2. 尝试把普通汽车翻新为电力混合车

2009年7月，英国媒体报道，该国格连菲尔德大学汽车工程教授尼克·沃恩领导，他的同事，以及牛津大学和有关汽车工程机构研究人员组成的一个研究小组，正在研究一项称作"低廉附加零排放车辆"的技术，目的在于进行一个简单的插电技术开发。据悉，这项新技术，在英国米尔布鲁克国家汽车试验场进行的最终测试中表现良好。

运用这项技术，数以千计的现有汽车，将向节省燃料、低污染的电力混合车型转变，这些车辆包括大型货车和巴士。

报道称，该研究小组改造一台标准的轻型货车时，使其保持目前传统的前轮驱动柴油机，但是在后轮添加一个以低廉、高级铅酸电池提供动力的电力驱动。沃恩解释说："这意味着你在操作车辆时，可以让后轮仍然作为从动轮，就像在改造前那样运转，或者你也可以让前轮处于不运转状态，而只让使用电力系统的后轮运转。"这样一来，就把货车改造成混合动力车，能够达到所有电动车辆的能力，即一次充电后可行驶 20 多公里。

研究小组用两个液态制冷电机来提供动力，最大动力可达到 100 千瓦，安装在车辆后地板下方的副车架上，改型翻新系统提供零排放城市行驶速度，可达每小时 60 公里，而正常的前轮驱动柴油机，则可提供城市之外行驶的动力或者更高的速度。驾驶者在行驶中可以手动切换到电力和柴油模式，以达到整个过程中的最佳超低排放。

铅酸电池被选来替代最新的镍氢电池和锂电池，因为它更便宜，而且更易重复使用，它的额外重量也不会对商用车造成问题。

测试车已经运行了 16.1 万公里，未出现任何问题。由研究人员专门设计的控制软件和动力管理系统，通过连接到电网，或通过车辆在行驶过程中产生并存储能量的柴油发动机，来提供充电选择。

英国节能基金会的交通主管奈吉尔·厄得道对此提出自己的建议："由于二氧化碳是在生产、驾驶和分配中产生的，那么将你的旧车改换成新的电力或是混合动力车，不一定是最佳的可持续解决方案。对车辆进行改型翻新，以使之效率更高、二氧化碳排放更少，这是一个很好的解决方案。"

沃恩说："该项目已经显示把现有城市车辆改造成混合动力设计所具有的未发掘的环境潜力。在当前经济形势下，依靠逐步增加新产车辆来减少二氧化碳排放，在短期内将不能达到所需的大量减排要求。我们设计低廉附加零排放车辆的目标，就是证明现有城市车辆可以达到什么程度。"

英国交通部部长安得烈·阿多尼斯表示，此举的目的就是要在 5 年内，使在道路上行驶的低碳车辆成为人们生活的一部分。他说："这个研究表明，我们不仅能够生产新型更加环保的电动汽车，而且能够对现有的车辆进行改造。该技术可以应用在巴士车辆上，这将有助于我们更多地减少碳排放。”

3. 着手研制低排放量的环保型发动机

2007 年 1 月，有关媒体报道，英国可持续能源技术中心近日在英国赫特福特大学，开展以研制世界上“最环保”轿车为目的的项目。

赫特福特大学和动力公司的相关研究人员，参与了开发利用电解氢气汽车发动机的知识转化计划。在未来，使用这种发动机的汽车，可以把二氧化碳的总排放量减至最低。此项目，将在英国可持续能源技术中心进行研制开发。联合开发此项目的目的，是提高内燃机的排放；潜在地对零碳排放的可行性带来重大进展。

在此项目中，研究人员将为城市汽车持续提供氢燃料，以及在家或工作时可续加燃料，开发一种安全的、低成本的修正包；在已有的独立的燃料传输构件基础上，英国可持续能源技术中心的研究人员，还将研究把现有的汽油燃料，从零碳源例如太阳能和风能，转换为电动发电机组制造氢气。报道说，动力公司将拥有所有的知识产权，包括在此项目开展期间的任何新发现。

三、研制特色型汽车的新成果

设计既能上公路也能跑铁轨的两用车。

2004 年 8 月，有关媒体报道，英国“灰熊设计公司”设计出一种新型运输工具，它既能在普通公路上行驶，又能沿铁轨或有轨电车的轨道行驶。这一交通工具，将兼有火车强大的运力，以及汽车可在轨道外公路上灵活行驶的优点。

从外形看，这辆车很像普通的鞍形座牵引汽车，与普通牵引汽车不同，它装备有能沿铁轨行驶的附加轮子组，这些附加轮子，在必要时可以收起或移出，并且汽车可以同时利用普通轮子和铁路滚轮行驶。

据研究人员介绍，在两用车开行的不同状态，两种轮子可交替使用。例如，在以恒定速度行驶时，主要重量可以加载到沿铁轨行驶的滚轮上。在制动和加速时，主要重量可以加载到普通汽车轮子上。牵引汽车可以拖各种不同半挂车工作，既可以挂载重车也可以挂客车。卸下挂车后，又可以直接上公路行驶，非常方便。目前，灰熊设计公司已经设计出这种两用车的实体模型。

四、研发智能型汽车及其配套装置的新进展

（一）开发智能型汽车的新成果

1. 研制用多重警示来防事故的“感官汽车”

2005年9月，《每日电讯》报道，驾车行驶在或直或弯的马路上，你总会感到疲劳烦躁，交通事故往往就在这个时候钻了空子，猝不及防地发生了。别着急，一种“聪明”的汽车，将帮助你“清醒”四肢和大脑，预防最常见的交通事故。它会“审时度势”，在必要的时候通过震动安全带或飘出熏衣草清香来提醒你——驾车要小心了！这就是目前科学家正在研究的新型“感官汽车”。近日，在都柏林举行的英国协会年度庆典上，牛津大学的心理学家查尔斯·斯彭斯向大家展示了目前正在研究的“感官汽车”概念。

这种汽车将能够通过刺激司机的感官，来提醒司机小心驾车：当司机看了太多路态情况而视觉疲劳时，汽车内会释放薄荷油、熏衣草或柑橘类植物的香气，为司机醒脑；当司机因为疲倦而开车不专心、出现一些驾车小状况时，和司机接触的安全带会震动甚至揪紧司机的衣服，仿佛在和司机说：“专心点，前面有危险”；而当司机没有系安全带或车内的震动设施触摸不到司机时，车内的音响就会发出声音信号，喊醒晕头的司机。总而言之，这种汽车就像是个随车携带的小保姆，会时刻提醒司机注意驾车安全。

斯彭斯除了介绍，还用一辆雪铁龙汽车做现场演示。在一辆特别设计的雪铁龙汽车模型上，司机驾驶着驶向了小路。当司机驱车速度过慢时，座下的震动装置马上抓紧了司机的裤子，它仿佛知道了司机已经昏昏欲睡了一样，打算通过抓紧裤子弄醒司机。

据斯彭斯介绍，马路上最常见的交通事故就是追尾，所以这一“感官汽车”的长处之一，就是警示追尾现象。汽车上的震动装置会随时关注前方的车尾和后方的车头，并提醒司机如果开慢了就会和后面的汽车相撞，或者如果跟车跟得紧了，就可能和前面的汽车“亲吻”。

斯彭斯所说，为此，与自己合作的某日本汽车公司，目前正在增加一

种新的设计，它把司机反应时间延长到200毫秒，那意味着将降低15%的公路追尾事故；而如果这一时间再增加到500毫秒，也就是半秒钟，那么普通交通事故的发生率就将降低60%。

据报道，除了在座位上和安全带上安装震动器，斯彭斯还考虑在司机时刻触摸的方向盘上、时刻踩踏的踏板上，安装可以使它们震动的装置。这样一来，司机就会随时随刻处在震动范围之内，以便一个震动装置震不到的时候另一个还可以震到。

目前，虽然这种触摸震动器还没有在汽车上使用，但是日本生产车载电子设备的著名企业电装公司预测说，不久的将来，汽车将陆续安装这种装置，到了2020年，所有新型汽车都将拥有这一“武器”，成为“感官汽车”。

2. 开发能用手机短信招呼的自动控制公共汽车

2005年10月，《泰晤士报》报道，英国皇家艺术学院阿兰·波斯福德负责，他的同事，以及米其林公司和汽车工业研究中心等机构人员组成的一个研究小组，正在研制能通过发手机短信招呼的自动控制公共汽车。

研究人员说，不久的将来，英国城市居民，将能招呼自动控制公共汽车开到自家大门口，将自己运送到目的地。研制自动控制公共汽车，是发展英国城市交通工具未来计划的一部分，该计划已在前几天公布。

据报道，自动控制公共汽车，将借助于激光指示器沿繁忙街道行驶，有望减少市内交通堵塞，并使乘车时间缩短2倍。该系统已引起伦敦交通部门的兴趣，最初可能在2012年，用来运送斯特拉特福德奥林匹克公园周围的运动员和观众。

这种根据“从门到门”原理，以及称之为“人格化公共交通”的运输服务业，是为了吸引那些不喜欢走到公共汽车站台和拥挤公共汽车内的人们，每辆自动控制公共汽车最多乘坐24名乘客，但是要像的士一样招呼它的话，就将支付附加费用，设计规定利用发手机短信招呼它。

波斯福德表示，自动控制公共汽车系统在设计上保留了个人交通服务的优点，同时又避免了由私家车引起的交通堵塞和空气污染问题。他同时指出，新系统需要的费用较昂贵，但运营费用却比现在伦敦公交系统低得多，因为伦敦公交系统仅支付司机的工资，就占用每辆公共汽车运营成本约 60%，除此之外，它的票价也和现行普通公共汽车票价差不多。

自动控制公共汽车将根据磁标行驶，能借助于特殊系统发现障碍物，从而能避免与其他汽车和行人发生碰撞，在市区街道行驶速度每小时不超过 40 公里，只是在某些路段可加速到每小时 105 公里。

（二）开发智能型汽车配套装置的新成果

1. 发明智能型汽车安全防护系统

2005 年 6 月 14 日，英国《新科学家》网站报道，英国克兰菲尔德碰撞研究中心与日产欧洲技术中心联合组成的一个研究小组，开发出一种智能型汽车安全防护系统。它通过估算个人生理指数，调节安全带和气囊的张力及软硬程度，能够有效降低伤亡比例。

报道说，这种汽车安全防护系统，由手指扫描仪、车载计算机和能够调整张力和硬度的灵巧安全带和气囊组成。扫描仪可以被安装在仪表盘、车门等车内任何地方。司机或乘客坐上车后，首先把手指放在这个超声波扫描仪上。扫描仪便顺着手指发送一种无害的脉冲波，计算每个人的骨骼密度，估算他们能够承受的力量，以及每个人因为车祸昏厥所需的时间。随后，扫描仪将这些数据输送到车载计算机中。计算机程序就会根据得到的资料，调整安全带的张力和气囊的软硬。

研究人员说，该系统对于老年司机和骨骼脆弱的青年司机都很有用。他们用计算机模拟得到的结果证明，该系统可以使发生车祸的老年人和妇女胸部受伤的概率降低 20%。科学家正在开发用于真实车辆上的样机。

2. 研制出能够识别零件运行状态的车载智能系统

2007 年 12 月，英国媒体报道，剑桥大学制造学院的专家和工程师组成的一个研究小组，设计研制出一种车载智能系统，它可以为修理人员指出那些需要维修的部件。通过安装在发动机和其他地方的电子追踪器，该系统可以在几秒钟内报告各部分组件的状态。

在配备了必要的软件之后，这个系统不但可以加快维修，甚至可以在车辆报废的时候鉴别出哪些部件还可以回收利用。研究人员表示，把这些来自众多车辆的信息汇总研究后，更有利于查明车辆上的哪些部件需要进行重新设计。

据研究人员介绍，每个射频识别器都有属于自己的编号，可以安装在车辆的不同部件上。要检查车辆是否需要维修，只要在低速的情况下，让车经过一个1平方米的维修板，板上固定有1个超高频读取机和4根天线。当车经过这个维修板时，读取机就把来自电子追踪器上的身份标识号码，传送到一台计算机上，把得到的信息与计算机数据库中的信息进行对照。比如，有的信息会显示各部件的生产日期和制造商，于是维修人员就可以通过点击鼠标，来确定这些部件是否需要进行磨损检验。这套智能系统还有一些潜在的好处，比如，当车辆报废的时候，射频识别追踪器可以用来检查哪些部件还可以接着使用。

研究人员表示，该系统可以让汽车制造商知道，某些部件是否可以回收再利用，或者是否可以进行垃圾处理。它还能指出哪些部件需要改进，以获得更长的使用寿命。这项研究，是由欧盟资助的一个国际化项目的一部分，在交付客户使用后，一直到车子报废的期间内，它可以让我们追踪并更新每个商品的信息。它可以及时对各种产品、组成部件甚至是机场行李、登机牌进行追踪标记。

研究人员表示，射频识别的概念很简单，但它却蕴含着巨大的意义。将一个射频识别追踪器（即带天线的微芯片）装在一个产品上，如饮料罐、T恤或车轴上，那么计算机就能“看见”并识别这个产品。在每个饮料罐、每件T恤、每个车轴等商品上都装上追踪器，可能会带来工业和商业运作的重大改革。例如，可自动进行存货盘点，消除运输中的丢损或误递，对供应链中有多少原料、货架上有多少产品等可靠信息进行核对。

3. 研制出能预防疲劳驾驶的智能可穿戴安全带

2014年8月，外国媒体报道，英国曼彻斯特大学、西班牙生物力学研究所与多家公司联合组成的一个研究小组，研制出一款高科技智能安全带以及座椅套，可以提醒司机勿要在开车时睡着。数据表明，疲劳驾驶已经成为最大的马路杀手之一，1/3严重车祸都是司机疲劳驾驶所致。

这款安全带有内置传感器，可监控司机心跳。而汽车座椅套则可监视司机的呼吸频率。车载电脑可分析安全带和座椅套提供的数据，自动过滤掉汽车噪音和司机正常活动产生的声音，进而判断司机是否正要睡着。然而，它离正式应用还有段距离。这套名为“哈肯”的系统只能发出声音警报，提示司机靠边停车。但是随着汽车自动技术的发展，最终这套系统将可以帮助汽车减速停车。这款安全系统获得欧盟的大力支持。“哈肯”系统已经在封闭公路上进行测试，但还未在真实世界中经过检测。

此外，“哈肯”系统，也可对有心脏病的老年司机发出警告，以防他们心脏病发作。在澳大利亚，过去 5 年间，65 岁司机死亡率增长了 5%。而在同期内，其他年龄段司机死亡率都在大幅下降。

第二节　研制其他交通工具的新进展

一、研制飞机的新成果与新技术

（一）开发飞机取得的新成果

1. 计划研制蜜蜂大小的微型侦察机

2004 年 3 月，法新社报道，英国巴斯大学机械工程系专家伊斯梅特·吉斯尔领导的一个研究小组表示，他们从对蜜蜂飞行的研究中获得灵感，准备以此为原型研制超迷你型侦察飞机。

吉斯尔说，他们正在寻找一种最有效的飞行方式，而蜜蜂的翅膀就非常灵活，能够快速地拍动，正是可借鉴的方式之一。

巴斯大学发言人托尼·特鲁曼介绍说，微型飞机目前只有美国研究人员研制过几种，但都只能飞行几秒钟，飞行距离仅为几米，美国研究人员也开始意识到，过去刚硬的飞机翅膀也许应该变得可以灵活快速拍动，这才是更加有效的飞行方式。

特鲁曼说，巴斯大学研究人员有信心解决研制过程中的空气动力学问题，研制项目预计在未来 18 个月内即可完成。研究人员现在规划中的飞机长度仅有 15 厘米，重约 50 克，持续飞行时间可达 1 小时，但吉斯尔说，这样的尺寸仍然过大，他们最终要使飞机可以与蜜蜂相媲美，缩至 3 ~ 4 厘米长。

目前，该研究小组已经收到来自英国政府，英国航空航天系统公司及美国空军等各方的共计 115 万美元的项目资金。

侦察机缩至蜜蜂大小，在诸多领域都有了极大用武之地。特鲁曼介绍说：“军队可以利用这种昆虫大小的无人驾驶飞机探测生化武器，但不大可能直接用作进攻武器。因为它太小了，连一枚导弹都装不下。”它还能降落敌机顶部，作为进攻标识，在民用领域，这种微型飞机也大有可为，如监控交通、边界“巡逻”、火灾监测救援、野生动植物调查、核事故等场所进行物质探测等。

2. 首架防劫客机进入地面测试

2006年9月，有关媒体报道，由英国宇航部门、空中客车公司和欧盟组成的一个财团开发的首架防劫持客机已经进入测试阶段。

这种客机在飞行时，可以自动避开高层建筑物，甚至在飞行员遭遇危险时，能通过地面遥控方式安全着陆。

这种客机已于2006年8月，分别在英国的布里斯托尔和德国的汉堡进行地面测试。据报道，这种防劫持客机上，安装有监听乘客对话的麦克风和闭路电视，劫机者在采取行动前便可能被发现。客机的驾驶舱门不仅得到了加固，而且由能扫描虹膜和指纹的生物识别技术加以控制，只有经授权的机组人员才能进入驾驶舱。

驾驶舱的仪表盘上安装有生物传感器，在恐怖分子打死飞行员使飞机失控的情况下，飞机上的计算机系统，便会自动防止飞机偏离预定航线，并允许地面控制人员遥控飞机降落到附近机场。

（二）研制和完善飞机出现的新技术

1. 研制出可减少等待降低污染的飞机计划技术系统

2004年12月，英国诺丁汉大学的一个研究小组成功研制出一种用计算机控制的飞机计划技术系统，它不仅可保证飞机飞行的安全，而且可把飞行所造成的空气污染降低到最低程度。

这一飞行计划技术系统，研制工作得到国际工程与物理科学研究所和英国国家空中交通服务公司的赞助。该计划技术系统，首次实现飞机在跑道上时，就开始对其进行控制，减少了飞机在跑道上等待起飞信号的时间。系统的运行，是基于一个计算机模型，它可以保证飞行的安全和高效。

该计划技术系统可以自动记录飞机的大小、速度、飞行路线等数据。对于大型飞机，它可以对其进行更加完全的监控。它还可以自动为飞机提供导航信息和航线占用情况，在最短的时间内，向还在跑道上的飞机发出指令。此外，该系统还可以最大程度地降低飞机在飞行过程中所产生的噪音污染和燃料污染，减轻对机场附近居民的影响，并节约大量的航空汽油。

这项研究成果，为飞行的安全控制技术，找到了一个新的发展方向，那就是研发基于计算机平台的控制系统。采用这一系统，还可以减少 10% ~ 25% 的飞机起飞等待时间。

2. 发现可以减少飞机排放和燃料费用的新技术

2009 年 8 月，有关媒体报道，英国华威大学航空工程专家邓肯·洛克比博士领导，加的夫大学、帝国理工学院、谢菲尔德大学和贝尔法斯特女王学院相关人员参加的一个研究小组，在项目研究中发现，使空气改道到机身侧面的摇摆的机翼，可以减少飞机排放和航空公司 20% 的燃料费用。

据介绍，这个新方法可以大大减小飞行中的阻力，使用微型空气动力喷射器，来使空气向飞机两侧流动，以支持并推动机翼。喷射器采用亥姆霍兹共振原理工作，即当空气被挤压进一个空腔时，压力增加使空气被挤出然后又被吸回，这样反复，就会产生振动，这与人向空瓶内吹气产生的现象相同。

洛克比说："对我们航空界的人来讲，这着实有点让人惊讶。从本质上来看，这个技术是在风洞里来回摇摆一片机翼而发现的。"他接着说："事实是我们不能准确地了解为什么这个技术可以减少阻力，但是在气候变化的压力下，我们不能承担因为要弄清真相而等待的后果。所以我们正在向前推进制造模型，并设立了一个为期三年的独立项目，以更仔细地观察技术后面的物理原理。"

据悉，这项研究工作得到英国工程和自然科学研究理事会，以及飞机制造商空中客车的资助。英国工程和自然科学研究理事会是其所涵盖领域内英国主要的研究资助机构。其每年用于研究和研究生培训的投入达 7.4 亿英镑，以帮助国家取得下一代的技术进步。该理事会航空项目主任西蒙·克鲁克说："这个技术有助于极大地减少飞行所造成的环境成本。像这样的研究，突出显示了英国科学家和工程师们继续为我们的生活做出巨大贡献的方式。"研究人员表示，该项目同时还得到欧洲宇航防务集团创新中心的部分资助。

研究人员介绍道，该技术仍然在概念阶段，但是希望新机翼能够在

2012 年初的时候进行试验。如果试验成功，这项技术还将对空气动力学上的设计，以及汽车、船舶和火车的燃料消耗有重要影响。

英国的航空产业，已经宣布到 2020 年年底，每位乘客每公里排放量减少 50% 的目标。这些减少部分要依赖于飞机减轻重量、改善引擎、提高燃料有效性，不过摩擦阻力也是飞行中燃料损耗的一个主要因素。

3. 研发有望取代昂贵飞机工程样机的新模型技术

2013 年 11 月，英国布里斯托大学工程数学系应用非线性数学教授阿兰·钱普尼、讲师罗伯特·邵洛伊等人组成的一个研究小组，在英国《皇家学会会刊·A 辑》上发表论文说，一般在建造飞机等机械工程结构时，都要造一些样机来测试各种不确定性因素。现在，他们开发出一种新的模型技术，有可能替代造价昂贵的工程样机。

大部分工程结构，如飞机起落架、喷气发动机、变速箱等，各组件之间都会有摩擦、冲击和碰撞。传统上这些现象很难设计进去，这就给最终产品带来许多不确定因素。新研究提供了一种模型技术，不仅在预测上比现有方法更精确，为解决这些问题找到一种替代方案，还能让人们更好地掌握接触力学，设计出运转更好的结构。

邵洛伊说："工程师们最关心的一个问题，是如何模拟摩擦和冲撞，而建造样机来测试工程结构成本极高。这种新模型技术，也意味着人们不再需要建造样机。"

论文中提出了一种通用机械模型，新模型还包括一个记忆时期，而传统模型忽略了这方面的影响。研究人员用拉紧绳子和悬臂梁的例子，描述对记忆时期的推导，以弓弦为例论证了运动变形方程的性质，尤其是它怎样随振动模式趋于无穷大而收敛的，并讨论了它对非光滑系统的影响。

钱普尼说："强力非线性行为，如黏滑运动和冲撞，都是工程系统中极大的不确定性因素。在英国工程与自然科学研究理事会的资助项目中，各大学联盟和工业专家，都在努力解决这方面的问题，而论文的成果为此提供了关键性突破。"

二、研制铁路运输工具方面的新成果

发明火柴盒大小的铁路微型探测仪。

2004年2月底，英国纽卡斯尔大学斯蒂芬森中心首席研究员杰拉克·罗森斯基博士，与他的儿子马丁一起，发明了一种微型探测仪。这种微缩的高科技数据记录器，可以大大减少铁路交通事故的发生概率。这个微型探测仪的重量不足10克，但却拥有四兆字节的内存、一个强大的16字节的微处理器，以及卫星和移动通信技术，这些都集成在一个只有火柴盒大小的装置上。

罗森斯基说："尽管数据记录器的使用已经有二十多年的历史了，但通常这些记录器都比较大，因此其应用也受到了限制。"他还说："微型探测仪的独特之处在于它的微缩尺寸，这使我们能够更加灵活地使用它，同时还意味着我们可以把它安装在比较小的构件上，比如火车的轮轴上。与之相匹配的计算机软件也非常精密复杂。我们花了几年的时间，使我们的设计逐步趋于完善，我们相信它在许多领域都有巨大的应用潜力，铁路安全只是其中之一。"

微型探测仪能够对那些可能造成火车事故的铁轨区域，进行探测并迅速给操作者发回警告信号。这种探测仪的工作方式，是将其安装在火车车轮的轮轴上，当火车在轨道上高速行驶时，轮轴受到压力而弯曲扭转，这时微型探测仪就能够对轨道进行探测。这个高度敏感的装置能够探测到任何反常的压力，这些反常可能是由铁轨上的问题造成的，例如，过高的温度造成的弯曲变形。探测结果同时，还能够帮助操作者，更好地了解车轮和轨道之间的相互作用，从而为将来的轮轴设计制定更加可靠的规范。

这个装置会记录相关的数据，并使用卫星技术来探测出现问题的地点位置。然后使用移动通信技术，把警告信息发送给几公里之外的计算机。然后由计算机中的一个非常精密复杂的软件包对这些数据进行分析，如果发现任何需要紧急注意的问题，系统将给火车操作人员发送警报信号。

英国研究人员创造出的这个微缩装置，其中的一些部件非常微小，肉眼几乎无法看见。此外，还可以通过短程无线电装置，因特网，或者GSM网络对微型探测仪进行远程访问和重新编程。微型探测仪已经在世界范围内广泛应用于铁路、汽车和船舶行业，用于发现和解决动力设备的问题和故障，同时在研究和开发领域中还被用于数据的收集。

三、研制船舶方面的新进展

（一）开发巡逻艇的新成果

研制出反海盗的机器人巡逻艇。

2005 年 12 月，英国广播公司报道，国际海洋机器人技术公司的基思·亨德森等人组成的一个研究小组研制出一艘机器人巡逻艇，可以用来保护海上安全，打击海盗行为。

当前，从世界范围看，海盗活动越来越猖獗，尤其是使用快艇和先进武器的海盗计划周密，让很多船员和乘客蒙受生命危险。但随着机器人巡逻船的引入，游客就可以放宽心了。

据国际海事局最新报告显示，随着海盗活动趋于高科技化，过往船只只能使用更加先进的技术自卫。国际海事局同意研制的防海盗技术，包括一种无人驾驶侦察机，可用于在危险水域的空中侦察。此外，其他防海盗技术还包括"安全船"和"ShipLoc"。"安全船"是一张 9000 伏的电网，挂在船甲板四周，使海盗无法登船。"ShipLoc"则是船上一种秘密识别标签，一旦船只遭到劫持，卫星可以根据识别标签跟踪船只的踪迹。

在接受采访时，亨德森解释了机器人巡逻艇如何预防海盗袭击。该公司已制造出一种称为"幽灵警卫"的船只。这些船艇能沿着预先设定的路线在海上航行，由岸上一名操作人员控制它们的活动。"幽灵警卫"船还能护送其他船只通过危险水域。这些无人驾驶遥控船上的录像和其他设备，可以令岸上的操作人员看到过往船只，并与这些船只的船员进行交流。一旦遭受海盗入侵，可以及时发起救援行动。

亨德森说："他们可以遥控船只向一旁航行，让出航道，船上有一个扩音器和麦克风，这样一来，他们就能与过往船只对话。如果他们感觉情况可疑，那么就会打电话通知海军巡逻艇。即使船只丢失、受损或沉没，那么也不会造成人员伤亡。如果机器人巡逻艇，从一艘看上去十分可疑的船只身边经过，即使海盗忽然向它开火、扔手雷，或发射火箭助推榴弹炮，船只会受到破坏，但不会有人因此丧命。"

亨德森指出，由于机器人巡逻艇有这样的特点，它们尤其适于应对海盗活动千变万化的特征。亨德森举例说，如果是海军常规巡逻艇追击走私船，一旦走私分子开始把人扔到船外，这时巡逻艇就必须停下来救人，这是走私分子惯用的伎俩。而一旦有了机器人巡逻艇的帮助，即使海军巡逻艇停下来救人，机器人巡逻船也可以继续追赶走私船，甚至尾随走私船进入它们靠岸的地方。亨德森最后说："此时，机器人巡逻艇就可以将走私船的位置报告给操作人员。"

（二）开发潜水器的新成果

1. 研制出无人驾驶的扫雷潜水器

2006 年 4 月，有关媒体报道，英国宇航系统公司是 1999 年 11 月由英国航空航天公司与马可尼电子系统公司合并而成的。2000 年，在世界 100 家最大军品公司中，位居第三。现在该公司从业人员超过 10 万名。每年营业额为 123 亿英镑，订货额为 375 亿英镑。1999 年净销售额为 89.29 亿英镑，其中军品销售额为 58.37 亿英镑。业务范围：主要有 9 个领域：飞机、军用和民用固定翼飞机、军用电子、反潜武器（ASW）、C3 Ⅰ系统、导弹、军械系统、空间系统以及系统集成。

近日，英国宇航系统公司公布了"护身符"型无人驾驶潜水器的研制情况。研究人员介绍称，"护身符"潜水器主要用于搜寻和摧毁水雷，具有高度的自主行动能力。该潜水器的主体结构由碳纤维材料制成，不但强度非常高，而且还具有很强的隐蔽能力。

据悉，这种潜水器的程序可保障其在无人操控的情况下，高效率地完成任务。利用"护身符"潜水器扫雷，可有效避免蛙人受到伤害，同时又克服了以前遥控扫雷装置作用距离有限的不足。

与此同时，"护身符"无人驾驶潜水器，还能够在自动驾驶状态下，在雷区安全活动数公里。在发现目标之后，它会浮出水面并与控制人员进行联系，以接收下一步行动的指令。收到具体的命令后，潜水器将会再次向目标靠近，并通过发射小型鱼雷的方式对其实施摧毁。

据英国宇航系统公司的设计人员介绍，这种潜水器投入使用后，将能够显著增加水面舰艇，在水雷封锁区的推进速度。在研制"护身符"的过程中，该公司还采用了用于建造地面和空中无人装置的自动导航技术。

"护身符"无人驾驶潜水器的尺寸，仅略微超过一辆轻型汽车，最大下潜深度为 300 米，最大航速为 5 节（约 9 公里/小时）。其装备有水下摄像机、用于探测水雷的声呐和其他多种传感器。

2. 发明堪称水下飞机的新型潜水艇

2009 年 5 月，英国媒体报道，海底世界对人们来说，仍然是一个巨大的秘密，但是有一个人相信，他最新的发明将改变这一切。这个人名叫格拉哈姆·霍克斯，他领导的一个研究小组，已经研制出一种新型潜水器，具有非常新颖的潜水性能，可以帮助人们去探索这个星球上了解得最少的部分。

他研制的新型潜水器，称作“深水飞行超级猎鹰”，又被戏称为“大洋里的里尔飞机”。霍克斯表示，他的深水潜水艇不像其他的潜水艇，它确实能够在水面下飞行。他说：“一般的潜水器仅有压载系统，只不过是一个下沉装置而已。他们把海洋当成一个可以垂直上下的电梯，他们在海底工作只在脚下巴掌大的地方。我们的这个潜水艇，把你的这种像掉在海底的螃蟹的感觉一扫而空，它就像海豚，它可以飞起来，优雅地穿行海洋。它就像一只大的海洋动物在水里移动，并且可以做鲸鱼一样的翻滚动作。”

研究人员介绍，“超级猎鹰”是他们经过 20 多年的辛勤工作，并经历四代飞行潜水艇试验的结晶。建造者计划邀请数名公众去参加他们的“飞行学校”，在今年晚些时候乘坐他们的潜水艇体验水下飞行，去看一看以前很少有人看过的地方。

“超级猎鹰”可以下潜到 1500 英尺的深度，在海底行驶的速度最快可达 6 节，比常规的潜水器快多了。这艘潜水艇拥有一个碳纤维抗压艇体，里面有两个驾驶舱和飞行员都熟悉的仪表盘，可以进行双飞行控制。它可以以每分钟 200 英尺的速度下潜，上浮的幅度可以达到下潜的两倍，为每分钟 400 英尺。霍克斯据说是根据在空气里飞行的同样的原理设计潜水器的第一人，他利用机翼上的向下的“升力”，从而使潜水艇向深处下潜。

由于减少了潜水艇内部抗压壳的体积，所以，它的重量只有传统下潜罐的 1/10。该潜水艇由一套锂聚合物电池提供动力，一个常规的潜水器可以在水下连续工作三到五个小时，而“超级猎鹰”则可以连续工作 24 个小时。在这个潜水艇的全体船员或者乘客，不会遭受所谓的潜函病或其他与压力变化有关的疾病，因为它的压力一直保持在一个恒定的数值。如果发生事故，这个4000磅重的潜水艇失去动力，它就会自动上浮到水面。它的造价高达150万美元，研制者说这大概和一架轻型飞机的价格相当。

霍克斯是一名工程师，但他认为他还有一项任务，那就是把他的“超级猎鹰”变成海上的大使。他说：“我们生活在一个蓝色星球上。地球这个名字是不恰当的。我们通过各种航飞行器了解了蓝天，我们通过各种航天飞行器了解了近太空。我们也需要掌握水下飞行器，因为大海是一个三维空间。它不仅很深，还很长。所以这个机器不仅能够下潜而且能够跟着鲸鱼跑，做翻滚动作，像目前的海洋生物一样，在这之前从来没有出现过。”

（三）开发船舶配套装置的新成果

开发出船舶润滑油自动监测系统。

2010年8月，英国桑德兰大学发布公报说，该校巴格利博士领导的自动化与制造高级实践小组，开发出一套专门针对船舶润滑油状况的自动监测系统，可在润滑系统出现问题前发出预警，提示船员采取措施并由此减少经济损失。这一系统填补了船舶引擎润滑油自动管理方面的空白。

公报说，实践小组研发的这套由传感器和电脑软件组成的系统，能够持续监控船舶引擎中润滑油的黏度、含水量、杂质等方面的特征，针对可能出现的问题发出预警，还能够给出解决方案。据介绍，这一系统以希腊神话中海神波塞冬的名字命名为“波塞冬系统”。

巴格利博士说，润滑油对船舶非常重要，一艘大船的主引擎中循环流动着多达40吨润滑油。润滑油除正常损耗外，还会遭受来自海水、燃油、燃烧产物等多方面污染。如果这些价格高昂的润滑油出了问题，可能会导致船舶失去动力并造成巨额经济损失。

他介绍说，近来对船舶引擎的自动化监控，已遍及燃油、气温、气压等方面，但之前还没有包含润滑油，这套系统填补了这方面空白。这套系统专为船舶环境设计，能适应船舶震动以及湿度和温度等方面的变化。

四、研制其他交通工具的新成果

（一）开发摩托车的新进展

研制出摩托车与汽车的“混血儿”。

2006年7月，英国媒体报道，开车的上班族们，经常因为交通拥堵和车位紧张而烦恼。然而要想解决这一问题，似乎不大可能指望在大城市中再次出现黄包车，也不要期待每个驾驶员都改骑自行车。英国的工程师们日前开发出一款把摩托车和汽车结合在一起，外形超酷的新型车辆，无疑为解决现代人的交通问题提供了一条新思路。

这款名为“纳罗”（Naro）的小车，是复古风格和现代技术的完美结合，它每个轮子上都有自行车式的挡泥板。它的初步设计工作，由位于英格兰中部的考文垂大学艺术与设计学院负责；车辆的外观设计，由威尔士斯旺西的工业设计学院负责。

据报道，这款两座小车结合了摩托车的动力和小汽车的舒适性。它的车身只有1米宽，驾驶员和乘客像骑摩托车一样，一前一后坐在车内，并且被罩在一个与汽车类似的外壳之内。这款车驾驶起来也像自行车，但它却有4个轮子和汽车的安全设施。最重要的是，它可以在拥堵的车流中任意穿行，并且能够停放在非常狭小的空间，人们甚至可以将它斜靠在街角，目前，有关这款拥有与众不同外形的车辆的研制工作正在威尔士进行，预计3年之内将能够在英国的公路上见到这款车。

专家指出，研制这种车辆的主要原因，就是对日益严重的交通堵塞、车位的缺乏，以及有关污染情况的关心。他们认为，该车的重量和占地面积仅为传统轿车的1/3，其耗油量不足普通轿车的一半，平均每加仑汽油可行驶160公里。这使得这款车的成本效益变得十分诱人。他们的目标就是在英国生产专供上班族使用的车辆，并在此基础上，利用这一平台开发单人出租车或者城市快递车辆。

（二）开发自行车的新进展

1. 发明最轻巧的可折叠自行车

2006年4月，有关媒体报道，英国发明家辛克莱研制出市面上最轻盈小巧的可折叠自行车，计划在2006年夏天推出市场，售价约200镑，希望能改革市郊火车交通。

辛克莱表示，他的新发明称为“A型自行车”，因为自行车打开时呈“A”字形。这是他花了近20年心血研制而成的。自行车架由强化玻璃纤维制造，由香港特嘉发展有限公司负责生产，它只重9斤，能放在背囊内，可在15秒内打开或折叠起来。由于车轮直径小于16厘米，加上只有一个齿轮，主要用作短途旅程，例如由居所前往火车站，再由另一个火车站前往工作地点。在测试中，自行车的最高时速为24公里。

辛克莱相信，自行车能吸引“绿色”环保交通工具的爱好者，由于它轻盈小巧，可放置在店铺或咖啡屋内避免被人偷窃。

不过，基于自行车的重量和大小，使用手册警告使用者避免在街道的路边石下车，或大玩前轮高举靠后轮平衡的自行车技巧。此外，高大人士会发现自行车太迷你，体重超过200斤者亦不宜使用。

2. 研制出最快电动自行车

2009年5月，英国《每日电讯》报道，由该国“超机动”公司（Ultra Motor）研制的、世界上速度最快的电动自行车A2B，开始在英国出售，其时速可达32公里。自行车上安装有“提速”按钮，并且骑车人不需要获得执照。

报道称，英国新推出两款电动自行车，即A2B Metro和A2B Hybrid，售价近2000英镑。电动车使用锂离子电池，一次充电可行驶32公里，且伦敦的用户可以免缴交通拥挤附加税。

据“超机动”公司网站介绍，这款有踏板辅助的电动自行车，属轻量车型，质量非常好。主要是靠其电动机发电来加速。A2B Metro电动自行车，采用需求式供电系统，需要加速时用户可根据个人需要用脚蹬或用电。这款电动自行车是短途旅行和上下班理想的交通工具，它能保证你按时到达目的地。

英国交通部一位发言人称：“当时速超过24公里时，这款自行车上的电动机就无法驱使自行车前行，必须配合脚蹬才能继续前行；因此根据规定，这款车可以不需要驾驶人配备特定的驾照和佩戴经认可的机动车安全帽，同时还不需要上强制保险。”

3. 研制可收集实验室质量数据轻量级自行车

2009年6月，英国媒体报道，近日，名叫“法克特1号”（Factor 001）的轻量级新款自行车在当地上市了，它是一个创意项目的成果。这个项目的实施，探索了从早期自行车到F1方程式赛车，一系列设计方法、技术和材料的转变。

研究人员介绍说，“法克特1号”，是运用F1方程式赛车和生物特征技术研制而成的。它作为高性能自行车的代表，已在伦敦的科学博物馆亮相。它结合了创新设计、软件、传感器和高级电子学，并承诺能够挑战运动员和狂热爱好者使用自行车的方式，同时适合健身使用。研究人员还指出，这款自行车，除了供体育训练和健身外，当使用者在户外骑行的时候，它还具有收集实验室质量数据的能力。

这款自行车具有轻量级碳纤维硬壳式结构，包括所有配备在内的重量还不到7公斤。使用制造F1赛车用到的强大建模和分析软件来设计。车把及遍布车身安装有车载计算机和性能监视系统，以及各种赛车级别的传感器，还配备有一个全球定位系统和一个无线电广播发射机。

据报道，“法克特1号”拥有许多被认为是自行车世界里首创的东西，其中包括多波段电子仪器组件，可以提供独特的人体工学数据收集、记录和分析能力，这样可以使来自骑行者的生物特征数据、来自自行车的物理压力数据和环境数据相互联系；使用碳陶材料制作的车闸能够在任何温度下随时提供精确的制动性能；几乎全部采用原创部件；主要部件都使用F1级别的材料设计和制造；整体构造使用了合成集线方式专利技术，负荷传感器、配线、电池、液压刹车系统的控制线都在组装的时候就安装到整个结构中去，从而带来无与伦比的功效和耐久力，而且外观上还给人以整洁、利索的感觉；双车梁结构减少了侧框架的弯曲度，让骑行者更舒服；8辐硬壳复合车轮有着高质量的侧边硬度，适合每日使用；可定做结构（在1毫米之内），每个客户都能体验到F1式的“座位安装”过程。

参与该项设计的约翰·贝利说：“我真是太高兴了，我们从一张展示‘白纸’设计练习开始，原本是要展示我们在复合材料和电子学方面的专业能力，最后竟然设计出了这么一个外形美观、科学的训练设备。”他说：“运动员以及他们的教练现在都有能力使用性能增强的车，这在顶级赛车中是很正常的。对高级、高端、与众不同的自行车感兴趣的个人，现在要作认真的选择了。”

第九章　生命科学领域的创新信息

英国在基因领域的研究，主要集中在分析基因性质、基因功能、基因机理，破译微生物基因、植物基因和人类基因，发现新基因，推进基因治疗的探索。在蛋白质领域的研究，主要集中在破解蛋白结构，发现蛋白质新种类，揭示酶的功能结构，加强蛋白质的开发利用。在细胞领域的研究，主要集中在探索细胞特别是干细胞的生理机制，储存和培育干细胞，研究干细胞治疗及其一般细胞治疗的新方法。在微生物领域的创新成果，主要集中在发现细菌和病毒的新种类，着力开发微生物资源，提高微生物检测与治疗水平。在植物领域的研究，主要集中在揭示植物抽枝和开花的生理机制，探索农作物的生理机制，出台保护恢复植物资源的新方法，合理利用植物资源。在动物领域的创新成果，主要集中在研究昆虫器官、昆虫行为习性，开发利用昆虫类资源；揭示鸟类的认知能力，培育能下药用蛋的母鸡，同时推进鼠科动物、家畜、斑马、缟獴、青蛙、螳螂虾、涡虫与蠕虫等动物的研究。

第一节　基因领域研究的新成果

一、基因生理方面研究的新进展

（一）基因性质研究的新成果

发现精子具有独特的“基因签名”。

2009 年 8 月，美国每日科学网站报道，英国利兹大学大卫·米勒和大卫·埃尔斯博士与布拉德福德大学马丁·布林克沃思博士等人组成的一个研究小组，在英国生物技术及生物科学研究理事会资助下进行研究发现，人类精子具有独特的“基因签名”，这对于开启卵子的生育能力和孕育新生命，起到关键作用。这一发现，将对人们更好地了解受孕的奥秘有帮助。

研究人员说，他们发现精子会写下一种“基因签名”，只能被同物种的卵子所识别。精子的“基因签名”好似钥匙，只有被同物种的卵子识别，才能开启受孕之锁。精子的“基因签名”会促进受精活动发生，也能解释一个物种如何发育出独特的基因特征。埃尔斯说，“我们发现哺乳动物精子有‘基因签名’，对卵子的受孕和胚胎的发育至关重要。此前人们并没有发现精子有‘基因签名’，我们认为‘基因签名’存在的时间很久远。”

研究人员认为，假如没有正确的“钥匙”来开启生育能力的“锁”，要么就不能成功受精，要么即使受精，也不会正常发育。人们已经知道人类精子 DNA 排列组合的紊乱，会导致男性不育症和受孕失败。而且这种“锁钥”机制还有更深一层的意义。它不仅能解释，为什么有些其他方面健康的男性产生的精子却是不育的，也能解释不同的物种是如何进化并保持其特性的。米勒说：“直到现在，医学家们还在努力探究先天性男性不育症。我们的最新研究提供了一种可能的解释，为什么有些精子会存在功能障碍或者不能正常授精。”

如果精子细胞携带的 DNA 没有受伤，而且伸展开的话，那么实际上它会有一米多长。为了适应精子细胞核的微小空间，精子 DNA 就必须要紧紧地卷到一起或排列在一起。利兹大学的研究显示，在人类和老鼠的精子中，并不是所有的 DNA 都按照同样的方式排列。大部分雄性方的 DNA 是非常紧凑的压缩在一起，同时有些 DNA 则排列得不那么紧密。

埃尔斯说：“精子细胞中有一种特定的 DNA 排列方式。而且我们发现，即使在不相关的有生育能力的男性中，这种排列方式也是一样的。这表明这种 DNA 排列方式与男性生育能力有着直接的关系。”

对精子 DNA 在空阔的、不太紧密的排列构造下的详细分析显示，这种 DNA 携带着很多关键信息，这些信息能够激活导致胚胎发育的重要基因。进一步的研究表明，相同的构造存在于几个不相关的捐精者的精子中，更引人注目的是，相似的排列构造存在于老鼠的精子中。

相比于紧密排列的 DNA，空阔构造的 DNA，或许更容易受到诸如存在于香烟和有些抗癌药物中的破坏性毒素的伤害。正如布林克沃思所说：

“这也许意味着，那些可能对精子产生基因损害的东西，对于胚胎发育也有着重大的影响。”

这些发现，还能解释为什么近亲物种繁殖的成功例子会这么少。如果两个物种的“锁”和“钥匙”不相配，无论它们的DNA多么相似，都不会孕育后代。就像马和驴交配，有时候能够产生后代。但是因为精子和卵子无法相配，其胚胎的发育是不正常的，那么其后代几乎都是不育的。

研究小组相信，相同的基因性质和运行机制，一定还在人类进化过程中发挥过重要作用。在人类早先的历史中，穴居人与现代人类共存了几千年。不排除曾发生过这两个相似物种间的交配行为，但在我们的DNA中没有发现这些行为遗留的痕迹。假如可能孕育了后代的话，那么或者他们没能存活太久，或者即使他们存活了，也不能再繁衍后代。

（二）基因功能研究的新成果

1. 发明可控制基因功能开关的新技术

2008年3月，《泰晤士报》网站报道，英国剑桥分子生物学实验室的阿伦·克卢格爵士领导的一个研究小组，发明了一种可控制基因功能开启或关闭的新技术。该技术有望使艾滋病、心脏病和糖尿病等疾病的治疗取得重大进展。

据报道，新技术依靠被称为转录因子的蛋白质，来加强或减缓基因的活动。克卢格1985年发现一种能实现上述功能的蛋白质，并将其命名为锌指蛋白。对某种特定基因有效的锌指蛋白，携带可附着在基因上的核酸酶，能使基因开启或关闭。

该技术可关闭一些使心脏病或癌症恶化的基因，还可以激活那些保护神经不受损坏或促进血管生长的基因。

对于艾滋病的治疗，该技术就是通过改造病人免疫系统中的T细胞，使其能够免受艾滋病病毒感染。这样病人就能拥有一些正常工作的T细胞去抵御其他方面的感染。

据报道，目前，美国加利福尼亚州桑加莫生物科学公司已根据这一原理开发出几种药物，旨在控制部分基因的首批药物已开始临床试验，针对艾滋病病毒感染者的试验也将在数月内进行。

科学家说，如果试验成功，新技术将改变很多疾病的治疗方式，使基因疗法首次成为常规医学疗法。

2. 发现同一基因可有完全不同的功能

2011 年 3 月，有关媒体报道，英国研究人员发现一种名为 Grb10 的基因，与通常的印记基因表达规则不符的是，它从父母双方遗传下来的等位基因作用截然不同。同源染色体基因表达活性不同的现象，称为基因印记。

所有动物的细胞中，每个基因组都是成对出现：一条来自父亲，另一条来自母亲。多数情况下这两条基因都是活跃的，但对某些基因而言，其中一条被关闭了，基因仅能表达来自一方的同源基因，而另一方的不表达。

巴斯大学与加的夫大学神经系统科学与精神健康研究院合作，发现了一种名为 Grb10 的基因，其异常之处在于，子代只在大脑中表达来自父方的基因，却在身体其他部位表达来自母方的基因——好像父母双方的印记基因，各自在不同部位有一种无意识的优先权：母亲的基因表达涉及胎儿成长、新陈代谢、脂肪储存，而父亲的基因表达调控着成人的社会行为。

为了证实这一点，他们对缺乏父方 Grb10 基因的小鼠进行了行为研究。在一项强制遭遇测试中，研究人员把两组小鼠，放在一条狭窄管道的两端，并阻止它们转身，结果发现，Grb10 基因在大脑中不活跃的小鼠通常会坚守原地，而其他小鼠则会倒退，并表现顺从。缺乏父方 Grb10 基因的小鼠，更喜欢控制其他小鼠，与脑中父方 Grb10 基因活跃的小鼠相比，更有可能获得同伴礼貌的待遇，这在小鼠和其他哺乳动物中是一种处于统治地位的标志。此外，这些小鼠，还更有可能扯断同笼的表达等位基因小鼠的胡须。当母方 Grb10 等位基因表达沉默时，小鼠通常会变得又大又重。

研究人员指出，这是首次证明同一个基因根据其来自父母双方的不同，可以有完全不同的功能。好像是父母双方以不同的策略来帮助后代，一方致力于身体，而另一方致力于精神。研究证明，印记基因对人类健康非常重要。Grb10 与胚胎发育有关，而在后期生命中，它对身体和精神两方面都很重要。

（三）基因机理研究的新发现

1. 发现一种基因与植物低温长势有关

2010 年 8 月，英国媒体报道，该国约克大学和爱丁堡大学相关人员组成的一个研究小组，在农作物研究中发现，如果缺失一种基因，其观察对象拟南芥会更好地生长。

报道称，研究人员发现，一种代号为SPT的基因与拟南芥低温生长有关。实验显示，在低温环境下，没有这个基因的拟南芥植株，不但抗寒能力不会下降，而且比有SPT基因的拟南芥植株长势更好。

拟南芥是农作物培育研究方面的一种模式植物，它的很多基因与农作物的基因具有同源性。

研究人员史蒂夫·彭菲尔德说，这一发现，对于某些农作物增产具有重要意义，如果能借助基因手段，培育出在低温下长势更好的农作物，就能使农作物在春秋两季的有效生长时间，得以延长并实现增产。

2. 发现基因变异可导致神经细胞退化

2012年1月，英国剑桥大学埃文·里德博士领导，他的同事和美国迈阿密大学学者参加的一个研究小组，在《临床调查杂志》上发表论文说，位于19号染色体上的基因突变，会导致遗传性痉挛性截瘫。研究小组共确认3个可导致遗传性痉挛性截瘫的基因变异。此外他们还发现，该基因会与痉挛蛋白基因发生反应，而这种基因变异，也与大多数遗传性痉挛性截瘫有关。

遗传性痉挛性截瘫，是一种较为少见的家族遗传神经系统退行性变性疾病，病人的双下肢会逐渐僵直、肌无力，最后导致痉挛性瘫痪，同时伴生多种并发症。这种疾病病因复杂，目前学界还不是很清楚。现在，里德研究小组的新发现，为查明神经细胞退化的原因提供了重要线索，也给神经系统退行性变性疾病的治疗带来了希望。

对于细胞功能的发挥来说，内质网的作用十分重要，这种细胞质内广泛分布的三维网状膜系统，在合成蛋白质、转导钙信号和调控细胞内其他成分等方面都不可或缺。而该基因在塑造细胞内质网方面扮演着重要角色，它负责为相应的蛋白进行遗传编码。

大多数神经退行性疾病，都与神经细胞轴突退化有关。一旦轴突退化，信号则无法通过神经细胞传递，从而导致中枢神经系统信号传递的中断。该研究则提供了目前为止最为直接的证据，表明细胞内质网的缺陷会导致轴突退化。

里德指出，新研究发现，对于那些具有遗传性痉挛性截瘫家族遗传史的家庭来说十分重要，能提示这些家庭进行一些相应的遗传咨询和测试。而新的病理机制研究，则为科学家们提供了一个平台，使其可以进一步研究某些神经性疾病，如遗传性痉挛性截瘫和多发性硬化症患者的轴突受损情况，从而为这些疾病的治疗指出正确的方向。

3. 发现个体端粒的长短决定其寿命长短

2012 年 1 月 10 日，英国《每日邮报》报道，该国格拉斯哥大学生物多样、动物健康和比较医学研究所生物学家派特·莫纳亨领导的一个研究小组，对斑马雀进行的研究发现，个体端粒的长短可决定其预期寿命：端粒越长，预期寿命也越长。这项研究成果，发表于美国《国家科学院学报》上。

研究人员对澳大利亚最常见的鸟类之一斑马雀进行研究。他们定期测试了 99 只斑马雀，从出生 25 天的雏鸟阶段到自然死亡时的端粒长度。

研究发现，在斑马雀处于生命非常早的阶段，测量其端粒长度，就可以很准确地预测其寿命。端粒的长短确实与预期寿命有关。端粒最短的斑马雀仅存活了 210 天后就死去了，端粒最长的斑马雀则存活了 9 年之久。莫纳亨表示："这些鸟都是自然死亡，它们没有被捕食，没有生病，也没有意外死亡，端粒的长短决定了其寿命的长短。"

这项研究结果，对人类具有重要的意义，因为人的端粒的工作方式和鸟类的端粒一样。未来，人们可以通过测试其端粒的长短，来进一步了解其预期寿命有多长。

研究人员认为，端粒的作用就像"鞋带终端的塑料一样"，保护染色体免受磨损。个体的预期寿命，全部取决于端粒的长短。端粒越长，对个体越好，因为当端粒变得太短时，它们就停止工作了。接着，端粒不再能保护 DNA，并且当细胞分裂时，就会出现错误，当这一切发生时，人们通常处于中年，这时，人的皮肤开始松弛，免疫系统的功能也越来越差；而且，有瑕疵的细胞也会增加人罹患糖尿病和心脏病的风险。但这是科学家们首次把个体端粒的长短，与其预期寿命联系起来。

4. 发现一种基因变异与黑素瘤风险有关

2014 年 4 月，英国桑格研究所研究员戴维·亚当斯牵头，成员来自英国、荷兰、澳大利亚和美国等国的国际研究小组，在《自然·遗传学》杂志上发表研究成果称，他们研究发现，一种基因变异可增加黑素瘤发病风险。新发现有助于医学界开发出防治这种恶性皮肤癌的更有效方法。

研究人员对184名黑素瘤患者进行了基因测序，结果发现，名为POT1的基因如出现变异，会显著增加患上黑素瘤的风险。

分析显示，该基因变异会抑制与之相应的蛋白质发挥作用，而这种蛋白质的主要功能就是保护染色体，防止其受损。皮肤癌等癌症与染色体受损有密切联系。

进一步研究发现，带有这种基因变异的家族，出现白血病等其他类型癌症的概率也高于正常水平，这可能预示着该变异与其他类型癌症的患病风险也有关联。

亚当斯说，这一发现，不仅有助于对黑素瘤这种难治癌症进行风险筛查，未来还有望将这种基因变异作为治疗靶点，开发出有效的治疗方法。

黑素瘤是由于皮肤中的色素细胞发生病变而引起的一种癌症。据统计，最近30年全球黑素瘤发病率上升4倍，但一直缺乏有效的治疗药物。此前研究发现，黑素瘤发病风险与日光照射、皮肤类型和家族病史等有关。

5. 发现一种基因变异可显著降低甘油三酯水平

2014年9月，有关媒体报道，英国伦敦大学学院、布里斯托尔大学和维康信托基金会桑格研究所三家机构组成的一个研究小组，发现一种罕见的基因变异，可显著降低人体血液中的甘油三酯水平。

该研究小组对4000名健康英国人的基因组序列数据分析研究后发现，一种名为APOC3的基因变异，与血液中的甘油三酯水平密切相关，携带该种基因变异的人，血液中的甘油三酯水平，显著低于没有该基因变异的人，他们患心血管疾病的风险也较常人要小得多。

研究人员说，这种基因变异十分罕见，大约只有0.2%的人会携带这种变异基因。研究人员认为，这种变异基因的发现极具临床意义，一旦弄清楚该变异基因的防护机制，科学家即可据此开发出新的疗法，帮助那些心血管疾病高风险人群。

二、基因破译方面研究的新进展

（一）微生物基因破译研究的新进展

1. 破译世界上最具传染性的细菌基因序列

2005 年 1 月，英国南安普敦大学微生物教授比尔·凯维尔主持，英国国防部，以及美国和瑞士研究所专家参与的一个国际研究小组，在《自然·遗传》上发表研究论文称，他们已经破译出世界上最具传染性的细菌之一——弗朗西斯菌的完整 DNA 序列。弗朗西斯菌是制造生物武器的细菌之一，基因测序工作的完成，加速了对抗这种致命细菌疫苗的研究速度。

这种细菌会导致人类和动物产生一种叫作野兔病，或者“兔热”的疾病。是目前全世界高度警惕，会被用来制造恐怖袭击、生物武器的细菌，致病性极强。

凯维尔说：“直到现在，英国大众健康方面对这种细菌的研究很少，因为这种英国公众中由于该细菌导致的病例十分少见。但是，很明显的，在恐怖分子活跃的今天，我们应该对这种细菌给予更多的关注。”

自然界暴发的野兔病，曾席卷南美、欧洲和亚洲。得病的人们或者是由于扁虱、苍蝇、蚊子叮咬引起，或者是由于空气中的微小粒子（浮质）引起。2000 年，曾经在美国马撒葡萄园发生的病例，可能是由于有人在割草的时候，受到携带病菌的野兔畜体而引起的，空气中悬浮的细菌使得两个人发生感染。

最早在 1911 年，弗朗西斯菌被认为是导致啮齿动物瘟病的致病菌，此后不久便发现它也是人类的致命菌。日本人在 1932—1945 年的时间内，对这种细菌在生物武器方面的应用进行了研究。美国在 20 世纪 50—60 年代把这种细菌武器化。前苏联生物武器研究者肯·艾黎别克说，苏联红军曾经在二战东欧战场上，对德军使用过这种细菌。现在还不知道前苏联政府是否还保留着这些细菌的存货。

据世界卫生组织估计，在 500 万人口的居住地上空，播撒 50 公斤的弗朗西斯菌，就会杀死 1.9 万人，并且导致超过 25 万的人残疾。即使是不死亡的人，也会遗留持续数周或数月的慢性病。科学家希望这一持续 5 年之久的测序工程的成果，可以引发世界范围内针对弗朗西斯菌的生物防御技术的研究，制造出新的疫苗和诊断工具。

研究人员说，他们已经筛选出用于制造疫苗的靶蛋白，还发现了与疾病原因有关的异常基因序列，有趣的是，这些基因在其他生物中还从来没有见到过。科学家们现在还不知道弗朗西斯菌的这些基因是怎样产生的，也不知道这些基因是如何“工作”的。但是，科学家认为这种基因的出现，可能说明这些微生物是以一种不为人知的方式导致疾病的。

2. 测绘出三种霉菌基因组图谱

2005 年 12 月 28 日，英国曼彻斯特大学丹尼教授为项目协调人的一个国际研究小组宣布，他们破译出了曲霉菌、米曲霉素和烟曲霉素三种霉菌的基因组序列并绘制出基因图谱。这项成果有助于开发治疗诸如白血病、过敏症等多种疾病的新疗法和新药品。

曲霉菌是通过空气传播的常见霉菌，尽管无害，但早在 1848 年就被视为感染根源。目前，它被认为是白血病和骨髓移植患者感染死亡的主要原因。曲霉菌病灶是过去 50 年来用作各类细胞试验的主要系统，烟曲霉素是混合肥料的主要成分，米曲霉素则是东亚地区酿制米酒和酱油的菌类。

国际科研小组发表在《自然》杂志上的论文说，他们对三种霉菌的基因测序研究发现，尽管三种霉菌源自同一家族，基因组却有很大不同，就像人类和鱼的基因组遗传差别一样。三种霉菌只有 68% 的蛋白质相同，其基因组数量有明显差别。米曲霉素的基因数最多，比烟曲霉素多 31%，比曲霉菌多 24%。在研究人员识别出的 9500 ~ 14000 个基因中，有 30% 是新基因。此前，科学家根本不清楚这些基因的结构和功能。

丹尼表示，识别霉菌基因组序列具有重要的科学和医学意义。包括霉菌在内的真菌，在地球生态环境中扮演着重要角色，它们和氮循环对防止植被退化发挥着重要作用。霉菌是制造青霉素和环孢霉素等药物的重要原料，同时也可制造包括能引发肝癌的黄曲霉等毒素。

生物学专家认为，测绘霉菌基因组序列有助于科学地理解霉菌的致命性及其导致过敏症等多种疾病的根源，有助于开发新药和诊断测试新方法，进而帮助防治白血病、过敏症、肺炎和鼻窦炎等疾病。有关基因组研究信息，还有助于深入了解混合肥料和霉菌毒素生产过程中的生物学问题。

（二）植物基因破译研究的新成果

绘制出青蒿基因组图谱。

2010年1月，英国约克大学和IDna遗传公司研究人员组成的一个研究小组，在《科学》杂志上发表研究报告说，他们已经绘制出青蒿的基因组图谱。青蒿中提取的青蒿素是重要的抗疟疾物质，因此将来通过基因改良有望大大提高青蒿素产量，生产更多抗疟药物。

青蒿学名黄花蒿，其中的天然成分青蒿素可提取用于抗疟疾。目前，以青蒿素为基础的药剂，已成为全球治疗疟疾的首选药物。

来自英国约克大学和IDna遗传公司的研究人员报告说，他们对青蒿植物所有的mRNA（信使核糖核酸）分子进行了测序，并绘制出了有关基因组图谱。RNA是由DNA（脱氧核糖核酸）经转录而来的，带着相应的遗传信息。

研究人员从图谱中识别出，与青蒿繁殖有关的特定基因和标记分子，对它们进行改良，可用来提高青蒿产量，降低青蒿素的生产成本。

研究人员随后在实验室中培育了数代青蒿，以验证他们的研究成果。他们证实，青蒿这种在中国已经栽种了1000多年的药用植物，可以改良成为一种种植范围更广的“全球性植物”。

（三）人类基因破译研究的新成果

基因测序发现12个导致发育障碍的新基因。

2014年12月，英国“破译发育障碍”计划一期研究成果，在《自然》杂志上发表，科学家对1133名儿童进行基因测序，发现了12个以前未知的导致发育障碍的新基因，这些基因都是新生突变基因，即这些变异只在孩子体内表达，而他们父母的基因组中没有。这一成果，使诊断比例提高了10%，有利于改良临床管理，给病人以支持，帮助生育选择，为发育障碍提供分子学基础以开发新疗法等。

据报道，“破译发育障碍”计划由英国国民健康服务体系与惠康基金会桑格研究所合作，旨在从基因层面研究罕见发育障碍的成因。该计划是一项全国范围的基因组诊断测序项目，对DNA测序，并与超过1000名儿童的临床症状对比，以找出罕见病的对应基因，包括智障、先天性心脏病及其他疾病。最终将分析1.2万个家庭的数据。

该计划由英国和爱尔兰24个地区遗传学机构，180名临床医生合作，对1133名有严重发育障碍的儿童进行测序，分析了每名儿童的约2万个基因。他们的症状极为罕见，无法用常规临床测试诊断出来。

该计划收集临床信息建立数据库，记录病人基因组的基因变异信息。通过“破译发育障碍”全国安全数据共享网络，能发现和对比这些极罕见的疾病。如果有相同症状的病人也相同的基因变异，就有助于缩小致病变异在基因组中的范围。但这项工作极为困难，因为找到一种特殊变异的机会，只有五千万分之一。

论文作者之一、阿登布鲁克医院临床遗传学部“破译发育障碍”研究临床主管海伦·弗斯说：“为这些家庭找到诊断方法，从大尺度、全国基因组范围研究是任务的关键。没有英国国民健康服务体系成员的全国性参与，这项计划是不可能的。让我们能把相隔遥远的诸多家庭联合起来，那些家庭的孩子有着相同基因变异和极为相似的症状。”

在一个例子中，两个没有关系的孩子的PCGF2基因都有相同的变异，PCGF2基因是在胚胎发育期起重要作用的调节基因之一，而他们在症状和面部特征上极为相似。

虽然如此，医生还是无法诊断出该计划中的一些儿童得了什么病。研究人员指出，只靠研究英国病人是不够的，所以他们希望这一计划能激发全世界更多的临床与研究项目，共享无名基因和临床数据，在世界范围寻找相似病人，以确定更多的发育障碍的基因，提高国际诊断率。

三、基因种类研究的新发现

（一）发现与癌症相关的新基因

1. 发现促使癌细胞扩散的基因

2006年4月，有关媒体报道，英国利物浦大学菲利普·拉德兰教授、王正国博士和罗杰·巴拉克楼博士等人组成的一个研究小组，找到细胞里负责引发肿瘤细胞扩散的基因。

他们发现了一类称为S100的蛋白家族，与原位癌后期代谢转移的激活之间，有十分密切的关系。

临床上对于初次发现的原位癌，多半以手术的方式移除，而且只要不是发现得太晚，多半会有一定程度的疗效。但是，如果癌细胞已经进入了转移期，代谢到其他的组织或器官，那么医生就会选用化疗及放疗的方法。然而，这种传统治疗模式，在临床上的效果并不十分理想。因此，科学家一直致力于寻求激活癌细胞转移的机制。

在这项研究中，研究人员通过长期的追踪研究，确实发现了一些像是S100A4、骨桥蛋白和最近发现的AGR2基因，参与肿瘤细胞的移动。接下来，研究人员将会依据这种类型的基因活动，找出阻止癌细胞扩散的策略，从而有效应对癌症对人类的威胁。

2. 发现能刺激和控制癌症扩散的基因

2007年4月，英国《自然》杂志报道，研究人员发现，有四种基因对人体内癌细胞的全面扩散起到了“推波助澜”的作用。与此同时，另外一项研究则发现了87种能让癌细胞更容易被药物控制的基因。医学界认为，只有在癌细胞扩散前进行治疗才能取得良好效果，因此上述发现，有助于人类开发更有效的抗癌药。

研究人员发现，老鼠体内的四种基因可刺激乳腺癌向肺部转移。当科学家们将小老鼠体内这四种“能刺激癌细胞扩散”的基因失去功能后，这些动物体内的乳腺癌细胞几乎完全停止了生长和扩散，并且无法进入肺泡内继续滋生。包括阿司匹林在内的多种药物对上述基因有抑制作用，常服此类药物的人能降低患某些癌症的风险。

与此同时，研究人员发现，如果关闭人体内的87种基因，许多化疗药物将能发挥更好的杀灭癌细胞作用。据悉，在关闭上述基因后，杀灭肺癌细胞的用药量降低了足足1000倍。这样就能有效减少因服用药物引起的中毒和其他副作用。除了改进化疗药物外，其他研究机构也在利用这些基因开发抗癌疫苗。

最近几年来，各类全新的癌症筛查、扫描技术以及基因测试等检查方法，不但能帮助很多人发现了自己体内刚处于萌芽期的致命癌症，还能诊断出微小的、处于潜伏期的良性肿瘤。很多患者从此开始焦虑，面临着是否要做手术的艰难抉择，任何不必要的手术，都会对患者自身健康产生严重负面影响，甚至刺激小肿瘤的急速增生。

癌症专家认为，虽然新一代的癌症检查方法，能够查出很多暂时不会危及健康的肿瘤，但总的来说“检查过细”的结果很可能弊大于利，因为有些异常细胞能与人“和平共处一生”。在这种情况下，最理想的治疗方法，就是判定哪些癌细胞是非常危险的，哪些是不会致命的。以免因为“反应过度”而对人体造成不必要的伤害。

一些研究人员宣称，发现了部分癌症患者，无论早期还是晚期病人，在接受了传统的外科切除手术治疗、化疗或者放射疗法后，身体内的肿瘤反而会越来越多，并最终因癌细胞四处扩散而去世的原因：人体内一种名为 TGF－beta 的物质。提高老鼠体内 TGF－beta 含量的结果，是刺激老鼠乳腺内的癌细胞向其肺部发生转移。

如果医生们让接受化疗或者放疗的癌症患者体内的某种抗体数量增多，就能压制住 TGF－beta 的水平，那么将有效抑制癌细胞的扩散和转移。因此，开发能调控 TGF－beta 的药物，将成为挽救众多癌症病人生命的关键所在。动物实验证明，假如让老鼠体内缺乏这种 TGF－beta 蛋白，其体内的癌细胞将根本不会发生扩散现象。

也有科学家宣称，动物体内的原发性肿瘤可能会抑制其他肿瘤生长，但是一旦这个肿瘤被认为清除掉，那么其他的被抑制肿瘤可能就此开始疯长。TGF－beta 就是这样一种既能控制肿瘤生长，也能刺激癌细胞扩散的物质。与此同时，动物体内其他通过免疫系统产生的神秘蛋白物质，也可能会对肿瘤的生长和扩散造成不良影响。

专家指出，人体内肿瘤形态多样，在患者体内生存扩散的方式各异，因此根本无法找到能杀死所有癌细胞的“万能疗法”。相比较而言，医生们目前更希望寻找控制癌细胞的疗法：其最关键的着重点是防止癌细胞继续扩散转移。尽管患者有可能需要一辈子都服用这样的控制药物，但是依然能继续享受高质量的生活。

（二）发现影响体质和智力的新基因

1. 研究发现控制人体血红蛋白含量的基因

2009 年 10 月 11 日，英国帝国理工学院一个研究小组在《自然·遗传学》杂志上发表研究成果称，他们发现了一种控制人体血红蛋白含量的基因，这将有助于研制治疗贫血症等病症的药物。

研究人员说，他们对 1.6 万人的基因图谱和血红蛋白含量进行了分析。

结果显示，基因 TMPRSS6 控制着人体内的血红蛋白含量。研究对象中既有欧洲人也有亚洲人，说明这一基因的作用，在全球人群中广泛存在。

血红蛋白是高等生物体内负责运送氧的一种蛋白质，如果体内血红蛋白含量过低，就会出现贫血等症状。但如果血红蛋白含量太高，也会增加中风等疾病的风险。

研究人员说，如果能研发出增强基因 TMPRSS6 活动性的药物，就可以提高人体内的血红蛋白含量，帮助治疗贫血症等。同样，如果能用药物抑制该基因的作用，也可以根据需要降低血红蛋白的含量。

2. 首次确认与智力有关的基因

2014 年 2 月，英国伦敦国王学院精神病学研究所希尔文·德斯威瑞斯博士牵头的，一个英法德等国研究人员组成的国际研究小组，在《分子精神病学》杂志上发表论文称，他们首次确认了一个特定基因，该基因变异会影响到大脑皮质的厚度，进而对智力造成影响。

研究人员称，科学家很早就发现人的智力差异与特定基因有关，但具体是哪些基因对智力造成影响却一直不清楚。他们的发现，有助于科学家更好地理解某些智力障碍背后的生物机制。

该项研究是欧盟委员会资助的 IMAGEN 项目的一部分。IMAGEN 项目旨在了解影响青少年大脑功能和心理健康的生物和环境因素，以助未来开发出更好的预防策略和治疗方法。研究人员对隶属于 IMAGEN 项目的近 1600 名 14 岁青少年，进行 DNA 样本分析，以及脑部核磁共振扫描，并对他们进行了一系列智力测验，以期发现与智力有关的大脑结构差异情况。

他们通过对与大脑发育有关的 5.4 万个基因变异分析发现，一个特定基因变异，会导致大脑左侧半球皮质较薄，尤其是在额叶和颞叶部分，而相应的，这些人的智商测试成绩也要差一些。研究人员还发现，这一基因变异也会影响到 NPTN 基因的表达，而 NPTN 基因所编码的蛋白，会影响到大脑细胞信号的传递。

为了验证他们的研究结果，研究人员对小鼠和人类大脑细胞中的 NPTN 基因，进行了研究。结果发现，NPTN 基因在左脑和右脑的活动并不相同，右脑的皮质厚度和 NPTN 表达情况均要高于左脑，这种非对称差异，使得左脑对 NPTN 变异的影响更为敏感。研究人员认为，左脑特定区域中

NPTN 基因功能的退化，会导致某些特定的智力差异。

德斯威瑞斯表示，最新确认的基因变异与突触可塑性有关，这有助于科学家理解在某些智力障碍形式中，神经层面上到底发生了什么。她指出，人的智力会受到许多基因以及环境因素的影响，而新确定的基因变异对智力的影响只是很微小的一部分，因而并不能代表“智力基因”的全部，但这一发现，仍有助于探明包括精神分裂症、孤独症等在内的，与认知能力受损有关的，精神疾病的发病机制。

四、基因治疗方面研究的新成果

（一）基因治疗方面的新发现

1. 调查结果显示 64 个基因变体可导致肺癌

2006 年 6 月，英国《新科学家》杂志报道，英国萨顿癌症研究所理查德·霍斯顿教授负责，他的同事为主要成员的一个研究小组，正在开展一项迄今为止最大规模的基因调查，其结果显示，可能有 64 个基因变体与肺癌相关。这些基因，可能对某些特定的人群患肺癌有一定的影响。这一发现，将对开发相关诊断手段有积极作用。

目前，科学家已经掌握了部分控制乳腺癌的基因，并且可以比较容易地指出携带哪些基因，会增加患乳腺癌的概率。如携带 BRCA 基因的妇女，一生中患乳腺癌的可能性为 80%；而携带 BRCA1 及 BRCA2 等变异基因的美国白人妇女，发生乳腺癌的可能性分别为 5% 和 8%。但是，科学家一直未能发现影响肺癌的类似基因，初步估计，每年全球约有 120 万人患肺癌。

研究人员说，他们的调查，鉴别出了 64 个基因变体似乎与肺癌相关联。新发现的肺癌基因变体很难观察到，这些基因变体都属于低显性等位基因，有时会刺激肿瘤发育，这意味着这些基因与 BRCA 等基因有明显区别。如果一个人体内仅遗传一种基因变体，他增患癌症的可能性会低于 1%；一旦某人遗传了许多这种基因变体，其患癌的风险则会累积增大。

为了鉴别这些基因变体，霍斯顿研究小组搜集了 1529 位肺癌患者和 2707 位健康人的血样，并对 871 个基因进行分析。在所发现的 64 个基因变体中，有 11 个基因变体编码胰岛素样生长因子，霍斯顿建议研发肺癌治疗手段的科学家，应密切关注这部分关键的生物路径。但霍斯顿强调，这些基因变体对肺癌的作用有限，而导致肺癌的最大风险依然是吸烟。

2. 发现通过基因变异或许能够延长人类寿命

2009 年 5 月 26 日，英国《每日邮报》网站报道，伦敦大学学院老年健康研究所所长琳达·帕特里奇领导的一个研究小组发现，通过基因变异或许能够延长人类寿命，并治愈衰老引发的各种疾病。

研究人员用蠕虫、果蝇和小白鼠进行实验后发现，让单基因变异，能够延长上述受试对象的寿命，还能推迟衰老病症的发病时间。

减少受试对象的食物摄取量，虽然能够对部分动物起到延长寿命的作用，但是这种方法并不适用于人类。与之相比，控制动物体内各种输送营养的“通道”，是比较可行的方法。

实验中，研究人员在让受试动物，体内控制蛋白质含量“通道”的基因发生变异后发现，这种方法，在一条旋毛线虫、一只果蝇和部分小白鼠身上均起到了延长寿命的作用。

他们发现，人体内运输营养的“通道”同样也可用来控制寿命。例如，如果能够减少人体脂肪组织中一条“信号通道”的活动，那么就可以将人类寿命延长概率最多提高 50%。

帕特里奇说，如果能够研发出抑制人体内“营养通道”活动的药物，就能够起到“一箭三雕”的作用，既能减少食物摄取量，又能延长寿命，也能医治心脑血管疾病、癌症、糖尿病和老年痴呆症等多种老年病。

3. 发现严重登革热症状与两类基因有关

2011 年 11 月，有关媒体报道，登革热是由蚊子传播的仅次于疟疾的第二大疾病。据估计，每年全球有 1 亿人感染登革热病毒。但被感染人群的症状却有很大差异，有的病人症状非常轻微，有的人却高烧不退，甚至危及生命。特别是儿童病患，发生登革休克综合征后常会导致死亡。目前，对登革热还没有研制出疫苗。

以往的研究表明，某些特定人群对登革热病毒较敏感，易出现严重症状。这提醒科学家，去探寻人类的何种基因特性，使得他们出现这种情况。英国剑桥大学医学研究小组和新加坡基因组研究所的研究人员，与卫尔康生物医疗慈善信托基金人员一起，在越南胡志明市对此进行研究和实验，并取得了一定成果：他们通过研究发现，人类的两类基因变体，会导致人体发生严重的登革热感染症状。

研究人员首先针对登革热易感儿童，与对比人群，进行基因组相关性研究。他们对2008名患者和2018名对比人群展开研究，随后将研究结果在1737名患者和2934名对比人群中进行验证。

结果发现，儿童患者体内两类基因上的DNA代码发生变化，将会导致他们更易发生登革热休克综合征。这两类基因是第六染色体上的MICB和第十染色体上的PLCE1。

研究人员认为，MICB在人体免疫系统中发挥重要作用，它的某种变体会激发人体的免疫细胞，更加积极地抵抗病毒感染；反之，如果这些免疫细胞无法正常工作，登革热病毒就会在人体内占据上风。

研究人员还发现，某种PLCE1的变体，会导致登革热出血点的出现，这是登革休克综合征最显著的临床特点。

4. 发现胰腺发育不全病因源于“垃圾基因”

2013年11月10日，英国惠康信托高级研究员安德鲁·哈特斯雷教授领导，埃克塞特大学医学院高级讲师麦克·维登等人参加的埃克塞特大学研究小组，伦敦帝国学院研究小组合作，在《自然·遗传学》杂志上发表研究成果称，他们首次利用一种新技术，分析了以往被称为“垃圾基因”的全部基因组，以寻找某些遗传病的成因，结果发现，一种叫作胰腺发育不全的疾病，正是由位于染色体隐蔽部位的调控基因变异造成的。

胰腺发育不全会导致婴儿一出生就没有胰腺。胰腺在调控血糖（葡萄糖）水平上起着至关重要的作用，因为胰岛素由胰腺β－细胞合成并释放，这种细胞还能产生帮助消化和吸收食物的酶。没有胰腺的婴儿会终生在糖尿病中度过，而且消化方面也有很多问题。

“垃圾基因”也被称为基因组中的“暗物质”，是基因广阔延伸的部分，它们负责确保体内基因在正确的时间、正确的地点、正确地“开关”。这些区域，对人体生长发育影响深远，人们只是刚开始研究它们。

研究小组利用来自全世界11个胰腺发育不全病人的样本，结合“表观基因组注释”技术，对人类胚胎干细胞生成的胰腺前细胞，进行全基因组测序转译。他们在新发现的PTF1A（编码胰腺—特殊转录因子1a）调控区，发现了6个不同的变异。这种变异消除了增强子的活动，是独立胰腺发育不全的最常见原因。

全基因组测序，能分析所有基因编码的30亿个字母，与表观基因组注释结合，能帮人们揭示人体发育与疾病背后的非编码因素。维登说："这一突破深入到基因组'暗物质'，以往想要系统地研究它们非常困难，现在基因测序技术上的进步，让我们有了新工具，能完整探索这些非蛋白编码区，这些区域对人体发育与疾病有着重大影响。"

哈特斯雷说："这一发现，让我们对受这种基因紊乱影响的家族有了更多了解，也告诉我们更多胰腺发育的情况。在今后更长时期里，这一发现，将对I型糖尿病的再生干细胞疗法产生重要影响。"

5. 发现与青光眼相关的基因突变点

2014年9月，英国伦敦大学国王学院专家领导的一个国际研究小组，在《自然·遗传学》杂志上发表研究论文称，他们确认了4个新的与青光眼有关的基因突变位点。这一发现，或将为未来开发青光眼的早期诊断和治疗手段奠定基础。

青光眼是一种常见的疑难眼病，病因多样，难以预防，患者眼内压力会间断或持续升高，若得不到及时治疗，将造成不可逆的视野丧失甚至失明，是导致人类失明的主要致盲眼病之一。

研究人员说，他们通过对来自欧亚7个国家的3.5万多人的数据，进行荟萃分析后，获得上述研究成果。这4个基因突变，都与高眼压和青光眼有关的。其中一种突变，发生在人们较为熟悉的ABO血型基因上，这种基因决定着人的血型，似乎在B型血个体中最为常见；还有一种突变发生在负责调控细胞胆固醇和血脂水平的ABCA1基因上，目前研究人员还不清楚这种基因在眼睛内部的运行机制，需要进一步深入研究，来揭示突变基因是如何促使青光眼的发生的。

中国和澳大利亚研究人员，发表在同期《自然·遗传学》杂志上的另两篇研究论文，也证实ABCA1与青光眼有关。

青光眼虽然很难治疗，但如果及早发现并及时治疗，还是可以降低其对视力的损害程度的。与青光眼相关基因突变的发现，使得未来对高危遗传风险人群，进行密集筛查成为可能。而在早期治疗阶段，则可以围绕这些基因设计针对性治疗方案，例如可通过药物阻断基因生产蛋白，或改变基因的表达方式，来降低眼睛中 ABCA1 基因数量，达到减轻视神经和视网膜神经纤维所受压力的目的。

（二）开展基因治疗取得的新成果

1. 用基因成功治疗儿童免疫缺陷症

2004 年 12 月，英国《柳叶刀》杂志报道，英国伦敦的医生用基因疗法为严重联合免疫缺陷儿童进行治疗，获得成功。

报道说，4 位患有严重联合免疫缺陷的儿童已被基因疗法治愈，使利用基因疗法治疗严重联合免疫缺陷的成功案例增加到了 18 例。医生先将一个矫正的基因序列，置于一个失去致病能力的病毒中，然后把病毒注入患者体内。病毒就会在患者体内四处乱窜，感染细胞，同时把矫正基因带入细胞中，从而治愈疾病。

2000 年，法国最早开始尝试用基因疗法治疗免疫缺陷。但由于接受治疗的 2 名婴儿先后患上了白血病，使基因疗法的安全性受到质疑。但有专家认为，出现这种情况的原因，是接受治疗的患儿年龄太小，还不到 3 个月大。

严重联合免疫缺陷是一种遗传性疾病，患者体内缺少免疫细胞，因而非常容易受到疾病侵袭。以往的治疗方法，是让患者生活在绝对洁净的保护罩中，或者在幼年时接受骨髓移植。

2. 新基因疗法可望让盲人重见光明

2007 年 5 月，英国《独立报》报道，英国伦敦大学学院罗宾 · 阿里教授领导，他的同事和穆尔菲尔兹眼科医院专家共同参加的一个研究小组，发明了一种可以帮助盲人获得视力的基因疗法。这种技术已被证明对患有先天性视网膜变性疾病的动物有效。

据报道，研究小组正在对 12 名患先天性视力障碍的病人，试验这种新疗法。这些病人中，年龄最小的只有 8 岁，大的 20 多岁。

阿里说，这是一件非常激动人心的事，是朝着基因治疗各种眼科疾病迈出的一大步。他说："如果我们掌握了把基因移植到视网膜的技术，那就能为它用于目前无法治疗的其他先天性疾病铺平道路。从长远看，它可以为治疗黄斑变性之类的常见病开辟道路。"阿里同时表示，这项工作还处于早期，这类基因疗法实际投入使用还要等很多年。

3. 基因疗法治疗血友病获得成功

2011年12月，英国伦敦大学学院医学专家阿米特·纳特瓦尼等人组成的一个研究小组，在美国《新英格兰医学杂志》上发表研究报告称，他们用基因疗法治疗乙型血友病，取得初步成功。小规模临床试验表明，患者只需要接受一次注射，自我凝血的能力就大幅改善，且没有发现副作用。

据介绍，乙型血友病是由于患者基因缺陷，不能合成第九凝血因子引起，造成患者不具备正常的凝血功能。目前，对这种疾病的治疗方法，是定期注射第九凝血因子。

研究人员说，他们通过使用8型腺相关病毒作为载体，可以把正确版本的相关基因，运载进入人体细胞内，细胞在获得正确的基因后就可以合成第九凝血因子。

有6名患者参与了本次试验。结果显示，他们接受一次注射后，体内第九凝血因子的含量，从以前不足正常含量的1%，上升到2%～11%。这样的浓度，已经可以显著改善病情，缓解受伤时血流不止的情况。

对这些患者的跟踪显示，由于是在基因层面上进行治疗，他们体内第九凝血因子的含量可以长期稳定达16个月，不需要再反复注射第九凝血因子。此外，也没有发现这种基因疗法，有明显的不良反应。

纳特瓦尼说，对于乙型血友病患者来说，这是一种可以完全改变其生活的疗法。研究人员接下来将进行更大规模的试验，进一步验证这种疗法的有效性，并探索能否用类似方式来治疗甲型血友病。

（三）基因检测方面出现的新技术

发明DNA快速检测箱。

2005年3月，英国媒体报道，该国科学家发明了一种DNA快速检测箱。它能把复杂的实验过程，浓缩在20分钟内完成，病人则随时得到准确的化验结果，从而赢得治疗时机。

报道称，这个研究成果，最初是来自英国国防部的一个研究项目。检测器采用的是多聚酶链反应技术，这是一种提取和放大DNA片段最简单的方法。样本中的DNA片段与生化酶一起经过加热冷却后，会生成数十亿个

DNA 拷贝，这将便于仪器的检测。检测箱里的加热装置由一种特殊塑料制成。有了它，原先只能在实验室里完成的加热工作，就可以在野外完成了。

英国波顿当军事基地已经利用这种 DNA 快速检测箱检测军事基地中是否有炭疽菌等生化武器的存在，以便在危险到来时作出快速反应。只要将采集到的样本放进检测器里，按下开关，等待 20 分钟就可以看到检测结果。

医院有了这种 DNA 快速检测箱，病人就不用花几个星期等待化验结果。目前，科学家已经开始研究新一代的 DNA 快速检测箱。他们说，有朝一日，检测箱会变成检测盒，人人都可以像带手机一样，把它揣在兜里。

医学和食品检测机构也看好这种 DNA 快速检测箱的发展前景。如果海关配备了这种检测箱，就会为预防口蹄疫和禽流感的蔓延增加一道有效防线。

第二节　蛋白质领域研究的新成果

一、蛋白质结构研究的新进展

破解人体免疫系统关键蛋白的结构。

2013 年 11 月，物理学家组织网报道，英国莱斯特大学研究感染、免疫和炎症的生物化学教授拉塞尔·沃利斯领导，成员来自该校以及英国沃里克医学院、美国加州大学圣迭戈分校和匈牙利科学院的一个国际研究小组，成功绘制出人体免疫系统中的关键部分：补体成分 C1 的结构。这种“看起来像一束花一样”的复合体，能够识别并启动反应通路来抵消细菌和病毒的进攻。该研究成果，将有助于更深入地了解我们自身的免疫系统，开发出补体抑制剂，以防止免疫反应损害身体。

C1 复合体是一种蛋白质，它负责侦察血液中可能会导致疾病的“外来者”，也就是我们所称的病原体。当它遇到细菌、病毒、真菌和其他目标时，便会启动一个被称为补体系统的过程，从而刺激人体的免疫系统，包括激活膜攻击复合体蛋白攻击和杀死外来细胞。

虽然 C1 复合体早在 50 多年前就已经被发现，但科学家对它的工作方式一直知之甚少。现在，研究人员绘制出了C1复合体的结构图，它看起来像一束花，由三个部分组成：C1q负责识别目标，C1r和C1s负责激活补体系统过程的下一步。

沃利斯说："我们的研究，首次揭示了这个复合体，是如何由其组成蛋白装配而成，以及它是如何激活补体级联反应的。"

这项研究对于加深对人体免疫系统的认知非常有用。在某些情况下，比如心脏病发作或中风后，补体系统会攻击病人自己的组织，导致身体无法恢复。而了解C1复合体的结构，可以帮助科学家开发出补体抑制剂，阻止补体系统错误地损害身体。沃利斯指出："这一发现，有助于我们理解免疫系统如何预防疾病，从长远来看，可能促进新疗法的开发。"

二、蛋白质种类研究的新成果

（一）发现与细胞行为相关的蛋白质新种类

1. 发现细胞信号通路新"刹车"的蛋白

2012年1月，英国格拉斯哥大学生物医学与生命科学学院徐天瑞博士牵头，他的同事和爱尔兰都柏林大学专家组成的一个研究小组，在《分子与细胞生物学》杂志上发表论文称，真核翻译起始因子3a（EIF3a），可以通过和RAF激酶结合，抑制RAF－MEK－ERK细胞信号通路，是这一细胞信号通路的重要"刹车"蛋白。这一发现，意味着EIF3a可能成为下一代抗癌药物全新的靶标蛋白，为抗癌药物的研发提供新思路。

细胞的癌变是细胞在信号通路调节失控情况下的无限制增生，而RAF－MEK－ERK信号通路的持续性激活，则是诱导细胞癌变的重要原因。因此，对RAF－MEK－ERK信号通路的研究，一直是分子生物学研究的热点。

EIF3a是细胞蛋白质翻译起始复合物的重要构件。该研究小组发现，EIF3a能够与细胞外信号调节激酶通路的两个组成部分SHC蛋白和Raf1蛋白绑定，不仅可以调节蛋白质翻译，影响细胞的生长和分化，还通过和RAF激酶结合，抑制RAF－MEK－ERK信号通路，成为RAF－MEK－ERK信号通路的重要"刹车"蛋白。同时，研究人员还发现，EIF3a和另一个"刹车"蛋白——β抑制蛋白（β－arrestin2）结合，能够调节细胞的另一条最主要信号通路：G 蛋白偶联受体（GPCR）信号通路。

徐天瑞指出，RAF－MEK－ERK 信号通路，是细胞外信号传递入细胞内的主干通路，绝大多数细胞外信号，都可以通过 RAF－MEK－ERK 通路影响细胞行为，诸如细胞增值、细胞分化、细胞凋亡。新发现表明，EIF3a 可以抑制 RAF－MEK－ERK 信号通路，从而抑制癌症的产生；其通过与 β 抑制蛋白结合影响其功能，可治疗由 G 蛋白偶联受体信号通路失控而导致的癌症；同时，EIF3a 可以抑制 RAF 激酶活性，诱导细胞凋亡，从而杀灭癌细胞；而对 EIF3a 本身蛋白质翻译的调节，也可以作为治疗癌症的重要手段。

徐天瑞说："信号抑制蛋白 EIF3A 的发现意义重大，《科学·信号传导》杂志最近将其列为 2011 年度细胞生物学领域八项重大进展之一。我们的新研究证明，EIF3a 不仅是蛋白质翻译起始因子，也是 RAF－MEK－ERK 信号通路和 G 蛋白偶联受体信号通路交汇点上的重要调控蛋白。通过对 EIF3a 的调控，有可能四管齐下地杀灭癌细胞，从而使 EIF3a 可能成为下一代抗癌药物全新的靶标蛋白，为抗癌药物的研发提供新思路。"

2. 发现一种有助破解细胞早亡机制的蛋白

2014 年 11 月，英国卡迪夫大学研究人员与瑞典、美国同行组成的一个研究小组，在英国《自然·细胞生物学》上发表研究成果称，他们发现一种蛋白质对健康细胞的过早死亡起到关键作用，而一种小分子抑制剂则可阻止这类细胞非正常凋亡过程。这一成果有助于开发肾病、肝病等疾病的治疗新药。

细胞凋亡本来是一个自然、主动的过程，但在有些情况下，如癌变组织中，细胞会通过一种非凋亡机制过早死亡，科学界将其称为"铁死亡"。

研究人员说，他们发现健康细胞，也会受到类似"铁死亡"机制的影响，而引发这一过程的关键，在于一种名为 Gpx4 的蛋白质。这种蛋白质的主要作用，是调节细胞凋亡过程，如果将其移除，细胞就会发生过早死亡现象。

根据这一发现，研究人员进一步探索了阻止这一机制发挥作用的方法。他们利用脂类组学和大规模分子筛查，发现一种小分子抑制剂 Liprox-statin－1 可防止这种细胞早亡的发生，从而避免由此带来的组织损伤。

研究人员举例说，在肾衰竭、肝病及心血管疾病中，常会发生这种缺血性组织损伤，他们通过动物实验发现，这种抑制剂对老鼠有明显效果。如能进一步验证其在人类患者中的效果，就有望开发出以此为治疗靶点的新型药物。

（二）发现与癌症相关的蛋白质新种类

1. 发现治疗癌症的关键蛋白质

2004 年 11 月 1 日，英国心脏疾病基金会讲师戴夫·贝茨医生与布里斯托尔大学生理学学院微脉管实验室高级研究员史蒂夫·哈珀两人带领的一个研究小组，在《癌症研究》杂志上发表研究成果称，他们发现人体组织中含有一种蛋白质，可以阻止肿瘤生长。

研究人员说，他们发现：在人体的包括血液在内的一般组织中，有一种脉管内分泌生长蛋白质（VEGF），它能够有效地防止癌症肿瘤的成长。

癌症肿瘤的生长依赖于其能够从血液中吸取养料的能力。随着一个肿瘤从针头大小成长为一个高尔夫球的大小，血液养料的供应量也随着肿瘤的增大而增多。多数种类的蛋白质 VEGF 在血液养料提供的过程中起着促进作用。该研究小组早在 2002 年就发现了蛋白质 VEGF 的新品种——VEGF 165b。它能够抑制新血管的生长，肿瘤就会因为得不到足够养料而无法增大超过一毫米。

该研究小组还发现，这种 VEGF 蛋白质存在于人体组织的许多普通器官里，比如说前列腺。但同时他们也发现在前列腺肿瘤中就不存在这种 VEGF。通过实验验证，他们得出了这种蛋白质 VEGF，是如何在血管中起到抑制肿瘤生长作用的。

这项研究的成果，即鉴别新发现的 VEGF 品种如何运作，以及它对肿瘤的影响，具有积极意义。这表明，我们可以利用人体内原有的抗肿瘤蛋白质 VEGF 165b 来切断肿瘤的养料供应，阻止其生长。

使用 VEGF 165b 比使用其他治疗肿瘤的复合药剂具有明显优势，因为 VEGF 165b 是一种人体在常规环境下产生的自然蛋白质。目前，许多新的肿瘤治疗方法，主要是通过攻击肿瘤血液供应渠道来抑制其成长，而不是采用抑制肿瘤细胞生长的方法。而且最近在美国进行的大规模临床实验中，堵塞性 VEGF 抗体在治疗结肠癌症肿瘤方面效果非常显著。

新的血管生长对人体其他功能也是必需的，例如胚胎的成长、伤口的愈合、怀孕期间胎盘的生长，以及在做锻炼时肌肉的发育。然而，成年人在不进行血管生长的情况下，也可以保持身体健康很长时间。控制血管生长的因素很多，但是 VEGF 无疑是其中最强有力的。

贝茨医生说道："既然我们已经清楚，这种蛋白质在生命组织中存在，我们就应该找出最合适的办法来治疗肿瘤。我们同样需要尝试用这种蛋白质，来治疗其他与血管生长有关的疾病，例如糖尿病、老年斑疹以及关节炎。"

哈珀医生补充到："经过两年的不懈努力，我们已经取得巨大进展，能够证明这种蛋白质对肿瘤有抑制作用。我们希望，能够在这个基础上继续我们的实验，在今后的几年里找出用这种蛋白质治疗癌症、眼科疾病和其他疾病的方法。"

2. 发现一种有助控制前列腺癌的蛋白质

2011 年 2 月，英国帝国理工学院等机构组成一个研究小组在《癌症研究》杂志上撰文称，他们在检查前列腺癌病变组织中各种蛋白质的含量时，发现一种名为 FUS 的蛋白质含量，与组织癌变程度之间存在"反比"关系。研究人员于是又对一些前列腺癌患者进行了检查，结果显示，那些症状较严重者，体内这种蛋白质含量较少，而这种蛋白质含量较多者的病情往往较轻。

为探明其中原理，研究人员首先在试管中培养了前列腺癌组织，随后增加组织中这种蛋白质的含量，结果发现，癌变细胞的生长被抑制。接下来，他们又用实验鼠实验，用基因手段让实验鼠体内生成更多的这种蛋白质，结果这些实验鼠体内的肿瘤也随之缩小。

研究人员指出，这说明人体中天然存在的蛋白质 FUS，对前列腺癌肿瘤细胞的分裂增殖，起着某种抑制作用。其含量与前列腺癌呈"反比"关系，即那些前列腺癌症状较重患者体内这种蛋白质的含量较少，而增加这种蛋白质含量有助控制前列腺癌。专家指出，这项成果可以帮助诊断前列腺癌患者的病情，也可以促进开发新的治疗药物。

（三）发现与心血管疾病防治相关的蛋白质新种类

发现可助心脏缓解压力的蛋白。

2012年2月，英国伦敦帝国理工大学托马斯·布兰德教授领导，他的同事、伯明翰大学以及德国维尔兹堡大学专家参加的一个研究小组，在《临床研究杂志》上发表研究成果称，一种名为Popdc的蛋白，在促使心率加速过程中起着关键作用，这种蛋白会对肾上腺素信号作出反应，从而使心脏能够在面对压力时，产生正确的应激反应。

研究人员说，当面对压力或刺激时，人体会分泌大量的肾上腺素，加速心跳频率，促进血液流动，为身体提供更多能量。到目前为止，学界对肾上腺素加速心跳频率的机制，还不十分清楚。他们的研究成果，为此提供了一种新解释。

研究人员针对小鼠的研究发现，在缺乏Popdc蛋白的情况下，小鼠在面对压力时，其心率不会加快。这与健康小鼠的应激反应完全不同，后者会在肾上腺素增多时心跳频率加快，以保证体内的氧气供应。

Popdc蛋白位于心脏起搏细胞外膜，其被发现已有十年，因大量存在于肌肉组织中，因此这种蛋白也被称作“大力水手”蛋白。研究人员发现，它会对肾上腺素发出的信号分子作出反应，进而改变细胞膜的电特性。研究人员认为这正是肾上腺素影响心跳频率的机制。

许多老年人在面对压力时，常会出现心律失常的状况，并可能患上病窦综合征，这意味着他们需要安装人工起搏器。造成这种状况的原因，科学家们并不十分清楚。对此，布兰德表示，针对小鼠的新研究表明，Popdc蛋白在调节心率方面起着重要作用，而同样情况也适用于人类。进一步的研究，将会提供更多有关心律失常病因的线索，从而帮助科学家研发新的药物和疗法，以应对如病窦综合征、房颤等心率失常疾病。

（四）发现与神经系统疾病防治相关的蛋白质新种类

发现在神经元轴突生长中不可或缺的一种多功能蛋白。

2012年7月，英国媒体报道，该国曼彻斯特大学安德烈亚斯·普罗科普博士领导的研究小组，发现一种名为血影斑蛋白（spectraplakins）的多功能蛋白，对于神经元轴突的生长不可或缺。这一发现，为研究神经退行性疾病开辟了一条新路。

神经元轴突的生长发育，是一个复杂的过程，涉及复杂的生化和细胞反应，并与诸多神经疾病起源密切相关，是当前神经科学界的主要研究对象之一。

该研究小组一直致力于轴突生长的关键驱动力细胞骨架的研究。细胞骨架由微丝、肌动蛋白和微管构成，可以帮助维持细胞的形状。在神经细胞中，微管是轴突生长的关键推动力量，而肌动蛋白则有助于调节轴突生长的方向。研究小组着重研究了一种名为血影斑蛋白的多功能蛋白。他们发现，血影斑蛋白会将肌动蛋白和微管链接起来，以使它们能够依照轴突生长的方向延展；如果没有了这种链接，微管网络便会变得混乱不堪，无法与轴突的生长方向一致，从而阻碍轴突的生长。

研究人员还发现，血影斑蛋白不仅只在微管顶端聚合，他们也会沿着微管的轴分布。这有助于他们在轴突中保持稳定的结构。

普罗科普说："了解细胞骨架的机制，是目前细胞研究中的最重要课题，具有重要的临床意义。细胞骨架对于细胞活动的方方面面都极其重要，如细胞形态的变化、细胞分裂、细胞运动、细胞间信号的传递等等。许多脑部疾病都与细胞骨架有关。所以，破解轴突生长过程中细胞骨架的内部机制，有助于研究众多疾病的病因。而血影斑蛋白作为这个机制的核心所在，为我们开辟了一条研究的新途径。"

普罗科普指出，了解血影斑蛋白如何执行其细胞功能，对于生物医药研究具有重要意义。除其在神经元轴突生长中的作用外，血影斑蛋白对于许多病理都具有重要的临床研究价值，如皮肤疱疹、神经退化、伤口愈合、大脑发育过程中突触的形成和神经元迁移等。研究血影斑蛋白，对于了解该蛋白其他相关临床作用的研究具有指导意义。

三、酶领域研究的新进展

（一）酶功能方面研究的新成果

揭示蛀木水虱体内能分解木头酶的结构功能。

2013 年 7 月，英国约克大学新型农产品研究中心克拉克·麦森教授领导，朴次茅斯大学的结构生物学家约翰·麦克吉汗博士，以及美国国家可再生能源实验室科学家参加的一个研究小组，在美国《国家科学院学报》上发表研究论文称，他们使用先进的生物化学分析方法和 X 射线成像技术，找出蛀木水虱体内能分解木头的酶，并揭示出它的结构和功能。研究人员表示，这一研究成果，将帮助人们在工业规模上再现这种酶的效能，以更好地把废纸、旧木材和稻草等废物，变成液体生物燃料。

为了用木材和稻草等制造液体燃料，人们必须首先把组成其主体的多糖分解成单糖，再将单糖发酵。这一过程很困难，因此，用此方法制造生物燃料的成本非常高。为了找出更高效而廉价的方法，科学家们将目光投向了能分解木材的微生物，希望能研究出类似的工业过程。

蛀木水虱是海洋中的一种小型甲壳动物，会蛀蚀木船底部、浮木、码头木质建筑的水下部分等。研究人员在蛀木水虱体内，找到了一种纤维素化合物，即一种可以把纤维素变成葡萄糖的酶，它拥有很多非比寻常的特性。他们也借用最新成像技术，厘清了这种酶的工作原理。

麦森表示："酶的功能由其三维形状所决定，但它们如此小，以至于无法用高倍显微镜观察它。因此，我们制造出了这些酶的晶体，其内，数百万个副本朝同一方向排列。"

麦克吉汗表示："随后，我们用英国钻石光源同步加速器朝这种酶的晶体，发射一束密集的 X 射线，产生了一系列能被转化成 3D 模型的图像，得到的数据，让我们可以看到酶中每个原子的位置。美国国家可再生能源实验室的科学家接着使用超级计算机，模拟出酶的活动，最终，所有结果向我们展示了纤维素链如何被消化成葡萄糖。"

研究结果，将有助于科学家们设计出更强大的酶，用于工业生产。尽管此前，科学家们已在木质降解真菌体内发现了同样的纤维素化合物，但这种酶对化学环境的耐受力更强，且能在比海水咸 7 倍的环境下工作。这意味着，它能在工业环境下持续工作更长时间。除了尽力从蛀木水虱中提取这种酶之外，研究人员也将其遗传图谱转移给了一种工业微生物，使其能大批量地制造这种酶，他们希望借此削减将木质材料变成生物燃料的成本。

英国生物技术与生物科学研究理事会，首席执行官道格拉斯·凯尔表示："最新研究既可以让我们有效地利用这种酶把废物变成生物燃料，也能避免与人争地，真是一举两得。"

（二）开发利用酶的新进展

1. 围绕极光激酶 B 推进抗癌药物研制

2006 年 10 月，英国曼彻斯特大学生化学家斯蒂芬·泰勒领导的一个研究小组发现，抑制一种称为“极光激酶 B”的物质，可以有效杀死癌细胞。这一发现，将为研制抗癌药物开辟新路。

极光激酶是一类蛋白质激酶，可以“修改”别的蛋白质，在细胞有丝分裂和癌变过程中有重要影响。极光激酶过度活跃，导致细胞不受限制地异常增殖，被认为是细胞癌变的原因之一。

目前，许多制药企业正围绕极光激酶寻找癌症新疗法，但由于极光激酶分为 A、B、C 等几种，具体哪种方案更有前途，人们还莫衷一是。研究人员原本希望用化学物质抑制极光激酶 A 来控制癌症，结果发现抑制极光激酶 B 可以更有效地杀死癌细胞。

初步试验还显示，针对极光激酶 B 的药物没有引起严重副作用，在抗癌药物中毒性相对较低。负责这项研究的斯蒂芬·泰勒说，尽管抑制极光激酶 A 作为一种有潜力的疗法仍有一定价值，但以极光激酶 B 为重点进行研究更具吸引力。

2. 首次用人工遗传物质合成一种酶

2014 年 12 月 1 日，英国剑桥大学一个研究小组在《自然》杂志网站上发表研究报告说，他们首次用自然界中并不存在的人工合成遗传物质制造出一种酶，这种合成酶能像天然酶那样，引发简单的化学反应。这一合成生物学领域的新成果，对研究生命起源、研发新药等具有重要意义。

此前普遍认为，对于生命体来说，脱氧核糖核酸（DNA）及核糖核酸（RNA）是生命遗传密码的仅有载体。

不过，该研究小组在 2012 年合成一种名为“XNA”的物质，同样能储存和传递遗传信息。有人据此推论，宇宙中或存在遗传方式不同的生命形式。也有人认为这使得“人造生命”更具可能。

在自然界的生命体中，酶作为一种催化剂，负责启动一系列化学转换过程，使细胞等发挥相应功能，帮助生命体完成各种基本任务，比如消化食物等。此前普遍认为，只有 DNA 和 RNA 才是各种酶形成的“基本模块”。

该研究小组报告说，他们在实验室中，利用先前合成的 XNA 合成出“XNA 酶”。这种人造酶，也能启动一些基本的生物化学反应，比如在试管中切开并接入天然的 RNA 链之中。

研究人员指出，新成果进一步说明，人类关于生命起源所必需的条件，还需要加深认识，除 DNA 和 RNA 之外，可能存在其他化学物质可启动生命的形成和进化。同时，人工合成酶，还有助于研发有针对性的药物，启动人体自然反应来对抗疾病。

四、蛋白质开发利用研究的创新信息

（一）蛋白质开发利用方面出现的新成果

1. 创建首个大脑关键神经组织蛋白质组成图

2010 年 12 月 20 日，美国物理学家组织网报道，英国剑桥大学韦尔科姆基金会桑格学院研究所塞特·格兰特教授领导的一个研究小组，通过研究人类脑部疾病的样本，发现人脑中一种名为“突触后致密区”（PSD）的神经组织，含有 1461 种蛋白。该组织病变，会导致痴呆等 130 多种脑部疾病。这项研究成果，有望为科学家治疗脑病指明方向，也有助于科学家更好地理解人脑和行为的进化。

大脑是人体内最复杂的器官，脑内有数百万个通过数十亿个突触相连的神经细胞。在每个突触内有一组蛋白，蛋白与蛋白连接在一起成为突触后致密区，尽管科学家对动物突触的研究表明，突触后致密区对人类的疾病和行为非常重要，但科学家对人脑突触的了解还知之甚少。

该研究小组从接受脑手术病人的突触中，提取出突触后致密区，并使用蛋白质组学方法发现了其蛋白质构成。研究人员在人体突触内发现了 1461 种蛋白，每一种蛋白都被不同的基因编码。包括阿尔茨海默病和帕金森病等普通的衰弱性疾病、癫痫等神经退化性疾病，以及自闭症和学习障碍等，超过 130 种脑部疾病，与突触后致密区有关，远远多于之前的预期。研究结果，使科学家首次能系统性地识别出影响人体突触的疾病，并为科学家研究大脑和行为的进化提供了一种全新的方式。

该研究小组在研究中，创建出第一个分子网络，即人体突触的蛋白质分子组成图，展示了许多蛋白和疾病之间的相互作用。在获取突触后致密区的蛋白质清单后，研究相关疾病时就可以按图索骥，直接检查有“嫌疑”的蛋白质，加快研究进程。

据介绍，这份清单中，某些蛋白质还是“惯犯”，在多种疾病发展中都发挥作用。因此，如能有针对性地研发出相关药物，还有望一药多用。

格兰特表示，既然很多不同的疾病与同样的蛋白有关，未来研发出的新疗法，可以同时治疗多种疾病，新发现将为科学家提供新方法来对付这些疾病。爱丁堡大学乔纳森·塞可教授表示，这项研究，最终能让科学家透彻地阐释许多精神疾病和神经紊乱的发病机理，也为科学家研发出新疗法指明了方向。

研究小组还检查了突触后致密区蛋白，在哺乳动物百万年进化期间的进化速度，结果表明，突触后致密区蛋白进化的速度，比其他蛋白的进化速度更慢，这表明，在整个进化过程中，突触后致密区保存得非常完好或者其进化受到了限制。被突触后致密区支配的行为，以及与它们有关的疾病，在几百万年间并未发生变化。

2. 研制出可使蛋白质形成晶体的"智能材料"

2011 年 6 月 20 日，英国帝国理工学院手术和癌症系的教授劳米·查彦领导、萨里大学的专家参加的一个研究小组，在美国《国家科学院学报》上发表论文称，他们已经研发出一种新方法，找到一种能使蛋白质结晶的"智能材料"，它能记住分子的形状和"性格"。研究人员表示，这项最新技术有望通过帮助人们确定靶向蛋白的结构，从而研发出新药。

研发新药的过程一般如下：研究人员会先找出一个与疾病有关的蛋白质；接着设计出一个能同该蛋白质相互作用的分子，来刺激或者阻止该蛋白质的功能。为了做到这一点，需要首先了解目标蛋白质的结构。

一项名为 X 射线晶体学的技术能被用来分析一个蛋白质晶体内原子的排列，但是，让蛋白质从溶液中析出并形成晶体是一个主要的障碍。随着科学家们在基因组学和蛋白质组学领域不断取得新进展，可以作为潜在靶向药物的蛋白质数量，呈指数级增加，科学家们使用了很多蛋白质进行试验，然而目前的方法获得有用晶体的成功率不足 20%。

现在，该研究小组使用名为"分子印迹聚合物（MIPs）"的材料，研发出一种更有效的制造蛋白质晶体的方法。分子印迹聚合物是一种由小单元组成的化合物，这些小单元紧紧包围着一个分子，当其中的分子被提取出来后，会留下一个洞穴，这个洞穴能够保持其形状，并对靶向分子具有很强的亲和性。这种属性使分子印迹聚合物成为一个理想的成核剂，它能把蛋白质分子绑在一起，并使蛋白质分子更容易集结从而结晶。

查彦表示，需要很强的力量才能让蛋白质脱离溶液并形成晶体。分子印迹聚合物可以成为这个过程的“幕后推手”，它会使用这个蛋白质作为其形成晶体的模板，一旦第一个或第一组分子被放在正确的地方，其他分子能自我排列在它周围并且开始结晶。研究发现，有 6 个不同的分子印迹聚合物诱导 9 个蛋白质形成了晶体，而这些蛋白质在此前的实验中结晶情况并不理想。

查彦表示：“合理的药物设计，依赖于科学家们了解靶向蛋白质的结构，得到好的晶体对研究这个结构来说不可或缺。使用分子印迹聚合物，我们能得到比使用其他方法更好的晶体，也能增大让新蛋白质结晶的可能性，这对新药研发将产生深远的影响。”

（二）蛋白质开发利用方面出现的新技术

开发出可追踪活细胞内蛋白质运动的新软件。

2006 年 6 月，英国曼彻斯特大学生物学家道戈·凯尔领导的研究小组研制出一套可以自动追踪活细胞内蛋白质运动的计算机系统。运用这一系统，可以大大节省研究人员在显微镜下，手工分析细胞内蛋白质运动的时间。

该系统被称为细胞追踪器，可以自动分析显微镜下观察到的一系列静止数字图像。凯尔认为，这一软件系统可以在很大程度上加快细胞功能的研究。先前主要是把细胞固定于特定部位进行研究，这种方式会损坏细胞自身的代谢，如果能够直接在活细胞内观察，那么取得的结果将会更加真实可靠。

新开发的这一系统可以通过图像识别运算规则，确定细胞膜以及包含 DNA 的细胞核，并且可以同时对多个细胞内部的活动状态进行检测。细胞追踪器也可以通过使用不同颜色的荧光染料，标记细胞内的不同蛋白质，监控不同时间点蛋白质出现的变化。这将有助于生物学家了解细胞内蛋白影响细胞功能的途径。凯尔指出，以往分析细胞内的蛋白质变化，是一项非常耗时的工作，而现在使用细胞追踪器，在半小时内就可以完成以前需要 12 小时才能完成的工作。

凯尔研究小组计划使用这一系统软件，进行细胞内信号通路的研究，细胞内不同组分之间的联系，对于研究细胞功能至关重要。其他研究小组也都可以免费使用这一软件。

英国布里斯托尔大学专门从事活细胞显微镜观察的生物学家乔恩·莱恩指出，显微镜实验中，目前许多步骤还需要进行非常复杂的手工操作。因此，这一软件系统的应用前景非常好。其他软件虽然也能帮助生物学家记录细胞运动，但是细胞追踪器可以提供更新的东西。他说，这个软件能在细胞移动时跟踪细胞，并发现它们的边缘细胞膜，这是该软件的强项。用过它的很多同事都对此印象深刻。

不过，该软件是否足够精确可以用于更详细的细胞分析，在观察微米级的细胞运动时是否还需要进行手工操作，对这些问题还需进行相关的后续研究。

第三节　细胞领域研究的新成果

一、细胞生理方面研究的新发现

发现对神经细胞存活具有保护作用的分子。

2010 年 1 月，英国巴巴拉汉姆研究所科尔曼博士领导的一个研究小组在网络学术期刊《公共科学图书馆·生物卷》上发表研究报告称，就像鲜花需要水的滋养，神经细胞也需要某种分子的“呵护”，他们新发现一种名叫“Nmnat2”的分子，是神经细胞的呵护者或保卫者。

研究人员说，Nmnat2 分子对神经细胞具有明显的保护作用。它通常沿着神经元之间的突触，被输送到各个神经细胞。如果缺少它，即使是健康未受伤的神经细胞，也会迅速退化。然而，受伤的神经细胞如果能得到这种分子的“悉心治疗”，其退化速度就会明显延缓。

科尔曼博士在接受采访时，依然使用水和鲜花这个比喻。他说，如果把花朵从枝头剪落，在没有水的情况下它会迅速枯萎死亡，而如果放在水中则可以存活更长的时间。与此类似，虽然神经细胞需要许多不同的物质才能生存，但 Nmnat2 是其中非常关键的一种，短时间内缺少其他一些物质，对于神经细胞的影响并不太大，而它则不可或缺。

科尔曼说，如果能研发出药物来调节这种分子在神经细胞间的传递途径，将有助于治疗早老性痴呆症等神经系统疾病。

二、干细胞领域研究的新成果

（一）干细胞生理机制研究取得的新进展

发现干细胞分化方向可随成长环境改变。

2010年8月19日，英国爱丁堡大学克莱尔·布莱克本博士领导，他的同事，以及瑞士同行参加的一个研究小组，在《自然》杂志上发表研究成果称，只要改变成长环境，来自胸腺的干细胞，可以“转行”变为毛囊细胞。这项成果对于研究器官组织再生，具有重要意义。

以往的观点认为，干细胞是尚未分化成熟的细胞，除胚胎干细胞外，多数干细胞常常“命中注定”，只能成长为某一种特定的细胞。该研究小组对此提出不同看法，他们在研究中成功改变了实验鼠胸腺干细胞的“命运”。胸腺是存在于人和许多动物胸部的一个器官，它是免疫细胞T细胞的生成地，在免疫系统中发挥着重要作用。

研究人员首先培养出实验鼠胸腺干细胞，然后把它转移到适宜皮肤毛囊细胞生长的环境中培养，结果发现这些胸腺干细胞在新环境中，逐渐改变自己的基因特征，越来越像皮肤毛囊的干细胞。

在这种环境中培育一段时间后，这些细胞被移植到正在生长的皮肤中，结果它们拥有了像毛囊细胞一样供养和修复毛发的能力，且表现出色。天然毛囊干细胞成长后只有三个星期的修复毛发能力，而这些胸腺干细胞“转行”后拥有长达一年的修复毛发能力。

据介绍，大部分动物的胚胎分为外胚层、中胚层和内胚层三个胚层，外胚层成长为皮肤和神经等，中胚层成长为肌肉、骨骼和血液等，内胚层成长为肠道、肝脏和胸腺等器官。过去，一直认为这三个胚层的细胞间存在无法逾越的鸿沟，但本次研究证明，来自内胚层的胸腺干细胞，也可以变为本应属于外胚层的皮肤毛囊细胞，显示不同胚层细胞间的区分，并不绝对。

布莱克本说，这些胸腺干细胞在适宜毛囊干细胞成长的环境里，完全改变了原定的成长轨道，从而启发研究人员使用适宜其他器官干细胞成长的环境，探索能否培育出所需的器官细胞，这对研究器官组织再生具有重要意义。

（二）储存和培育干细胞取得的新成果

1. 建立世界上首个国家胚胎干细胞储存库

2004 年 5 月 19 日，世界上首个国家胚胎干细胞库在英国伦敦北部建立，它将为糖尿病、癌症、帕金森症和阿尔茨海默症等疾病的研究和治疗储存、提供干细胞。

英国卫生部的负责人在一份声明中说："干细胞研究具有很大潜力，它一定会为遭受病痛折磨的患者带来希望。"现在，伦敦国王学院和纽卡斯尔生命中心的研究人员，已分别开始为该细胞库培养干细胞。

干细胞是尚未完全分化的细胞，不同的干细胞有分化成神经细胞、肌肉细胞、血液细胞等不同细胞的潜力。干细胞存在于成人的脊髓等组织中，但是研究人员认为，从胚胎中提取的干细胞的分化能力要更强。因此，科学界多年来都在寻求利用胚胎干细胞研究和治疗多种不治之症。

从理论上讲，通过克隆技术用患者的体细胞培养出胚胎，再从中提取干细胞对患者自身受损细胞进行修复，就完全可以避免免疫系统的排异反应。但是，由于通过克隆技术培养的胚胎，在干细胞提取完毕后即被丢弃，因此此类研究引发了生命保护机构的反对。同样，该细胞库的建立也引发了争议。

目前，很多国家对克隆和干细胞研究的规范不尽相同。英国现在执行的基本政策是，研究人员必须获得政府的许可证，方可进行此类研究。而美国总统布什 2001 年 8 月曾宣布，可以用美联邦政府经费支持人类胚胎干细胞研究，但仅限于当时已有的胚胎干细胞系，不得进一步摧毁人类胚胎以获取干细胞。

2. 培育出世界首个纯神经干细胞

2005 年 8 月，有关媒体报道，英国爱丁堡大学奥斯丁·史密斯教授领导，他的同事史提芬·波拉德，以及意大利米兰大学专家参加的一个国际研究小组，利用人类胚胎干细胞培育出世界上第一个纯神经干细胞。研究人员希望他们新培育成的干细胞，最终将帮助科学家们，找出治疗帕金森或老年痴呆症的新方法。

干细胞又称为主细胞，可以发育成为多种类型的组织，而神经干细胞在形成脑和中央神经系统方面起着重要作用。

波拉德认为，这一发明对疾病治疗将起到惊人的推动作用，有助于人们更好地了解疾病和测试药物。

尽管该项研究的长期目标是，利用人造细胞来治疗诸如帕金森或老年痴呆症，但短期的用途将是测试新制药物的疗效。史密斯指出："我们早就已经与生物技术和生物制药公司讨论过，希望将人造干细胞用于新药物筛选系统。"

3. 培育出单倍体胚胎干细胞

2011 年 9 月 8 日，英国剑桥大学一个研究小组在《自然》杂志网站发表的研究成果表明，他们在世界上首次培育出哺乳动物的单倍体胚胎干细胞，这项成果将会大大推动干细胞研究。

包括人在内的哺乳动物，细胞都是双倍体的。也就是，细胞中有两套染色体，一套来自父方，一套来自母方。然而，双倍体对于基因研究来说，是个巨大难题。因为科学家很难确定动物的某一性状，是由哪一套染色体决定的。此次，研究人员利用实验鼠的卵细胞，首次成功培育出哺乳动物的单倍体胚胎干细胞。

研究人员说，胚胎干细胞能够分化成各种组织和器官，因此这项成果意味着，科学家有可能准确跟踪某一基因对动物性状的长期作用，这将有力提高基因研究的准确性。

4. 培育出首批高纯度人体胚胎干细胞

2011 年 12 月 6 日，英国《每日电讯报》报道，伦敦大学国王学院皮特·布劳德研究小组与曼彻斯特大学科学家组成的研究小组，分别培育出首批高纯度"临床级"的人类胚胎干细胞系，其质量超出以前的胚胎干细胞，可用于人体，人体临床试验有望于 2014 年初进行。这项最新研究有助于科学家为退行性疾病研制出新疗法，相关论文发表在最新一期的《细胞治疗》杂志上。

研究人员从冷冻的人类胚胎中，提取出一些胚胎干细胞，并在实验室中进行培育，获得这些优质的胚胎干细胞系。胚胎由接受试管受精疗法的病人捐献，对这些病人来说，胚胎毫无用处，不捐赠就只能丢弃。

这些新研制出的胚胎干细胞，从被病人捐献那一刻起，就拥有并一直保持着临床级的质量，也不需要进行昂贵且有风险的转化过程。很重要的是，这些胚胎干细胞没有接触过任何动物制品。而此前，科学家们在人体进行胚胎干细胞实验时，使用的都是质量较低的“研究级”细胞，使用前需要对其进行调控，让其达到“临床级”，且一般会在实验室培育过程中，使用动物制品来刺激干细胞生长。

伦敦大学国王学院研究小组研制出的两种胚胎干细胞系，能被转化为身体内的任何组织，他们已将其捐给了英国干细胞库；曼彻斯特大学的科学家研制出的同等质量的胚胎干细胞系，也将于下个月捐赠给英国干细胞库。这些细胞系将在英国干细胞库接受严格的测试，以确保它们是安全的且质量非常优异，足以用于人体试验，然后再提交给研究人员。英国干细胞库主管格林·斯泰西表示：“测试结果可能于2012年公布，一旦结果公布，这些胚胎干细胞就可以用于人体临床试验了。”

布劳德表示，这种细胞系能成为科学家们用于治疗退行性疾病的干细胞的“黄金标准”。这项新成果将让研究人员能更快为失明、严重损伤或心脏病找到新的干细胞疗法。

（三）培育干细胞形成的新方法

1. 发现培育干细胞更安全的方法

2009年3月，据国外媒体报道，英国和加拿大两个研究小组，分别找到一种把普通皮肤细胞，转变成干细胞的更加安全的方法。这一发现，最终或许能解除干细胞培养过程中，对人类晶胚的依赖。

这是科学家第一次在不利用滤过性病原体的情况下，把皮肤细胞转变成诱导多功能干细胞，又称iPS细胞。诱导多功能干细胞，看起来以及作用都与胚细胞类似。有了这种新方法，以前为了促使细胞重组而植入基因的过程，也可以省略掉。

干细胞是身体的基本细胞，它生成各种各样的身体组织和器官。胚细胞是其中最有影响力的一种，它具有生成任何类型的组织的潜能。然而，很多人反对利用它们。因此，如果这种培育诱导多功能干细胞的方法更安全，这项新发现将成为备受关注的选择性方法。

有段时间，研究人员了解到，利用大量基因可以把普通皮肤细胞转变成诱导多功能干细胞。但是，要把这些基因转变成细胞，他们必须使用滤过性病原体，而病原体把自身遗传材料，与被它感染细胞的遗传材料结合过程，可诱发癌症。

英国和加拿大的两个研究小组在《自然》杂志上详细介绍了这种新方法，它显然能避免上述具有破坏性的风险。据悉，研究人员利用少量被称作转位子的 DNA 传送 4 种基因。由于转位子可以在遗传密码里面四处移动，因此它有时又被称作“跳跃基因”。

他们利用的这种转位子，又被称作“转座因子”，研究人员曾利用它改变很多生物体。英国爱丁堡医学研究理事会再生医学中心的坪井将树说：“这项最新发现，向在医学中实际应用重组细胞迈进了一步。有了这种方法，科学家或许将不再利用人类晶胚培育干细胞。”他和来自加拿大多伦多大学的安德拉斯·纳吉，通过老鼠和人类皮肤细胞验证这一方法，结果发现这种重组细胞的作用跟胚细胞一样。

爱丁堡医学研究理事会会长伊恩·威尔玛特是参与克隆首只哺乳动物“多利”的一位科学家，他表示，虽然还需要一些时间，这种诱导多功能干细胞才能被应用到患者身上，但是该方法是干细胞技术向前发展的重要一步。他说：“把这种新方法，与其他科学家在干细胞分化方面所取得的成果相结合后，再生医学将会取得重大突破。”医生希望，有一天可以利用干细胞治疗帕金森病、糖尿病、癌症和脊髓损伤等疾病。

2. 运用塑料表面特性高效培育干细胞的方法

2011 年 7 月 17 日，英国广播公司网站报道，英国格拉斯哥大学组织工程师马修·道尔贝和南安普敦大学肌肉与骨骼科学研究系主任理查德·奥瑞福领导的一个研究小组，在《自然·材料学》杂志上发表论文称，他们研制出一种新方法，用塑料表面特性更好地培育出更多的成人干细胞。科学家有望据此设计出更好的干细胞疗法，来让骨头和组织再生以及治疗关节炎等病症。

这种最新的“纳米图形化”塑料表面，使用制造蓝光光盘的方法研制而成。该表面上布满细小的凹坑。研究人员表示，这种表面，有助于干细胞更有效地生长和扩散成对治疗有用的细胞。

目前，科学家会把从病人体内提取的成人干细胞，放在实验室中培育。直到制造出足够数量的干细胞来开启细胞再生过程，然后再把培育出的干细胞重新移植到病人体内。但是，这种方法效率很低。

道尔贝表示："新的纳米结构塑料表面，能被用来高效地培育从骨髓等组织和器官中提取出的间叶细胞干细胞，研究人员随后可将培育出的细胞用于骨骼肌系统和结缔组织中。"

该研究小组正在着手研究如何大规模地制造这种新的塑料表面。道尔贝指出，他们还在使用同样的方法培育其他类型的干细胞，如果取得成功，则有望研制出大规模的干细胞培育工厂，这种干细胞培育工厂将使科学家更有效地治疗糖尿病、关节炎、阿尔茨海默症、帕金森病等病症。

（四）干细胞治疗方面取得的新进展

1. 把人类干细胞成功转化为肺细胞

2005 年 8 月，英国伦敦帝国学院朱丽亚·波拉克教授领导的一个研究小组在《组织工程杂志》上发表研究成果称，他们成功把人类干细胞转化为肺细胞，在成功构建移植肺脏的道路上迈出了第一步。

研究人员首先获得人类干细胞，在实验室中一种特殊分化诱导体系中进行培养，最终分化为具有呼吸功能的肺脏上皮细胞，可以吸收氧气，排出二氧化碳。这是首次对胚胎干细胞进行的成功转化。波拉克表示：这一结果激动人心。它宣告，人工构建肺脏或修复严重不可治愈的肺疾病，是完全可能的。

研究人员表示，他们还准备对其他来源的干细胞进行实验研究，例如脐带血或骨髓中的干细胞进行培养，以求能扩展干细胞的来源问题。

来自伦敦帝国学院的切尔西和威斯敏斯特医院的安妮·毕晓普指出：尽管距离能够成功构建供移植的肺组织还要很长一段时间，但这一结果，在严重损伤的肺组织修复道路上，迈出了关键性的一步。

下一步，研究人员计划把他们的研究成果，应用于严重肺脏疾病，如急性呼吸窘迫综合征的治疗上。急性呼吸窘迫综合征导致肺细胞脱落，目前是许多重症监护病人死亡的重要原因。研究人员设想，通过把可分化为肺脏细胞的干细胞，注射到体内的方法，来修复损伤的肺。

2. 用干细胞培育出人体心脏组织

2007 年 4 月 2 日，英国《卫报》报道，伦敦帝国学院资深心脏外科学教授雅各布领导，黑尔菲尔德医院心脏科学中心药理学家、细胞科学家和临床医生，以及相关的物理学家、生物学家和工程师组成的一个研究小组，首次成功地用干细胞培育出人体心脏组织，这项突破性进展，将有助于解决可供移植的心脏不足够的问题。

报道称，研究人员计划在2007年底进行动物试验，如果取得成功，三年内可望给心脏病患者进行移植替代心脏组织的手术。

雅各布说："通常发作和导致死亡的是心力衰竭，扭转心力衰竭就能带来大的改变。"据悉，该研究小组利用骨髓干细胞培育出的细胞组织，跟人体心脏瓣膜的工作方式相同。研究人员说，他们至今已花费10年时间，试图弄清楚心脏每个部分是如何工作的。

他们的这项研究成果，将发表在2007年8月出版的《伦敦皇家学会哲学汇刊》的特刊上，向培育完整心脏迈出新的一步。

雅各布表示，这一进展向成功培育出完整的、跳动的人体心脏迈出了新的一步。他说："这是个雄心勃勃，但并非不能实现的目标。如果要我猜，我会说需要10年时间，但是很多新进展表明，人类会在较短时间里取得突破。如果这个时间比我们的想象提早，我不会感到惊异。"

利用干细胞生长替代组织，一直是科学家的目标，如果病人受损害的部分，能够用与病人相符的组织替代，人体就不会产生排斥。科学家目前已经培养出腱、软骨和膀胱，但这些都不如重要器官复杂。

《卫报》还说，世界卫生组织数字显示，2005年全球有1500万人因心脏病死亡，估计到2010年时，全世界将有60万人需要移植替代瓣膜。

3. 用干细胞"精确制导"杀灭癌细胞

2009年5月19日，英国伦敦大学学院的迈克尔·洛班热等人组成的一个研究小组，在美国加利福尼亚州圣地亚哥市举行的美国胸科协会国际会议上，报告研究成果说，他们用基因工程改造的一种骨髓成体干细胞，可携带灭癌蛋白质，通过"精确制导"杀灭数种癌细胞，正常细胞在这个过程中不会受到影响。

研究人员说，研究表明，骨髓间充质干细胞可携带一种名为肿瘤坏死因子相关凋亡诱导配体（TRAIL）的蛋白质，准确找到并杀灭数种癌细胞，包括肺癌、鳞状癌、乳腺癌和子宫颈癌癌细胞。在实验鼠身上的试验则发现，这种干细胞能使乳腺肿瘤增长速度减慢80%，使肺转移瘤减少38%。

研究人员指出，此前的研究已经发现，骨髓间充质干细胞能够准确找到癌细胞，而 TRAIL 蛋白质可杀灭癌细胞，但不会破坏正常细胞。他们则第一次把两者结合起来加以研究，结果发现这种疗法可“显著减少癌细胞数量”。研究人员说，他们希望两年到三年内能开始有关人体临床试验。

4. 首次用人类胚胎干细胞造出精子

2009 年 7 月 8 日，英国纽卡斯尔大学发表新闻公报说，该校和东北英格兰干细胞研究所等机构组成的一个研究小组，利用胚胎干细胞，首次成功制造出人类精子。

新闻公报说，研究人员利用一种含有视黄酸等物质的培养介质，对含有 X 和 Y 两种染色体的男性胚胎干细胞进行培养，并促使其实现完全的减数分裂，最终培养出含有 23 条染色体的试管精子。

研究人员卡里姆 · 纳耶尼亚说，这项研究有助于深入分析男性不育的原因，并用相关知识帮助那些希望有孩子的不育夫妇。例如，由于采用化疗方法，被治愈的白血病男性患儿成年后可能不育，这项研究便可帮助分析其中的原因。

研究人员同时表示，他们不会利用试管精子进行人工授精，这不仅是因为英国法律不允许，且从科学角度讲，这样做对研究小组也没有意义。

5. 用胚胎干细胞制造出红细胞

2010 年 8 月 16 日，英国《独立报》报道，英国科学家把从无用的试管婴儿胚胎中提取的干细胞变成红细胞，这是英国首次使用胚胎干细胞制造出红细胞。有关专家表示，一旦该人造血的人体试验取得成功，将为医院输血提供充足的血源，并能减少输血者和接受者之间传染疾病的风险，也为工业化生产人造血提供了新思路。

苏格兰输血服务中心主任马克 · 特纳领导的研究小组与罗斯林细胞有限公司，使用 100 多个无用的试管婴儿胚胎，培植出几个胚胎干细胞株，这些细胞株可以在实验室无限制地复制。随后，研究人员把其中一种名为 RC－7 的细胞株，先转化为血液干细胞，接着把它转化为功能性的、包含有携氧色素血红蛋白的红细胞。

研究人员表示，如果一切进展顺利，由胚胎干细胞制造的人造血，将于 5 年内进行首个临床实验，最终目的是使用工业上的生物反应器，每年制造出110多万升红细胞。特纳说，到时，一个生命仅为4天的试管婴儿胚胎，将成为“万能的输血者”。

格拉斯哥大学的干细胞科学家乔·芒福德也证实，她使用该公司制造的RC－7胚胎干细胞株，得到的人造红细胞中，包含了红血细胞色素，这标志着，在制造出完全不同的成人红细胞的道路上，他们已经走了90%的路程。

然而，科学家还需要着力解决几个问题：首先，必须确保所有的胚胎干细胞，都使用实验室试剂来培植，这些试剂不能同动物细胞有任何牵连，否则可能感染动物疾病。其次，在首次进行人体试验之前，这种红细胞的质量和安全性需要得到保证。而且，人造血的制造成本，要比使用捐赠血液进行输血的成本更低。

据悉，这个研究项目是英国耗资300万英镑人造血计划的阶段性成果，由英国维康基金会资助，旨在研发出人造的阴性O型血，可输血给任何血型的患者。

6. 用多功能干细胞培育出功能性人造表皮

2014年4月，英国伦敦国王学院和美国旧金山退伍军人事务医疗中心组成的一个研究小组，在《干细胞杂志》上发表论文称，他们首次利用多功能干细胞，在实验室中培养出具有功能性渗透屏障的表皮组织，它拥有的防渗透功能，与真正的皮肤表皮几乎没有差异。这一人造表皮组织，不仅可作为测试药物和化妆品的廉价替代模型，还有助于研究人员开发出新的皮肤疾病治疗方法。

表皮组织是人类皮肤的最外层，不仅对人体具有机械保护作用，还能够防止身体内部水分蒸发，并阻止微生物及有毒物质向体内入侵。此前，科学家还无法造出可用于药物测试的具有功能性屏障作用的表皮组织，而受限于单个皮肤活检样本细胞数量，也难以建立大规模药物筛查用的体外模型。该研究小组的成果，则有望解决这一难题。

该项研究中，研究人员首先利用人类诱导多能干细胞和胚胎干细胞，生成人体皮肤外层组织中，最主要的细胞类型角质细胞。这些角质细胞，与皮肤活检样本中的原代角质细胞几乎一样。随后，他们把这些角质细胞，放在一个具有特定湿度阶梯的环境中进行培养，构建3D人造表皮组织，并形成功能性的渗透屏障。这种保护性屏障可以避免水分丧失，阻挡化合物、毒素和微生物的入侵。研究显示，这些来自诱导多能干细胞和胚胎干细胞的人造表皮组织，在结构和功能上，与正常人类皮肤的最外层并没有明显差异。

研究人员表示，许多皮肤病都与角质化和表皮屏障的缺陷有关，如鱼鳞病和过敏性皮炎即属此类。他们的研究成果不仅可用于研究表皮屏障的正常发育机制，还可用来研究皮肤屏障受损的致病过程，而对这些问题的了解，将会有助于开发出新的皮肤疾病治疗方法。同时，这一技术使得大量生产功能性人造表皮成为可能，未来一些药物和化妆品的测试可以不再使用动物，人造表皮将可作为这类测试的廉价替代品。

三、细胞治疗方面的新成果

（一）细胞治疗方面的新发现

发现一种细胞受体能够对抗结核杆菌。

2006 年 10 月，英国媒体报道，剑桥大学、牛津大学、伦敦帝国学院等机构科学家组成的一个研究小组，在不久前的研究中发现，人体细胞表层中一种名为 CCR5 的受体，能对抗结核杆菌。

研究人员说，当主细胞中的 CCR5 受体发现结核杆菌时，会向免疫系统发出警报，激发免疫细胞做出反应。而如果 CCR5 受体不存在，免疫细胞就收不到受攻击警报，结核杆菌就能在主细胞中繁殖。

参与研究的伦敦帝国学院科学家比特·坎普曼说，这一发现，描述了结核杆菌与人体免疫系统之间的一种新作用机制，有助于科学家用特效药物或疫苗对抗结核杆菌。

目前，用作预防肺结核的卡介苗，无法提供全面保护，且现行肺结核药物疗程至少需六个月，很多病人不能完成疗程，结果导致抗药性结核杆菌的产生。

研究人员希望，他们的发现能有助于开发出新疫苗或疗法，发挥像 CCR5 受体一样的作用，可以人为激活免疫细胞对付结核杆菌。

（二）细胞治疗方面的新成果

1. 在老鼠体内培育出人类肝脏细胞

2007 年 8 月，有关媒体报道，英国科学家成功地在老鼠体内培育出人类肝脏细胞。通过携带人体肝脏细胞的老鼠，科学家可以进一步了解肝脏疾病的病因，探求其发展规律并研制新型肝病药物。

人体的肝脏会分解大部分进入人体的化学物质，包括药物。因此所有药物在推广之前，都要接受严格的检测，检查其是否会对肝脏产生影响。而从其他动物身上提取的肝脏细胞无法确切地证实药物对人类身体的影响，毕竟，不同物种群间存在着差异。

医学专家马尔库斯教授指出："如果这一研究成果被广泛应用，将为检测肝脏类药物的效果提供新途径。"他接着说："化学物质经过肝脏，会分解成其他的化学物质，但是人们无法确切得知肝脏是如何把药物分解的。此外通常情况下，药物是无毒的，但经肝脏代谢后产生的物质毒性就不得而知了。目前的医疗水平或电脑模板，还无法预测药物经肝脏分解后的情况，我们必须根据不同的药物作出不同的判断。"

与此同时，这一新进展还为科学家们提供了医学实验所需的肝脏。以往实验中，研究人员往往需要从腐臭的尸体中提取少量样本。但这样做存在局限：数量不多，且由于器官已经腐烂，实验存在许多不可预知的因素。由于老鼠体内的人类肝脏细胞，可以像在人体内一样工作，这意味着可以制造出和人体一样的血液凝块和蛋白质，从而可以用来研制诸如丙肝、疟疾等传染病的治疗方法。

2. 制造出基于无机物的类似生命细胞

2011 年 9 月 14 日，英国《新科学家》杂志网站报道，英国格拉斯哥大学的李·克罗宁领导的一个研究小组在德文版《应用化学》杂志上发表研究成果称，他们用含有金属的巨型分子成功地制造出类似于细胞的气泡，并赋予它们一些类似生命的特征。研究人员希望，诱使这些气泡演变成完全无机的能自我复制的实体，以此证明存在着完全基于金属（无机物）的生命。

克罗宁把占大多数比例的钨，与其他金属原子、氧、磷结合形成的多金属氧酸盐，简单地在溶液中通过混合，让其自我组装成像细胞一样的球体，并把得到的气泡称为无机化学细胞（iCHELLs）。他还通过修改其金属氧化物骨架，让其拥有了一些天然细胞膜的特征，比如，能有选择性地让不同大小的化学物质进出细胞膜，以此控制细胞内可发生何种化学反应，这是特定细胞的一个关键特征。

研究小组还在气泡内，创建出模拟生物细胞内部结构的分隔。更妙的是，他们已开始朝气泡填充设备，通过让一些氧化物分子与感光染料结合来进行光合作用。克罗宁说，早期的研究结果表明，他能制造出一个膜，它受到光照时，可把水分解成氢离子、电子和氧，这是光合作用的第一步。克罗宁表示："也有迹象表明，我们可以激发质子穿过该细胞膜以建立一个质子梯度，这是利用太阳能的另一个关键阶段。如果能将所有步骤有效地整合在一起，我们就能创造出一种带有类似植物代谢成分的自供电细胞。"

克罗宁早在去年就已证明，可让多金属氧酸盐，彼此互为基质来实现自我复制。他现在正大规模地制造气泡，并将其注入装满了酸碱度不同物质的试管和烧瓶阵列中。他希望这种混合环境，将只使最适合的气泡生存。他表示，从长远来看，真正的考验是细胞能否修改自己的化学性质，从而适应不同的环境。克罗宁认为，他的最新研究能证明这一点，他们最新展示的就是第一个可以进化的气泡。

目前，该研究还处于初级阶段，其他合成生物学家对此持保留意见。西班牙瓦伦西亚大学的曼努埃尔·泡卡指出，克罗宁的气泡永不会成为像生命一样的物质，除非它们能携带类似基因（脱氧核糖核酸）的物质以实现自我复制和进化。

如果克罗宁的研究得到证实，那么存在外星生命的可能性将大大提高。日本东京大学基础科学系的牟中原说："很可能存在着一些并不基于碳的外星生命。比如，水星上的物质就和地球上的物质大相径庭，可能存在由无机成分形成的生物。尽管克罗宁暂时还无法证明这一点，但他指出了一个新方向。"

3. 首次用成人皮肤细胞制造出大脑皮层细胞

2012 年 2 月，英国剑桥大学戈登研究所瑞克·利维赛领导的一个研究小组在《自然·神经科学》上发表研究论文称，他们首次通过对人的皮肤细胞进行重组，在实验室内制造出大脑皮层细胞。这项研究成果，将有助于人们更好地治疗帕金森症、癫痫和中风等疾病。英国维康信托基金会和英国阿尔茨海默病研究会，资助了这项研究。

大脑皮层是大脑内大多数神经疾病出现的地方。大脑皮层占人脑的75%，人的绝大多数重要行为过程，比如记忆、语言和意识等，都与此有很大关联，然而，这里也是疾病出现的重要地方。

此前，科学家们只能通过使用胚胎干细胞制造出大脑皮层细胞，但这种方法需要破坏胚胎，因此一直饱受争议。另外，也有科学家尝试用皮肤细胞制造出人脑细胞，但没有获得大脑皮层细胞。

现在，剑桥大学研究小组通过对成人的皮肤细胞进行重组，使其发育成大脑皮层中出现的两类主要神经细胞，并证明采用这种方式得到的细胞，与胚胎干细胞制造出的神经细胞一模一样。

利维赛指出："现在，我们已能对皮肤细胞进行重组，让其发育成大脑皮层细胞，并在实验室重演大脑发育过程，我们可以更好地理解大脑的发育情况；被疾病影响后，大脑会出现什么错误，以及对新的药物疗法进行筛查等。"

科学家们也表示，这项研究成果，最终或许能为神经变性疾病和大脑损伤病人，找到新的疗法，通过病人自身提取的皮肤样本，在实验室中培育成大脑细胞，来取代那些受损的大脑细胞。利维赛说："使用从任何人身上提取的皮肤细胞样本，我们都能制造出大量的大脑皮层神经细胞，而且从原理上来讲，我们也能将这些神经细胞移植入病人体内。"

4. 利用体外细胞培育出完整胸腺

2014 年 8 月，英国爱丁堡大学发布新闻公报称，该校再生医学中心克莱尔·布莱克本教授等人组成的一个研究小组，成功通过细胞重组技术，利用实验室培养的细胞，培育出功能完全的胸腺。这是科学家首次利用体外细胞，培育出完整的活体器官，对于开发新的疗法治疗免疫功能低下等疾病具有重要意义。

在这项研究中，研究人员首先从小鼠胚胎中提取纤维母细胞，利用细胞重组技术把它转变成一种完全不同类型的细胞。该重组细胞不仅在外形上和胸腺细胞一样，并且同样具有支持 T 细胞发育的能力。随后，研究人员把重组细胞与其他胸腺细胞混合后移植到小鼠体内，最终这些细胞成功发育成与成熟胸腺具有同样结构和功能的活体器官。

布莱克本说："我们的研究向培育用于临床的人工胸腺的目标迈出了

极其关键的一步。”

胸腺是机体的重要淋巴器官，位于心脏附近，对免疫系统至关重要，因为它可以生产抵抗感染的 T 细胞。对于胸腺疾病的治疗来说，向体内注射免疫细胞，或在出生不久后进行胸腺移植，是主要的治疗手段，但这些治疗手段，却因捐助者稀少及配型问题而无法普及。爱丁堡大学的研究成果，则有望改变这一窘境。

虽然研究人员表示，将这一研究成果安全、可控地用于临床还需要进行更多的研究，但无论是受遗传影响而胸腺发育不全的新生儿，还是因年龄而胸腺急剧萎缩的老年人，将来都可从中受益。此外，如进行骨髓移植的病患，也同样可以从中受益，因为新疗法或可以帮助他们在骨髓移植后快速重建免疫系统。

（三）细胞治疗方面出现的新技术

发现可使癌细胞长时间休眠的方法。

2005 年 3 月，英国玛丽·居里研究所的一个研究小组在《癌症研究》杂志上发表研究成果称，他们发现一种可使癌细胞“永久休眠”的方法，这种方法可望用于医治癌症。

据报道，一般而言，人体能使那些已经发生突变的细胞处于一种休眠状态，阻止它们的分裂和生长。然而，如果这种突变是癌变，人体的这种功能会受到抑制，从而导致癌细胞快速扩散。英国研究小组开发出一种新方法，可以重新激活人体的自我抵抗能力，阻止已经发生危险变异的癌细胞进行分裂。

在试验中，研究人员对致命的恶性黑色素瘤进行研究。结果发现，在破坏人体抑制细胞分裂功能的过程中，一种名为 TBX2 的基因扮演了主要角色。这种基因一旦失效，黑色素瘤细胞便失去了分裂能力。目前，科学家们正在对 TBX2 基因的有效范围进行分析，以确定这种基因对其他癌症的发展是否有同样效果。

专家表示，目前医学上治疗癌症的方法，主要是用化学疗法杀死癌细胞和通过外科手术直接切除肿瘤，而上述发现有望为治疗癌症开辟一条新路。

第四节　微生物领域研究的新成果

一、微生物种类研究的新发现

（一）细菌种类研究的新发现

发现以异糖酸为食的细菌种类。

2014 年 9 月，英国曼彻斯特大学一个研究小组在《多学科细菌生态学杂志》上发表论文称，他们在英格兰北部地区的高碱性土壤样本中，发现一些单细胞微生物，其不仅能够很好地适应高碱环境，还具有降解异糖酸（ISA）的能力。研究人员表示，这一发现或许有助于找到安全处置核废料的办法。

核废料的处置，对人类来说是一大挑战。当一些深埋地下的水泥基核废料与地下水接触后，会发生化学反应，变成高碱性。这种变化会驱动一系列化学反应，导致纤维素的化学降解，从而产生大量的有机污染物，而其中一种名为异糖酸的物质，可与核废料中的多种有毒元素发生反应，形成可溶性复合物和放射性核素，对周围环境，甚至饮用水和食物链构成潜在威胁。

在这项新成果中，研究人员对英格兰北部峰区地区的土壤样本进行研究。这些土壤中虽不含有放射性物质，但却因严重的高碱石灰窑废弃物污染，而形成了与存放水泥基放射性废弃物类似的环境。在这些土壤样本中，研究人员发现了一些特殊的极端细菌，它们不仅能够在高度碱性石灰废弃物中生存，也能够适应模拟的中级水平放射性废弃物存放环境。这些细菌能够以异糖酸为食物和能量来源，在没有氧气情况下，利用水中的硝酸和铁等化学物质，进行新陈代谢。

虽然科学家很早就在原始土壤中，发现有些细菌能够以一些工业废料为食，但找到能在类似核废料存放场所这样非常恶劣环境下生存的细菌，这还是第一次。

研究人员认为，这些细菌不同寻常的“饮食习惯”和自然降解异糖酸的能力，或有助于解决地下核废料的安全处置问题。他们表示，这些细菌仅仅经过几十年即适应了高碱性土壤环境，而核废料会被深埋地下几千年，给予了细菌大量的适应时间，很可能有些细菌会用类似手段适应核废料的影响。

（二）病毒种类研究的新发现

1. 经过基因分析发现“类病毒”

2004 年 11 月，英国媒体报道，英国科学家在该国布拉德福镇边沿的一个小型工业冷却塔内，发现了一种新型的、奇怪的生命形式。经过基因分析显示，这种生物体是科学家从未见到过的，可能是一种新的生命形式。这种巨大的未知生物，被人们称为“类病毒”或者“类微生物”，因为开始时被误认为是一种寄生在变形虫身上的细菌。它比现在发现的任何病毒都大两倍以上。

该病毒包含许多基因，这些在以前仅仅被认为在较为复杂的生命形式中才会存在。例如，它含具有 DNA 修复酶和其他蛋白质的基因。所有的这些典型特点，都应该是细胞生物体的标志。科学家相信，这种迄今为止仅仅在布拉德福发现的“类病毒”，显然代表一种新的细胞核 DNA 病毒。

2. 发现可帮宿主抵抗衰老的神奇“巨型病毒”

2005 年 8 月，英国媒体报道，英国普利茅斯海洋实验室一个研究小组研究发现一种神奇的“巨型病毒”，它所产生的一种物质，有着抗衰老的神奇作用。

这种病毒被称为“ 贺胥黎 - 伊米莉亚病毒 86 号”。之所以称其为巨型病毒，是因为它拥有一个巨大的基因组，由 40. 7 万个遗传密码组成，几乎同一个单细胞的支原菌相当。这种病毒入侵一种海藻，同时制造一种物质帮助它的宿主抵抗衰老的过程。

该研究小组与剑桥学者一起，已经成功破译了其遗传密码。他们发现一组基因，能够制造一种叫神经酰胺的物质，这种物质是抗皱和衰老产品的关键成分，同时能够控制细胞死亡机制的运作。以前只是在动物和植物细胞中发现过这种基因。

研究人员表示，对于一种入侵性病毒来说，这种当宿主将要死亡而控制其死亡，来保证自身发展的能力，让人难以置信。病毒“绑架”了细胞，并且延缓其衰老过程以确保自身的生存。

二、微生物开发利用方面的新成果

（一）开发利用细菌取得的新进展

1. 培育出遇见地雷会变色的细菌

2009 年 11 月 16 日，英国爱丁堡大学发布公报宣布，他们培育出一种遇见地雷就会变色的细菌，可用于在雷区安全快捷地大规模扫雷。

公报说，如果地下埋有地雷，这种细菌就会发出绿光。因此，可以把这种细菌混入无色的溶液中，然后把溶液喷洒在地上，有地雷的地方就会显示出绿色的斑块。

研究人员介绍说，在实际应用中，可以利用飞机在雷区上空大规模喷洒含有这种细菌的溶液，探测结果在几个小时后就能显示出来。另外，这种细菌生产成本低，对人和动物无害。不过研究人员表示，目前还没有将这一成果商业化的计划。

2. 揭开细菌清除污染物毒性细节

2014 年 11 月，英国曼彻斯特大学大卫・利斯教授领导的一个研究小组在《自然》杂志上发表研究成果称，他们历时 15 年深入研究，掌握了细菌是如何降低污染物毒性的详细过程。该研究有望帮助研究人员开发出降低二噁英、多氯联苯等污染物毒性的新方法。

利斯解释道："大部分有毒污染物都含有卤族元素，而大多数生物系统，并不知道如何应对这些分子。但是，有些细菌利用维生素 B_{12} 就能清除这些卤素原子。我们的研究发现，这些细菌使用维生素 B_{12} 的方式，与我们所知的大不相同。"

据报道，利斯研究小组通过对生长更快的细菌进行基因改造，从而获取了关键的蛋白质。他们继而利用 X 射线晶体成像技术，获得卤素原子被清除的细节。他表示，了解这些独特的解毒过程细节后，研究人员现在可以试着复制这一过程，从而开发出新手段，更快速高效地解决世界范围内有毒污染物问题。

目前，大量的有害分子被排放到自然界中，其中许多是通过污染物直接排放，还有些是通过室内垃圾燃烧而来。这些有害分子的浓度日渐升高，对环境和人类的威胁也越来越大。这也是该研究背后的主要动因。人们已经采取了一些手段来限制污染物的产生，例如，多氯联苯在 20 世纪 70 年代被美国禁用，并于 2001 年在世界范围内遭禁。

（二）开发利用病毒取得的新成果

把病毒化身为“安全卫士”。

2009 年 5 月，《每日科学》网站报道，英国牛津大学莱恩·西摩教授领导，他的同事，以及荷兰阿姆斯特丹自由大学研究人员参加的一个研究小组，发现一种“改造”病毒的新方式，可按需剔除病毒的关键毒性，并保持其复制能力，使其成为杀死癌细胞却不伤害健康细胞的“安全卫士”。这将为癌症治疗的改进提供新的平台，也将为新一代抗病毒疫苗的研制奠定良好基础。

目前，生物医学领域最热门的话题之一，就是能自我复制、专门灭杀肿瘤细胞的病毒研究。该研究小组的研究，表明细胞的微型 RNA 分子可控制信使 RNA 在不同细胞类型中的稳定性，这种新获知的机理为控制病毒复制以引发特定肿瘤细胞的失活提供了可能性。

新型“改造”方式可用于控制腺病毒等病毒的增生与繁殖。腺病毒是一种在癌症治疗中广泛使用的 DNA 病毒，但其可引发小鼠体内的肝脏疾病。该研究小组发现，把微型 RNA122 许可的位点引入病毒基因组中，可导致重要病毒的信使 RNA 的功能退化，从而减弱该病毒侵害肝脏的能力，并保持病毒的复制功能和其杀死癌细胞的能力。

西摩表示，“改造”方式适用范围广且十分有效，其可控制病毒的活动，在特定的肿瘤细胞中对其进行按需复制，使病原体本身的毒性消失；而释放出来的子代病毒将继续感染周围的肿瘤细胞，从而周而复始地杀灭肿瘤，却对健康细胞不造成伤害。

事实上，被“改造”的天然生成的病毒，已在医药领域起到重要作用，基于此类病毒开发的疫苗对麻疹、腮腺炎、脊髓灰质炎、流感和水痘等都有显著的疗效。目前，它已被作为癌症的潜在治疗方式，并被命名为“病毒疗法”。

研究人员表示，目前的研究仍局限于对控制病毒活动的新机理的探索和阐述，虽然“病毒疗法”对杀死小鼠体内的肿瘤很有帮助，但其应用于人体癌症治疗，仍需要长时间的摸索与尝试，真正的临床测试至少要在两年后才能开始。

三、微生物检测与治疗研究的新成果

（一）开发微生物检测技术的新进展

1. 开发超级细菌快速检测技术

2005 年 2 月，英国媒体报道，医院是治病救人的地方，然而许多细菌也会在此交叉感染，最近，一种超级病菌在欧美一些医院中流行开来。这种超级细菌学名为：耐甲氧苯青霉素金黄色葡萄球菌。之所以称它为超级细菌，是因为它具有极强的抗药性。

超级细菌最早被发现于 1961 年。研究发现，这种细菌在不断繁殖变异的过程中，保留了对某些抗生素耐药的基因，一旦人体感染，特别是那些免疫力低下的患者感染后，常常会引起败血症、肺炎等并发症，危及生命。如果发现及时，目前的治疗方法是将感染者隔离，并采用万古霉素进行治疗，效果还不错。

通常诊断是否感染了超级细菌需要 3—4 天的时间，这是因为医生需要培养出数百万个超级细菌才能进行观察鉴定。如今，英国的阿克莱特生物医药公司宣称，他们研制出了一种快速诊断超级细菌的技术，将诊断时间缩短为 5 小时。

据说这种检测仪采用的并非新技术，而是来源于英国军队的秘密武器实验室，源于那里的一种用来在生化战中快速探测微生物细菌的技术。如今，这种检测仪已经进入了试验阶段。英国卫生部表示，他们将密切关注这一检测仪的实验进展，并要求各大医院改善卫生状况，建立超级细菌检测机制，以降低超级细菌的感染率。

2. 发明探测“超级细菌”的电子鼻

2005 年 9 月 24 日，《新科学家》杂志报道，英国华威大学一个研究小组发明了一种电子鼻，它能够嗅出患者是否感染了抗药性极强的“超级细菌”，准确率很高。这种电子鼻的体积，大约有两个普通计算机的显示器那么大，售价估计在 6 万英镑。

俗称“超级细菌”的耐甲氧苯青霉素金黄色葡萄球菌，抗药性越来越强，已经有突破“抵御病菌的最后防线”万古霉素的趋势。目前，“超级细菌”在英国一些医院中肆虐，严重影响患者身体健康。

通常的培养基检测，需要2—3天才能确定“超级细菌”的存在。正在开发中的DNA检测法，识别“超级细菌”据说需要两个小时。而该研究小组发明的这种电子鼻，只要15分钟就能探明“超级细菌”的存在。

据报道，这种电子鼻中装有一组电极，电极上包裹着不同的导电聚合物。每个电极在遇到不同物质时，就会改变电阻，作出反应。电子鼻综合所有电极的反应，绘制出被检测物质的“气味图”。随后再把“气味图”输入电脑，就能够分辨出被检测的物质。研究人员说，“超级细菌”排泄出的一种易挥发化合物，很容易被电子鼻识别。

研究人员对159名已知感染了“超级细菌”的患者进行测试。他们用棉签蘸取患者的鼻液，放入电子鼻中。结果，电子鼻对其中96%的患者作出正确判断。

3. 开发出能确定饮用水中所含细菌的检测技术

2013年9月，有关媒体报道，英国谢菲尔德大学凯瑟琳·比格斯教授主持的一个研究小组开发出一种基因检测技术，用以确定饮用水中所含细菌的具体种类。

研究人员发现，水管中几种常见细菌结合体可以形成一种生物薄膜，成为其他可能对人体更为有害的细菌繁衍的“温床”。

研究人员把4种细菌分离出来，并发现其中任何一种细菌都无法独立形成生物薄膜。但是，当这些细菌与任何一种甲基杆菌属细菌混合在一起时，就可以在72小时内形成生物薄膜。

比格斯说：“我们的研究结果表明，这种细菌可以起到桥梁的作用，使其他细菌与其表面接合并产生生物薄膜。很可能不只这一种细菌能起到这样的作用。”

研究人员表示，这意味着，人们可以通过确定这些特定菌种，来控制甚至阻止饮用水中这类生物薄膜的形成，通过这种方式就可以减少水处理中所添加的化学剂含量。目前，净化饮用水的措施，就像是在不清楚究竟感染了何种细菌的情况下滥用抗生素。尽管这很有效，但需要大量使用化学试剂，并使消费者在一段时间内暂时无法用水。目前的测试方法，要花很多时间才能得出结果，而在此期间试样中的细菌已经开始繁衍。

比格斯说："我们现在进行的基因测试研究，将能提供一种更快、更精密的替代方法，让自来水公司能够精准地确定供水系统中发现的菌种，并有针对性地进行处理。"

（二）微生物治疗过程形成的新成果

1. 研制出用"噬菌病毒"对付细菌的清洁剂

2004 年 10 月，有关媒体报道，英国思克莱德大学马里医生领导的一个研究小组已经研制出含有噬菌病毒的清洁剂，可以杀死肆虐英国医院病房的致命超级病菌。研究人员希望在数月内可在医院试用。

现在，英国每年有数百计人因染致命的抗药性金黄葡萄球菌死亡，而且大部分都死在医院里。该研究小组开发出一种能攻击超级病菌的"噬菌病毒"。这种病毒只会攻击细菌，不会危害人类。

该研究小组把噬菌体涂在固体的表面上，令它们吸附及不断衍生。当噬菌体接触到致命病毒时，噬菌体便会依附在病毒上，并复制出数量更多的噬菌体，不断吞噬病毒。马里医生介绍说："噬菌体是细菌世界的天生杀手，但不会伤害人类。"

2. 发现可与细菌 DNA 结合而灭菌的无机化合物

2009 年 6 月 8 日，英国沃里克大学发布的新闻公报说，该校研究人员阿代尔·理查德斯等人组成的一个研究小组发现一种无机化合物，可直接作用于细菌 DNA，并在 2 分钟内杀死细菌，这将有助于研究人员开发出新型抗生素，用于对付那些已对其他药物产生耐药性的"超级细菌"。

研究小组表示，这是一种铁的化合物，它具有和细菌 DNA 相近的螺旋结构，能够穿过细菌的细胞壁等，与细菌的 DNA 结合到一起，并阻止 DNA 和其他物质结合。由于细菌的 DNA 不能再指导其体内的生化反应，这种化合物最终可以起到杀菌效果。针对枯草杆菌和大肠杆菌的实验显示，这种化合物可以在 2 分钟内杀死几乎所有细菌。

理查德斯说，这一发现将有助于开发出新型抗生素，用来对付那些已有耐药性的细菌，比如耐甲氧西林金黄色葡萄球菌。

第五节　植物领域研究的新成果

一、植物生理研究的新进展

（一）揭示植物抽枝和开花的生理机制

1. 研究发现植物何时抽新枝的决定因素

2004 年 10 月，英国媒体报道，大树伸展出许多枝条在风中摇曳，这些树枝并不是随意生长出来的，而是受到基因的控制。英国约克大学和美国佛罗里达大学联合组成的一个国际研究小组，在《现代生物学》杂志上发表研究成果称，他们发现了一个基因，它决定植物什么时候在什么部位抽出新枝。

研究人员说，这个基因名叫 MAX3，它决定着植物在特定条件下是否要长出一条旁枝，对决定植物的最终形状非常重要。调整这个基因，有可能培育出新品种植物，使园艺作物形状更美，或使农作物和树木生长更有效率，避免浪费养分。

科学家在研究一种称为拟南芥的植物时，发现了这个基因。该基因发生变异的拟南芥，会长出特别多的旁枝。这显示，MAX3 基因编码的蛋白质可能在植物主干生长时，起到抑制旁枝生长的作用。

目前，还不清楚该基因起作用的具体机制，科学家猜测，MAX3 蛋白质可能与一种称为类胡萝卜素的分子结合，再把类胡萝卜素分子“切”成碎片，从而向生长中的细胞发出信号，告诉它们如何分裂。

以前人们已经发现，一些称为植物生长激素和细胞因子的激素类物质，能影响植物新枝的生长，但这些物质还会对植物发育起到许多其他作用。科学家认为，要精确地控制植物的形状而不影响其他特征，目前的最佳方法是从 MAX3 基因着手。

许多观赏花木的枝条越多越好看，而小麦等农作物和用作木材的树木，就要尽量少长旁枝，把养分集中在谷粒、果实或主干上。科学家说，发现 MAX3 基因，有助于培育更好的植物品种。

2. 破译植物开花时间的秘密

2013年5月，英国约翰·英尼斯中心研究人员孙前文博士主持的一个研究小组，在《科学》杂志上发表研究报告称，植物之所以会在不同季节开花，是因为受到一种核糖核酸（RNA）的调控作用。

该研究小组发现的这种核糖核酸名为COOLAIR，是一种反义长链非编码核糖核酸。长链非编码核糖核酸，曾被认为没有功用，现在科学家发现它能发挥很多重要的功能，比如影响基因的表达和染色质沉默等。不过，目前还不清楚其自身被调控的机理。

研究人员以模式植物拟南芥作为研究对象，通过遗传筛选和基因克隆等手段，发现COOLAIR受到一种叫做R环的特殊结构的影响。R环是由一条脱氧核糖核酸（DNA）与核糖核酸杂合链，以及一条单链基因所形成的特殊基因组结构，一般在基因表达转录核糖核酸时，可以形成瞬时的R环，但很快会被去除。

孙前文解释说，COOLAIR作为一种反义长链非编码核糖核酸，可以影响拟南芥的开花时间。而他们观察发现，R环能够通过抑制COOLAIR发挥作用，从而让拟南芥提前开花。

孙前文说，虽然他们以拟南芥作为研究对象，但他们发现的调控机制存在普遍性，可为相应的研究领域提供借鉴，包括反义长链非编码核糖核酸功能、癌细胞基因组的不稳定性等研究。

（二）农作物生理机制研究的新发现

1. 发现控制大麦开花期的因素

2005年11月15日，英国诺维奇科研机构约翰·英纳斯中心（JIC）戴维·劳丽博士领导一个研究小组在《科学》杂志上发表论文称，他们对作物的开花期研究取得了重要突破，研究结果将有助于理解作物，是如何利用日照时间，来确保在一年中最佳时间开花。

研究人员详细描述了一个与大麦开花相关的基因Ppd－H1，该基因通过控制大麦光周期反应的遗传途径，进而控制开花期。

众所周知，许多植物总会在每年特定的时间开花，但对其原因却不够清楚。如今，研究人员发现，植物长久以来，一直利用周围的环境信息，来控制自身的开花期。包括大麦在内的很多作物，对日照时间的长短都有反应，并且它们会利用这些信息来决定自己的开花期。

事实上，大麦或其他作物的各个品种，对日照时间的反应均是以不同方式进行的，并且它们在一般情况下通过品种的多样性来适应不同的耕作条件。这个研究结果是令人惊喜的，劳丽研究小组首次发掘并定位了作物开花相关基因 Ppd - H1。该基因能控制一些重要的反应过程，也有助于了解植物，是如何利用日照时间来控制开花期的。在当前全球气候不断变化的情况下，Ppd - H1 基因有助于育种学家培育出能适应多种农业环境条件的作物新品种。

一些大麦品种在春季对日照时间的反应极为敏感，因此在夏季很早就开花了。反之，另外一些反应较慢的品种开花就晚些。早开花在夏季干热的地中海等地区比较有利，这样植物可以在酷暑胁迫来临之前完成生活周期。而另一些地方如英格兰，夏季凉爽潮湿，由于生长周期长，晚开花则能获得高产。

对 Ppd - H1 基因的定位将有助于发掘更多的在特定环境中生存的大麦基因，进而能对作物的历史有进一步的了解，并且有助于对作物如何在世界的不同环境中繁衍生息的理解。

研究显示，同样的基因可能在小麦和水稻中也起重要的作用。如果是这样，Ppd - H1 基因可能在野生物种的驯化过程中，具有非常重要的作用。

植物与人类及其他许多生物一样，有一个内在的生物钟。大麦中的生物钟调节着生物钟基因的活性，生物钟基因的活性峰值，与植物暴露在足够长光照下的情况一致。当生物钟基因激活一个叫 FT 的基因后，就会刺激开花。

Ppd - H1 基因影响生物钟基因在一天中表达的时间。在开花较晚的大麦中发现有不同的基因，这些基因致使生物钟表达的峰值推后。因此，只有白天的时间足够长时，FT 基因才能表达，否则就会延迟开花。

2. 发现可刺激农作物增产的新机制

2014 年 1 月，英国杜伦大学农作物改良技术中心副总监阿里博士牵头，他的同事，以及诺丁汉大学、洛桑研究所和华威大学有关人员参加的一个研究小组，在《发育细胞杂志》上发表研究成果称，他们发现，植物中存在一种即使在恶劣环境下仍能刺激其生长的自然机制，由此可以潜在增加作物产量。

在不利的自然条件下，例如缺水或土壤含盐量高，为了节省能源，植物会自动减缓其生长速度，甚至停止生长，它们通过抑制植物生长的蛋白质达到这种效果。与这个过程反向的是，植物产生一种激素即赤霉素，可打破这种抑制生长的机制。

研究人员通过对生长在欧洲和中亚的阿拉伯芥，进行植物建模研究发现，植物具有另外一种在环境压力下可调控其自然生长的能力，即植物能产生一种称为 SUMO 的蛋白质改性剂，与抑制生长的蛋白相互作用。他们认为，可通过植物育种和生物技术等方法，修改改性蛋白和阻遏蛋白之间的相互作用，移除让植物停止生长的机制，从而带来更高的产量，即使植物在遇到压力时也是如此。且这种机制也存在于大麦、玉米、水稻和小麦等作物之中。

阿里博士认为，这一发现，可能是一种重要的帮助作物提高产量的手段。他说："我们所发现的是一种分子机制，即在不断变化的环境条件下，可以稳定限制植物增长的特定蛋白水平。这种机制独立于赤霉素激素发挥作用，意味着即便在一定压力下，我们也可以利用这种新方法促进植物生长。"

新的研究对于农民无疑是个福音。特别是面临不利的条件，利用这种机制可以促进农作物保持较大产量，实现可持续集约化生产，带来更大收益。

二、植物资源开发利用方面的新成果

（二）保护和恢复植物资源的新方法

1. 启动植物保护计划

2009 年 7 月，英国启动了以拯救、修复和恢复植物为目标的"会呼吸的星球计划"。在该计划下，英国皇家植物园丘园已经与世界知名的植物园以及研究人员开展合作，以降低气候变化的影响、拯救濒临毁灭的植物物种和栖息地。

位于伦敦附近的英国皇家植物园丘园始建于 1759 年，它已经成为全球重要的植物研究中心，同时也是联合国教科文组织认定的世界遗产。几个世纪以来，科学家和研究人员已经收集了来自世界各个角落的植物样本。正像人们对它形容的那样，“这座植物园改变了世界”，这里是“世界上最重要的植物知识汇集地”。

丘园的主任史蒂芬·霍珀教授解释说：“植物从空气中吸收二氧化碳，它们为我们提供所需的食物和氧气，为其他生物提供支持并且可以缓和气候。然而我们为了满足短期需求，在森林和丛林中堆放垃圾，而这些垃圾排放出大量的二氧化碳气体。”其结果就是植被减少、沙漠扩张、冰川缩小。

霍珀说：“这个计划是要我们认真对待关于气候变化影响的《斯特恩报告》，它指出‘现有的商业行为是不可取的’。我们对丘园将采取何种措施来产生改变拭目以待。”

“恢复生态”是该计划的七个重要特征之一。霍珀解释说：“该计划要在世界碳储存区修复和恢复植物多样性，尤其是植被已经被清光的地区，现在那里的人们希望这些土地重新变为半野生状态。”

为当地人民种植当地的植物，利用植物多样性的全部优势，以保证人类福祉是该计划的一个重要方面。霍珀说，地球上大约一半的人，没有参与西方农业，但是却依赖当地作物，包括一些药用目的的植物。

霍珀说，我们不是要改变这个世界。我们要充分认识到“这个星球上有大约 3 万种可食用的植物，其中一些会成为未来主要的粮食作物。如果让它们从我们的手中溜走是很愚蠢的。我们希望鼓励各地的人们，甚至城市中的人们来种植他们自己的作物”。

该计划还包括利用世界种子银行来保护植物。丘园自己的千年种子银行位于韦克赫斯特，该组织的其他植物园位于英格兰南部的苏塞克斯。这个世界一流的设施，可以保存来自世界各地的种子样本，包括现在被认为在野外已经灭绝的植物。

保存这些以及其他数千种植物的种子，被看做是在栖息地被持续毁坏的情况下的一种“保险”。安全的储存种子，意味着其能够被人类或动物在将来再次利用。全球大约有 10% 的野生植物的种子在该种子银行储存，它的目标是到 2020 年以前增加到 25%。

2. 利用昆虫遏制外来杂草入侵

2009 年 8 月，有关媒体报道，19 世纪中期，原产于日本的蓼科杂草传到英国。由于当地罕有天敌，这种植物得以迅速繁殖，严重威胁了本地生物。英国莱斯特大学的研究人员为此专门培育出一种昆虫，使用生物手段遏制它的入侵蔓延。

他们培育出的昆虫叫木虱，它不但专门吸食蓼科杂草的汁液，而且可在其枝叶上大量繁殖后代，从而削弱蓼科杂草的生长繁殖能力。研究人员说，这种生物遏制手段经过严格测试，它针对性强，不会对英国本地的类似植物或重要经济作物造成威胁。

（二）培育蔬菜取得的新成果

1. 利用基因技术培育出“超级保健”蔬菜

2005 年 4 月，英国布里斯托尔大学一个研究小组在《自然生物技术》杂志上发表研究报告说，他们利用转基因技术，使水芹富含多不饱和脂肪酸，成为一种“超级保健”蔬菜。

ω－3 和 ω－6 多不饱和脂肪酸，能够调节血压和免疫反应并参与细胞信号活动。ω－3 还被认为能促进大脑发育、降低成人心脏病及风湿性关节炎的发病率。

海藻和蘑菇中富含天然多不饱和脂肪酸。英国研究小组报告说，他们从海藻和蘑菇中分离出负责制造多不饱和脂肪酸的 3 个基因，并把它们植入水芹，培育出富含多不饱和脂肪酸的转基因水芹。研究人员认为，这一成果将有助于未来新一代健康蔬菜食品的开发与研究。

伦敦圣乔治医院营养学家凯瑟琳·科林斯说，这种转基因水芹可以直接食用，也可以通过喂养动物进入食物链后，再供人食用。这一成果是功能性食品研究的又一进展。人体自身不能合成 ω－3 和 ω－6 多不饱和脂肪酸，只能从天然食物中摄取。大自然中，禽蛋类食品富含 ω－6，谷物、鲑鱼、大比目鱼和沙丁鱼等冷水鱼中富含 ω－3。但由于鱼类资源困乏及污染导致的鱼肉毒素超标，研究人员一直在寻找富含这两种营养成分、又容易获取的食物来源。但一些人一直对转基因食品心存疑虑，这种“超级保健”水芹，能否最终端上餐桌目前还不得而知。

2. 培育成同时结出西红柿和土豆的植物

2013 年 9 月 26 日，有关媒体报道，英语初学者常会混淆土豆（potato）和西红柿（tomato）两个单词。不过，现在混淆也无所谓了，因为真的出现了一种名叫 Tomtato 的植物，它的根茎处结土豆，开花后结番茄。

英国汤普森摩根公司当天宣布，这家园艺公司，使用非转基因技术，开发出一种新的植物，可同时结出西红柿和土豆。这种植物果实被命名为 Tomtato，今后将在英国市场上市。

这家公司说，尽管先前也有类似嫁接植物问世，但果实口感不佳。新研发出的植物结出来的西红柿“甜而香”，土豆“白又鲜”。这一品种，适合商业化投产种植，在全球尚属首次。

这种植物适合一年种植一季，土豆和西红柿同时成熟，收获时只需将植物连根拔起，就可在枝头收获西红柿，在根部摘取土豆。按开发商的说法，它特别适合那些既想种土豆又想种西红柿，但又缺田地的农户。

（三）检测和贮藏水果取得的新成果

1. 发明测试水果棒曲霉菌的方法

2005 年 4 月，英国媒体报道，苏格兰思克莱德大学一个研究小组为了消除水果中的污染风险，他们突破重重障碍，设计出一种迅速测试导致霉变的有害毒枝菌素棒曲霉菌的方法。

报道称，该研究小组与工业合作单位一起，开发出特别针对感染水果如苹果、梨和葡萄的棒曲霉菌单克隆抗体。棒曲霉菌是青霉菌、曲霉菌等生产出来的一种毒枝霉素，它可以在水果、粮食和奶酪等的食品中生长。

棒曲霉菌较常见的现象是出现在苹果和苹果制品中。根据英国食品标准局的统计，它与一系列动物试验的负面影响有关，它是诱导机体突变的、抗菌素和胎儿生长中起影响的物质。尽管没有证据证实摄取这种毒素对人体有负面影响，但专家仍然建议，食品中的棒曲霉菌含量越低越好。

2. 研制出水果和蔬菜的烃类混合物保鲜剂

2005 年 4 月，有关媒体报道，英国塞姆培生物工艺公司研制出一种“天然可食保鲜剂”，它能使梨、葡萄等水果和番茄、辣椒等蔬菜储藏寿命延长 1 倍。

报道称，这种保鲜剂采用一种复杂的烃类混合物制成。在使用时，将其溶于水中成溶液状态，然后将需保鲜的蔬果浸泡在溶液中，使蔬果表面很均匀地涂上一层液剂。这样就大大降低了氧的吸收量，使蔬果所产生的 CO_2 几乎全部排出。因此，保鲜剂的作用，酷似给蔬果施了“麻醉药”，使其处于休眠状态。

（四）植物资源开发利用的新技术

开发出可大幅度降低成本的紫杉醇生产新方法。

2010 年 10 月，英国爱丁堡大学生物科学学院加里·洛克教授领导，他的同事参与的一个研究小组，在《自然·生物技术》杂志上发表研究成果称，他们开发出一种廉价的、不破坏生态平衡的新技术，可利用植物干细胞来生产紫杉醇，从而大幅度降低紫杉醇等植物药用成分的提取成本。

据了解，紫杉醇是从红豆杉（又名紫杉）树皮中，分离的一种二萜类化合物，具有天然的抗癌功效，能有效治疗卵巢癌和乳腺癌，对肺癌、大肠癌、恶性黑色素瘤、头颈部癌、淋巴瘤、脑瘤以及类风湿性关节炎也有一定作用，于 1992 年被美国食品和药物管理局正式批准为抗癌新药。

但是，由于紫杉醇在红豆杉树皮中的含量极低，每生产 1 公斤紫杉醇，需红豆杉树皮 30 吨，而且必须以成年树木为原料，因此传统生产方法不但周期长、效率低，还会破坏大量的森林资源。随着国际市场对紫杉醇需求数量的日益增长，资源量本来就十分有限的红豆杉，远远不能满足市场需求，在利益的驱使下，不少红豆杉惨遭剥皮，野生紫杉醇资源濒临灭绝。

该研究小组从红豆杉树皮中，提取了一种用于生产紫杉醇的植物干细胞。研究人员称，利用这种能够自我更新的植物干细胞，可以制成大量具有活性的化合物，这将为紫杉醇等药物的萃取，提供充足的原料，其成本比传统制造方法要低得多，而且不会产生有害副产品。此外，借助该方法，研究人员在其他具有药用价值的植物上的实验，也获得初步成功。这表明，植物干细胞法同样也适用于紫杉醇之外的其他药物的生产。

洛克说，植物是人类的一个重要的医药宝库，我们今天所使用的药物中有 1/4 以上都来自植物。这项新发现，为植物类药物的提取，提供了一条低成本、清洁、安全的途径，这也将在一定程度上，对癌症以及其他疾病的治疗，带来更多的希望。

第六节　动物领域研究的新成果

一、昆虫研究的新进展

（一）研究昆虫器官的新发现

1. 研究蜜蜂视觉器官的新发现

2005 年 11 月，英国媒体报道，伦敦大学学院眼科学院的一个研究小组在研究蜜蜂视觉器官时发现，蜜蜂的视觉器官及其构成系统，比我们之前认为的要复杂得多，实际上，蜜蜂可以在不同颜色的光线之下辨别出不同的物体。有关专家认为，这个研究成果将会帮助制造未来机器人的视觉系统。

研究人员用食物奖励的方法，来训练大黄蜂在不同颜色的人造花中，找到一种特定颜色的花。然后，他们测试这些蜜蜂在紫外线黄色、蓝色、黄色和绿色等四种不同颜色的光照明场景中，找到同一颜色花的能力。为了解决这样的难题，蜜蜂需会快速地把这些场景根据不同的照明，分割成几个不同的区域，然后在每个区域中找出正确的花来。

研究表明，蜜蜂的小小的大脑不仅能解决目前最精密的电子计算机都不能解决的难题，而且还告诉我们，它们是通过使用同一场景中不同物体的色彩联系，这些联系在统计学意义上讲，是它们的经验中最有用的。

研究人员称，他们的长期目标就是进一步深入这方面的研究，然后制造出视觉机器人，就像蜜蜂用它们仅有的一百万个视觉神经，可以在杂乱草丛中找到一朵简单的花一样，目前还没有任何机器人可以做得到。

2. 研究伊苏斯虫运动器官的新发现

2013 年 9 月，英国剑桥大学马尔科姆·巴罗斯教授领导，布里斯托大学格里高利·萨顿等人组成的一个研究小组，在《科学》杂志上发表论文称，他们在研究伊苏斯虫（Issus）运动器官时发现，这种昆虫身上存在功能性机械齿轮结构，过去认为这种现象只有在人造机械中才会出现。研究人员称，这是首次在自然界生物体上发现此类结构，表明自然界生物进化成果，在某些方面要远超人类预料。

伊苏斯虫是欧洲常见的一种昆虫，在大多欧洲国家居民的花园中皆可见这种昆虫。该研究小组利用高速摄像设备和现代解剖技术，对这种昆虫幼体的身体结构和运动器官进行了研究。他们发现，在这些昆虫幼体的后腿关节上，有着如自行车或汽车变速箱传动装置一样的齿轮结构，其齿轮带大约有400微米长，轮齿数量在10—12个，在昆虫通过运动器官进行跳跃时，两个齿轮带会同步旋转，完美咬合，提供同向推力。

巴罗斯指出，伊苏斯虫的双腿运动速率高达30微秒，这种精确的同步性不可能通过神经系统来实现。伊苏斯虫的运动器官利用骨骼结构解决了大脑和神经系统无法解决的问题。它把神经信号传递给肌肉，产生大致相同的力量，当一条腿开始摆动，齿轮就会咬合联动，从而产生绝对的同步性。

伊苏斯虫运动器官的齿轮结构，有着人造机械齿轮的特点，比如每个轮齿与齿轮带的连接点都有一个圆角，这是人工机械齿轮的特征，可有效减震，防止轮齿断掉。但它也有与人造机械齿轮不同之处：人造齿轮都是对称的，以便在旋转过程中能够彼此咬合，而伊苏斯虫后腿关节的齿轮结构中，每个轮齿是非对称的，都向一个发力点弯曲，从而为跳跃提供单向动力。

此外，令研究人员更感迷惑的是，他们只在伊苏斯虫幼体的后腿关节处发现了这种齿轮结构，当幼虫蜕皮为成虫后，这齿轮结构就消失不见了。

齿轮结构在动物界中并不鲜见，如刺山龟（也称为齿轮龟）的甲壳、车轮虫的背面等，都呈齿轮状，但这些结构的功能要么模糊难明，要么随着进化而逐渐丧失，成为一种装饰型结构。

萨顿说："我们常常认为像机械齿轮这样的结构，只是人类机械设计的产物，但事实并非如此，我们没能在生物体上发现它，是因为我们观察得不够。生物体运动器官上的这种齿轮结构，不是设计出来的，而是自然进化的结果。"

（二）研究昆虫行为习性的新发现

1. 研究蝴蝶个体行为习性的新发现

2005年5月，英国媒体报道，生物学家惯常在动物身上装上观测仪器，以了解动物的生活习性。但是对于像蝴蝶一样"娇小"的昆虫类来说，在它们身上安装观测仪器就不是件容易的事情了。所以，自从20世纪40年代以来，研究人员就动起用雷达观测蝴蝶习性的念头。不久前，英国一个由生物学家组成的研究小组研制出一种微型雷达，可以直接粘在蝴蝶背上，直接准确地观察单只蝴蝶的所有行为习性。

报道称，这种微型雷达长约1.5厘米，重量为12毫克。安到蝴蝶身上后，肉眼看上去蝴蝶就像多长了一根触须。这种微型雷达的作用，是一个射线接收器。原有的雷达观测点，向四周转动发射信号，蝴蝶身上的雷达对信号进行接收并进行自动反射，再由电脑记录整理有关数据。这种微型雷达由生物学家的巧手把它粘到蝴蝶的背上，然后放飞。

研究人员发现，看似漫无目的的蝴蝶，其实飞行起来相当有规律。它们的飞行速度约为每小时17公里，飞行路线是一环一环相连的不规则圆圈。它们用这种“转圈”的方式，不停地为自己定位。而飞行的目标，绝大多数都是可以采蜜的花朵，只有交配期的蝴蝶例外。在发现心仪的对象之后，它们可能会变成直线飞行，直奔目标。这种飞行方式，被研究人员戏称为“有系统的搜寻战略”。

经过多次对比观察后，研究人员发现，装上微型雷达的蝴蝶不会改变行为习性，至少在飞行、觅食、求偶等方面。研究人员幽默地说，虽然不能确定带着微型雷达的蝴蝶是否更有吸引力，但至少它们“找对象”一点都不受影响。

2. 研究冈比亚按蚊种群行为习性的新发现

2010年1月，英国萨塞克斯大学等机构有关人员组成的一个研究小组，在《当代生物学》杂志上发表研究报告说，蚊子的嗡嗡声让人厌烦，但这却是它们彼此间辨别身份的标志和吸引“另一半”的“情歌”。他们的研究显示，非洲的冈比亚按蚊可以靠声音的差别，来区分不同种群的行为习性。

研究人员说，冈比亚按蚊分为多个亚种，这些亚种在外表上几乎完全一致，但却很少杂交，这使得冈比亚按蚊保持了较高的基因多样性，因此适应性更强，从而成为不易对付的疟疾传播载体。

研究人员此前曾发现，蚊子扇动翅膀发出的嗡嗡声，可成为它们之间的交流手段。对冈比亚按蚊的最新研究又发现，不同亚种的蚊子在声音频率上有差别。当同一亚种的两只异性冈比亚按蚊互相接近的时候，它们会调整各自的声音频率，达到一个较好的“和声”，然后交配。而不同亚种的蚊子相互间难以完成这场“对歌”，从而避免杂交。

研究人员说，这是首次发现冈比亚按蚊利用声音频率选择配偶的特点，它将有助于通过开发干扰其交配的手段，提高防控疟疾的水平。

3. 研究蚂蚁蜜蜂社会性行为的新发现

2013 年 1 月，英国媒体报道，牛津大学动物学系安迪·加德纳主持的研究小组在一项研究报告中说，他们在研究昆虫的社会性行为时发现，像蚂蚁、蜜蜂这样的昆虫，都有自己独特的“小社会”。而且，这些昆虫有一种重要的社会性行为，就是会判断哪种性别对群体更“有用”，以此决定“生男”或“生女”。

研究人员说，他们通过研究蚂蚁等昆虫群体内部的分工和生殖方式发现，这些昆虫会根据不同性别在群体中的实际作用，来控制雌雄比例。例如，普通蚂蚁往往由雌性蚂蚁负责群体中的主要工作，雄性的作用相对较小，因此会主动多繁衍雌性后代。而白蚁群体中雌雄性别的“工作量”相当，所以雌雄数量也基本接近。

加德纳说，蚂蚁、蜜蜂等昆虫在生育时，可以主动控制是否让卵子受精，来控制后代的性别比例，受精卵将发育成雌性，未受精卵将发育成雄性。

研究人员说，这一发现有助于更好地了解一些昆虫“小社会”的形成原因和结构。

（三）昆虫类资源开发利用的新成果

成功地从野蛾茧中抽出长丝。

2011 年 5 月，英国牛津大学汤姆·盖桑领导的一个研究小组在美国学术期刊《生物大分子》上发表研究报告说，他们找到能从一些野生蛾类所结的茧中，较好地抽出长丝的方法。这样得到的丝，在质量上与家蚕丝接近。对于非洲和南美等一些不适合饲养家蚕的地区来说，这也许会为当地丝织业带来机会。

研究人员表示，一些野生蛾类所结的茧，之所以很难抽出丝来，是因为其表面覆有一层较硬的草酸钙。使用乙二胺四乙酸溶液就可以把这些茧软化，再从中抽出长丝。

盖桑说，实验显示这种方法，不仅可以帮助从野蛾茧中抽丝，还不影响这些丝的质量，从野蛾茧中获得的高质量丝可与家蚕丝媲美。

研究人员认为，对于那些不适合饲养家蚕但野生蛾类丰富的地区，如非洲和南美，本次研究成果具有带来一场“野生丝革命”的潜力。

二、鸟类研究的新进展

（一）鸟类认知能力研究的新成果

发现鸟选择筑巢材料不单靠本能。

2014 年 4 月，英国圣安德鲁斯大学和爱丁堡大学联合组成的一个研究小组，在《皇家学会生物学分会学报》上发表研究成果说，人们通常认为，鸟类选择筑巢材料的能力是天生的，但他们的研究发现，这其实是一种更为复杂的认知活动，后天的学习和体验也有重要影响。

研究者说，为验证鸟类是否能通过学习来辨别筑巢材料的好坏，他们用斑胸草雀进行分组比较实验：一组只能获得柔韧、松软的筑巢材料；另一组则只能获得更坚硬、结实的材料。

一段时间后，研究人员让两组斑胸草雀在这两种材料之间任意选择，结果发现，使用过较软材料的斑胸草雀这次都会选择更硬的材料，而此前就使用硬材料的一组斑胸草雀并未对两种材料表现出好恶。

但在完成一次筑巢后，所有斑胸草雀都对硬材料“增加了好感”。研究人员认为，这说明，后天学习和体验对斑胸草雀选择筑巢材料有着很重要的影响，它们会根据筑巢要求选择更合适的材料。

（二）家鸡培育的新成果

1. 培育出产下抗癌药物鸡蛋的新型母鸡

2005 年 6 月 3 日，路透社报道，英美两国科研人员运用基因工程培育成功一种新型母鸡。在这种母鸡所产的蛋里，含有大量的抗癌物质，可以用来治疗恶性黑色素瘤。

据报道，从事基因疗法研究的英国牛津生物医疗公司宣布，该项成果向人们演示了如何通过将家禽用做“药品制造上的生物反应器”，来获取其他多种药物。

该公司宣称，这一“突破”性成果，来源于与其他两家机构的合作，它们分别是：因推出克隆羊多莉而闻名于世的苏格兰罗斯林研究院，以及致力于鸟类研究的美国维拉根有限公司。

该公司认为，“通过这次合作，人们首次在鸡蛋白中，有选择性的制造出一种具备潜在治疗作用的蛋白质。该项技术预计，可以为很多种蛋白质类药物的生产，提供一种可供选择的低成本制造法，同时它还可以使产品在品质上具有潜在的优势。”

2. 培育出能持续产药用蛋的母鸡

2007 年 2 月，英国媒体报道，爱丁堡附近的罗斯林研究所曾经培育出世界第一只克隆羊“多莉”。现在，这里的研究人员通过遗传基因改造，培育出世界上第一种能够持续产下用于制药的蛋的特种鸡，有望由此制造出治疗癌症和其他恶性疾病的药物。据悉，该研究所已经培育出 500 多只这种鸡。

报道称，研究人员把人类的基因加入到一种普通的蛋鸡的 DNA 内，使它们产下的蛋中含有复杂的药用蛋白质。这些人体可以接受的蛋白质，存在于鸡蛋的蛋清之中，可以很容易地提取出来，用于制药。这是世界上首次培育出一种含有人类基因的“真正品种鸡”，即人为加入的人类基因，可以在这种鸡体内一代一代地传递下去。由此开创了一种进行工业化规模养殖、获得极为廉价的药用蛋白质的方法。

其中一个品系的鸡能够产生一种人类干扰素，这种物质十分接近于一种广泛用于治疗多发性硬化症的药物。另一个品系的鸡能够产生 miR24——一种能用于治疗皮肤癌的抗体，也有可能用于治疗关节炎。据了解，这家研究所至少还培育出了另外两种基因改造的鸡，这些鸡产下的蛋中含有的蛋白质，可以用于抗癌药物的制造。

罗斯林研究所的研究团队从 1997 年就开始进行这项研究，致力于使有用基因能够在鸡的自然繁殖中一代代地传下去。培育出多莉羊的项目领导人伊恩·维尔穆特是该研究团队的顾问。和罗斯林研究所紧密合作的英国一家生物技术公司说，他们迄今已经培育出 5 代含有特定基因的鸡，这些鸡都能够产下含有高浓度药物原料的蛋。

罗斯林研究所的研究人员首先在鸡蛋形成之前，提取出公鸡的胚胎。

用经过基因改造后含有人类基因的病毒，“感染”这些只是一团细胞的胚胎，然后把它们植入代理鸡蛋之内。插入的基因就含有能够形成研究人员希望获得的蛋白质的“蓝图”。携带人类基因的病毒，侵入鸡的胚胎细胞之内，和鸡的DNA融为一体。这些被称为“首创鸡”的公鸡和普通母鸡配对，它们的后代体内就会含有人类基因，并且这些母鸡产下的蛋中都有所需的蛋白质。罗斯林研究所的研究人员采用的是伊莎褐鸡，这是法国培育出的一种优良蛋鸡品种，每只母鸡平均每年可以产下300个蛋。

三、哺乳动物研究的新成果

（一）鼠科动物研究的新进展

1. 首次利用人造精子培育出老鼠

2006年7月10日，英国纽卡斯尔达勒姆生物干细胞研究所克利姆·尼尔亚教授领导的研究小组在《细胞发育》杂志上发表研究成果称，他们在世界上首次利用人造精子培育出老鼠，这一实验为彻底结束男性不育症带来希望。

试验中，在老鼠晶胚发育数天成为胚泡后，研究人员从中分离出精原干细胞进行培养，然后挑选出形成的精子，注射到老鼠卵中，最后移入母鼠的子宫中，结果生出7只小老鼠。

目前，这种授精方式的效率还很低，数百粒利用这种方式受精的卵细胞中，只有50个能发育到胚胎双细胞阶段，最后仅有7只老鼠出生。其中的一只小老鼠，在刚出生后不久即死去，其余的小老鼠的寿命都没有超过5个月，而正常老鼠的寿命大约为两年。

尼尔亚表示，这个问题需要在进行人类实验前解决。虽然实验只获得部分成功，但他认为，从生物学的观点来看，这个实验结果仍然相当重要，它为科学家研究生命如何开始提供了动物模型。

此前，英国谢菲尔大学的研究人员证明，可利用胚胎干细胞制造精子，但没有进行人工授精实验。美国和日本的科学家也曾证明，可利用干细胞制造出老鼠卵，并可对其进行人工授精，但一直没有生出小老鼠。

科学家认为，从发展的眼光来看，今后还可能从女性干细胞中培养出精子，从男性干细胞中培养出卵子。这样同性恋的家庭也将拥有自己遗传物质的后代。理论上说，也可以利用同一个人的胚胎干细胞，培养出精子和卵子，进而产生胚胎。不过制造“男卵”和“女精”需要克服巨大的技术障碍。因为正常情况下，要使胚胎发育正常，通常需要获得双亲的遗传物质。

不过，该实验证明了科学家可在实验室中制造出有活力的精子。这使利用干细胞技术，治疗男性不育症成为可能。同样，女性不孕症也有望获得治疗。利用这项技术，患不育症的夫妇，今后有可能通过使用人造精子或人造卵子，生出带有自己遗传特征的后代。

虽然该研究仅获得部分成功，但研究人员表示，这对于他们深入理解成熟精子的形成过程，进而改善不育症的治疗手段具有重大意义。同时，也可大大缓解精子和卵子捐献不足的难题。研究人员认为，最有希望的设想是，从不育症患者的睾丸提取一些组织，在实验室中将其培养成为成熟的精子，再将其转移回患者的体内。

2. 首次绘出小鼠大脑皮层基因活性完整图谱

2011 年 8 月，英国牛津大学、美国国家人类基因组研究院人员组成的一个国际研究小组在《神经细胞》杂志上发表论文称，他们使用一种最新测序技术，首次成功描绘出小鼠大脑基因活性的完整图谱。该图谱覆盖整个基因组的所有基因，十分详细地显示小鼠大脑皮层各层次的基因活性情况。研究人员指出，这项研究成果，不仅有助于科学家进一步理解哺乳动物大脑的组织结构情况，也为相关疾病的研究指明新的方向。

大脑是人体最神秘的器官，如果想了解它的工作方式，就必须了解其复杂的结构。大脑皮层则是所有哺乳动物大脑的最大组成部分，对记忆、感觉、语言和高级认知功能，都至关重要。早在 19 世纪，科学家就意识到大脑皮层是一个分层结构，六个层次中每一层的神经细胞类型和连接方式都不尽相同。而一旦了解了整个大脑皮层的基因活性，科学家就有可能更精确地将大脑解剖学、遗传学和相关疾病联系起来研究，意义十分重大。2003 年，有科学家寻求利用微阵列技术，测定小鼠大脑基因活性，但他们至今仍没有完成所有已知基因活性的确定工作。

此次，该国际研究小组使用了一种称为 RNAseq 的新测序技术。与其他 DNA（脱氧核糖核酸）测序技术不同，这种技术不是对基因进行测序以了解静态的遗传密码，而是对组织样本里的所有 RNA（核糖核酸）分子进行测定，来检测基因活性，确定哪些基因是活跃的。运用这种技术，研究小组成功描绘出老鼠大脑皮层基因活性情况的完整图谱。图谱显示，老鼠大脑中，有超过一半的基因在不同层次的活跃程度是不一样的。

研究人员称，这项研究成果将使科学家能够更好地观察那些与疾病相关的基因。如图谱显示，与帕金森症相关的基因，在大脑皮层的第五层尤为活跃，虽然这仅仅是一种关联，并不意味着一定会引发疾病，但却为该疾病的研究开辟了新的途径。

（二）其他哺乳动物研究的新进展

1. 用新技术培育无脂肪家畜

2004 年 11 月，有关媒体报道，英国一家研究所发明了一种新技术，可培育出无脂肪的家畜。他们制成了一种能破坏家畜体内脂肪的抗体血清，该血清是多种抗体的混合物，每种抗体会将特定的抗原附着于脂肪细胞上，并破坏相应的脂肪。

研究人员利用绵羊试验发现，抗体血清除了能破坏脂肪外，还有助于蛋白质的合成。从理论上说，这种方法可用于各种家畜，但要投入使用，还存在许多尚待解决的问题。

2. 发现斑马条纹具有“晃晕”天敌的功能

2013 年 12 月，英国伦敦大学皇家霍洛韦学院与澳大利亚昆士兰大学联合组成的一个国际研究小组，在《动物学杂志》上发表研究报告称，他们发现，斑马身上的黑白条纹，尽管与周围环境十分不协调，但可帮助斑马在运动时，扰乱捕食者的视觉判断，从而成功避开天敌。

研究人员说，人类和许多动物有着类似的“运动侦测机制”，都是通过观察物体在运动时呈现出的轮廓，来判断其运动方向等要素。但运动中的条纹会使这种机制产生偏差，比如理发店门口常见的柱状螺旋条纹装饰，它在转动时人们会觉得整个立柱在向上移动。

为证实斑马身上条纹在运动时的用处，研究人员建立起一个计算机模型，分析这些条纹对视觉判断，是否同样具有此类效果。结果发现，在运动时，斑马身体侧面较宽的斜纹和背部较窄的直纹能很好地扰乱观察者的视觉判断，尤其是一群斑马同时运动时。

3. 发现雌缟獴为了避免“杀婴”而选择同一天生育

2013 年 12 月，英国埃克塞特大学等机构组成的一个研究小组，在美国《国家科学院学报》上刊登论文称，一些社会性动物中存在“杀婴”行为，也就是成年动物杀死同类的幼仔，为自身或自身的幼仔赢得更多繁衍生存的机会。他们的研究发现，缟獴通过同时生育后代，避免了这一同类相残的情况。

研究人员说，有些社会性动物，从一开始就面临残酷的生存竞争，“杀婴”行为在蜜蜂、老鼠、鸟类等动物中均有发生。缟獴是生活在非洲的一种体形较小的群居哺乳动物，研究人员在乌干达对 11 个缟獴群进行长期跟踪研究，考察这一物种是如何解决“杀婴”问题的。

缟獴群体中通常有多个雌性，按年龄长幼有地位之分，但它们均负责生育。研究人员发现，同一群体中的雌性缟獴，往往会通过协调而在同一天生育，尤其是较年轻的缟獴会与较老的缟獴同时生育。同时生育，可保证雌性缟獴为避免误杀自己后代而放弃“杀婴”。

研究人员给部分缟獴服用短期避孕药后，发现这些未生育的雌缟獴，尤其是年长的雌缟獴，会杀死其他缟獴的幼仔。

研究人员说，这项研究表明，雌性缟獴在进化中选择了相互“妥协”，通过同时生育的方式避免潜在的“杀婴”风险，从而保住自己的后代。

四、动物领域研究的其他新成果

（一）青蛙与螳螂虾研究的新发现

1. 发现青蛙体内一种核糖核酸酶可用来治疗脑癌

2007 年 6 月，英国巴斯大学和美国 Alfacell 生物制药公司联合组成的一个研究小组，在《分子生物学杂志》上发表论文称，他们在一种青蛙的卵细胞内发现一种核糖核酸酶，它或许能提供第一种治疗脑癌的药物。该论文还描述了对这种核糖核酸酶结构和化学性质，首次进行的分析结果。

研究人员说，它能识别肿瘤细胞表面的多糖，然后结合到其上，并且入侵到肿瘤细胞内部使 RNA 失去活性，最终导致肿瘤死亡。

研究人员表示，尽管它可能被用于多种形式的肿瘤，但是它最有希望治疗的是脑癌，目前针对脑癌只能进行复杂的手术以及化疗。他们从北部豹蛙的卵细胞中，分离出了这种核糖核酸酶。核糖核酸酶在生物体内普遍存在，它们负责整理那些自由飘浮的RNA链，通过结合到分子上从而将其切割成小的片断。

在细胞中RNA起着关键作用的部位，核糖核酸酶被抑制分子所阻碍。但是由于它是一种两栖动物的核糖核酸酶，因此它们可以躲开哺乳动物的抑制分子，然后进攻癌症细胞。

在治疗中，它将可能被注射到需要的区域。由于只和肿瘤细胞表面的多糖进行结合，因此它对于其他细胞不会产生副作用。这已经是该公司从这种青蛙体内分离出的第二种抗癌核糖核酸酶了。另一种目前处于恶性间皮瘤临床试验的最后阶段，这是一种罕见且致命的肺癌，而针对其他实体癌症的临床试验处于第二、第三阶段之间。

2. 发现螳螂虾眼部结构远远超过人造光学结构

2009年11月，英国布里斯托尔大学尼古拉斯·罗伯茨博士领导的一个研究小组，在《自然·光学》杂志上发表论文称，螳螂虾这种海生甲壳纲动物，有着非同寻常的视力，具有现今人们已知动物中最复杂的视觉系统。它能够分辨出12种颜色和多种形式的偏振光。相比之下，人类只能分辨出其中3种。他们认为，螳螂虾的视觉系统可能成为下一代DVD和CD播放器的仿生研究对象，为新设计带来启发。

研究人员称，螳螂虾眼睛中具有特殊的光感细胞，其作用类似于光学试验中的1/4波片，当光波通过该细胞时就会发生偏振现象。光学中的波片，是指能使互相垂直的两光振动间产生附加光程差的光学器件，通常由具有精确厚度的石英、方解石或云母制成。螳螂虾眼睛的这一功能使其能把线偏振光和圆偏振光相互转换。人造1/4波片在DVD和CD等播放器，以及数码相机和摄像机中所起的作用，也是如此。两者不同之处在于，这些人造设备，只对一种波长的光敏感，而螳螂虾的眼睛则几乎完美支持从近紫外到红外之间的整个可见光光谱。

罗伯茨说，该研究第一次从1/4波片结构的角度，对螳螂虾的眼睛进行描述，并称这种自然结构的性能，超越了人类至今所创造的一切光学结构。

至于螳螂虾的眼睛为何对圆偏振光如此敏感，科学家们表示尚不清楚。据了解，偏振光视觉，在动物中一般用于秘密沟通或收发性信号，以避免引起其他动物尤其是天敌的注意。在黑暗之中或者浑浊的水下，这种能力还有助于寻找和捕捉猎物。

罗伯茨说：“最让人兴奋的是它的结构竟然如此简单。这种由细胞膜构成的自然结构，远非人类合成结构所能媲美。在未来，或许我们就能通过液体结晶和化学工程学方法，模仿螳螂虾的眼睛，制造出更强大易用的光学设备。”

在光学结构设计制造中，螳螂虾并不是第一个仿生对象。就在不久前，有科学家受到龙虾复眼结构的启发，为天文望远镜设计了一种新型 X 射线探测器。

（二）涡虫与蠕虫研究的新发现

1. 在涡虫体内发现抑癌基因

2012 年 4 月，英国诺丁汉大学生物学院阿齐兹·阿博贝克博士领导的一个研究小组，在《公共科学图书馆·遗传学》期刊上发表研究成果称，他们通过对涡虫的研究发现，SMG－1 基因可能在癌症发展过程中起着重要作用，该基因变异会导致癌症肿瘤的迅速增生。

涡虫是一种常见的水生非寄生性变形虫，在自然界中分布十分广泛。它具有强大的再生能力，因而被科学家们视为一种很好的实验材料。

研究人员对涡虫进行研究时发现，涡虫体内的 SMG－1 基因会与 mTOR 信号通路密切配合，控制涡虫的生长和再生。一旦这种控制被移除，则会导致涡虫体内细胞的急剧分裂，形成肿瘤，最终导致涡虫死亡。

研究人员相信，SMG－1 基因会抑制 mTOR 信号通路，从而抑制癌症及其他衰老性疾病的发展。如果是这样，则应该能在癌症病人体内找到 SMG－1 基因突变。而已有研究表明，在某些乳腺癌肿瘤细胞中发现有 SMG－1 基因突变。研究人员的下一步工作，则是要证实这种突变，是否会导致细胞的非正常生长，从而引发癌症。

阿博贝克指出，研究表明，SMG－1 基因是被科学家们忽视了的新的肿瘤抑制基因。这种基因对于动物的生长起到抑制作用，如果其作用在人类身上也适用，则可以用来开发新的治疗癌症和其他衰老性病症的方法。

2. 揭示不死蠕虫抗老化机制

2012年4月，英国诺丁汉大学生物学院阿齐兹·阿博贝克博士领导的一个研究小组，在美国《国家科学院学报》上发表论文称，一种叫作真涡虫（Planarian）的扁形蠕虫，有着惊人的组织修复能力，把它们切成两段后，两边能再生出新的肌肉、皮肤、肠道甚至完整的大脑，而且这种再生好像能无限地进行下去。他们揭示了这种动物无限再生寿命背后的支持机制，为研究人类细胞克服老化，延缓衰老特征的出现带来希望。

细胞老化的原因之一，与端粒长度有关。端粒是DNA链末端的“保护帽”，就像鞋带末端防止开线的小胶棒。细胞每分裂一次，端粒就会变短一点，端粒变得太短时，细胞就丧失了分裂的能力。如果一种动物能无限地保持其端粒的长度，就可能永远分裂下去，它就可能永生不死。此前的研究显示，保持端粒长度靠的是一种端粒酶的活性。在大部分有性繁殖生物中，这种酶只在早期发育阶段表现出最大活性，随着年龄增长活性丧失，端粒就开始变短。

阿博贝克说，真涡虫的干细胞却能以某种方式避免老化过程，保持自身细胞一直分裂下去。在真涡虫的成熟干细胞中，染色体能主动保持着端粒的长度，理论上它们是永生的。他们用两种真涡虫做了一系列实验，一种是有性繁殖；另一种是无性繁殖，即简单地分成两段。

他们识别出一段端粒酶基因，关闭了该基因活性后，真涡虫端粒开始变短。然后他们检测了该基因活性和端粒长度之间的关系，发现无性繁殖的真涡虫再生时，端粒酶基因的活性大大增加，使干细胞能在分裂中保持端粒长度；而有性繁殖的真涡虫却没显示出这样的情况。研究人员对这两者间的差异非常吃惊，因为两种真涡虫都有无限的再生能力。他们推测，要么有性繁殖真涡虫最终会出现端粒变短，要么它们是通过一种不需要端粒酶的机制来保持端粒长度。

阿博贝克说，他们的下一个目标，是详细研究这种机制，这对理解某些与老化有关的基本过程具有重要意义。无性繁殖真涡虫能在再生过程中保持端粒长度，从这里有望找出让一个动物永生不死的原因。

第十章　医疗与健康领域的创新信息

英国在癌症防治领域的研究，主要集中在揭示致癌因素和抗癌因素；开发癌症诊断检测新技术，运用光辐射疗法治疗癌症，运用基因或细胞疗法治疗癌症；研制防治癌症的新药物和新设备。在艾滋病防治领域的研究，主要集中在获得艾滋病病毒三维立体结构图，揭开艾滋病病毒进入细胞核的关键机理，开发出快捷便宜的艾滋病病毒检测方法，研究阻止艾滋病恶化的新技术和新药物。在心脑血管疾病防治领域的研究，主要集中在揭示血栓与血管硬化病理、心脏病病理、脑血管疾病病理，开发诊断、检测和治疗心血管疾病的新技术，研制防治心脑血管疾病的新药物和新设备。在神经系统疾病领域的研究，主要集中在探索大脑及神经生理基础要素、大脑及神经生理与病理，以及睡眠问题；推进大脑与神经疾病、精神疾病、老年痴呆症或阿尔茨海默症、帕金森病与癫痫症的防治工作。在其他疾病防治领域的新成果，主要集中在研究免疫系统疾病、呼吸系统疾病、消化系统疾病、糖尿病、器官再造与骨科问题、五官科疾病、虫媒传染病、遗传病和生育问题等。

第一节　癌症防治的创新信息

一、癌症病理研究的新进展

（一）致癌基因研究的新发现

1. 首次发现与睾丸癌有关的基因

2009 年 5 月，英国和美国两个研究小组在同一期《自然·遗传学》杂志上分别宣布，他们各自发现了导致睾丸癌的基因变异。这是医学界第一次找到睾丸癌的遗传致病因素。

英国癌症研究所研究小组报告说，他们比较了 730 名睾丸癌患者和健康男性的基因组信息，发现分别位于 5 号、6 号和 12 号染色体内的 3 个基因，无论哪一个发生变异，人患睾丸癌的风险都会显著增加。如果 3 个基因均变异，那么患睾丸癌的风险会高达健康男性的 4 倍。

美国宾夕法尼亚大学医学院研究小组发现的是其中的两个基因变异。两个研究小组在《自然·遗传学》上介绍说，他们将继续进行“基因搜查”，寻找与睾丸癌有关的更多的基因变异。

睾丸癌是中青年男性最常见的癌症之一，大多数都可以治愈。英美科学家的研究成果，将有助于开发针对睾丸癌的更好的治疗方法。此外，借助基因诊断，医学研究人员将来有望早期筛查出睾丸癌患病风险高的人，大大提高早期诊断和预防的效率。

2. 首次证实垃圾基因可促进癌症发展

2010 年 5 月，英国利兹大学的康斯坦兹·波尼佛教授与德国柏林查理特大学的斯蒂芬·马萨博士等人组成的英德联合研究小组，在《自然·医学》杂志上发表研究成果称，他们首次确认了垃圾基因，对于霍奇金淋巴瘤细胞等癌细胞生长的促进作用。而这一名为长末端重复序列（LTR）的垃圾基因片段，也可在其他种类的癌症中发挥作用。

研究人员表示，他们已在霍奇金淋巴瘤内，证明垃圾基因在何种情况下能够保持活性，从而加快肿瘤的生长速度。事实上，这一机理，在其他与血液相关的癌症发展过程中同样适用，这对于类似病症的诊断、预断和治疗均具有重要意义。

长末端重复序列是一种基因物质，它在人类基因组的“驻扎”历史已逾百万年。虽然长末端重复序列源自病毒且具备侵害性，但其在子宫孕育胚胎时，一般处于失活的状态。如果垃圾基因的失活过程不能正常运转，长末端重复序列就会激活肿瘤基因。科学家此前在基于动物的研究中已提出了这一可能。

此次研究首次证实了这一设想，即长末端重复序列，能够加快人体恶性肿瘤的增长速率。研究着重就源自白细胞（抗体产生的 B 淋巴细胞）的霍奇金淋巴瘤细胞展开，它可激活基因组内上百甚至上千的长末端重复序列。不寻常的是，这种类型的淋巴瘤细胞，并不包含在通常情况下可控制其他 B 淋巴细胞生长的生长因子受体。

淋巴瘤细胞的生长，一般情况下取决于调控其他免疫细胞生长速率的特定受体，但这种受体在B淋巴细胞中并不常见。而在此次实验中，霍奇金淋巴瘤细胞出于对激活垃圾基因的需要“劫持”了这类受体，从而达到了对淋巴瘤细胞生长的操控效果。与此同时，研究人员也发现了同种的长末端重复序列，可激活大细胞淋巴瘤中生长因子受体的证据。

研究人员表示，大范围激活长末端重复序列的后果目前还不确定，但这一过程或可激发其他类型的基因以加快肿瘤的增长速度，还可影响淋巴瘤细胞中染色体的稳定性，而这一因素，或可解释霍奇金淋巴瘤为何能逐步引起染色体的大范围异常，以及染色体的不断恶化。

3. 发现与肾癌相关的缺陷基因

2011年1月，英国研究人员在《自然》杂志上发表论文称，他们发现了一个与近40%肾癌相关的缺陷基因。这项发现，被誉为肾癌研究20年来最重要的突破之一，将帮助研究人员了解肾癌的发展机理，并开发出新的治疗手段和早期诊断方法。

以前的研究发现，这个被称为PBRM1的基因与生俱来，但对某些人来说，该基因会在生命某个阶段受到损害，从而导致癌症的发生。新研究表明，在大约四成的肾癌患者身上，都可发现变异的PBRM1基因，这是自VHL变异基因被发现以来，肾癌研究领域最重大的发现。科学家认为，绝大多数的肾癌都与这两个基因的变异相关。该基因是通过基因图谱法发现的，研究人员在257个肾细胞癌病例中，发现了88例PBRM1变异基因。

有位专家指出，PBMR1基因是肾癌研究“拼图游戏”中的一块重要拼图，起到了改变游戏进程的作用，从而为研发肾癌治疗手段提供新的靶标和方向。

4. 发现新的卵巢癌致病基因

2011年8月，英国癌症研究所的研究人员在《自然·遗传学》撰文称，他们选择900多名，有卵巢癌和乳腺癌家族病史的女性，对其 基因（脱氧核糖核酸）进行分析。接着，把结果与1万多名普通女性的基因进行对比研究后发现，患癌女性的RAD51D基因拥有8个缺陷，而对照组中女性的RAD51D基因只有1个缺陷。研究人员称，RAD51D基因有8个缺陷的女性罹患卵巢癌的概率1/11，而普通女性患上卵巢癌的概率仅为1/70。

由此可见，RAD51D基因存在缺陷的女性，会更容易患上卵巢癌。这一研究结果意味着，拥有该基因缺陷的女性，及早切除卵巢或许是一种可行的防病手段，而针对该基因缺陷的新药开发，则成为治疗卵巢癌高危女性的未来主要途径。

卵巢癌是女性生殖器官常见的肿瘤之一，其发病率虽不及宫颈癌等癌症，但由于其潜伏期较长，往往到了发病晚期才被诊断出来，因此其致死率居于各类妇科肿瘤的首位。那些在癌细胞扩散后才诊断出患卵巢癌的女性中，70%的人会在5年内死亡。

（二）其他致癌因素研究的新成果

1. 发现与口腔癌相关蛋白质

2012年7月，英国癌症研究会等机构相关人员组成的一个研究小组，在《癌症研究》杂志上发表研究小组称，他们发现了一种在口腔癌中起关键作用的蛋白质，以它为靶点进行治疗，可以延长患癌实验鼠的生命。这一发现，有望为人类带来口腔癌新疗法。

研究人员说，他们发现名为FRMD4A的蛋白质在口腔癌中起着关键作用。这种蛋白质会促进癌细胞生长，机体中这种蛋白质的含量越高，癌症就越容易扩散，或是越容易在治疗后复发。

研究人员接下来开展的动物实验显示，如果使用药物阻碍这种蛋白质的功能，则癌细胞的生长会被抑制，患有口腔癌实验鼠的生命得以延长。

研究人员斯蒂芬·戈尔迪表示，现在已有的一些药物，可以用来对付蛋白质FRMD4A，因此有望很快在本次研究的基础上展开人类临床试验。对于使用传统手术和化疗不奏效的口腔癌患者来说，这有望成为他们新的治疗选择。

据介绍，过去虽然出现了一些口腔癌新疗法，但口腔癌患者的生存率，在过去30年中并没有出现明显改善，本次研究成果有望为此带来新希望。

2. 发现能促使前列腺癌生长的分子

2012年7月，英国伦敦帝国理工学院克莱尔·弗莱彻领导的一个研究小组，在《人类分子遗传学》杂志上发表研究成果称，他们发现一个名为miR－27a的分子，在促使前列腺癌生长过程中扮演着重要角色，未来可能成为前列腺癌症治疗的一个新靶点。

前列腺癌是发生于男性前列腺组织中的恶性肿瘤。在欧美，它是男性最常患的癌症之一，仅在英国，每年就有大约3.6万人被诊断出患上该种疾病。前列腺癌的确切病因，至今尚不明确，据信如基因和饮食等多种因素与其有关。而前列腺癌的生长则与雄性激素有关，雄性激素会刺激癌细胞分裂，进而促使癌生长。

该研究小组在实验中发现，雄性激素会增加前列腺癌细胞中，一种名为miR－27a的分子的数量，而这种分子对癌细胞生长具有极大的刺激作用，抑制这种分子，会使得前列腺癌细胞的生长速率降低一半。这表明，miR－27a这种分子极有可能成为前列腺癌症治疗的一个新靶点。

miR－27a属于微核糖核酸（microRNA）。微核糖核酸在调节基因活动方面具有重要作用，相比于蛋白质，微核糖核酸更易设计，也更易合成可轻易进入细胞内部的抑制分子，因而作为一个新的治疗靶点，科学家们对其更加看好。

弗莱彻表示，新研究表明，miR－27a是雄性激素，与前列腺癌两者间的一个重要媒介，有可能成为前列腺治疗新方法的靶点。目前已经证明，在实验室中，抑制miR－27a分子，就可以抑制前列腺癌的生长，但这只是研究的第一步，未来还有许多障碍需要克服。

下一步，他们的研究目标是要通过动物实验，来对研究成果作进一步验证，而要开发出适用于人类的新疗法，则至少还需要几年的时间。

3. 发现导致肠癌的关键分子

2014年4月，英国格拉斯哥大学、伦敦癌症研究所和美国俄亥俄州立大学三家机构相关人员，共同组成的一个国际研究小组，在《癌症细胞》杂志上发表文章称，他们发现一种在肠癌发病过程中，起到至关重要作用的微RNA（核糖核酸）分子，该分子与多种癌症基因突变有关，以其为标靶，可同时阻断多个致癌突变的影响，有望成为肠癌治疗的新途径。

该研究小组通过对485名肠癌患者研究发现，一种名为微RNA135b的分子，在患者体内肿瘤中的水平，是其他健康组织中的4倍，且这种分子水平越高，患者存活的时间越短。小鼠实验表明，阻断微RNA135b可以有效抑制肠癌肿瘤生长。实验结果显示，小鼠体内半数肿瘤大幅缩小，以至于无法通过成像技术观察到。更重要的是，这种针对微 RNA135b 的治疗，不会产生任何副作用。

研究还显示，目前已知的多种癌症基因突变，如 APC、PI3KCA、SRC 和 p53，都会通过微 RNA135b 发挥作用。

研究人员表示，目前科学家们开发出的针对肠癌突变的药物，会使病患产生抗药性，但通过抑制微 RNA135b，能够同时阻断多个致癌突变的影响，这种治疗手段不会引起抗性，将有望成为一种新的肠癌治疗方法。此外，通过检测患者的微 RNA135b 水平，还可以帮助医生确定哪些患者更易出现侵袭性肿瘤，并及时对他们进行强化治疗。

（三）抗癌因素研究的新进展

1. 发现蛋白“磁铁”能阻止癌症向全身扩散

2009 年 3 月，英国曼彻斯特大学帕特森学院安格利克·马利里博士领导的一个研究小组，在《分子细胞》杂志上发表研究成果称，他们发现一类蛋白“磁铁”，能够有力地阻止癌症向全身扩散。

研究人员表示，他们在研究 Tiam1 和 Src 两种蛋白时，发现 Tiam1 可以把其他一组蛋白吸附到自己身上，就像铁钉被吸附到磁铁上一样。而且，被吸附的这组蛋白还不会破坏 Tiam1。因此，Tiam1 成了防止细胞粘在一起的关键因素，从而破坏了癌细胞之间的连接，达到防止癌细胞随意扩散的目的。如今，科学家希望开发能防止破坏 Tiam1 毁灭的药物，从而可望阻止癌症扩散。

研究人员同时发现，另一种蛋白 Src，则具有 Tiam1 截然相反的作用，能导致细胞之间的连接瓦解，使细胞分散并自由迁移。这一过程，出现在人体的正常发育和伤口的治愈上，但也出现在癌细胞全身扩散的过程中。科学家发现，Src 蛋白的作用是把一种化学物吸附到细胞中的其他蛋白上，此过程叫磷酸化作用。这一过程，能导致其他蛋白的功能出现差异。

马利里说：“我们已经在这一过程上实现了关键性的突破，可以破坏癌细胞之间的连接。更重要的是，我们研究还显示阻碍 Tiam1 的毁灭，能防止癌细胞转移和扩散。如果我们能模仿癌症患者体内的这种效应，我们就能重建正常细胞之间的连接，从而可望阻止癌症扩散。控制早期癌症的转移和扩散，实际上意味着癌症治愈的成功率更高。”

英国癌症研究中心癌症信息处的主任莱斯利·沃尔克博士说："我们将看到如果此研究能开发出新药物来阻止癌症扩散，这将使我们更能了解癌症是如何扩散的。"

研究人员说，一些蛋白能帮助单个细胞和组织聚合在一起。Tiam1 蛋白最初是在 T 细胞淋巴瘤细胞中识别出来的，如今已经发现它在其他细胞中具有维持和确定邻近细胞连接类型的作用，又叫黏着连接。除其他蛋白之外，Tiam1 在防止此连接处细胞之间的连接方面起了关键作用。

科学家认为，Src 蛋白能够通过磷酸化作用，导致黏着连接瓦解。于是，科学家在实验室里做细胞成长实验来验证其理论，最终，他们通过检查不同种类的人类癌症，包括肺癌、肠癌和颈癌等，来查看这些组织中的 Tiam1 蛋白是否被酸化，这些癌变组织中是否能发现活性的 Src 蛋白。结果发现，Src 蛋白把磷酸化的集合，附着在 Tiam1 蛋白的黏着连接上，触发黏着连接瓦解，导致细胞自由扩散。

2. 发现能阻止乳腺癌恶化的天然分子

2011 年 8 月，英国癌症研究所一个研究小组在《自然·化学》杂志上发表研究成果称，他们在细菌体内发现一种能阻止乳腺癌恶化的分子，有助于科学家们设计出疗效更强的抗乳腺癌药物。

据介绍，这种硫链丝菌肽分子会抑制出现在很多乳腺癌细胞中的一种致癌蛋白质 FOXM1。FOXM1 会开启调控细胞生长和分裂的基因，导致肿瘤扩散并触发血管的生长。研究人员表示，阻止这种蛋白质，能在癌症处于早期时预防其进一步恶化，同时阻止癌细胞的生长和扩散。

3. 开发出能在数分钟内完成自组装的人工抗癌分子

2014 年 8 月，英国华威大学化学教授彼得·斯科特领导的一个研究小组在《自然·化学》杂志上发表论文称，他们开发出一种简单、通用的制造人工抗癌分子的方法，由此制造出的抗癌分子，能够模仿人体天然的防御机制，对抗癌细胞和感染，并能通过自组装的形式在数分钟内实现合成。实验显示，这种分子能够有效对抗结肠癌细胞。

研究人员说，他们合成的这种抗癌分子，名为"三螺旋"（triplexes），是一种与人体中天然产生的、能够对抗癌症与感染的肽结构极为类似的分子。这种人工肽与天然肽具有相似的 3D 螺旋结构。

物理学家组织网报道称，此前人工肽的合成较为困难，大规模生产成本极高，而新方法可以在不需要昂贵设备的情况下，在几分钟内合成。这种精巧的化学自组装形式，能够生产出既实用又稳定的分子。

斯科特说："新研究所设计的化学反应，就如同将一堆散乱的乐高积木扔进一个布袋，只需摇一摇，它们就能神奇地自己组装成一个星球大战死星模型。"斯科特介绍说，制备这种分子，需要把一种氨基醇衍生物和甲基吡啶与氯化铁的溶剂混合，之后这些物质会发生化学反应，形成牢固的键合，几分钟后就能自组装形成他们所希望得到的分子。化学物质本身，会自行按照事先设定程序进行反应，一旦除去溶剂之后，就只剩下晶体形态的人工肽。

研究人员称，该方法不需要复杂的分离提纯操作，也不会像乐高模型一样留有神秘的插槽。在实际应用中，其化学性质相当稳定。而更绝妙的是，整个过程完全是自动进行的，人们只需把几种原料，按照预定的比例和程序混合在一起即可。

斯科特说："实际上，自组装是自然界中常用的一种物质合成方法，常见的天然蛋白质这种非对称的复杂分子，就是由自组装而来的。但要让它们按照人类的意愿进行组装，合成我们需要的分子，还是一个巨大的挑战。这是一项非同寻常且很有前途的研究。"

虽然用这种方法制成的人工肽已被实验证明对结肠癌具有疗效，但在用于临床试验前，研究人员还需要开展进一步研究以确定其安全性。

二、癌症防治技术的新进展

（一）癌症诊断检测方面出现的新技术

1. 发明快速检测乳腺癌的新方法

2009 年 10 月 31 日，英国《泰晤士报》报道，英国皇家外科学院专家格雷厄姆·萨里等医生组成的一个研究小组，发明了一种可以在 45 分钟之内，快速确定病人是否患上乳腺癌的方法。该方法已在伦敦的一些医院进行测试，英国国家医疗服务机构，现已在全英国推广。

研究人员表示，这种名叫乳房淋巴结实验的快速诊断方法，比目前的方法更快速、更可靠，它主要分析乳腺来检查癌症是否已经扩散，以有机会让病人将肿瘤杀死在“摇篮”中。

乳腺癌是英国最普遍的癌症之一，每年大约有4.6万名妇女被确诊患上该种疾病，大多数病人需要进行手术以切除肿瘤或整个乳房。在手术前，医生需要对这些病人进行检查以确认癌症是否已经扩展到淋巴结。大约1/3的患者的肿瘤会扩展到淋巴结，但目前的超声波或者活组织检查方法，可能漏掉10%～15%的病例。

以往的测试方法都依赖于广泛使用的乳腺癌前哨淋巴结活检手术：医生通过实施手术移除组织，然后将其发送到病理学实验室进行测试。用显微镜检测样本，可能需要花费几周的时间。而新的检测方法，使用分子生物技术，在一种特殊的溶液中分解和复制结组织，30～45分钟之内就可以得到检测结果。

萨里表示，快速得到结果，使外科医生能够移除任何被癌症感染的淋巴结，且只需要对病人进行一般的麻醉。

2. 开发出癌症早期诊断新技术

2010年6月1日，英国诺丁汉大学发布新闻公报说，该校约翰·罗伯特森教授领导，他的同事和美国同行组成的一个研究小组，开发出一种癌症检测新技术，与现有技术相比，可提前5年检测出尚处萌芽状态的癌症。

公报说，该研究小组在分析一些每年都进行癌症检查的人的血样后发现，在癌症发病前数年，患者血液中就会显示出一些征兆。研究人员说，这是因为发生癌变的细胞，会释放一些被称为抗原的蛋白质，这些蛋白质又会引发人体免疫系统释放相应抗体，通过检测血液中这些物质的含量，就可提早抓住癌症的蛛丝马迹。

据介绍，只要对少量血样进行检测，就可在一周内获知结果。这一技术适用于肺癌、乳腺癌、卵巢癌、结肠癌、前列腺癌等多种癌症，与传统X射线检测或CT扫描检测相比，可提前5年检测出癌症迹象。

罗伯特森说，“这项技术，使我们可以用一种全新方式来观察癌症，即检测发生变化的蛋白质和人体免疫系统的反应，它们就是肿瘤形成前身体发出的‘我得了癌症’的信号”。

3. 开发出尿检诊断肾上腺癌新技术

2011年9月，英国伯明翰大学等机构的研究人员在《临床内分泌学与新陈代谢杂志》上发表的一项研究成果表明，检测尿液中某些类固醇的含量能够帮助诊断肾上腺癌，这种新诊断方法准确度较高，比常用的 CT 扫描诊断技术更方便。

研究人员说，肾上腺部位的肿瘤有良性和恶性之分，它们会导致尿液中一些类固醇的含量发生变化。通过运用一种名为“气相色谱与质谱法”的检测技术，可以检测出尿液中的相关类固醇含量，从而帮助判断是否存在恶性肿瘤。试验显示这种方法的准确度可达 90%。

据介绍，由于肾上腺距离体表较远，这一部位的肿瘤往往难以发现，经常是在恶性肿瘤变大或扩散后，在做常规 CT 检查时才发现，而这时已处于癌症晚期，难以治愈。新的尿检方法有助于尽早发现肾上腺恶性肿瘤。

（二）运用光辐射疗法治疗癌症的新进展

1. 利用激光和超声波技术治疗癌症

2006 年 8 月，英国媒体报道，英国敦提大学保罗・坎贝尔博士领导，他的同事和圣安德鲁斯大学人员参加的一个研究小组，获得 200 万英镑的科研经费，将利用激光和超声波技术，开发一种无损伤的癌症治疗新技术。

研究人员计划利用光束所形成的激光钳来操纵细胞，然后再利用超声波脉冲的能量，把治疗药物注射到细胞中去。坎贝尔表示，该研究项目最主要的目的是将活化的基因、药物或治疗性分子，以一种可控的无损伤方式，注射到生物活性组织中去。

研究人员表示，他们还将与敦提医学院阿尔弗雷德・卡斯奇里教授保持密切合作关系。目前，卡斯奇里教授已获得了 11 万英镑的科研经费，用于改善锁孔外科技术及癌症的磁化治疗手段。专家认为，使组织具有一定的磁化特征，能有效帮助医生利用锁孔外科技术处理病变组织，同时还可以防止癌细胞转移到患者的血液中去。

坎贝尔表示，这项新技术具有极高的学术价值和商业价值，仅美国的给药技术市场价值就高达 300 亿美元。医生一旦掌握该技术，就可把任何分子注射到患者的任何细胞中去。

2. 尝试用太赫兹射线“剿灭”癌症

2006 年 11 月，英国广播公司报道，英国利物浦大学物理学教授彼得·魏特曼等人组成的一个研究小组，正在研制一种杀伤力最强的太赫兹射线，并尝试用它破坏生长在培养器中的皮肤癌细胞。这一试验，将帮助科学家进一步了解太赫兹技术，在治疗人类疾病上的运用。据报道，这是科学家首次进行利用太赫兹技术杀伤癌细胞的试验，这一技术还将运用于遗传物质的识别。

太赫兹波是指频率在 0.1 ~ 10 太赫兹（波长为 3000 微米 ~ 30 微米）范围内的电磁波，在电磁波谱上位于微波和红外线之间。这一波段的电磁辐射具有很强的透视能力，可以作为一种特殊的“探针”用来对物质内部进行深入研究。

太赫兹射线不仅可以检测出脱氧核糖核酸（基因）物质的转变，而且能够帮助医生根据个体患者的遗传信息，实施相应的药物治疗。此外，由于太赫兹波具备穿透衣服、纸张、木头、墙体、塑胶和陶瓷等物体的能力，因而还被运用于探测隐秘武器、识别爆炸物和毒品。太赫兹波还能“感受”到分子的振动和旋转，因而可以用来对物质的内部进行深入研究。该研究小组如今正在开发这一“杀伤力”最为强大的技术，使其广泛运用于各个领域。

研究人员指出，细胞死亡的形式分成两大类：一是凋亡，即细胞招致损伤而导致胀大和破裂；二是细胞的计划性死亡，即细胞的自然老化。前者是在液体环境下迅速变化完成的，而后者则不是。这两种形式的不同之处在于细胞保持水分程度的差异。

利用太赫兹射线治疗皮肤癌，正是建立在这样的理论基础之上：癌细胞与其他细胞比较尽管差别甚微，但是通常癌细胞相对来说更大、更活跃，含水量也较多。因此，含水量较多的癌细胞，才能被大量吸收细胞组织水分的太赫兹射线杀死。

研究人员认为，现在迫切需要的就是从第四代光源中制造高能量太赫兹射线。太赫兹成像和太赫兹光谱能够破译出在低能量太赫兹射线下，所得到的肿瘤影像的结构和成分；能量高的太赫兹射线有利于近场成像。而高清晰度的太赫兹成像和太赫兹光谱，对识别癌细胞非常重要。

据介绍，基底细胞癌是最常见的皮肤恶性肿瘤。这种皮肤癌细胞会对皮肤、组织甚至骨头造成损害，并且能导致死亡。40% 的患者会转化为多发性病变。脸和脖子是最为常见的局部病变部位，常常需要实施大规模的整形外科手术。在英国，每年有 3 万多起基底细胞癌案例。

魏特曼说："第四代光源的产生，与直线加速器原型密不可分。而破坏组织培养器中癌细胞的太赫兹射线的部分能量来源，就是加速器周围高速运转的电子。"他补充道："培养器是用来繁殖皮肤癌细胞的，而太赫兹射线是用来轰击这些癌细胞的。当太赫兹射线照射到培养器的时候，射线波被浸泡癌细胞的液体吸收，吸收放射性物质后的液体进入到癌细胞内部，从而将癌细胞彻底杀灭。"

据悉，开发太赫兹射线项目是由英国西北地区发展署资助的，该项目的开发将用到由达斯伯里实验室开发的第四代光源的原型。

3. 开发光敏分子治疗癌症的光辐射疗法

2011 年 6 月，《分子药物学》杂志发表了英国赫尔大学的一项研究成果。该校研究人员开发出一种有助治疗癌症的纳米微粒。在光辐射疗法或光动力疗法中，它可以携带大量光敏分子进入肿瘤，帮助杀灭癌细胞，其效果好于常规方法。

光动力疗法是指让一些对光敏感的分子进入肿瘤中，然后用光照射，这些光敏分子就会产生有毒物质杀死癌细胞。目前，常通过血液注射的方式来输送光敏分子，但注射液中多是彼此分散的单个分子，这样要使肿瘤部位出现较高的光敏分子含量就有难度。

本次研究的成果解决了上述问题，它推出一种直径为几十个纳米的微粒，每个微粒可以携带上百个光敏分子，具有把光敏分子大量送达肿瘤部位的能力。在纳米微粒的内部和外部，还可以携带两种不同的光敏分子，进而增加光动力疗法的效果。

专家指出，这种纳米微粒的形状经过精心设计，能进入肿瘤而不在健康组织中引起不良反应。其原因是肿瘤中的血管与健康组织中的血管不太一样，其血管壁并不紧密，存在一些"漏洞"，纳米微粒可以在血压推送下穿过这些"漏洞"进入肿瘤。

（三）运用基因或细胞疗法治疗癌症的新进展

1. 发现抑制基因作用有助治疗癌症

2010 年 4 月，英国牛津大学麦肯纳等人组成的一个研究小组，在《癌症研究》杂志上发表研究报告说，他们发现，抑制一个与细胞修复有关的基因发挥作用，有助于用放射疗法杀死癌细胞。

通过放射疗法杀死癌细胞，是当前治疗癌症的主要手段之一。有关专家指出，提高癌细胞对放射疗法的敏感性，可使疗效大大提高。为此，该研究小组筛查了那些与细胞修复有关的基因，并最终确定如果抑制一个名为 POLQ 的基因发挥作用，将可以使包括喉癌和胰腺癌在内的癌细胞，对放射疗法更为敏感，治疗效果更好。

研究还发现，这一基因在健康细胞中并不活跃，抑制其发挥作用后，健康细胞对放射疗法的敏感性，并没有太大变化，不会因放射疗法而大批死亡。因此，POLQ 基因是提高放射疗法效果的一个良好靶点。

麦肯纳说，实验显示，抑制该基因发挥作用，可以使大量癌细胞在放射疗法实施过程中死亡。他们接下来要做的，就是把这一发现转化为实际的医疗手段，以造福癌症患者。

2. 发现用基因疗法治疗乳腺癌的新靶点

2011 年 5 月，英国帝国理工学院贾斯廷·斯特宾教授等人组成的一个研究小组，在《自然·医学》杂志发表研究成果称，他们找到对基因疗法治疗乳腺癌有帮助的新靶点。动物实验显示，如能基因治疗方法影响这个靶点，可以增强现有药物的作用，使肿瘤显著缩小。

目前，治疗乳腺癌的常用药物是他莫西芬等，但许多病人的肿瘤逐渐出现耐药反应。本次研究发现，一种名为 LMTK3 的蛋白质，在这种耐药性中发挥了重要作用。研究人员利用基因手段，使实验鼠不能产生这种蛋白质，结果在治疗它们所患的乳腺癌时，药物作用明显增强，肿瘤迅速变小。

研究人员还对人类乳腺癌患者，进行体内 LMTK3 蛋白质水平的检测。结果发现，对于肿瘤内蛋白质 LMTK3 水平较高的患者，某些常规药物的疗效较弱，患者寿命较短。而因天然基因变异，导致这种蛋白质水平较低的患者，往往能够活着的时间更长。

斯特宾说，他和同事正在寻找能有效控制这种蛋白质水平的药物，估计可在 5—10 年内，能开发出安全用于人类的相关药物。

3. 通过纠正蛋氨酸位置来阻止癌细胞生长

2011 年 6 月，英国伦敦大学玛丽女王学院的一个研究小组在《自然·细胞生物学》杂志撰文称，他们发现蛋氨酸（Met）分子位置偏差，会刺激癌细胞生长和扩散，一旦给它重新定位，则可有效阻止癌细胞的生长。这一发现，有助于科学家开发新药治疗恶性肿瘤。

蛋氨酸是人体必需的氨基酸之一，与细胞的生长关系密切。研究发现，在许多不同类型的癌症肿瘤中，都有蛋氨酸的存在，而且蛋氨酸水平越高，肿瘤的侵害性就越强。鉴于此，有的研究人员试图通过阻断蛋氨酸分子的功能来治疗癌症，但实际效果并不理想。

近来，研究人员发现，蛋氨酸分子会刺激癌细胞生长和扩散的原因，是由于它们的位置出现了偏差：通常是在细胞之外的蛋氨酸分子出现在癌细胞的内部；如果把它从细胞内部移到细胞表面，就可以阻止癌细胞的生长。研究人员在实验中，通过化学方法，对实验小鼠癌细胞中的蛋氨酸分子进行重置，结果不仅成功地阻止了肿瘤生长，还使得肿瘤出现萎缩。

研究人员表示，目前这一研究还处于早期阶段，但其前景看好。使用化学手段阻止蛋氨酸分子进入癌细胞内部，将会是一个可行的癌症治疗方法。据此，开发的新药或许会成为未来治疗恶性肿瘤的有力武器。

4. 发现“饿死”癌细胞的方法

2011 年 8 月，英国帝国理工学院吉多·弗兰佐索教授的一个研究小组，在《自然·细胞生物学》杂志发表研究成果称，他们找到一种能够限制癌细胞能量来源的方法，可以通过这种方式“饿死”癌细胞，帮助治疗癌症。

癌症的重要特点之一，是癌细胞快速分裂和生长，而这个过程需要耗费大量能量。癌细胞通常依靠分解葡萄糖来获取能量，如果体内的葡萄糖含量不足则转向别的能量来源。研究人员发现一种名为 NF - kB 的蛋白质，控制着它的能量供应方式转换。如果抑制这种蛋白质的功能，癌细胞就不能按需转换能量供应方式，会进入能量供应不足的状态，甚至“饿死”。

研究人员在实验室中，用肠癌细胞进行实验。结果显示，可以通过这种限制能量供应的方式，杀死癌细胞。此外，如果在抑制蛋白质 NF - kB 功能的同时，使用一种已有的糖尿病药物二甲双胍，则“饿死”癌细胞的效率会大大提高。

领导研究的专家说，这是首次揭示蛋白质 NF－kB 具有调节细胞能量来源的功能。以前虽然也知道，它在癌症中发挥着某种作用，但具体机理不是很清楚，因此与之相关的癌症治疗方式效果也不太理想。本次研究还发现，可以将它和二甲双胍联合使用，有望在此基础上研发出更有效的癌症治疗方式。

5. 通过控制血管再生抑制癌细胞生长

2011 年 12 月，英国西英格兰大学布里斯托尔分校迈克尔·雷多莫里领导，布里斯托尔大学生理与药理学院大卫·贝特教授等人参加的一个研究小组，在《癌细胞》杂志上发表研究论文称，他们发现，在一种特殊肿瘤的基因变异中，血管再生方式发生改变，调控血管再生的主开关被打开，为癌细胞建造运输营养的血管通道。而瞄准这一主开关，就可能预防或阻止癌细胞再造血管，切断其营养供给途径。这项成果为研究癌症疗法开辟了新方向。

癌细胞能控制组织产生新血管，为其运输氧气和所需要的糖，所以长得比正常细胞更快。雷多莫里解释说，控制血管再生对控制肿瘤生长非常关键。血管再生是两种同型的血管再生因子：促血管再生因子 VEGF165 与抗血管再生因子 VEGF165b 之间的平衡。制造这两种蛋白，要把不同的基因部分排列在一起，这一过程称为拼接。

研究人员发现，威尔姆肿瘤抑制基因 WT1 变异，能控制拼接平衡，让细胞中的拼接主开关，拼接因子激酶 SRPK1 处于打开状态。SRPK1 能促进更多的血管再生因子拼接，使血管长得更快，进而加速癌细胞的生长。在实验模型中，研究小组用一种能抑制 SRPK1 主开关的新药，就能预防和阻止血管生长，遏制住癌细胞的生长。

雷多莫里说："瞄准并控制病人体内的拼接转换，就可能阻止肿瘤生长。我们通过对拼接因子激酶 SRPK1 进行转录控制，发现 WT1 基因通过抑制 SRPK1 来调控拼接，SRPK1 可能作为一种抗血管再生疗法的标靶，通过基因和环境控制肿瘤中的拼接转换，能调控肿瘤生长。"

此前，英国研究人员还曾发现一种通过限制癌细胞能量来源的方法，来"饿死"癌细胞以帮助治疗癌症。相比之下，这种新方法更像是一种道路控制。贝特说："这些发现能帮助我们开发出一种瞄准血管生长的新药，在癌症、失明、肾病等疾病中都有广阔前景。"

三、防治癌症药物和设备研发的新成果

（一）研制防治癌症的新药物

1. 开发出可抑制小细胞肺癌肿瘤细胞的新药物

2009年11月11日，英国《每日电讯报》报道，英国帝国理工学院迈克尔·赛克尔教授领导的肺癌研究小组在《癌症研究》杂志上发表研究成果称，他们开发出一种新药物，能够杀死致命的小细胞肺癌的肿瘤细胞。

研究小组在老鼠身上进行了实验。赛克尔称，实验结果表明，一种名为"成纤维细胞生长因子2"的生长激素，在小细胞肺癌癌细胞快速扩散过程中起主要作用，而新药物可阻断这种激素的作用。这种药物通过抑制癌细胞的生长，并且让癌细胞自我破坏来取得治疗效果。接受实验的老鼠中有一半以上完全打败了肿瘤，而且没有出现任何不良反应。

在英国，每年有3.4万人死于肺癌，居所有癌症患者死亡人数之首。每5名肺癌患者中就有一位是小细胞肺癌患者。小细胞肺癌是一种恶性程度较高的肿瘤，患者死亡率达90%。

小细胞肺癌肿瘤细胞的扩散速度非常快，因此很难通过手术来移除肿瘤，必须采用化疗来治疗。刚开始，化疗的效果很明显，癌细胞数量明显减少，然而肿瘤很快"卷土重来"，并对之前的疗法产生抵抗力。该新型药物能阻止肿瘤复发，同时也可以增强其他化疗手段的疗效。

英国癌症研究院科学信息管理人乔安娜·欧文表示，新药物在治疗肺癌方面具有巨大的潜力，但是，仍然需要等到临床试验结果出炉，才能知道这种药物是否对病人真正管用，并希望能在此基础上找到有效治疗小细胞肺癌的方法。

2. 开发出一种治疗儿童白血病的新药

2010年12月，英国曼彻斯特大学等机构组成的一个研究小组，在医学刊物《柳叶刀》上发表研究报告称，对患有急性淋巴细胞白血病的儿童而言，治疗后疾病复发，是导致死亡的重要原因，而一种名为米托蒽醌的药物，可提高疾病复发儿童的存活率，其效果明显优于过去使用的药物。

研究人员介绍道，200 多名患有急性淋巴细胞白血病，并且疾病复发的儿童参与了试验。其中约一半人，服用传统的治疗药物伊达比星，而另一半人服用米托蒽醌，结果在 3 年后，前一组儿童的存活率为 45%，而后一组儿童的存活率达到 69%。

白血病又称血癌，急性淋巴细胞白血病是发生在儿童身上的主要白血病类型。据资助本次研究的英国癌症研究会介绍，对这种疾病的治疗近些年取得进展，患病儿童的存活率已经从 50% 上升到 80% 以上，但疾病复发仍然是个大问题，疾病复发儿童的存活率只有 50% 左右，近些年一直未能取得进展。

（二）研制防治癌症的新设备

1. 研发出一种信用卡大小的癌症检测设备

2007 年 10 月，英国圣安德鲁斯大学发布新闻公报说，该校教授托马斯·克劳斯和基尚·多拉基亚等人组成的一个研究小组，正在研发一种信用卡大小的微型检测设备，可以用来检测膀胱癌、肺癌和宫颈癌。研究人员已经为这项技术注册了专利，预计未来 5—10 年内可投入商业化应用。

据介绍，这种设备由半导体激光材料制成，其中的芯片上设有探测器。医务人员和患者都可以方便地使用这种设备。

克劳斯说，目前许多疾病都需要由专业人员用试管或价格昂贵、操作复杂的仪器进行检测。他们研发的设备简化了生化检测过程，使通常要在遥远实验室进行的化验，可在附近医疗点如社区诊所就能进行。他还指出，这种微型设备可大规模生产和一次性使用，因而可以避免交叉感染。

2. 开发出癌症研究质谱成像新的集成生物学信息平台

2014 年 1 月，英国帝国理工学院一个研究小组在美国《国家科学院学报》上发表研究成果说，在癌症研究领域，质谱成像系统是一种非常有前途的技术装置。但目前该系统的运用还受原始数据预处理、图像精确度及图像识别能力等问题限制。为此，该研究小组开发出一个集成生物学信息平台，可以有效地解决上述问题。新系统将改变病体组织的检测方式，从而推动癌症组织分析进入数字时代。

质谱成像系统主要是利用质谱直接扫描生物样品，分析化学成分在细胞或组织中的结构、空间与时间分布信息。这种成像方法不局限于特异的一种或几种蛋白质分子，可在生物组织样本中找到每一种蛋白质分子，并提供它们在组织中空间分布的精确信息。早在几年前，就有科学家提出利用该系统来确定生物组织类型的构想，但却一直没有设计出实用有效的装置。

该研究小组开发的集成生物学信息平台，利用解吸电喷雾电离技术来优化数据预处理，提高图像精确度，并通过提取生物组织特定的分子印记，来强化不同生物组织类型的生化特性，以增强图像识别能力。研究人员称，利用新开发的集成生物学信息平台，可把质谱成像系统获得的大量人体组织的具体信息数据，用于构建各种类型的组织数据库。通过多样本分析，并与传统的组织学分析结果进行比较，计算机就可以学习识别不同类型的组织，从而使癌变组织的解析变得相对简单高效。他们将自己设计的设备装置用于直肠结肠癌组织的检测，效果良好。

与标准组织学动辄几周才会得出完整结果的检测手段相比，利用质谱成像系统进行单一检测，仅需几小时即可获得更详尽的信息，不仅会显示组织是否发生癌变，还会显示癌症是哪一种类型和亚型。这些信息对于医生选择最有效的癌症治疗方法十分重要。

研究人员指出，自 19 世纪后期染色技术用于显示组织结构以来，对组织病理学样本的分析方法鲜有变化。直到今天，染色法依然是医院组织学分析的主流手段，并且变得越来越复杂，耗费也越来越高。而质谱成像系统可能改变组织学的基本范式，科学家将不再根据组织的结构，而是根据它们的化学成分来定义组织类型。将来的检测不再依靠专家的眼睛，而是以海量数据为基础，仅一个检测所得到的信息，就远比多个传统组织学检测所得到的更多。他们表示，新成果克服了一些质谱成像系统实际应用所遇到的障碍，将成为创建下一代完全自动化的组织学分析系统的第一步。

第二节　艾滋病防治的创新信息

一、艾滋病病理研究的新成果

（一）艾滋病病毒研究的新成果

获得艾滋病病毒三维立体结构图。

2006年2月，英国牛津大学威尔康信托人类基因研究中心斯蒂芬·富勒教授，及其在慕尼黑和海德堡的德国同行组成的联合研究小组，根据数百张艾滋病病毒图片，并利用计算机程序对其进行分析研究，首次获得艾滋病病毒三维立体结构图，近日在《结构》杂志上公布。研究人员认为，该成果有助于科学家了解艾滋病病毒的生长过程。

艾滋病病毒是目前地球上最致命的传染性病毒之一，虽然它比人类的红细胞还要小60倍，但迄今为止已夺去了近2500万人的生命，还有4000万人受到感染，预计2006年还将有300万人死于艾滋病。艾滋病病毒由蛋白质、膜及遗传物质组成，大小仅为15纳米~3000纳米，尽管科学家对艾滋病的研究已长达数十年，但由于其结构复杂善变，科学家对艾滋病病毒的三维结构一直不甚了解。

英德联合研究小组以70多个处于传染期的艾滋病病毒为拍摄对象，获得数百张图片，并利用计算机程序将这些病毒的X光断层扫描图片叠合在一起，形成了艾滋病病毒的三维结构图。研究人员还由此发现了艾滋病病毒的一些共同特征：艾滋病病毒都由一个横跨病毒膜的不对称棺状核组成，其中含有遗传物质。病毒膜的外部有钉状结构，有助其附着和结合到人体正常细胞上去。病毒在侵入人体正常细胞前，先复制近2000个称之为GAG的结构蛋白，形成类似车条状的结构，利用宿主细胞的细胞膜包裹住病毒棺状核，1/3左右的GAG结构蛋白形成病毒的蛋白外壳。当棺状病毒核进入到人体的正常细胞后，病毒核爆开，释放遗传物质。

艾滋病专家罗杰·培伯迪认为，搞清艾滋病病毒的三维结构十分有价值，它可以帮助人类了解更多的有关艾滋病病毒感染过程的信息。对于艾滋病病毒的知识，人类了解得越多，才有可能开发出有效的治疗手段，并最终治愈该疾病。

（二）艾滋病发病机理研究的新进展

揭开艾滋病病毒进入细胞核的关键机理。

2011年12月，英国伦敦大学学院格雷格·托尔斯教授牵头，该校托尔斯滕·夏勒博士为主要成员的一个研究小组，在《公共科学图书馆·病原学》期刊上发表论文称，他们发现了艾滋病病毒进入细胞核，进而破坏人体免疫系统引发艾滋病的关键机理。这一发现为科学家提供了更有效对抗艾滋病病毒的新标靶，为未来艾滋病的治疗带来新希望。

艾滋病病毒通过体液，主要是血液和精液传播。病毒一旦进入血液，会感染包括巨噬细胞在内的免疫系统关键部件。病毒会进入巨噬细胞的细胞核，与巨噬细胞的 DNA（脱氧核糖核酸）结合，自行复制并扩散到全身各处。艾滋病病毒要进入到细胞核内，必须通过核孔复合体（NPC），这也是病毒通往细胞核的大门。但到目前为止，艾滋病病毒是如何通过核孔复合体的，其机制尚不得而知。

该研究小组发现，艾滋病病毒衣壳会与细胞核孔复合体上的 Nup358 蛋白绑定，进而让病毒进入细胞核与 DNA 结合。这个衣壳蛋白就如同一把钥匙，打开了核孔复合体这把锁，使得艾滋病病毒最终“破门而入”。

夏勒指出，过去几乎所有的艾滋病治疗，都是瞄准病毒本身，但艾滋病病毒很容易发展变化，从而对药物影响免疫，使药物无效。这一新研究表明，瞄准宿主体内蛋白而不是病毒本身会更加有效。如果能够设计出一种药物，其标靶是蛋白，就会起到阻止病毒进化的效果。

托尔斯指出，对于艾滋病的治疗来说，能够领先一步来开发出新的治疗策略非常重要。艾滋病发现以来，虽然科学家在治疗艾滋病病毒感染的抗逆转录病毒药物的研究开发上，已经取得巨大的进步，但病毒对这些药物的抵抗力也变得越来越强，使得该疾病的治疗依然难有成效。在新研究中，科学家发现了允许艾滋病病毒进入细胞核的“锁和钥匙”。病毒一旦进入细胞核，就可以开始进行自我复制，然后几乎是毫不受限制地在体内扩散。如果能够使用药物阻断病毒进入细胞核的路径，就能够阻止病毒在体内的扩散，这将是一种对抗艾滋病病毒的新方法。

二、艾滋病防治研究的新进展

（一）开发出检测艾滋病病毒的新方法

开发出快捷便宜的艾滋病病毒检测方法。

2012 年 10 月，英国帝国理工大学斯蒂文等专家组成的一个研究小组，在《自然·纳米技术》杂志上发表研究成果称，他们研制出一种新型艾滋病病毒检测方法，其灵敏程度比目前的检测方法高出 10 倍以上，但成本却相当低廉，这为发展中国家艾滋病病毒感染者的诊断和治疗带来了新的福音。

目前，利用人体唾液检测艾滋病病毒的手段已相当简便、快捷，但其缺点是只有在病毒载量，达到一定的浓度时，才能检测出来。在某些情况下，检测样本的病毒载量过低，采用原有的某些检测方法（如唾液检测）难以得到准确的结果，通常会出现“假阴性”的检测结果。而新方法，能对病毒载量过低的情况，做出准确的检测。

新检测方法采用了纳米技术，它能够使待测样本的检测结果，显示为红色或者蓝色，用普通裸眼就可以分辨。该方法是测试血清，在一次性器皿内，检测是否存在一种被称为 p24 的 HIV 生物标记。如果存在 p24（即便其浓度极低），它将会使微小的金纳米粒子以不规则的方式凝结在一起，进而使溶液变为蓝色；阴性结果，则能使金纳米粒子分离为球状形态，溶液显示为红色。

斯蒂文说：“我们的检测方法能够提供更高的灵敏度，而不需要先进的仪器，其检测成本只相当于现有检测手段的 1/10。经过改进后这种检测手段，也可以用于败血症、黑热病、肺结核和疟疾等其他疾病的检测。”

艾滋病病毒检测，不仅对于发现患者是否携带艾滋病病毒十分重要，而且对于患者治疗效果的监测也十分重要。斯蒂文指出：“不幸的是，现有的黄金标准检测法成本过于昂贵，因而在一些贫穷国家无法得到真正应用。”

据世界卫生组织 2010 年提供的数据，全球共有 3400 万人属于艾滋病病毒携带者，其中 2300 万人分布在非洲次撒哈拉地区。该地区的艾滋病病毒扩散速度最快、造成的死亡人数也最多：2010 年，全球共有 270 万新增艾滋病病毒携带者，次撒哈拉地区占 190 万人；全球当年死于艾滋病的人数为 180 万人，该地区占 120 万人。

斯蒂文此前曾和西班牙维哥大学的研究人员合作，利用这种检测方法，检测前列腺癌的生物标记。目前，他打算寻求非盈利性组织的帮助，以便能够生产其中研制的检测设备，并将其发放给一些急需这种设备的贫穷国家。

（二）阻止艾滋病恶化研究的新发现

1. 发现移除艾滋病病毒外膜胆固醇可阻止其损害免疫系统

2011 年 9 月，一个由英国、美国和意大利等国科学家组成的国际研究小组，在《血液》杂志撰文称，他们找到一种阻止艾滋病病毒破坏免疫系统的新途径：通过移除艾滋病病毒外膜中的胆固醇，即可有效阻止病毒对人体免疫系统的损害。这项研究成果，对开发艾滋病疫苗具有重大意义。

艾滋病是由感染艾滋病病毒（HIV）所引起。通常，当一个人被某种病毒或细菌感染时，其免疫系统会自然而然地进行防御。而一些研究人员认为，艾滋病病毒会使人体防卫功能的第一道防线——非特异性免疫反应过度，从而削弱免疫系统的下一道防线——特异性免疫反应，进而使人体整个免疫机制遭到破坏。

新研究成果表明，如果把病毒外膜中的胆固醇去掉，会阻止艾滋病病毒引发非特异性免疫反应，这样艾滋病病毒就不能损害免疫系统了。当研究人员将胆固醇移除后，他们发现这阻止了艾滋病病毒引发非特异性免疫反应，并导致了由免疫细胞T细胞介导的特异性反应更加强烈。这一结果验证了科学家的上述假设，即艾滋病病毒通过过度刺激非特异性免疫反应，从而削弱免疫系统的防御能力。

研究人员指出，艾滋病病毒通过刺激人的过度免疫反应，来破坏免疫系统，可能是艾滋病疫苗难以培养的原因之一。大多数疫苗主要通过非特异性反应来识别入侵者，但如果病毒引发了其他机制，削弱了非特异性反应，疫苗就会很难起到作用。

通常，免疫细胞浆细胞样树突状细胞（pDCs），能够快速识别艾滋病病毒，并产生信号分子——干扰素来反应。这些信号会激活各种生理流程，其一开始虽然十分有益，但长时间作用则会损害免疫系统。研究人员发现，如果移除艾滋病病毒包膜中的胆固醇，艾滋病病毒就不能再激活pDCs，这样，T细胞就会更有效地对抗病毒。研究人员使用不同浓度的β-环糊精移除胆固醇，进而生产出外膜有着孔洞的艾滋病病毒。这种有穿孔的病毒没有传染性，不能刺激pDCs，但仍能被T细胞识别。

2. 发现一种蛋白质能够阻止艾滋病病毒复制

2011年11月，《自然》杂志网站报道，英国曼彻斯特大学等机构的研究人员发现人体内一种蛋白质能够对抗艾滋病病毒，并有望在此基础上，开发出新的艾滋病治疗方法。

此前美国、法国等研究人员曾发现，人体内一种名为SAMHD1的蛋白质，能阻止艾滋病病毒在一些白细胞中的复制，但对其中的原理并不清楚。

英国研究人员发现，这种蛋白质能降解脱氧核苷酸，而脱氧核苷酸正是艾滋病病毒复制所需要的基础。

研究人员指出，艾滋病病毒的复制在艾滋病感染进程中，是关键的一步。如能阻止病毒复制，就可有效遏制艾滋病的感染进程。研究人员未来可通过模拟相关生理过程，开发出新的艾滋病治疗方法或艾滋病疫苗。

3. 发现可抑制艾滋病病毒扩散的新基因

2013 年 9 月，英国伦敦大学国王学院麦克·马利姆教授领导的一个研究小组，在《自然》杂志上发表研究成果称，他们发现了一种可抑制艾滋病病毒（HIV）扩散的新基因 MX2。研究人员称，这一基因作用的发现将为开发更有效、更小毒性的艾滋病治疗方法开辟道路。

有关报道称，这是研究人员第一次确认 MX2 在抑制艾滋病病毒方面的作用，并通过实验对该基因的作用进行了检验。研究小组把艾滋病病毒引入两个不同的细胞系，以观察 MX2 的效果。在其中一个细胞系中，MX2 表达完好，而另一个细胞系中，MX2 处于沉默状态。研究人员发现，在 MX2 处于沉默状态时，艾滋病病毒会进行复制和扩散，而在 MX2 充分表达时，艾滋病病毒无法进行复制，也不会有新的病毒产生。

马利姆说："这是一个令人兴奋的发现。这一新发现，使我们对艾滋病病毒与人体免疫系统之间的反应方式有了进一步了解，让我们有机会开发出新的治疗方法。虽然直到今天，我们对 MX2 还知之甚少，但我们已经意识到这一基因在对抗病毒方面的潜在能力，它将会是艾滋病病毒生命周期中的一个关键的薄弱环节。"

虽然依靠现今的治疗手段，艾滋病病毒携带者可以存活较长的时间，但药物对身体的毒副作用，以及长期使用药物所产生的耐药性问题，都是不小的麻烦。马利姆指出："找到一种新的方法，来调动人体的自然防护机制变得十分重要，而 MX2 将可能成为一个关键角色。科学家可以开发具有 MX2 类似作用的分子，也可以开发能够激活 MX2 的药物，这两个途径都具有可行性。"

三、艾滋病防治药物研发的新成果

（一）开发防治艾滋病的新药物

1. 发现治疱疹药物可抗艾滋病毒

2007 年 2 月，英国《新科学家》杂志网站报道，英国伦敦卫生和热带医学学院一个研究小组发现，治疗疱疹的药物伐昔洛韦可降低艾滋病病毒感染者体内的病毒数量，具有控制艾滋病病毒传播的潜力。

研究人员在非洲国家布基纳法索进行的小规模试验表明，伐昔洛韦可使艾滋病病毒感染者血液中的艾滋病病毒数量降低 70%，同时也可降低生殖道内艾滋病病毒数量。

研究人员征募了 140 名既感染艾滋病病毒又感染疱疹病毒的妇女，并在 3 个月内给其中一半人服用伐昔洛韦，给另一半人服用安慰剂。结果发现，服用伐昔洛韦的妇女每毫升血液中的艾滋病病毒数量从 2.5 万个降至 8000 个，而服用安慰剂的妇女血液中的艾滋病病毒数量不降反增。

研究人员还发现，与服用安慰剂者相比，服用伐昔洛韦的妇女生殖道内艾滋病病毒数量，只有前者的一半。

2. 发现绿茶成分有助抵御艾滋病病毒

2007 年 3 月，英国谢菲尔德大学的威廉姆森教授主持，他的同事和美国同仁共同参加的一个研究小组，在美国《过敏与临床免疫学》杂志上发表研究成果称，他们通过联合研究发现，绿茶所含的一种成分，能阻止艾滋病病毒附着到免疫细胞上。

据有关报道，研究人员发现，绿茶含有一种多酚类化合物 EGCG，一旦这种成分先附着在免疫细胞上，艾滋病病毒就不再有机会附着上去了。

威廉姆森说："我们的研究显示，喝绿茶可能有助于减少感染艾滋病病毒的危险，并有助于减缓艾滋病病毒的扩散。"

但他同时强调说，喝绿茶不是治疗艾滋病的方法，也不是预防艾滋病的安全手段，但对一些感染者来说，这种方法可以与传统药物相配合，缓解他们的病情。

威廉姆森指出，有关这方面的研究还处于初级阶段，尚需进一步探索，看绿茶饮用量是否影响绿茶成分抵御艾滋病病毒的效果。

（二）发现抗艾滋病药物的新用途

临床试验显示一种抗艾滋病药物可防治宫颈癌。

2014 年 3 月，英国媒体报道，英国曼彻斯特大学和肯尼亚肯雅塔国家医院联合组成的一个研究小组，在肯尼亚进行的一项临床试验显示，治疗艾滋病的常用药物洛匹那韦，对于人乳头瘤病毒导致的宫颈病变，具有良好疗效，能够防止其发展成宫颈癌。

报道说，在这项试验中，40 名因感染乳头瘤病毒而发生宫颈癌前病变的女性参与试验，她们把洛匹那韦，作为宫颈栓剂使用，连续用药两周。

试验开始时，40 名患者都患有不同程度的宫颈癌前病变，其中 23 名为高度病变。用药 3 个月后有 19 人痊愈，2 名转为低度病变。17 名起初为低度病变或临界病变的患者，也获得了类似的治疗效果，且未发现不良反应。

乳头瘤病毒会使皮肤或黏膜发生病变，是宫颈癌的主要诱因之一。2011 年，曼彻斯特大学等机构研究人员在体外实验中发现，洛匹那韦可以有选择地杀死因乳头瘤病毒感染而即将癌变的人体细胞，却不会对正常细胞造成伤害。

研究人员说，早期临床试验效果比预想的更好，这一疗法有望给宫颈癌防治带来革命性的变化，特别是可以让发展中国家患者获得有效、廉价的治疗，而且可以自行用药，比较方便。

全球每年约有 30 万人死于宫颈癌。在许多发展中国家，宫颈癌是导致年轻女性死亡的主要癌症“杀手”。目前的防治重点，是在感染前使用乳头瘤病毒疫苗，对于已发生的病变，除手术外缺乏有效的治疗手段。

第三节　心脑血管疾病防治的创新信息

一、心脑血管疾病病理研究的新进展

（一）血栓与血管硬化病理研究的新发现

1. 发现铁含量过低更易导致血栓

2011 年 12 月，英国伦敦帝国理工学院克莱尔 · 肖夫琳博士主持的一

个研究小组，在《胸腔》杂志上发表研究成果称，血液中铁含量过低更易导致血栓，提高血液中的铁含量水平，对于预防血栓具有重要作用。

研究人员分析了600多名遗传性出血性毛细血管扩张症患者的血液情况，寻找血栓患者与非血栓患者之间的差异。出血性毛细血管扩张症是一种遗传性血管疾病，主要症状是病变部位自发性或轻伤时反复出血，病变部位主要在鼻腔和肠道。这一疾病患者患血栓的风险很高，但其原因尚不清楚。此次帝国理工学院研究人员通过分析发现，造成出血性毛细血管扩张症患者更易患上血栓的原因是：患者病变部位大量出血，导致其血液中的铁含量水平过低。那些经常服用补铁药剂的患者，其患上血栓的风险明显降低。

研究人员认为，铁含量水平过低易导致血栓，其原因在于Ⅷ因子。Ⅷ因子是一种促成凝血的血蛋白，该因子含量过高，就会增加血栓风险。而铁含量水平高低会影响Ⅷ因子水平，血液中铁含量过低会导致Ⅷ因子水平过高，从而导致血栓风险增加。

肖夫琳表示，这一研究表明，对于出血性毛细血管扩张症患者来说，血液中铁含量过低是能够治疗的，通过补铁，可以有效预防血栓。目前，虽然有一些针对普通人群的小型研究也证明了这一点，但还需要进行更多的研究论证。如果这一研究结论最后被证实适用于普通人群，那么对于几乎所有的医药领域都具有重要意义。

2. 发现动脉硬化症的“分子开关”

2009年11月，英国伦敦帝国理工学院一个研究小组在美国《循环》杂志上发表研究报告称，动脉硬化症对血管的不良影响，与免疫细胞表面的一种分子有关，如果把这种分子的功能“关掉”，动脉硬化症造成危害的概率就会大大减小。

研究人员说，动脉硬化症的发生，是因为脂肪和胆固醇等物质在血管内形成了斑块，免疫细胞会被这些斑块吸引，将其看作异物而发起攻击，免疫细胞释放的一些物质会造成血管发炎和血管壁受损，并可能因此导致中风和心脏病。

研究人员发现，免疫细胞表面一种名为TLR-2的分子在这个过程中起着重要作用它会帮助免疫细胞辨认有害物体并发出攻击信号。实验室分析显示，这个分子在含有动脉硬化斑块的组织样本中异常活跃，而如果使用药物抑制它的功能，免疫细胞就会停止那些导致血管发炎的行为。

研究人员说，这表明 TLR－2 是动脉硬化症的“分子开关”，针对它研发出的药物可以大大降低动脉硬化症造成危害的概率。但这还需要克服另一个问题，即抑制其功能的同时，不影响免疫细胞的正常工作。为此，下一步研究将关注该分子中究竟哪些部分受到硬化斑块的吸引和影响。

3. 研究显示中年后脂肪过多才会造成血管硬化

2013 年 5 月，英国伦敦帝国理工学院医学研究理事会临床科学中心德克兰·奥雷根博士领导的一个研究小组，在《高血压》杂志上发表研究成果称，他们的研究显示，在不同年龄段，肥胖对心血管的影响是不一样的，年轻人的血管有足够的适应能力，来弥补肥胖造成的影响，但人到中年之后，这种适应能力会逐渐消失，随着脂肪不断积聚，动脉会逐渐硬化，进而增加罹患心血管疾病的风险。

人体内的血液流速会因血管弹性变化而不同，硬化血管中的血液流速会比弹性良好的血管中的血液流速快，所以通过测量血液流速，可以计算出血管的硬化程度。

在这项研究中，研究人员通过核磁共振扫描仪，对 200 名志愿者的主动脉血液流速进行测量，对数据对比后发现，年轻人身体脂肪过多，并不会造成血管硬化，但当年龄超过 50 岁之后，脂肪过多对血管弹性的影响开始显现，血管硬化程度明显提高，且这一影响不因性别不同而产生差异。据此，研究人员认为，相比于身体质量指数（BMI），身体脂肪比率与动脉硬化的关联更为密切。身体脂肪比率可以通过微电流来测量，正常情况下，男性身体脂肪比率平均数值为 21%，女性为 31%。

奥雷根指出，新研究表明，脂肪对身体的影响会随着年龄的不同而变化，并与成年后身体肥胖的时间长短有关，因此，对肥胖者来说，肥胖时间的长短以及在什么时候开始减肥，都会影响到减肥的最终效果。

（二）心脏病病理研究的新发现

研究显示恐惧情绪会加重心脏病风险。

2011 年 6 月，英国伦敦大学学院安德鲁·斯特普托教授领导的一个研究小组，在《欧洲心脏病学杂志》上撰文称，他们发现，如果人们在有心脏病症状时表现出严重的害怕情绪，可能会使血液中一些易引起发炎的化学物质含量升高，从而加重心脏病风险。

研究小组选择208名病人进行调查观察，这些病人都有一定的心痛和心律不齐的症状。在开始接受治疗时，通过问卷报告了自己对病情的看法，其中约20%的人非常担忧病情会恶化，有的人甚至还害怕因此死亡，其他人就没有那么多担忧。

后来的分析显示，那些有严重担忧情绪的人，血液中一些容易引起发炎的化学物质的含量要比其他人高。而早有研究显示，这些物质含量高会加重心脏病风险。

研究人员指出，担忧和害怕不仅是心理问题，它还会引起一些生理反应，从而对病情造成实实在在的影响。不过，研究人员也表示，本次研究还只是观察到这种现象，对于具体的深层原因，以及调节心情是否能有效改善病情，还需要进一步研究。

（三）脑血管疾病病理研究的新成果

1. 研究证实高血压属于一种脑血管疾病

2007年4月，英国布里斯托尔大学朱利安·帕顿领导的一个研究小组，在《高血压》杂志上发表论文称，高血压到底是心血管疾病还是一种与大脑有关的疾病，医学界对此一直存在争议。而现在，他们的一项研究结果证实，高血压属于一种脑血管疾病。

研究小组发现，大脑血管壁中有一种功能性黏附分子-1（JAM-1），这种分子蛋白质具有黏附白细胞的作用，一旦白细胞被功能性黏附分子-1“捕捉”，后果是引起发炎，导致血流不畅，最终造成大脑缺氧。研究人员因此得出结论，高血压其实是一种炎症性大脑血管病。

高血压是全世界最大的流行病之一，全球高血压患者多达6亿人，英国则有1/3人口存在患高血压的风险。有数据显示，即使服用降压药物，仍有60%的患者病情无法得到有效控制。帕顿表示，针对那些使用传统降压手段，但效果不明显的高血压患者，他们正在尝试新的可行性治疗方案，那就是通过药物来控制脑部血管炎症，保证血流通畅。因此，研究人员的下一个目标，就是要弄清楚大脑血管到底感染了哪种炎症，以便对症下药。

英国心脏病基金会医学副主管杰里米·皮尔森认为，这项研究成果很重要，功能性黏附分子-1的作用，揭示了大脑供血不足与高血压之间存在一定联系，从而为治疗这一常见疾病开启了新思路。

2. 发现中风期间神经细胞的自保机制

2011年8月，英国布里斯托大学杰克·梅洛博士领导的一个研究小组，在《神经科学期刊》杂志上撰文称，他们发现了人类大脑中某些神经细胞在中风期间的自我保护机制，通过这一机制，这些神经细胞可以免受中风的损害。研究人员称，这一发现，有助于科学家找到新方法来保护其他类型神经细胞免受中风损害，从而降低中风对病人身体的影响。

中风是一种急性脑血管病，发病时患者大脑血液供应中断，使得脑神经细胞无法获得氧气和养分而死亡，致使大脑认知功能的丧失，造成失语、瘫痪等症状。该病致残率和致死率都很高，且容易复发，是威胁人类健康的重要杀手。在英国，中风是第三大致死疾病。

以往的研究表明，在中风时，并不是所有的脑神经细胞都会受到损害，而找到这些神经细胞免受损害的原因，就可以找出办法来保护其他的神经细胞。为找到部分脑神经细胞免受中风损害的机制，研究人员对人类大脑海马体中的两种类型神经细胞——CA1细胞和CA3细胞进行了研究分析。这两种类型细胞中，CA1细胞极易受到中风损害，而CA3细胞虽与CA1细胞有许多相似之处，却有一定的抗性，不易受到中风损害。

研究人员发现，在中风时，大脑会释放大量的神经递质谷氨酸，CA3细胞能够通过移除其表面的谷氨酸受体蛋白，来减少对神经递质谷氨酸的敏感性。进一步研究发现，CA3细胞移除谷氨酸受体的机制，是由腺苷酸A3受体所引发。这种受体，只有在中风后神经递质腺苷酸达到了非常高的水平时，才会被激活。而CA1细胞不拥有腺苷酸A3受体，无法移除细胞表面的谷氨酸受体，因而对中风损害十分敏感。

领导这项研究的专家认为，中风的治疗之所以非常困难，是因为它的发病很难预测，且需要在发病后几分钟内，及时进行药物治疗。虽然他们的研究发现并不能完全解决这一问题，但其所揭露的CA3细胞自我保护机制，有助于科学家找到新方法来保护其他类型的神经细胞，从而降低中风对人类健康造成的损害。

二、心脑血管疾病防治技术的新进展

（一）诊断和检测心血管疾病的新技术

1. 发明用于心脏病早期诊断的声音同步技术

2011 年 7 月，英国媒体报道，伦敦大学玛丽女王学院一个研究小组开发出一种同步技术，它可用新型数字听诊器，进行心脏病的早期诊断。借助这一创新成果，医生更加容易捕捉到心脏病的最初临床表现。

据悉，这项技术可以把数字听诊器收集到的各种声音，同步合成为人类的心跳声。这些声音随即将借助一种现有的独立成分分析技术进行分析，心脏跳动及任何异常的数据，都可以通过笔记本或台式电脑，以直观的图表方式表示出来。

2. 开发出有助于尽早发现心肌梗死风险的扫描新技术

2013 年 11 月 11 日，英国爱丁堡大学心脏病专家马克·德维克领导的一个研究小组，在英国医学期刊《柳叶刀》网站上发表研究报告说，心肌梗死是人类一大健康杀手，他们开发出一种心脏扫描新技术，利用放射性示踪剂和高清图像检测心血管中的脂肪斑块，从而尽早发现可引发心肌梗死的高风险因素。

研究人员表示，他们发现心脏动脉中的脂肪斑块破裂形成血栓、堵塞血管，是造成心肌梗死的主要原因，如能尽早发现这些斑块，就有助于预防心肌梗死发作。在新研究中，研究人员把两种放射性示踪剂注入一些心脏病患者的血液，然后利用正电子发射计算机断层扫描技术，显示其心血管内脂肪斑块的高清图像，以此判断患者发生心肌梗死的风险。

这一新技术，可准确发现心血管内的脂肪斑块，并判断其破裂风险。据报告，该试验共有 40 名心脏病患者参与，用这一新技术判断心肌梗死的准确率高达约 93%。研究人员认为，还有必要进行更大规模的临床试验以证实其有效性。

德维克说，虽然并非所有脂肪斑块都会引发心肌梗死，但尽早发现这些斑块，并找出其中破裂风险较高者，有助于医生判断患者的心肌梗死风险，从而采取适当的预防措施。

（二）治疗心脏病的新技术

1. 首次成功完成跳动状态心脏移植

2006 年 6 月，英国媒体报道，剑桥郡帕普沃斯医院布鲁斯·罗森戈德教授领导的一个医疗小组，首次成功地把一颗一直处于跳动状态的心脏，移植到一名 58 岁的患者体内，此举堪称移植技术的革命性进展。

过去，医生在进行器官移植手术时，通常是将所需移植的器官先冷冻起来，然后在 4 ~6 小时内再进行器官移植。这样做非常容易导致待移植的器官受到损伤。

罗森戈德医疗小组利用美国波士顿一家公司开发的一种移植器官护理系统，使被移植的心脏，在体外始终保持着鲜活跳动的状态，最终将其成功地移植到了一名患者体内。这意味着，今后被移植器官可以“活”得时间更长，因此可以被运送到更远的地方。

罗森戈德介绍，传统的器官移植技术，在切除器官后先要将其浸泡在高钾溶液中，然后将其置于一个低温的圆顶小桶中，再运送到医院进行手术。而利用新的技术，医生可以把所需移植的器官放到钾溶液里，然后与盛有捐献人血液的设备相连接。移植器官被维持在略低于人体温度的 34℃ ~35℃，再运送到接受器官移植的患者所在医院。取出心脏及相关的手术准备工作需要 20 分钟左右，随后，医生将心脏安置在设备上，给氧给血之后，心脏就开始跳动。实验表明，利用这种新技术可维持心脏跳动 8 ~12 小时。

目前，接受心脏移植的患者情况良好，手术后的体检发现，患者身体的各项功能都十分正常，估计近日就可以出院。罗森戈德还表示，这种新的器官移植技术，目前尚处于临床试验阶段，但这是迈向器官移植革命的第一步。利用这种技术，可使该医院每年完成器官移植手术的数量增加一倍甚至翻番。

欧洲现在有 4 家医院，正在开展这种新的器官移植技术的临床实验，帕普沃斯医院是其中之一。美国正在准备开展类似的临床实验，澳大利亚也对此表现出极大兴趣。

英国心脏基金会的负责人彼得·威斯伯格教授认为，这是移植外科手术极具希望的突破性进展。对很多心脏病患者而言，接受心脏移植手术是最佳选择，但这种手术受限于捐献器官的数量及地理因素，尤其是长途运送移植器官很难保证手术成功。布鲁斯·罗森戈德教授的开创性工作，为这些十分珍稀的移植器官提供了更多的存活机会，可以给更多的患者带来福音。

2. 试用病人自身干细胞治疗心脏病

2006年11月，英国媒体报道，英国心脏病基金会心血管专家约翰·马丁教授与伦敦巴茨医院的安东尼·马图尔博士主持的一个研究小组，正在研究利用干细胞疗法，帮助心脏病发作病人在手术后修复心脏损伤。这一疗法的好处在于，不必担心与干细胞联系在一起的伦理问题以及高昂费用，因为这些干细胞都将来自病人自己的骨髓，所以相当方便和廉价。

干细胞是人体基本组成细胞之一，具有发育成各种人体组织的能力。科学家希望，在把干细胞注入患者血管后，它们能够发挥自身特点，对心脏肌肉起到修补作用。

马丁教授说："这将是世界上第一次利用干细胞，治疗心脏病发作造成的损伤。"按计划，项目启动后，因心脏病发作而入住伦敦胸科医院和伦敦心脏病医院的病人，将可以选择签署书面文件，同意加入这一研究项目。此后，研究人员将对他们实施局部麻醉，用针管从他们髋部抽取骨髓，从中分离出干细胞，并注入接受血管重建术的那段动脉中。

3. 发明"心肌修补"疗法

2011年7月1日，英国《每日电讯报》报道，英国利物浦约翰·摩尔大学和意大利、西班牙科学家合作，经过4年研究，发现了一种全新的"心肌修补"方法，通过注射特定的生长因子，能修复心脏病发作带来的心肌损伤，为大众带来能负担得起的心脏病疗法。

研究人员称，这项技术是直接向心脏注射一种类似胰岛素的蛋白，就能让受伤细胞自行修复并开始再生。他们在猪身上进行的动物实验显示，利用再生疗法注射特定的生长因子，即细胞天然产生的用于和其周围环境沟通的蛋白质，休眠细胞能开始再生，这为下一步临床试验"开辟了道路"。

研究人员指出，实验结果显示，注射生长因子IGF-1和HGF，能使损伤心脏在结构上、组织上和生理上获得显著的再生效果。这项新技术简单易行，费用低廉，大众负担得起，也可通过与目前的心脏病临床护理标准方法结合而广泛应用。

（三）防治脑血管病的新技术

用“超级胶水”粘补婴儿脑血管漏洞。

2009 年 12 月，英国媒体报道，16 个月大的英国男婴达菲·埃文斯，看起来与健康儿童无异。然而，他一出生时就患有一种罕见的疾病：“盖伦静脉畸形症”，脑血管有漏洞，随时都有生命危险。英国伦敦大奥蒙德街医院医学专家斯蒂芬·布鲁博士主持的一个医疗小组，先后为达菲实施了 5 次危险的脑血管“堵洞”手术，用一种“超级胶水”成功修补好了这些漏洞，从而奇迹般地拯救了达菲的性命！

当达菲刚刚出生后几个小时，布鲁博士医疗小组就为达菲实施了第一次脑血管堵洞手术。医生们将一根细如发丝的导管，从达菲腹股沟部位的血管中插入体内，这根细管中装有一种被称作“组织黏合剂”的超级胶水。医生接着通过高科技 X 光机的监控，从体外遥控这根细管穿过达菲的心脏，最后抵达他具有缺陷的脑血管部位。接着，医生打开了细导管上的微型阀门，向达菲大脑血管的小洞喷射“超级胶水”，从而将这些破损的小洞粘补了起来。

据悉，在过去 16 个月中，医疗小组先后共为达菲实施了 5 次脑血管堵洞手术。虽然达菲 2010 年 1 月还将接受第 6 次手术，但他现在看起来已经充满活力，完全像个健康正常的孩子，他的生活跟其他孩子已经没有太大的区别。

达菲的母亲凯特琳把这一“超级胶水”脑血管堵洞手术，称作是一项“奇迹”。她说：“当我现在看着达菲的时候，我总是无法相信发生的一切，他现在充满了能量，这真是太令人难以置信了。”

主刀的布鲁博士，已经救治了大约 50 名患有“盖伦静脉畸形症”的儿童，表示这种手术“压力令人难以置信”，但是却能给人带来很大满足感。他说，“这些患病儿童手术前通常看起来奄奄一息，但是手术完成后，一夜之间就看起来非常健康。”据悉，“超级胶水”修补脑血管漏洞手术的医学先驱是法国医生皮埃尔·拉斯加尼亚斯，他从 20 世纪 80 年代开始，就实施这种高难度的手术了。

三、防治心脑血管疾病的新药物和新设备

（一）防治心脑血管疾病药物研究的新进展

1. 发现防治心脏病的他汀类药物有抗感染功效

2011 年 8 月，有关媒体报道，英国帝国理工学院彼得·塞弗教授领导的一个研究小组报告说，他们从跟踪观察参与他汀类药物试验的人群分析，这种广泛用于降血脂和防治心脏病的药物，还“出人意料”地具有抗感染的功效，在试验结束多年后，参与试验者因感染而死亡的比例仍然明显降低。

这项研究，开始于 1998—2000 年，涉及英国、爱尔兰和斯堪的纳维亚半岛等地的 1 万多名参与者，从他们中选出一部分人服用阿托伐他汀，原本目的是研究这种药物在防治心脏病方面的效果。

最近，研究人员对这些受试者进行跟踪调查发现，当时服用他汀的那些人，近年来死亡率较低，其原因不在于他汀能防心脏病，而在于他汀能预防有关疾病的感染。分析显示，服用他汀的人，与其他人相比，死于感染和呼吸系统疾病的风险要低 36%。

领导研究的专家说，这是一个意料之外的发现。他汀类药物在防治心脏病方面效果良好，已广为认知，但跟踪调查显示，它还具有抗感染的长期效果，这种效果，即便在试验结束多年后依然存在。同时指出，这种结果的原因何在，还需进一步研究。

2. 发现复合药片可降低中风和心脏病风险

2012 年 7 月，英国伦敦大学玛丽女王学院的一个研究小组，在《科学公共图书馆·综合卷》杂志上发表报告称，把多种降血压药物和降胆固醇药物，综合到一起的复合药片，在临床试验中显示了不错的效果，可大大降低中老年人出现中风和心脏病发作的风险。

研究人员说，他们把氨氯地平、氯沙坦、氢氯噻嗪这三种降血压药物和辛伐他汀这种降胆固醇药物混合在一起制成复合药片，并以 80 多名 50 岁以上的中老年人为对象，进行了随机对比试验。

结果显示，这种复合药片可以使服药者血压平均降低 12%，体内有害胆固醇含量平均降低 39%。高血压和高胆固醇是导致中老年人患中风和心

脏病的重要原因。

研究人员认为，50岁以上的人，服用这种复合药片可以大大降低患中风和心脏病风险，其好处可以折算为平均延长寿命11年。据估算，英国即使只有一半50岁以上的人服用这种药片，每年也可以避免超过9万起中风和心脏病发作病例。

（二）研制植入人体医疗器械的新成果

研发可模仿脉动的人造血管。

2010年1月，香港《星岛日报》报道，近日，英国科学家将把研制出的一种人造血管运用到人体内进行试验。

据报道，英国伦敦皇家自由医院使用毫微技术，研制出一种以聚合材料制造的心脏搭桥用血管。这种材料制成的人造血管，可以模仿人体血管的自然脉动，具备把养料输送到人体各处的功能。这项研究的最终目的，是在静脉血管和下肢血管的手术中使用这种人造血管。

医生表示，这种人造血管的运用，将有助于减少患者被截肢和患上心肌梗死的危险。如果这项研究获得成功，无疑将为无数心血管疾病患者带来福音。

人体血管应能在人的一生中承受血压，而且通常应当非常坚韧。但如果受到血管硬化症等疾病的侵袭，血管将会受阻或管壁弱化，从而演变为动脉瘤，最终可能造成血管破裂。

目前医学界采用的是搭桥的方法，使用菱形塑料管或从患者本人腿部取出一段血管，来代替受损血管。但这种方法存在两个问题，一是许多患者并不具备适用于移植的血管；二是塑料管仅在较大的血管中使用效果好，由于塑料管较僵硬，无法脉动，其表层很容易形成血凝，因此对于8毫米以下的细管来说，塑料管的效果不好，搭桥手术的失败率很高。

研究人员哈密尔顿教授说，许多患者需要细小的搭桥血管，但自身却无法提供，其结果是导致截肢。有些无法进行搭桥手术的患者最终死于心肌梗死。哈密尔顿教授介绍说，新研制的这种人造血管则同时具备强度和柔韧性，不会产生血凝，还可以跟随人体脉动，模仿有节奏的心跳。

英国心脏基金会的奥萨利文，对这一研究成果表示欢迎。她说，这对于无数需要进行心脏搭桥手术和心血管手术的患者来说，是个“潜在的特大喜讯”。

（三）研制防治心脑血管疾病的新设备

1. 开发出心脏病预警系统

2005年3月，位于英国牛津科学园区的“牛津生物信息公司”成功研发出一种仪器，可在心脏病患者发病前两小时，测出他们在心律与体温上的轻微变化并预先发出警示。

该公司最初研发这种仪器时，并非为心脏病患者而设计，而是为了测出飞机引擎震动频率的改变，以便及时发出警告，避免问题继续恶化。后来，研发这种仪器的研究人员，把这种构想用在患者身上，并继续改进仪器的电脑分析程序，结果发现可以测出心脏病患者在发病前所显现的轻微心律与体温变化。据悉，这种仪器已被美国医学界引进，目前正在进行进一步的试验。

2. 研制出可通过卫星监控病情的新型心脏病监测仪

2008年3月6日，英国《每日邮报》报道，英国每2500人中，就有1人患有原发性扩张型心脏病，而这种疾病目前无法治愈。英国苏格兰斯凯岛人罗斯·考伊就是这样一名患者，但是自从1年多以前开始佩戴一种心脏病监测仪以来，他的病情已经可以通过卫星得到监控。

原发性扩张型心脏病是指一种不明原因心腔扩大，心肌收缩期泵功能障碍，导致人体供血不足的疾病。

考伊20多岁前一直身体健康，患病前经常玩苏格兰简式曲棍球和踢足球。但他36岁那年，心脏开始出现问题。2006年，考伊第6次心脏病发作，之后被确诊为原发性扩张型心脏病。他的父亲和叔叔均死于这种疾病。

2006年12月，考伊开始佩戴一种先进心脏监测仪：自动减颤器。考伊需把自动减颤器一直戴在腰上，卫星会跟踪自动减颤器上的信号发送器，并把考伊心脏跳动情况，以信号形式传给监测公司。如传送信号显示考伊心跳不规律，监测公司就会立刻通知距考伊家最近医院，随后医院会与考伊联系或派医护人员过去。据报道，在英国，像考伊一样佩戴自动减颤器的心脏病患者，目前只有100人左右。

监测公司通过自动减颤器和卫星信号，迅速了解患者病情变化，并及时通知医院对患者进行治疗，可以节省不少时间，而这对于心脏病患者而言可能意味着生死之别。自动减颤器不仅可以监测心脏病患者心跳状况，而且当它发现患者心跳不规律，并判断患者心跳可能停止时，会自动释放电流，通过电击方式使心脏恢复正常跳动。

自动减颤器可向患者身上释放800伏电流，把患者心脏电击回正常跳动频率。这种应急治疗方法，为医护人员赶去患者身边留出更多时间。

3. 研制出更精确的新型血压计

2011年2月，英国莱切斯特大学和新加坡大学联合组成的一个研究小组，在《美国心脏病学会杂志》上发表论文称，他们开发出一种可在体外准确测量中心动脉压的新型血压计。与常用的血压计相比，它可协助医生更准确评估与高血压相关的心血管疾病风险。

常用血压计仅能测量胳膊上的肱动脉压，这与心脏附近大动脉中的中心动脉压并不相同。现在，这种新型血压计，可像手表一样戴在手腕上，测量手腕动脉处的脉搏情况，然后和手臂血压数据一起输入专门的数学模型，推断出心脏附近大动脉中的中心动脉压，它是心血管疾病的有效风险“指示器”。

这种新型血压计的出现，可能会使医学界更倾向于使用中心动脉压而不是肱动脉压来诊断病情。研究人员指出，这项新成果可能会带来血压测量上的一场变革。

第四节　神经系统疾病防治的创新信息

一、大脑及神经机理研究的新进展

（一）大脑及神经生理基础要素研究的新成果

1. 初次证实脑细胞频繁基因重组

2011年10月31日，英国爱丁堡大学、日本理化学研究所等组成的国际研究小组，在《自然》杂志上发表论文称，他们研究发现，人类脑细胞会高频度地进行基因重组，脑细胞之间的基因各不相同。

以往的研究发现，在人类的细胞中，与遗传相关的细胞存在遗传基因重组现象。此次国际研究小组的发现，首次证实人类脑细胞也同样存在基因重组现象。他们首先利用在细胞内不断活动的遗传物质逆转座子进行研究，然后开发出一种检测方法，分析受逆转座子影响而产生基因重组的遗传基因。他们发现，脑组织中的基因重组现象，比血液中基因重组高出100多倍。

这一成果能够说明为何人类仅有2万多个遗传基因，脑细胞便可以进行记忆、思考等复杂的活动。

2. 发现负责保护脑神经细胞的蛋白质

2012年7月，欧盟第七研发框架计划（FP7）资助支持的英国脑神经科学研究小组，在《自然·神经科学》杂志上发表研究成果称，他们在中风和癫痫新型疗法的研发活动中，获得非同寻常的重大发现：可以调节脑神经细胞之间信息传输的关键蛋白质。这种关键蛋白质在心脏衰竭或癫痫发作期间被激活，用以保护脑神经元，避免受到伤害。

研究小组发现，小泛素样修饰蛋白（SUMO）具有负责保护脑神经细胞的功能，实际上是小型蛋白质的一个家族；它在细胞内以化学的方式或依附或脱离其他蛋白质，对自身功能进行调节。它随着大脑活动水平，会产生微妙的反应，从而可以调节红藻氨酸受体传输的信息。而红藻氨酸受体控制着神经细胞之间所有的信息传输，触发和改变它们，可以导致癫痫发作和神经细胞死亡。

通过人为变更蛋白质的功能，包括磷酸化、泛素化和小泛素样修饰化，过程可以单独也可以相互关联。科学家发现，磷酸化和小泛素样修饰化之间具有完美的平衡，而小泛素样修饰化依赖于大脑的活动水平。当人体处于中风或癫痫状况时，小泛素样修饰化降低了红藻氨酸受体的作用，以便保护神经细胞免受损失。

红藻氨酸受体尽管神秘但确实很重要，小泛素样修饰蛋白同红藻氨酸受体之间的紧密联系，以及神经细胞在过度和异常情况下的自我保护机制，将进一步充实人类脑神经医学的知识。通过调节，增加小泛素样修饰蛋白依附红藻氨酸受体的数量，可以降低神经细胞之间的信息传输，将防止大脑神经细胞的过度兴奋，有可能成为癫痫病患者有效治疗的一条新路经。

3. 发现神经细胞需借助血清素传递理智或愤怒信息

2011 年 9 月，英国剑桥大学专家莫利·克罗克特等人组成的一个研究小组，在《生物精神病学》杂志上撰文称，他们发现神经细胞在大脑部位之间传递理智和愤怒信息，需要借助血清素充当信使来完成。

专家认为，神经细胞需借助血清素传递信息，人体通常用食物中的色氨酸来合成血清素。研究人员请一些志愿者，在不同日子里分别进食富含或缺少色氨酸的食物，随后以一些图片来激起他们大脑中的愤怒情绪，用磁共振成像技术来观察大脑内部的反应。

结果显示，在缺少色氨酸并因此导致血清素含量较低时，大脑的愤怒反应更难被抑制。而对大脑活动的观察发现，在血清素含量低的时候，大脑中额叶部位和杏仁核部位之间的信号联系就会减少。杏仁核部位与愤怒情绪有关，而额叶部位发出的信号可以帮助控制这种愤怒。因此，在缺少作为"信使"的血清素时，"理智"的额叶就难以控制"愤怒"的杏仁核。

研究人员说，以往知道血清素含量与愤怒情绪有关，但直到最近才有技术手段来探测大脑内部的相关活动特点。因此，如果你是一个易于发怒的人，不妨在日常生活中多吃一些富含色氨酸的食物，以增加大脑中血清素的含量。通常蛋白质含量较高的食物中都含有不少色氨酸，如大豆、鸡蛋和鸡肉等。

（二）大脑及神经生理与病理研究的新进展

1. 研究大脑神经系统长神经纤维连接的新发现

2006 年 8 月，英国纽卡斯尔大学发布新闻公报说，现有理论认为，大脑神经系统主要靠神经细胞之间的短神经纤维连接发挥有效功能。但该校凯泽博士等人组成的研究小组对此提出了不同看法，他们的研究结果显示，就大脑整体功能而言，长神经纤维连接可能与短神经纤维连接一样起着重要作用。

研究人员介绍，他们用计算机对世界范围内有关灵长类动物和蠕虫大脑的解剖研究数据，进行详细分析。分析结果发现，在相对较长的距离上传送特定信息，长神经纤维连接不仅比短神经纤维连接传送速度更快，而且远距离传送信息的可靠性也更高。

凯泽博士解释说，长神经纤维连接和短神经纤维连接，在远距离传送信息方面的这种差别，可以用乘坐火车从一地到另一地进行长途旅行来类比。乘坐长途直达火车，通常要比在途中不同车站多次换乘短途火车快得多。

此前，对阿尔茨海默症和孤独症等患者，进行的大脑扫描显示，他们大脑中缺乏特定的长距离交感神经。科学家说，他们研究大脑组织方式获得的新发现，也许有助于开发诊断和治疗这些疾病的新手段。

2. 发现大脑感知关节炎疼痛机制

2007 年 4 月，英国曼彻斯特大学发布新闻公报说，该校研究人员发现，关节炎疼痛是由大脑中与情绪和畏惧有关的区域控制的，他们首次用正电子放射断层扫描仪，获得了大脑如何“处理”关节炎疼痛的图像。

早先的神经成像研究显示，实验诱导的疼痛，至少作用于大脑两个系统：内侧痛觉系统和外侧痛觉系统，它们统称为“痛觉矩阵”。前者处理与情感有关的痛觉，后者处理痛觉的强度、区域和持久性。

英国研究人员通过比较研究推断，关节炎疼痛和实验诱导的剧烈疼痛，由“痛觉矩阵”的同一区域处理。尽管这两种痛觉都能激活内侧痛觉系统和外侧痛觉系统，但关节炎痛促使内侧痛觉系统中的环带皮质更加活跃。研究人员说，这表明关节炎疼痛患者的情绪表现，比感受实验诱导疼痛者更突出。

这一研究揭示了内侧痛觉系统的重要性，表明内侧痛觉系统有可能成为研发新止痛剂和非药物干预疗法的着力点。

3. 揭示大脑与心脏相互作用机制

2007 年 4 月，英国伦敦大学学院格雷博士负责，布莱顿及苏塞克斯医学院研究人员参与的一个研究小组，在美国《国家科学院学报》网站上发表研究成果称，他们首次发现大脑的学习、情绪及记忆等区域可以发出信号，进而会干扰心脏病患者心脏的正常功能。研究人员表示，大脑与心脏的这种关系，可导致严重的心脏病，甚至导致患者死亡。

心脏病具有高发病率、高死亡率、突发性和反复性等特点，已成为人类健康的杀手。过去人们已经认识到，情绪紧张和精神压力会对心脏造成冲击，使血液涌向心脏，血压猛然上升。虽然这可以提高人类的各种反应速度，但对心脏病患者来说，也会造成心律失常，并将导致患者猝死。

为了研究清楚大脑与心脏相互作用的详细机制，该研究小组对10名特定的心脏病患者，进行了测试与观察。研究人员测量了心脏病患者在中等压力下，大脑头盖骨的电位变化。结果显示，大脑的高级部位如大脑皮层的活动与所测量的心脏反应同步。测量结果还表明，大脑和心脏之间还存在反馈回路。当大脑接受到心脏泵血的信号后，这些大脑部位会输出更多的信号，加速心脏跳动。这将最终导致心肌失常，引起心率失调，引发猝死。

格雷表示，该研究使人们清楚地了解了心脏和大脑之间的交互作用，心脏的跳动与大脑皮层活动之间的相关联系表明，大脑的学习、情绪及记忆等区域与心脏的跳动密切相关，精神压力会导致大脑调节心脏的功能失去平衡，进而增加了患者猝死的概率。英国心脏基金会的皮尔森认为，该研究的技术，可应用于提前诊断出某些患者的心脏，会对精神压力做出不利健康的反应。

4. 研究发现大脑结构与人的性格密切相关

2009年4月11日，英国《独立报》报道，每个人独特的性格看似难以捉摸，其实大脑构造中早已有所体现。英国赫尔大学安纳莱娜·文内里与意大利帕尔马大学、美国华盛顿大学科学家组成的研究小组近日发现，人的性格与大脑结构密切相关。大脑不同区域的形状、大小能影响性格，大脑结构也可能随性格而变化。

该研究小组对85名受试者的大脑进行扫描，观察、测量大脑各个区域的形状和大小。此次测量精确到立方毫米。通过比较受试者大脑结构异同和不同区域的大小，按心理学家根据临床研究得出的个性评测系统，研究人员把受试者大体归为4种个性类型。它们包括：冲动、任性的“猎奇型”性格；悲观、羞涩的“伤害回避型”性格；容易成瘾、沉溺的“奖励依赖型”性格和勤奋、刻苦的完美主义者“持久型”性格。

研究人员说，通过测量大脑特定区域的大小，能了解大脑结构上的区别，反映出人们不同的个性。

文内里说，具有“猎奇型”性格的人，大脑位于眼眶上方的区域比其他人大，这个区域较小的人则较易胆怯，总想寻求他人同意、赞许。

大脑额叶皮质纹状体区受伤的人，易患孤独症；而属“奖励依赖型”性格的人，这一区域的组织，比其他类型的人少得多，造成了他们较易沉溺某种事物不能自拔的个性。屡教不改的赌徒，多属于这种类型。“伤害回避型”性格的人，大脑眶额皮层和枕骨后的区域脑组织比其他人少得多。

这次研究结果显示，性格与生俱来。但在成长过程中，随着经历的丰富和个性的改变，大脑也会随之发生变化。研究人员说，研究将有助于通过扫描大脑结构，根据特定区域的形状和大小测试儿童未来的性格。

（三）睡眠问题研究的新进展

1. 试验显示饮用樱桃汁有助于睡眠

2011 年 11 月，英国诺森布里亚大学的研究人员在《欧洲营养学杂志》上撰文称，他们完成的一项试验显示，樱桃汁有助于延长睡眠时间和改善睡眠质量。当人们处于睡眠状态中时，可以使人们的大脑和身体得到休息、休整和恢复，适量的睡眠有助于人们日常的工作和学习。科学提高睡眠质量，有利于大脑和身体健康，是人们正常工作学习生活的保障。

研究人员请 20 名志愿者参与试验，其中一部分人每天喝两次 30 毫升的樱桃汁，持续一个星期。其他志愿者被编为对照组，不喝这种饮料。结果发现，前一组人每天的睡眠时间平均延长了 25 分钟，而且在他们睡眠时用监测仪获得的数据显示，睡眠质量也有所改善。

研究人员认为，这与樱桃汁中含有名为褪黑激素的物质有关，这种物质能帮助睡眠。对饮用樱桃汁的志愿者进行的尿检也显示，其尿液中褪黑激素的含量明显比对照组要高。

参与研究的专家说，试验表明樱桃汁有助于改善睡眠，失眠症患者和需要倒时差的人，都可以尝试一下这种天然饮料。

2. 研究显示：童年常做噩梦或预示精神健康问题

2014 年 3 月，英国伦敦大学国王学院等机构组成的一个研究小组，在美国《睡眠》月刊上发表研究报告说，做梦与人的身体状态、精神状态有一定关系。他们一项研究显示，在儿童时期经常做噩梦，可能预示着精神健康有问题。

该研究小组对 6796 名英国儿童进行跟踪调查，通过定期询问其父母等方式，了解这些儿童在 2. 5 ~ 9 岁之间的睡眠情况，比如是否经常做噩梦，或睡眠中发生突然惊醒的“夜惊”情况，以及梦游等其他睡眠问题。这些儿童在12岁时接受了一系列精神健康测试，考察他们是否存在妄想、幻觉等问题。

调查显示，大多数儿童都做过噩梦，其中约37%的儿童连续多年常受噩梦困扰。约1/10的儿童出现过夜惊情况，主要集中在3~7岁。进一步研究发现，多年经受噩梦及夜惊困扰，可使儿童精神健康风险升高2~3倍，其他睡眠问题，则与这种风险无明显关联。

研究人员说，儿童偶尔出现噩梦或夜惊情况属正常现象，但如果经常、连续出现，则有必要警惕精神健康问题。

二、防治大脑与神经疾病的创新成果

（一）大脑疾病防治的新进展

1. 开发出有助于绘制大脑神经连接线路的新技术

2011年4月11日，《自然》杂志网站发表伦敦大学学院（UCL）研究人员的一项新成果，他们开发出一种新技术，可以帮助人们绘制出大脑神经连接的线路，并摸清这些线路的主要功能。这样，对揭开大脑之谜、开发出计算机大脑模型的梦想，离现实又推进了一步。

这项研究属于“神经连接组学”（connectomics）的范围，是神经科学领域近年来刚刚兴起的一个新兴学科。与基因组学要研究、绘制人体基因图谱类似，神经连接组学的基础，是研究和绘制出大脑神经细胞连接（即突触）的图谱，类似于电脑等电子设备中的布线。科学家希望，通过绘制出这些线路，并摸清其发挥功能的方式，了解大脑产生认知、感觉以及思想的过程和机理，进而为老年痴呆症、精神分裂症以及中风等疾病的治疗提供帮助。

然而，对于动物身上最为精密和负责的器官——大脑来说这绝非易事。据了解，在大脑中大约有1000亿个神经元，其中每一个又与数千个其他神经细胞相连，如果这么计算的话，大脑里至少有150万亿个突触。

在本次研究中，研究人员开发出一项新技术，通过使用一种高分辨率的成像装置，绘制出小鼠视觉皮层的部分神经连接的“布线图”。

据介绍，研究人员把注意力集中在具有数千个神经元和数百万个不同连接的小鼠视觉皮层。他们通过一个相同的组织切片，首先利用高分辨率成像技术，探测小鼠大脑视觉皮质中神经细胞对特定刺激的反应，然后在一个神经元上施加微电流刺激，并观察通过突触相连的其他神经的反应。如此反复，最终就可以追踪视觉皮质中神经细胞的功能及连接状态。他们希望这项技术不仅可以绘制视觉皮层的神经连接线路，而且能绘制出大脑中主管触觉、听觉以及运动系统的神经突触线路。

2. 在试管中培育出迄今最复杂的“体外人脑”

2013 年 8 月 28 日，英国、德国、奥地利等国联合组成的一个国际研究小组，同时在美国《大众科学》及英国《自然》杂志网站发表研究成果：研究人员利用人类多功能干细胞，在试管中培育出一个模拟人脑的组织。这是一个立体的自组织模型，亦是迄今最复杂的“体外人脑”，但它并不是作为可替代人脑的人造器官才诞生的，而是有望用来促进神经科学和人脑早期发育等方面的研究。

研究人员首先使用干细胞培育出脑细胞，接着让这些脑细胞逐步形成脑组织，最终它与真实的人类大脑一样出现层状的迹象，拥有背皮层、前脑腹侧，甚至包括一个不成熟的视网膜。从结构、功能上看，它都与人类大脑早期发育时的形态酷似。

这个人造大脑直径只有 4 毫米左右，但被认为具有很高的科研价值，譬如对头小畸形的治疗研究。该病症属于一种大脑发育障碍，引起病症的原因不一，患者脑子形态正常，但头尾围和脑子缩小，且常伴有脑萎缩和脑损伤症状。研究人员此次发现其细胞分裂低于正常水平，导致脑细胞产生量不足，而这种缺陷可能是诱发该病的原因之一。

除以上贡献外，此次微型的人造大脑还能探寻精神分裂症、自闭症等神经系统疾病在大脑早期发育时的致病根源，并引导科学家们进行相关药物的研发。

研究人员表示，该项目并不是为了培育可替代人脑的人造器官，尽管已是迄今最好水平，但短期内这种人造大脑模型的发育能力和复杂程度仍然受限。

（二）神经疾病防治的新成果

1. 首次实现神经药物突破血脑屏障

2011 年 3 月，牛津大学科学家马修·伍德领导的一个研究小组，在

《自然·生物技术》杂志上撰文称，他们研制成一种能将药物直接递送入大脑细胞内的方法，攻克了治疗阿尔茨海默病、帕金森病和肌肉萎缩症的重大障碍。

目前，治疗脑神经疾病面临的挑战之一，是找到让药物突破血脑屏障的方法。血脑屏障是介于血液和脑组织之间的屏障结构。它对血液中的物质进入大脑具有选择性通透的作用，能在阻止细菌的同时让氧气进入大脑，以保障脑内环境的稳定。然而，血脑屏障也将药物阻挡在外，成为科学家治疗脑神经疾病时的障碍。

在最新研究中，研究人员使用实验鼠体内的运载蛋白——外来体，把药物直接递送到实验鼠的大脑细胞内，突破了这道屏障。外来体是一种可由多种细胞分泌的纳米膜性小囊泡，它犹如体内小小的穿梭巴士，能在细胞之间来回运送物质。

研究人员收集了从实验鼠的树枝状细胞内提取出来的外来体，然后让它与从实验鼠的病毒中提取出来的蛋白质靶结合在一起。随后，他们把一段遗传代码 siRNA 填入外来体，再将外来体重新注入实验鼠体内。siRNA 被递送到了大脑细胞内并关闭了一种同阿尔茨海默病有关的基因 BACE1，结果显示，BACE1 基因的活动能力降低了 60%。这是科学家首次使用天然系统，向大脑内递送药物。该方法经过修正后，也可用来治疗其他身体组织疾病，比如让外来体进入肌肉中。

研究人员打算用这种方法对罹患阿尔茨海默病的老鼠进行实验以观察疗效，并希望 5 年内在人体身上进行同样的实验。

英国阿尔茨海默病协会的研究主管苏珊娜·索伦森表示，这项研究“令人兴奋”，将有助于科学家研发出治疗阿尔茨海默病的新疗法。该协会首席研究员西蒙·雷德利也表示，该方法能设计出突破血脑屏障的药物，但还处于实验初期阶段，想造福人类，需要很长时间和进一步的实验。

2. 发现神经细胞表面能被药物镇痛的关键分子

2011 年 11 月 22 日，英国伦敦大学国王学院与瑞典隆德大学联合组成的一个国际研究小组，在《自然·通讯》网络版上发表研究成果称，他们发现，位于神经细胞表面的 TRPA1 蛋白是扑热息痛能够镇痛的关键分子。该蛋白被激活后，可有效阻止痛感信号在神经细胞间的传递，从而达到镇痛效果。这一机制的发现，为未来开发损害更小的新型镇痛药物奠定了基础。

扑热息痛是一种被广泛使用的镇痛药物，常用于感冒和流感的治疗。该药物的镇痛止痛效果良好，但大剂量服用会产生致命并发症。扑热息痛被开发出来已有100余年，作为镇痛药物广泛使用也有半个多世纪，但直到今天，其镇痛作用机理仍然不为科学家所知。

该研究小组通过对服用扑热息痛的小鼠观察后发现，在缺少了TRPA1蛋白的情况下，扑热息痛是没有镇痛效果的，这表明TRPA1蛋白是扑热息痛能够有效镇痛的关键。但扑热息痛本身并不能够激活TRPA1蛋白。当服用扑热息痛后，小鼠的脊髓中会产生一种名为苯醌亚胺（NAPQI）的物质，正是这种物质作用于TRPA1蛋白，使该蛋白被激活，进而干扰神经细胞间的信息传递，使得痛感神经到大脑的信息传递大大减少，从而起到镇痛效果。苯醌亚胺这种化合物不仅会在脊髓中产生，也会形成于肝脏，该物质过多会产生毒副作用。这也是超剂量服用扑热息痛后，会产生致命并发症的原因。

研究人员指出，扑热息痛作用机制的发现，有助于科学家开发出，既可有效减轻疼痛又不具毒性的新型镇痛药物。TRPA1蛋白是镇痛药的一个新靶点，如果未来能够确认其他化合物，也能够像扑热息痛一样通过TRPA1路径，阻止神经细胞向大脑发送疼痛信号，就极有可能找到一种没有毒副作用的镇痛类药物，进而大大降低服药过量带来的风险。

三、精神疾病防治的新进展

（一）精神疾病病理研究的新发现

1. 揭示大脑构造与精神变态之间的关系

2009年8月4日，英国伦敦大学国王学院发布新闻公报说，该校研究人员一项研究显示，精神变态者的大脑构造与正常人有明显差异。研究人员称，这是科学界首次揭示大脑构造与精神变态之间的关系，它将有助于对精神变态者的治疗。相关研究报告发表在最新一期《分子精神病学》杂志上。

研究人员介绍，对那些确诊精神变态者大脑中的“钩束”进行测量发现，与同龄和智商相当的正常人相比，精神变态者大脑中“钩束”的完好性差，且其“钩束”的异常程度与精神变态的严重程度有明显相关性。

“钩束”是大脑中名为“杏仁核”的区域和名为“眶额皮质”的区域之间的连接通道；“杏仁核”与情绪、侵略性等有关，而“眶额皮质”与大脑决策有关。

研究人员说，以前曾有研究认为，精神变态与“杏仁核”和“眶额皮质”等区域的功能紊乱有关，但一直没有关注大脑各区域之间的连通性。

2. 发现大脑白质异常会导致精神分裂症

2009 年 10 月 26 日，英国伦敦大学国王学院发布新闻公报说，该校一个研究小组在《英国精神病学杂志》上发表研究成果认为，大脑白质如果出现异常，会导致精神分裂症。有关专家说，这项研究成果将有助于研发治疗精神分裂症的新方法。

大脑白质主要由神经纤维构成，是大脑各个功能区域之间的“连接线”。该校研究人员利用弥散张量磁共振成像技术，对一些精神分裂症患者的大脑白质情况进行分析，结果显示，大脑白质异常会导致精神分裂症的发生。

研究还发现，如果大脑后部的白质出现异常，那么患者可能会在青少年时期就表现出精神分裂症症状。一般来说，大脑的发育是从后往前的，即后部比前部更早成熟。青少年患者大脑后部的白质异常，会随着这种发育而扩展，成年后会对大脑前部区域也造成严重影响，从而使病情加重。

3. 发现新的精神病遗传风险因子

2011 年 11 月，英国伦敦大学国王学院精神病研究所大卫·克里尔教授参与，由多国研究人员组成的一个研究小组，在《自然·遗传学》杂志发表两篇论文称，对精神分裂症和双相性精神障碍两种精神病，进行全基因组关联研究，发现并确认了多个可导致这两种精神病的遗传风险因子，并发现这两种精神病之间存在着遗传重叠。

精神分裂症最明显的症状是幻觉和妄想，双相性精神障碍主要症状则是情绪波动剧烈，它们都与遗传有关，是两种常见的精神类疾病，但由于其病因十分复杂，涉及多个基因和环境因素，因此很难确认具体的遗传风险因子。

为了找到具体的遗传风险因子，来自20多个国家的250多名科学家，进行了两项精神病学全基因组关联研究，共有5万多名志愿者参与这项活动。最终，关于精神分裂症的全基因组关联研究，确认7个与该疾病相关的基因位点，其中有5个基因位点是首次确认；而关于双相性精神障碍的全基因组关联研究，则确认4个与此病相关的基因位点，其中1个为首次确认。研究人员将两项研究结果对照后发现，有3个基因位点与这两种疾病都有关联，这表明精神分裂症和双相性精神障碍之间存在遗传重叠。

克里尔表示，这两项精神病学全基因组关联研究，是迄今为止最大的国际精神疾病基因研究合作项目之一，对于理解精神疾病病因，尤其是与大脑功能与发育相关的病因十分重要。同时，研究发现也有助于开发以大脑内分子为靶点的治疗药物，从而给开发新的精神疾病治疗方法带来希望。

4. 揭示精神分裂症的新遗传基础

2014年7月，英国卡迪夫大学迈克尔·奥多诺领导的一个研究小组在《自然》杂志上发表研究成果称，在至今为止进行的最大规模的精神分裂症全基因组关联分析中，研究人员发现了超过100个和精神分裂症有关的基因变异，这可能为确定新治疗靶点铺就了道路。

研究人员表示，这项研究在为人们提供关于该疾病新见解的同时，也支持了其发展和免疫系统的相关理论。在此之前，科学家只发现了与此疾病易感性相关的30个基因位点。

奥多诺研究小组假设，过去全基因组关联分析，在识别精神类疾病性状上受到样本大小的限制。来自精神疾病基因组联盟精神分裂症工作组的研究者对36989名精神分裂症患者和113075名对照组人员进行了全基因组关联分析。

研究人员在108个位点上，发现了128个和疾病易感性相关的独立基因变异，其中83个位点是全新的。这些位点很多位于涉及神经传递的基因中，显示了潜在的治疗途径。另外，研究也发现了该疾病跟在免疫过程中起作用的基因的关联，这是精神分裂症与免疫系统异常有关这一长期假设的第一个实证证据。

找出致病原因是改善精神分裂症治疗方法和治疗结果的重要一步。在伴随此项研究的一篇新闻观点文章中，英国牛津大学乔纳森·弗林特指出，这项研究证实了基因变异在精神分裂症上起了主要作用。作者补充道：“现在发现的这些有风险的基因变异是常见的，它们对于精神分裂症的大多数病例都有影响。”

5. 确认一种与精神分裂症有关的基因变异

2014 年 7 月，英国伦敦大学学院戴维·柯蒂斯教授牵头的一个研究小组，在《精神遗传病学》杂志上发表研究成果称，他们发现一种与精神分裂症、双相情感障碍以及酒精依赖症有关的罕见基因变异，有此基因变异的人，患上以上三种精神疾病的风险是常人的 2 ~ 3 倍。

研究人员对 4971 名患有精神分裂症、双相情感障碍或酒精依赖症的病人，与 1309 名健康人士进行基因分析后发现，GRM3 基因变异与上述三种疾病密切相关：有此基因变异者患上精神分裂症及酒精依赖症的风险是常人的 2 ~ 3 倍，患上双向情感障碍的风险则是常人的 3 倍。GRM3 基因变异并不常见，在人群中的发生比例大约为 1/200。

研究人员指出，GRM3 基因变异与精神分裂症的关系，也被最新一项大规模精神分裂症全基因组关联研究结果所证实。该项研究有全球 200 多家研究机构参与，是迄今为止最大规模的精神分裂症全基因组关联研究。该研究最终发现了 108 个与精神分裂症有关的基因位点，而 GRM3 是唯一一个被确认其变异与精神分裂症有关的基因。

柯蒂斯说：“我们的新发现，开辟了预防和治疗精神疾病的新途径。”这项新发现有助于科学界加深对精神疾病病因的理解，使科学家有望找到新的治疗精神疾病的药物标靶。

目前，主流的精神分裂症治疗手段是服用可减少多巴胺活动的药物。多巴胺是一种神经传导递质，可帮助脑细胞传输神经信号。一些科学家认为，多巴胺过度活跃，会使人处于极度兴奋甚至癫狂的状态，出现精神分裂症患者常有的“幻听”症状。但多巴胺并不是脑细胞用于传输神经信号的唯一化学物质，谷氨酸同样也会参与这一传输过程，而 GMR3 基因正负责编码一种用于检测谷氨酸的蛋白。

研究人员指出，在过去几十年里，通过药物治疗精神分裂症的手段鲜有变化，都是以多巴胺受体为治疗靶点，而以谷氨酸受体为治疗靶点的试验都没能取得成功。最新研究结果则表明，以谷氨酸受体为标靶的药物治疗手段，对于GRM3基因变异的病人可能会更有效果。

（二）检测或诊断精神疾病的新技术

1. 开发预测精神分裂症的脑灰质密度扫描检测技术

2007年1月，英国媒体报道，爱丁堡大学多米尼克·约伯博士领导的研究小组，在一项研究中发现，脑密度的改变可以预测那些有精神分裂症倾向的人，是否会发展为精神分裂症。利用一些检测技术，对大脑灰质改变进行扫描，可以帮助早期诊断精神分裂症。

该研究小组利用核磁共振，扫描了65名有精神分裂倾向人的大脑，并进行了分析，这些人都有家族遗传病史。经过18个月的检查，评估了脑灰质密度的变化，平均2.3年后有8个人会发展为精神分裂。接受调查者当中有60%可能发展为精神分裂，因为他们大脑颞回灰质发生了减少。

研究结果表明，脑灰质密度的减少，表示这个人有发生精神分裂的危险，所以可用评估脑灰质密度，来做好精神分裂的预防。

2. 用验血方式诊断忧郁症及精神疾病

2007年6月，英国《每日电讯报》报道，剑桥大学精神病学家莎宾·巴恩教授领导的一个研究小组，已研究出一种验血方式，可在病患出现症状前，就诊断出忧郁症及精神分裂症等心理疾病。这项检验可望加速精神疾病诊断过程。目前，诊断精神疾病可能得花上三年时间，在这段期间，病情往往逐渐恶化。

巴恩研究小组发现，不同的心理健康失调症状都有专属于它们的特殊化学“特质”。研究人员现在希望就精神分裂、忧郁及双极型情感精神病等检验，进行临床试验，并研发类似方式，来诊断老年失智症及帕金森症等疾病。巴恩说，在血液检验中使用的化学标记，可提供有价值的资讯，最终可能导出新的疗法。

巴恩指出，医学界诊断心理疾病的方法，一百年来都没有改变，医生会问病患是否出现幻听幻觉，或是否感觉有人要对付他们等一连串问题，可能要到病症出现超过半年之后，才能得到诊断结果。她说，医学界已找出会在脑部、脊髓液与血液中改变的标记，因此她的研究小组将重点摆在找出血液中几个标记的一项特质。

巴恩认为："医学界急需研发出，家庭医生就能做的简单、便宜的诊断性检验。血液检验，就是很理想的工具。"她上周因这项创新，而获"未来医学"组织颁奖。这个组织致力于促进科学与技术。

巴恩说："我们发现的标记，暗示精神分裂是一种异常，意味着脑部没有获得足够能量。我们将使用能提升糖分利用的药物，展开一些临床实验，探究是否有所帮助。"

3. 开发出预测精神病病情发展的新算法

2011 年 11 月，英国媒体报道，英国伦敦大学国王学院一个研究小组表示，通过对大脑扫描图像进行分析，可以预测精神病患者未来病情发展情况，从而帮助医生选择最适合的治疗方法。

对于精神病治疗来说，间歇性精神病和持续性精神病的治疗有很大差别。然而，目前还没有很好的方法，判定初期阶段精神病患者未来病情发展状况和发展模式，这无疑给医生选择最合适的治疗方法，带来很大困难。

在英国医学研究委员会和维康基金会资助下，该研究小组对上百名处于初期阶段的精神病患者，进行大脑核磁共振扫描，并在其后 6 年持续跟踪，最终根据这些患者的脑成像数据和其后的病情发展数据，开发出了一种新算法。通过该种算法，对处于初期阶段的精神病患者脑成像数据进行分析，能够区分出哪些病人会发展成持续性精神病，而哪些病人会发展成间歇性精神病。

研究人员表示，虽然该算法还有待继续完善，但这已经证明，通过脑成像扫描，是可以判断初期阶段精神病患者未来病情发展模式的。大脑核磁共振扫描只要 10 分钟，完全可以用于常规临床检查。研究人员称，这仅是运用脑成像技术辅助精神病治疗研究的第一步，未来还会有更快、更可靠的方法，来预测病人的发展状况，从而使医生能够进行更好的优化治疗，避免轻微精神病患者，长期因使用抗精神病药物，而遭受不必要的损害。

（三）治疗精神疾病的新成果

1. 发现治疗精神分裂症的新靶点

2011 年 5 月，一个由英国、美国和日本三国研究人员组成的国际研究小组，在《自然》杂志发表论文称，DISC1 蛋白在大脑皮质发育的两个关键环节起着重要作用，其功能可动态调节。研究人员表示，这一发现，意味着精神分裂症的治疗有了新的靶点，可以针对 DISC1 蛋白缺陷，研制治疗精神分裂症的新药。

精神分裂症是一种常见的精神疾病，患者会出现幻觉、妄想等症状，不仅严重影响患者的身心健康，同时也大大增加社会负担，影响社会稳定和经济发展。普遍认为，精神分裂症与大脑皮质缺陷有关，而 DISC1 蛋白在大脑皮质的发育及功能发挥方面，扮演着重要角色。因此，它可能是精神分裂症、情绪障碍、自闭症等精神疾病的主要易感因素。但对于该蛋白在精神疾病中的作用机理，以往的研究并没有搞清楚。

近日，国际研究小组发现，在大脑皮质发育的两个关键环节中，DISC1 蛋白扮演着重要角色，其磷酸化过程起着分子开关的作用。小鼠实验表明，DISC1 蛋白一方面会维持有丝分裂祖细胞的增殖；另一方面则会刺激有丝分裂期后的神经细胞迁移，从而保证脑功能的正常发挥。一旦 DISC1 蛋白出现问题，细胞增殖和迁移都会受到影响。

研究人员指出，学术界对于大脑皮质中，祖细胞增殖和神经细胞迁移相关的调节机制一直知之甚少，新发现则有助于弥补这一空白。大脑皮质中 DISC1 蛋白的双重功能表明，该蛋白磷酸化是精神分裂症的一个主要易感因素。因而，它也由此成为一个治疗精神分裂症的潜在靶点。研究表明，DISC1 蛋白的功能是可以动态调节的，这意味着开发出一种能够校正 DISC1 蛋白缺陷的新药将成为可能。

2. 推出可显著改善精神疾病症状的认知疗法

2014 年 2 月，英国曼彻斯特大学一个研究小组在医学杂志《柳叶刀》上发表研究论文称，对于那些不愿或不能服用药物的精神疾病患者而言，可以尝试采用认知疗法。他们经过一段时间的实践，发现认知疗法可显著改善精神分裂症患者的症状，是一种安全、可接受的替代疗法。

精神分裂症的治疗，目前主流手段是服用抗精神病药物。但实际操作中，一些患者认为自己没有患病而拒绝服药，还有一些患者因为抗精神病药物的副作用（如代谢紊乱、体重骤增等）而不能服药，这都给精神病的治疗带来很大困难。因此，尽快找到一种不需服药的治疗方法，成为精神病研究的重要课题。而认知疗法作为一种精神病治疗中常用的心理治疗手段，与抗精神病药物结合使用，会有助于精神分裂症的治疗，但在没有药物配合情况下，认知疗法是否适用、有效，目前还没有明确答案。

为验证认知疗法，是否可在患者不服药情况下改善精神病症状，该研究小组对74名精神分裂症患者进行长时间的跟踪研究。研究发现，在未服药情况下，经过18个月的认知疗法治疗，这些患者的精神病症状得到了明显改善。阳性与阴性症状量表（PANSS，一种精神病症状评定量表）测试结果显示，41%患者的测试分数较接受认知疗法治疗前提高了50%以上，这一效果，比没有接受认知疗法治疗的对照组情况要好得多。

研究人员指出，虽然研究证据表明认知疗法对于那些不服用药物的患者有益，但还需要进行更多的临床研究来进一步证实该种疗法的效果。他们强调，那些一直在进行药物治疗的精神病患者，不应突然停用抗精神病药物，这会有较大的复发风险，而是否应该用药，还是要听从医生的建议。

四、老年痴呆症或阿尔茨海默症防治的新成果

（一）老年痴呆症病理研究的新发现

发现三个与老年痴呆症相关的基因。

2009年9月7日，英国卡迪夫大学神经遗传学教授茱丽·威廉姆斯和卡迪夫大学医学研究中心同事组成的研究小组，与法国巴斯德研究所的菲利普·阿穆耶尔领导的研究小组，分别在《自然·遗传学》杂志上宣布，他们新发现与阿尔茨海默症（俗称老年痴呆症）相关的3个基因：CR1、CLU和PICALM。科学家表示，这是最近15年来在该领域的最重大的发现，之前，基因APOE4一直是该领域研究的焦点。

在最新的研究中，英法两国科学家对2万多人的染色体样本进行了分析，“揪出”了这3个基因。科学家表示，新发现将促使科学家重新审视有关阿尔茨海默症病因的理论；也将有助于医学界研发新的诊断、治疗手段。

英国研究小组进行了迄今最大规模的阿尔茨海默症基因研究，扫描分析了8个国家的超过1.6万名患者的基因图谱。结果发现，簇集蛋白CLU和PICALM会增加人们罹患阿尔茨海默症的风险。簇集蛋白是近年新发现

的凋亡相关因子，在多种肿瘤中都有表达，在肿瘤的发生发展中起重要作用。

法国研究小组则研究了6000名阿尔茨海默症患者与9000名健康人的基因图谱，这些人来自法国、比利时、意大利和西班牙，他们发现了CLU和CR1这两个基因与阿尔茨海默症相关。

研究人员指出，CLU和PICALM基因都有保护大脑的功能，如果这些基因发生变异，它们不仅可能失去保护大脑的功能，甚至有可能成为“攻击者”，从而可能导致阿尔茨海默症。

研究人员说，10%的阿尔茨海默症病例可能与CLU基因有关、9%与PICALM有关、4%与CR1有关。1993年，科学家发现25%的病例与APOE4基因有关。研究人员指出，本次新发现的3个基因广泛存在于人群中，有40%的人至少携带其中一个。如果能够找到阻止这些基因发生不良变异的方法，就能有效防治这一病症。

威廉姆斯表示，如果通过治疗去除这些基因的有害因素，可以让20%的患者恢复健康，制药公司已经对他们的研究产生了浓厚兴趣。

研究人员同时也强调，可能还有其他基因或者环境因素引发了阿尔茨海默症。卡迪夫大学研究小组接下来将研究6万个志愿者，以便更深入地了解基因对阿尔茨海默症的影响。

（二）老年痴呆症治疗和诊断的新方法

1. 研制“记忆药片”治疗早老性痴呆症

2009年1月18日，英国《每日电讯报》报道，英国阿斯特拉·捷利康公司和美国塔加赛普公司共同研制的“记忆药片”，可用于治疗与年龄相关的记忆力减退症状。这种药原本用于治疗早老性痴呆症，配方更温和时，则可供健康人日常服用。据悉，这种药片有望数年内在药店销售。

美国食品和药物管理局前成员、神经科医生史蒂文·费里斯说：“我认为这种药可能获得批准，前提是证明它安全有效。这将是个巨大的市场。”

报道说，有证据显示，英国一些健康人正服用药品提神。一些学生服用用于治疗嗜睡病的药品帮助熬夜，还有人服用治疗注意力不集中的药品以集中精力。

英国剑桥大学神经心理学教授芭芭拉·萨哈基安说："很难判断这一人群的数量，但可以确定，这种趋势正在增强。"

2. 有望开发诊断早老性痴呆症的血液检测法

2014年7月，英国伦敦大学国王学院专家阿卜杜勒·海耶领导，他的同事，以及牛津大学等机构相关人员参与的一个研究小组，在《阿尔茨海默症与痴呆症》杂志上发表研究报告说，他们识别出与早老性痴呆症（又称阿尔茨海默症）发病风险高度相关的一组蛋白质，未来有望据此开发出血检方法，预测该病的发病风险并提高早期确诊率。

早老性痴呆症是最常见的痴呆症类型，目前尚无有效疗法，因此早期诊断、尽早干预十分重要。然而，该病患者往往在出现记忆力减退、认知能力下降等症状后才能被确诊。医学界，一直在努力开发，可提前预测早老性痴呆症发病风险的血液检测法。

研究人员说，他们在2002—2012年，对1000余名参与者血液中的蛋白质差异进行研究。参与者中有452名认知功能正常者，220名轻度认知功能障碍患者和476名早老性痴呆症患者。

该研究重点，考察了此前认为与早老性痴呆症有关的26种蛋白质，并对部分参与者进行脑部核磁共振成像扫描。

研究人员首先发现，有16种蛋白质与脑萎缩"密切相关"，而轻度认知功能障碍患者与早老性痴呆症患者，都会出现脑萎缩。进一步筛查发现，其中10种蛋白质，可作为由轻度认知功能障碍，发展为早老性痴呆症的"标记物"。据此判断，该病1年内发病风险的准确率可达87%。

海耶说，在老年人当中，记忆力减退现象十分普遍，预测其中哪些人会患上早老性痴呆症并不容易，这项持续10年的大规模研究为此提供了新希望。

五、帕金森病与癫痫症防治的新进展

（一）帕金森病防治的新成果

1. 发现饮料防腐剂可导致帕金森病

2007年5月27日，英国《星期日独立报》报道说，随着炎炎夏日的到来，清凉爽口的饮料也蜂拥而至。然而，英国谢菲尔德大学彼得·派珀教授领导的研究小组发现，碳酸饮料中常见的防腐剂能够破坏基因，最终可能导致肝硬化和帕金森等疾病。

据报道，派珀研究小组通过实验发现，碳酸饮料中用作防腐剂的苯甲酸纳可以破坏细胞的“能量站”线粒体。派珀说：“这种化学物质能够严重损伤线粒体中的基因，令它们完全失去活性。”

派珀解释说，线粒体能够把氧气转化成能量，一旦陷入瘫痪，人体细胞就将出现严重故障。帕金森等许多神经性疾病都与线粒体损伤有关。

2000 年，世界卫生组织经过研究宣布，用作防腐剂的苯甲酸纳是安全的。对此，派珀表示，由美国食品和药品管理局进行的这些实验已经过时了。随着时代的发展，应该进行更严厉的测验。

2006 年，英国食品标准局宣布，如果饮料中同时含有作为防腐剂的苯甲酸纳与作为抗氧化剂的维生素 C，这两种成分相互作用将生成致癌的物质苯。

英国自民党议员诺曼·贝克表示，许多食品添加剂问世不久，其对人类健康的长期影响尚不确定，食品安全监管部门理应加强研究。

2. 研制成帕金森症患者干细胞

2011 年 8 月，英国爱丁堡大学再生医学研究中心提洛·库拉斯牵头，伦敦大学学院神经学研究所的迈克尔·德瓦恩等人参与的研究小组，在《自然·通讯》杂志上撰文称，他们从一名患有一种罕见帕金森症的患者身上，提取皮肤样本，随后用这些皮肤细胞首次制造出干细胞，这些干细胞随后发育成受该疾病影响的脑神经细胞。这项研究，使科学家能在实验室为该症状建模，以摸清为什么某些神经细胞会凋亡，从而更好地测试新药的疗效。

慈善团体英国帕金森病协会，为这种罕见帕金森症研究，提供了 30 万英镑的资助。研究人员希望，最终找到能阻止这些关键的神经细胞凋亡的药物。这些细胞凋亡会使人罹患帕金森症。

库拉斯表示：“现有治疗一般帕金森症的药物，也能缓解该症状。但是，用这种罕见帕金森症患者的神经细胞，在实验室器皿中，为其建立模型，使我们能测试有望终止或逆转症状的药物。”

研究人员介绍，这种罕见帕金森症恶化得非常快，而且患者多为 30 岁出头，罹患该病患者生成 a－突触核蛋白的基因是普通人的两倍。尽管这种疾病比较罕见，但与之有关的这种蛋白，却与所有形式的帕金森症有关。德瓦恩说："理解这种罕见帕金森症，能让我们管窥不同形式的帕金森症。"

3. 研制出帕金森症新疗法

2011 年 12 月，英国剑桥大学约翰·辛克莱尔教授领导的一个研究小组在《实验医学杂志》上发表论文称，他们探索出一种治疗帕金森症的新方法，这种方法已在动物实验中显示有效，如能通过人类临床试验，将有望用于治疗早老性痴呆等其他神经系统疾病。

研究人员说，大脑神经细胞中线粒体的功能异常，是导致帕金森症的重要原因，为了保护线粒体的功能，他们想到了向病毒"学习"。

病毒虽然是人体的敌人，但它们在侵入人体细胞后，为了有充分时间利用人体细胞的资源来自我复制，会想办法保护作为细胞能量工厂的线粒体的功能，让线粒体多工作一段时间。在这个过程中，指导病毒保护线粒体的是一个名为"贝塔 2.7"的基因。

于是，研究人员想办法，把这个基因送入患有帕金森症的实验鼠大脑中，结果显示神经细胞的线粒体也受到保护，帕金森症得到有效治疗。这个方法的另一个好处是，用来搭载这个基因的载体，是一种特殊的蛋白质，它可以通过血管和大脑神经系统之间的边界，因此这种治疗方法只需要进行血液注射，避免了对大脑进行侵入性的治疗。

辛克莱尔说，研究结果，从原则上证明了这种方法对帕金森症的有效性，接下来将进行人类临床试验，以探索治疗人类患者所需的剂量和频率等问题。

帕金森症是一种常见于中老年人的神经系统疾病，主要症状是震颤、动作迟缓、肌肉僵硬等。

（二）癫痫症防治的新成果

1. 发现导致癫痫的基因

2009 年 8 月 4 日，英国《泰晤士报》报道，英国利兹大学神经学家斯蒂芬·克拉克特领导的研究小组在美国《国家科学院学报》上发表研究成果称，他们发现老鼠大脑内缺乏 ATP1A3 基因，可能引发严重的癫痫症状。

有些人会因为头部受到重创、脑部肿瘤、其他神经疾病等而引发癫痫。科学家一直认为，大部分癫痫可能由基因引起，但一直未能获得证实。

研究小组把正常老鼠与患有癫痫的老鼠进行杂交，并通过基因工程的方法，让正常老鼠拥有额外的 ATP1A3 基因的复制。额外的复制弥补了 ATP1A3 基因的缺乏，因此，其后代没有癫痫症状，其平衡钠和钾浓度的酶也处于正常状态。

研究人员称，在老鼠和人类中，ATP1A3 基因都负责调节大脑中钠和钾的浓度。ATP1A3 基因产生一种酶，该酶就像钠钾泵一样，可以调节大脑中钠和钾的浓度。患上癫痫的老鼠缺乏 ATP1A3 基因，生成的酶不活跃，不足以平衡钠和钾的浓度，因此，老鼠的癫痫会定期发作。

研究人员筛查了许多癫痫病人的基因样本，以证实是否同样的基因缺陷使一些人更容易患上癫痫，他们称，人类和老鼠基因 99% 的匹配度，意味着该基因可能在人体内也起作用。

研究人员指出，在癫痫病患者中，大脑处于高度兴奋状态，这意味着，当癫痫病人的大脑遭受刺激时，会更容易出现神经元放电的情况，让癫痫症状更加明显，钠和钾影响着神经元放电活动。

研究人员表示，如果该研究能应用于人类，将有助于找到治疗癫痫的全新方法。这种方法，是给病人提供人工合成的钠钾泵酶，来帮助调解大脑中钠和钾的浓度，也可以设计药物，来激活这个不再活跃的酶。

2. 查明视觉刺激引发癫痫的原因

2009 年 9 月 25 日，英国伦敦大学戈德史密斯学院发布新闻公报说，两年前，一段动感十足、色彩艳丽、充满视觉刺激的伦敦奥运会会标宣传片，竟导致数名光敏性癫痫患者发病。近日，该校一项最新研究显示，这是因为光敏性癫痫患者的大脑，处理视觉刺激的方式，与正常人不同。

新闻公报说，该校研究人员领导的一个国际研究小组，测量了光敏性癫痫患者的脑磁场图。结果发现，在处理大量丰富的视觉刺激时，健康人的大脑会进入一种无序的混沌状态，以此保护自己。而光敏性癫痫患者的大脑，仍然会努力保持一种高度有序状态，使得大脑皮层处于高度兴奋之中，由此可能引发癫痫。

研究还显示，某些颜色的组合更易诱发光敏性癫痫，比如快速闪动的红蓝组合会比红绿或蓝绿组合，引起更大范围的大脑皮层兴奋。

3. 研制出一种急需的癫痫突发抑制药物

2014 年 6 月，英国媒体报道，伦敦大学学院神经学研究所，教授迪米特里·库尔曼领导的一个研究小组研制出一种急需的癫痫突发抑制药物，能为那些对癫痫药物无积极反应的癫痫患者，提供帮助。

报道说，十年之内，患有耐药性癫痫的患者，也许能通过按需服药来抑制癫痫发作，就像我们能通过服用止痛药来缓解头痛一样。

世界范围内，大约有 5000 万人患有癫痫。他们中约 70% 的人可以通过已有的抗癫痫药物治愈而不复发，而剩余 30% 的患者，因为现有的抗癫痫药物无效，需要求助于手术治疗。

库尔曼在介绍该药物的治疗原理时说："首先，我们注射一种重组病毒到大脑引起癫痫发作的区域。该病毒能指导脑细胞，合成一种能被 N－氧化氯氮平（CNO）激活的蛋白。在存在 N－氧化氯氮平的前提下，这种蛋白被激活并能够抑制能引发癫痫的脑细胞。"

当前，重度的癫痫治疗，是使用抑制所有脑细胞兴奋性的药物，这将导致不良反应。如果阻止发作需要的剂量很高，患者可能需要镇静和重症监护。

库尔曼说："我们将新方法引入临床，通过一次性注射重组病毒，治疗易受严重癫痫影响的患者，仅需在发病时使用 N－氧化氯氮平。"

许多难治性癫痫的患者，在严重发作之前常经历成串的癫痫小发作。库尔曼设想患者在出现成串小发作情况下，或者当患者感觉自己有可能出现癫痫大发作时，开始服用此种药物。

耐药群体中，能加剧癫痫发作的其他因素包括疾病、睡眠不足和月经周期中的特定时间，因而患者可以在这些情形下做预防性用药。

研究小组还提出其他的给药方式，比如，在某些情况下，N－氧化氯氮平通过一个自动的给药系统注射给药，与一些糖尿病患者注射胰岛素的方法相似。

《今日医学新闻》质疑库尔曼，重组病毒是否有可能造成患者发生潜在的不良反应。他回应道："重组病毒已经失去复制功能，因此，它不可能繁殖出更多的病毒并传播。注射虽然涉及一个小的脑外科手术，但创伤远不及癫痫侵入性外科手术。”

N－氧化氯氮平的另一个优势是，这种化合物的半衰期很短，仅仅几个小时，而且仅影响癫痫患者脑部的特定区域。如果有不良反应，可以停药，不会对大脑造成永久性的伤害。

库尔曼说：“短效的药物，只能偶尔用于癫痫。由于短效抗癫痫药物，作用于整个大脑存在较大副作用，故临床上的使用受到限制。短效药物最主要的缺点是它们抑制呼吸，因此患者需要进入特护病房。而我们的方法仅治疗癫痫病灶，避免了这些并发症。”

第五节　其他疾病防治的创新信息

一、免疫系统疾病防治的新进展

（一）免疫系统生理机制研究的新成果

1. 发现免疫系统杀死非伤寒沙门氏菌的机理

2010年1月25日，英国伯明翰大学一个研究小组在美国《国家科学院学报》上发表研究成果称，他们发现，人体免疫系统可以利用抗体，同时杀死存在于血液中和躲藏在血液细胞中的非伤寒沙门氏菌。

研究人员说，在发达国家，非伤寒沙门氏菌常常只引起肠胃炎，但在许多发展中国家，却常常导致严重的血液感染，致死率较高。该研究小组曾在非洲马拉维发现，一些症状较轻的儿童体内出现了特殊抗体，可以识别存在于血液中的非伤寒沙门氏菌，并将其杀死。

但是，沙门氏菌可以利用血液中的噬菌细胞，来躲过这些抗体。噬菌细胞本是一种免疫细胞，可以吞噬和消灭血液中的异物，但沙门氏菌进化出了一种“欺骗”能力，可以安全地躲在噬菌细胞“肚子”里。一旦它再次回到血液中，就会重新引起疾病。

研究人员此次还发现，人体中还有一些抗体，可以在沙门氏菌被吞噬之前，就给它打上标记，这种标记可以帮助噬菌细胞识别沙门氏菌的真面目，从而在吞噬之后将其杀死。研究人员表示，既然人体免疫系统可以利用抗体，同时杀死存在于血液中和躲藏在血液细胞中的非伤寒沙门氏菌，那么研发有效的疫苗就有了希望。

2. 揭示扭转免疫系统衰老的新机制

2011 年 8 月，英国伦敦大学学院阿恩·阿克巴尔教授领导的研究小组在《免疫学杂志》上撰文称，他们发现了一种可控制白血细胞老化的新机制，可扭转免疫系统衰退，提高老年人的免疫力。

随着年龄增长，老年人免疫系统效率开始下降，因而容易感染重症。这对他们的生活健康构成威胁，也使其生活质量明显下降。

本次研究发现，人类免疫系统逐渐衰弱的原因，是由于每次感染后，会有一定比例的白血细胞失活。虽然这种机制是进化而来，可以起到预防某些癌症的作用，但随着失活的白血细胞的比例不断提高，人体的防御系统也遭到削弱。

研究表明，白血细胞失活是由一种尚不确定的免疫系统老化机制所导致。此前，科学家认为，免疫细胞老化与染色体端粒的长度有关。随着白血细胞的不断增殖，染色体端粒不断缩短，直至最后细胞永久失活。这意味着，免疫细胞有一种内置的寿命机制。随着人类寿命的延长，免疫细胞将无法提供有效的保护。

阿克巴尔研究小组在采集的血液样本中发现，一些失活的白血细胞却有着较长的端粒，这表明白血细胞失活存在其他机制。而更令人兴奋的是，这些有着较长端粒的白血细胞，不会处于永久失活状态。

实验室中，研究人员阻断新确定的白血细胞的某个途径时发现，白血细胞可以被重新激活，而阻断该途径的药物早已被开发出来，用于治疗其他疾病。所以，研究人员下一步将研究重新激活老年人的白血细胞会带来什么好处。

研究人员认为，虽然这种方法不能让人类永葆青春，但它可以提高老年人的免疫力，帮助老年人战胜各种感染性疾病。此外，这项研究还深化了人类对细胞生物学的认识，为控制人类的免疫系统，开拓出全新的无法预见的未来，对提高人类的生活质量价值重大。

（二）免疫系统疾病致病原因研究新发现

发现 29 个多发性硬化症变异基因。

2011 年 8 月，英国剑桥大学阿拉斯泰尔·康普斯顿教授领导，240 多名研究人员参与的一个国际研究小组，在《自然》杂志上撰文称，他们最新确认29个与多发性硬化症相关的基因变异，其中多个基因与人体免疫系统有关。

新发现表明，多发性硬化症是一种免疫性疾病，免疫系统在该疾病发病过程中起着关键作用。这是迄今为止，科学界进行的规模最大的多发性硬化症遗传学研究。

在这项研究中，研究人员对9772名多发性硬化症患者，以及17376名健康对照组人群的基因（脱氧核糖核酸），进行了分析研究。最终，他们不仅确认此前已知的23个，与多发性硬化症有关的基因，并发现29个与此疾病相关的新基因。这29个基因中，许多基因在免疫系统，特别是在T细胞功能发挥及白介素活化方面发挥着关键作用。过去的研究表明，维生素D缺乏会增加多发性硬化症的患病风险。而在众多直接作用于免疫系统的基因中，研究人员确定了两个与维生素D代谢相关的基因，这更有助于理解该病病理中遗传因素和环境风险因素间的关联。

此外，本次确认的新基因，有1/3此前被认为与一些自体免疫疾病，如克罗恩病和I型糖尿病有关。研究人员认为，这或许表明，对于自体免疫疾病来说，不同类型疾病的一般发病过程或许有共同之处。

康普斯顿表示，对任何一种疾病来说，确认遗传基础对于疾病病理机制的理解十分重要。新研究表明，多发性硬化症是一种免疫性疾病，这对于将来该疾病的治疗研究意义重大。

多发性硬化症是一种常见的神经系统疾病，全世界大约有250万人受此病症影响。该病患者大脑和脊髓的神经纤维和髓鞘会遭受损害，进而出现视觉障碍、肌肉无力等症状，日常活动会受到很大影响。

二、呼吸系统疾病防治的新进展

（一）肺病防治的新成果

1. 开发出一种可防肺结核感染的单克隆抗体

2011年3月，一个由英国邓迪大学、伦敦大学国王学院、伦敦大学圣乔治学院等单位组成的研究小组，在《免疫学杂志》上发表论文称，他们开发出一种单克隆抗体，经实验模型验证，它与干扰素结合使用，可有效对抗肺结核感染。研究人员认为，这一成果有助于开发出新的结核病治疗方法。

研究小组开发的这种单克隆抗体，是一种 A 类免疫球蛋白（lgA），属于同质性抗体，可识别结核杆菌。它通过绑定结核杆菌细菌，触发人体免疫反应，从而防止该细菌生长蔓延。尽管单克隆抗体已被广泛用于癌症和炎症性疾病的治疗，但用来治疗结核病这还是第一次。

免疫球蛋白是人体内十分重要的免疫效应分子，因结构不同可分为 IgA、IgD、IgE、IgG 和 IgM 等五大类。研究人员认为，A 类免疫球蛋白所具有的特性，使其更易于对抗结核病菌。

肺结核是目前人类面临的重大公共健康问题之一，全球每年有大约 200 万人死于该疾病，英国 2010 年的肺结核病例数则创下了 10 年来的新高。虽然由于多种抗生素和预防药物的产生，使肺结核病例在世界范围内曾一度迅速减少，但随之而来，肺结核菌株的多重耐药性也越来越明显，研制出新方法来预防和控制这种疾病显得极为迫切。

2. 发现治疗肺结核的新方法

2011 年 4 月，有关媒体报道，英国帝国理工学院的研究人员对肺结核发病过程中肺部组织受损的原因，有了新认识，发现一种酶在其中发挥关键作用。因此，他们认为，可以通过抑制这种酶的作用，来治疗肺结核。这一思路，可能会很快转化为实际疗法。

研究人员对一些肺结核患者的检查显示，患者体内一种名为 MMP－1 的酶含量较高。他们随后在试管中培养人体细胞，让其感染结核杆菌，结果发现，受试对象中这种酶含量也有明显上升。此外，老鼠实验结果进一步证实，这种酶含量上升，会导致与人类患者相似的肺部受损情况。

研究人员认为，如果能够用药物抑制这种酶的作用，也许可以成为治疗肺结核的新方法。本次研究已经证实，对在试管中培养的感染了结核杆菌的人体细胞而言，能够使用一些已有的药物来抑制这种酶的作用。

有关专家指出，肺结核的疗法近几十年来没有太大进展，本次研究揭示了一种新的治疗途径，尤其重要的是，也许可以使用一些现有的药物。

3. 发现强力霉素也许可用于治疗肺结核

2012 年 2 月，英国帝国理工学院保罗·埃尔金顿领导，他的同事，以及其他机构相关人员共同组成的一个研究小组，在《美国呼吸道与危重护理学杂志》上发表研究报告说，已作为抗生素使用多年的药物强力霉素，也许还可以用于治疗肺结核，由于这种药物成本低廉，这项发现也许对广大发展中国家的肺结核防治工作来说，是个好消息。

据介绍，过去的研究，曾发现在肺结核的发病过程中，结核杆菌会使受感染的细胞中，生成一种名为 MMP－1 的酶，这种酶会起到破坏肺部组织的作用。本次研究又发现，强力霉素能抑制生成这种酶的过程，从而帮助治疗肺结核。

研究人员用试管中培养的人类细胞进行试验，结果显示在强力霉素的作用下，人类细胞虽然被结核杆菌感染，但生成该种酶的数量下降。此外研究人员还进行了动物实验，结果也显示，强力霉素可以抑制结核杆菌在实验鼠体内的生长。

埃尔金顿说，对肺结核的疗法，在近 30 年来没有什么大变化，但有抗药性的结核杆菌却不断出现，因此寻找新的治疗药物非常重要。强力霉素虽然已面世数十年，但令人惊讶的是，此前一直没有发现它在治疗肺结核方面的效果。为进一步验证这种效果，研究人员接下来将开展人类临床试验。

（二）防治流行性感冒的新成果

1. 研制接种一次保护终生的“通用”流感疫苗

2005 年 8 月 5 日，英国《每日邮报》报道，英国的科学家们正在研制一种革命性的“通用”疫苗，它可以使人一辈子远离各种流感的侵扰。有了这种疫苗，你只需打上一针即可获得对流感病毒的持久免疫力，同时科学家也无须每年因为病毒发生突变而不断地去开发新型疫苗。

据报道，由于成功开发出天花疫苗，位于英国剑桥名为 Acambis 的生物技术公司，被公认为全球领先的疫苗生产商。该公司已经联合比利时佛兰德斯地区大学校际生物技术研究院，来共同开发此种疫苗，并将其推向市场。该公司预计，与现有的在可受精的鸡蛋内部培养出来的疫苗相比，这种新型疫苗的制造过程，要显得更加快捷方便一些。有了这种“通用”疫苗后，老年人和其他一些易感人群再也不用向现在这样每年都去打上一针了，他们只需接种一次便可获得终身免疫力。若大规模储存这种疫苗，还可以使某种病毒突发时就被抑制住其潜在流行趋势。

该疫苗的人体试验即将开始。该公司还表示，这种疫苗能够使人们在面对诸如禽流感这样的全球性流行疾病时，获得足够的安全保障。该公司首席科学官托马斯·莫纳斯教授指出："我们希望达到的目标，是不用再像现在这样，每年都去研究和生产新的疫苗，因为每当一个新的流感病毒出现时被迫去开发新的疫苗的传统做法，往往需要耗费很长时间，这样会使许多人无法获得及时保护。"

2. 研制出人用高效低剂量禽流感疫苗

2006年7月26日，总部设在英国的葛兰素史克公司宣布，该公司研制出一种人用高效低剂量H5N1型禽流感疫苗，这种疫苗在最初临床试验中取得了成功。

据该公司介绍，研究人员用这种疫苗，对100名成年人进行临床试验，其中80%的人获得了抵御禽流感的能力。这种新型疫苗只需每人用两剂，每剂仅3．8微克便可达到预防效果。

此间媒体指出，此前开发的禽流感疫苗必须大剂量注射才有效，这种新疫苗能以相对小的剂量达到明显效果，确实是一个好消息。

该公司说，这种疫苗之所以用那么小的剂量，便能达到预防效果，主要是因为使用了独特的佐剂。佐剂是疫苗中添加的辅助物质，可以使人体免疫系统更容易接受疫苗，增强免疫反应。

禽流感病毒在不断变异，一旦它引发人类流感大流行，就需要迅速对人群进行免疫接种。这要求疫苗生产者，能在短时间内，大量生产针对特定病毒毒株的疫苗，但目前全球疫苗生产能力不足。使用佐剂来增强疫苗效果、降低疫苗剂量以减轻生产能力方面的压力，是许多研究机构和制药企业努力的方向。

葛兰素史克公司表示，这种疫苗可望在2007年批量生产。该公司打算与美国盖茨基金会合作向发展中国家提供这种疫苗。

3. 研究显示甲流病毒对肺细胞破坏更强

2009年9月10日，英国帝国理工学院研究人员对媒体宣布，他们的研究表明，与普通流感病毒相比，甲型H1N1流感病毒有更强的附着在细胞上的能力，能够直接与肺部深处的细胞结合，并产生破坏作用。这一研究成果，有助于解释为什么甲型流感病毒的传播能力相对更强。

流感病毒需要先附着在细胞表面的受体分子上，才能进一步侵害细胞并引发感染。不同的病毒有不同的附着受体，如果病毒在其附着的细胞上找不到对应的受体，病毒就无法侵入该细胞。

研究人员说，他们在试管中培养了86种不同的附着受体，以检测哪些受体是流感病毒的附着对象。结果发现，被研究的普通流感病毒只能附着在鼻腔、喉咙和其他上呼吸道细胞的受体上，而甲型流感病毒还可以附着在肺部深处细胞的受体上。

研究人员认为，甲型流感病毒的附着范围更广，说明它的传播能力更强。它能够直接附着在肺部深处的细胞上，这可以解释为何一小部分患者出现的肺部感染，要比普通流感病情恶化所引发的肺部感染严重得多。

不过，甲型流感细胞附着在肺部细胞上的强度，要弱于该病毒附着在上呼吸道细胞上的强度，这一点有助于解释为何大部分甲型流感患者的症状都不严重。

研究人员提醒道，将来一旦甲型流感病毒发生变异，变得对肺部细胞附着力更强，将会导致更多人出现严重的肺部感染。因此，医学界应该对甲型流感病毒可能出现的变异，保持高度警惕。

4. 评估H10N8流感病毒流行的可能性

2014年5月29日，英国伦敦国家医学研究所医学研究委员会史提芬·伽宾领导的一个研究小组，在《自然》杂志发表论文称，虽然H10N8病毒能够感染人类细胞，但它对和禽类细胞结合及感染禽类细胞都更有偏好。目前，科学家不认为H10N8病毒能够进行人际传播，如果要在人群中大范围传播，此病毒需要获得偏好与人类细胞结合的变异。

为了研究H10N8病毒适应人类细胞的潜力，该研究小组研究了一种H10N8禽流感病毒的血凝素，即可以与细胞表面受体结合蛋白质的结构与受体结合特征。研究结果显示，该病毒对人类受体有足够的亲和能力，能够感染人类，但是该病毒对禽类受体的结合能力要强150倍。

人类呼吸道中禽流感病毒受体上的黏蛋白，很可能阻止了该病毒在人类中广泛传播，研究人员指出，这些黏蛋白在病毒感染细胞之前就将其扫荡了。研究人员同时也发现H10N8血凝素和其人类受体的结合结构，与

1918 年 H1N1 大流感和 2013 年 H7 流感病毒有相似之处，但是大流行的病毒相对于禽类受体，对人类受体的偏好是禽类 H10N8 病毒所没有的。研究人员总结道，对于此病毒亚型的监控，应把重点放在检测那些让 H10N8 血凝素的受体结合位点减少对禽类受体的偏好，从而更易人际传播的变异上。

三、消化系统疾病防治的新进展

（一）肝病防治的新成果

1. 培育出微型人造肝脏

2006 年 11 月，英国纽卡斯尔大学的尼科 · 佛拉兹博士和科林 · 麦格金教授领导的研究小组对媒体宣布，他们首次利用脐带干细胞生长出微型人造肝脏。这个重大突破，为生长与人体肝脏大小相当的人造肝脏，奠定了坚实基础，使得今后的肝移植有望通过人造肝来实现。

该研究小组把从脐带血中提取的干细胞，置放入由美国宇航局开发的生物反应器里，在这种可以模拟失重状态的生物反应器中，细胞繁殖十分迅速。研究人员利用激素及其他化学试剂，诱发干细胞转化成为肝组织，进而生长出了与 1 分钱硬币大小相当的人造肝脏。

麦格金教授认为，今后 10—15 年内，有望利用 1 分硬币大小的微型人造肝脏，进行肝移植手术。但要能生长出完整的肝脏，进入临床应用，恐怕还需要数十年时间。现阶段，微型人造肝脏最现实的应用，是替代动物和人体临床进行药物试验，以避免之前类似伦敦诺威克公园医院药物临床试验中严重医疗事故的再次出现。据悉，微型人造肝脏有望在 12 个月内用于首次肝细胞药物临床实验。

皇家利物浦医院的伊恩 · 吉尔莫教授认为，这项突破对于缺少有效治疗手段的肝病患者而言，确实令人十分激动。但肝脏供血有别于其他组织，并且具有独特的纤维结构，生长出完整的人造肝脏还有待时日。

2. 开发个性化丙肝药物测试技术

2010 年 5 月，英国爱丁堡大学研究人员在《病毒学》杂志上发表研究报告称，他们开发出一种针对丙型肝炎药物的测试技术，可以预先测试出哪种药物对患者效果更好，从而实现个性化的丙肝治疗。

研究人员说，这项技术可以测试所有6种丙肝病毒对药物的反应，其方法是在实验室中培养肝脏细胞，使用不同丙肝病毒感染这些细胞，再逐一测试各种药物的疗效。

研究人员指出，利用这种方法，可以从患者体内提取细胞进行药物测试，预先判断对患者最有效的药物，从而避免盲目用药带来的不良反应。

此外，还可以通过这种方法，监控患者体内的丙肝病毒，是否已对某种药物产生抗药性，以及时更换更有效的药物。

3. 确认69个与肝功能失调有关的基因

2011年10月，英国帝国理工学院国家心肺和血液研究所杰斯帕尔·科勒教授领导，帝国理工学院公共健康学院的约翰·钱伯斯、鲍尔·艾略特教授为主要成员，还有其他国家研究人员参加的一个国际研究小组，在《自然·遗传学》杂志上发表研究成果称，他们在一项新的全基因组相关性研究中，对6.1万人的基因组进行了比较，在其遗传代码中找到了42个与肝功能有关的区域，其中32个区域是首次得到确认。研究人员同时在这些区域“揪出”了69个与肝功能有关的基因，有望为肝病患者找到新疗法。

研究人员说，这项工作能让科学家们更好、更精确地获悉，导致肝脏不再正常运转的原因，并以此研发出新疗法，改进肝病患者的肝脏功能并帮助预防肝损伤。

肝脏是身体内以代谢功能为主的器官，是身体内最大的器官。肝脏可以处理数百个不同的任务，包括制造蛋白质和凝血因子；帮助消化、释放能量、去氧化、储存肝糖等。据英国肝脏基金会估计，英国有200多万人的肝脏存在问题。

研究人员通过查看志愿者血液中肝脏酶的浓度，来评价他们的肝脏功能。肝脏受损的人血液中这种酶的浓度很高，它会增大人们罹患肝硬化、Ⅱ型糖尿病、心血管疾病等的风险。这次确认的与肝功能相关的基因，有些是研究人员的“老相识”，他们已经知道这些基因同炎症、免疫系统、葡萄糖和碳水化合物的新陈代谢等身体的其他功能有关。

4. 首次精确修正肝病患者干细胞基因变异

2011年10月12日，英国桑格研究所的专家艾伦·布莱德利与剑桥大学干细胞生物和再生医学研究中心首席科学家卢多维奇·瓦利尔、剑桥大学呼吸生物学教授戴维·洛马斯等人组成的一个研究小组，在《自然》杂志上撰文指出，他们首次精确修正了一个肝病患者干细胞内的基因变异，经过修正的干细胞表现正常。

在这一过程中，研究人员发现α1－抗胰蛋白酶内的一个变异会导致一个缺陷。α1－抗胰蛋白酶是在肝脏内非常活跃的一个基因，负责在制造一种能抵抗过多炎症的蛋白。如果α1－抗胰蛋白酶发生变异，会让人罹患肝硬化和肺气肿，这是肝脏和肺最常见的遗传紊乱。

研究人员分别用人体诱导多能干细胞（能转化为多种身体组织）和直接提取的人体干细胞进行了实验，修正了这个对肝硬化和肺气肿负责的基因变异。

此前，剑桥大学的研究人员，曾成功将取自遗传性肝病患者的一小块皮肤样本，变成人体诱导多能干细胞，随后再将干细胞变成肝细胞。在这项研究的基础上，最新研究，成功地精确修正了一个含有该变异的人体诱导多能干细胞中的α1－抗胰蛋白酶基因。

研究人员先使用“分子剪刀”，在正确的地方将该基因的基因组剪断，并用名为转座子的基因（脱氧核糖核酸）“运输机”，将正确版本的基因插入其中，再将该转座子序列从细胞中剔除，使人体诱导多能干细胞，直接转化为肝脏细胞，而在修正点没有出现任何基因被破坏的“蛛丝马迹”。随后，研究人员通过在试管和老鼠实验中，观察正常α1－抗胰蛋白酶蛋白的活动，证明这种经过修正的基因在他们制造出的肝脏细胞中非常活跃。

他们还直接从一个具有α1－抗胰蛋白酶蛋白缺陷的病人体内，提取出其干细胞进行上述实验，结果精确地修正了该变异，而且，经过修正的干细胞产生了正常的α1－抗胰蛋白酶蛋白。

5. 研制成一种治疗丙型肝炎的口服药

2011年2月，有关媒体报道，英国研究人员开发出一种治疗丙型肝炎的新型口服药物，它是三氟甲基衍生物，可以激活免疫系统中的Toll样受体7（TLR7）。

Toll样受体（TLRs），在早期固有免疫中，对入侵病原微生物的识别发挥重要作用。这些进化保守的受体，与果蝇的Toll蛋白家族在结构上有高度同源性，识别仅表达在病原微生物上高度保守的结构基序。Toll 样受体识别外源基因后，可产生抑制病毒复制的蛋白质。

目前，全球约有 3 亿人患有丙型肝炎。丙型肝炎病毒可导致肝硬化，一些患者还需要进行肝脏移植。目前的治疗手段是采用静脉注射，治愈的患者只有一半左右。而最新的研究成果则侧重于提高口服药物的疗效。

目前，口服药物中最有效的 TLR7 激活剂，大多以嘌呤为基础。研究人员在重点研究，已知可激活 TLR7 的嘌呤结构杂环化合物中，发现三氟甲基衍生物可高度选择 TLR7，并可媲美低于 50 毫克剂量的注射药物性能。三氟甲基衍生物作为非嘌呤类 TLR7 受体激活剂，可避免任何不必要的药理学脱靶机会。

6. 研制出可延长肝脏体外存活时间新装置

2013 年 3 月，英国媒体报道，牛津大学康斯坦丁·科西奥斯教授等人领导的一个研究小组，已研制成一种模拟肝脏在体内生存环境的装置，肝脏在这一装置中可存活 24 小时。这一成果，为肝移植手术赢得更多时间，有助于提高移植成功率。

研究人员介绍道，他们研制的这种新型装置，可为肝脏提供类似体内生存的环境，包括给其灌注含氧红细胞、提供各种营养元素、保持接近体温的温度等。接通这种装置 30 秒后，从捐献者体内取出的肝脏就开始恢复正常颜色，分泌胆汁等各项功能也保持正常。实验显示，肝脏在新装置中的存活时间可达 24 小时。

据悉，此前在肝移植过程中，取出的肝脏只能用冰块冷藏降温以减缓其新陈代谢，但这一过程常常造成肝脏损伤，且只能保存几个小时。由于待移植的肝脏须经过种种检查测试，对接受移植的患者还要实施若干处理，使其进入接纳新肝脏的状态，因此在肝脏取出后尽量延长保存时间，对于成功移植十分重要。

英国伦敦大学国王学院医院，今年 2 月在两次肝移植手术中，使用了这种新装置，接受手术的两名患者目前恢复状况良好。该医院移植外科主任奈杰尔·希思说，为移植手术赢得时间就意味着患者术后存活的概率得以增加，如果这种新装置能广泛用于肝移植手术，将给这一领域带来积极变化。

科西奥斯说，这是首个通过模拟肝脏生存环境，来延长其体外存活时间的自动装置，这一成果，有望使更多肝脏适用于移植手术，改变肝移植手术数十年来没有重大技术突破的局面。

据介绍，在欧洲和美国每年约有 3 万名患者等待肝移植，其中约四分之一患者因未能等到合适的肝脏而死亡。与此同时，每年约有 2000 个肝脏在待移植过程中损坏不能使用。

（二）胃肠病防治的新探索

1. 研制世界上第一个最精密的人造胃

2009 年 6 月，英国媒体报道，英国食品研究所马丁·威克姆博士领导的一个研究小组，正在开发一种人造胃，相信这将是世界上第一个也是最精密的人造胃。

这种人造胃将能解答食品结构、生物活性成分潜力和普通食品安全等问题，并且经过进一步开发，这种装置能够替代或是先于高成本的人体生物实验，从而在药品测试中对药物进行评估。

这一内脏模型可能是目前唯一的，能够把消化时出现的物理、机械和生物化学环境知识结合在一起的人类胃模型。正确理解食物是如何被消化的，是食品工业继续创新的关键，尤其是对不断增加的功能性和特殊食品领域，以及筛选具有生物活性潜力的化合物来说，尤为如此。

通过体外实验，模拟胃里来自食物和药物的化学物质、营养物质和活动的代谢、消化及排放特点，一直是一个难以完全实现的领域。对食品工程学关注的增加，尤其是对食品中已认定营养物质、维生素和微量植物成分等包含物关注的增加，需要对这些化合物的消化、吸收、代谢和排泄具有更准确的理解。同时，针对合理剂量形式的设计而不断出台的药品规则，也刺激了对开发一种具有先兆性胃模型的兴趣，这个模型可以用来描述药物的释放、分解和分布。

威克姆表示："许多食品公司都已经在使用这个模型了。但是，目前它们都是把自己的研究直接外包给英国食品研究所。"

随着开发内脏模型的科学家正在进行最后的收尾工作，在未来的 12 个月到 18 个月里，这些公司或许就可以购买并在内部安装模型内脏，协助自己的研究和开发工作。

威克姆介绍说，原型已于大约两年前开发出来，分成三个部分，能够反映真实的人类胃部活动。第一部分模拟胃部的主体，以不均匀的混合为特点，随后就是独特的胃空状态。第二部分是胃部叫作窦的部分的模型，它以能够分解食物结构的较强机械力为特点。最后一部分模拟小肠（十二指肠）中的情况，包括 pH 值的变化。他说："我们想要开发出与人类系统相近的模型。"

2. 观察显示口服蛭弧菌可对抗肠道沙门氏菌

2011 年 7 月，英国诺丁汉大学的研究小组在《应用与环境微生物学》杂志上撰文称，他们通过实验发现，动物可以通过口服蛭弧菌的方式，消灭肠道中会引起疾病的沙门氏菌，且未见副作用。

研究人员先让一些鸡感染沙门氏菌，然后让其口服蛭弧菌，结果鸡体内的沙门氏菌很快就被消灭了 90%。与此同时，他们还让一些健康的鸡也服用了蛭弧菌，结果没有发现有什么副作用。沙门氏菌是能引起一些动物和人类肠道疾病的细菌，人感染沙门氏菌后会出现头痛、腹泻等症状，严重时会死亡。

研究人员指出，蛭弧菌不会在鸡体内长期生存，观察显示它主要在口服后 48 小时内生效，两天后效果就大幅下降。这说明如果用它来完全消灭沙门氏菌，可能要设计一个多次口服疗程。不过，本次研究证明口服蛭弧菌，既安全又有效。据介绍，蛭弧菌不仅可以消灭沙门氏菌，还可以杀死大肠杆菌等多种致病细菌，应用前景较为广泛。

四、糖尿病防治的创新信息

（一）糖尿病病理研究的新进展

发现小核糖核酸影响糖尿病人血管修复。

2011 年 1 月，英国布里斯托尔大学的科斯坦萨·伊曼纽利教授领导，成员来自英国、意大利等国的一个国际研究小组，在《循环杂志》上撰文称，他们发现在糖尿病患者缺血性肌肉组织中，小核糖核酸 miR－503 表达非常高，血浆中 miR－503 水平也高于正常水平。miR－503 过度表达，会损害血管内壁内皮细胞功能，从而影响缺血后血管生成。而通过抑制细胞周期蛋白 E1 和 Cdc25 信使核糖核酸（mRNA），则可降低 miR－503 表达，从而改善血管内皮细胞功能，帮助微血管网络形成。

研究人员说，血管病变是糖尿病引起的主要并发症之一，发生在病人肢体的血管并发症会导致肢体溃疡无法愈合，往往最后不得不进行截肢，给病人带来极大痛苦。

研究人员利用患有糖尿病并有肢体局部缺血症状的小鼠模型确认，抑制 miR - 503，可以起到恢复血液供应的作用。这一结果表明，miR - 503 对糖尿病相关的血管并发症治疗，具有重要临床意义。

有关专家指出，新研究首次提供依据表明，miRNA 在糖尿病人血管修复中会起到负作用。因为每个 miRNA 可以调节多个基因，因此，相比于特定的基因标靶，miRNA 将是更好的糖尿病治疗标靶。

（二）防治糖尿病出现的新方法

找到减轻糖尿病患者疼痛并发症的新方法。

2012 年 5 月，英国沃里克大学教授保罗·索恩纳利主持，成员来自英国、德国和美国等国的国际研究小组，在《自然·医学》杂志发表研究报告说，糖尿病患者常会出现身体疼痛和对温度变化敏感等并发症，他们找到了减轻这些并发症的方法，这将有助改善糖尿病患者的生活质量。

研究人员介绍，他们发现，糖尿病患者体内大量存在的葡萄糖，会导致生成过多的甲基乙二醛，正是这种物质会影响神经末梢，导致神经系统容易感觉到疼痛，此外还会对温度等方面的变化异常敏感。

据悉，约 50% 的糖尿病患者会出现身体疼痛、对温度变化过于敏感等并发症，这会给患者睡眠、情绪、工作能力等多方面造成不良影响，大大降低患者的生活质量。

索恩纳利说，本次研究说明，如果能想办法消除甲基乙二醛，也许就可以减少糖尿病患者的上述并发症。他和同事已发现乙二醛酶 1（Glo1）具有这种功能，目前，正在研究如何在此基础上开发出有效的疗法。

（三）防治糖尿病药物研究的新发现

1. 发现毒蜥蜴唾液中成分可治糖尿病

2007 年 5 月，有关媒体报道，在英国约有 200 万人饱受糖尿病所苦；尚有约 50 万人并未诊断出胰岛素失衡。据统计，这项疾病使英国男性平均年龄下降 5 岁、女性达 7 岁之多。此外，糖尿病除了无法正常调控血糖的升降外，常伴有心脏疾病、肾脏衰败与夜盲，甚至因感觉迟钝而容易导致感染与伤口溃烂，进而需要截肢。

不久前，发现在美国西南部和墨西哥沙漠生长的希拉毒蜥唾液里，有一个类荷尔蒙成分，经实验证实，能够有效帮助糖尿病患者换回复胰岛素的分泌。

在健康的人类个体中，GLP－1 会在血糖过高时，刺激腺制造胰岛素制造与分泌。在第二型糖尿病的患者中，此调控路径由于信息过弱而无法正常调控血糖。以希拉毒蜥唾液类荷尔蒙成分制成的药物，已经正式上市。它与人类血液中调控血糖激素“胰高血糖激素胜肽 1”相仿，能够帮助 46% 的患者在投药后，恢复正常的胰岛素调控状态。

希拉毒蜥仅三年到四年觅食一次，正是其唾腺中的类荷尔蒙成分，帮助它缓慢而稳定的维持一定的消化速度。“这给我们应用在糖尿病治疗的灵感;”礼来制药公司的迈克尔·特劳特曼博士表示：“该成分的发现，让我们清楚地了解在人类血糖代谢机制上，如何以新的方向去调控。”

2. 发现类黄酮可降低Ⅱ型糖尿病患者心脏病风险

2012 年 2 月，英国东英吉利大学一个医学研究小组在《糖尿病护理》杂志上发表论文称，摄取大量类黄酮化合物，会显著降低Ⅱ型糖尿病女性患者心脏病发作的风险，而经常食用富含类黄酮的食物，也有助于糖尿病患者的健康。

这一结论，源于该研究小组长达一年的临床实验。93 名绝经后的Ⅱ型糖尿病女性患者参加了这项实验。这些糖尿病患者，年龄介于 51～74 岁之间，在为期一年的实验中，一半患者每天服用两块富含类黄酮的巧克力，这些巧克力是经过特殊加工制成，其中富含两种类黄酮化合物：黄烷 3 醇和异黄酮；另一半对照组患者则服用巧克力安慰剂。研究结果显示，那些摄入大量类黄酮的患者，未来 10 年里患心脏病的风险降低了 3.4%。这一效果，对于饮食干预疗法来说，已经是十分明显的了。同时，这些人的胰岛素抗性和胆固醇水平，也明显降低。

研究人员表示，实验证明黄烷 3 醇和异黄酮会改善绝经期后Ⅱ型糖尿病女性患者胰岛素敏感性和脂蛋白水平，降低心血管疾病风险，而这两种类黄酮化合物，是否对男性Ⅱ型糖尿病患者或其他类型病患产生同样作用，还有待进一步研究。

类黄酮又称生物类黄酮，为人类饮食中含量最丰富的一类多酚化合物，广泛存于水果、蔬菜、谷物、红葡萄酒、茶等食物或饮料之中。黑巧克力中的类黄酮含量也很高。但研究人员强调，这一研究结果，并不表明Ⅱ型糖尿病女性患者就应该多吃巧克力，因为市场上的巧克力，所含对身体有益的类黄酮化合物，远不如实验中所用的巧克力高，过量食用会影响饮食平衡，导致体重增加等负面效果。

3. 发现二甲双胍能延长糖尿病患者寿命

2014 年 8 月，英国卡迪夫大学克莱格·柯里教授领导的一个研究小组，在《糖尿病、肥胖与新陈代谢》杂志上发表论文称，长期服用一种名为二甲双胍的抗糖尿病药物，可显著延长Ⅱ型糖尿病患者的寿命，他们有可能比非糖尿病患者活得更久，而该种药物，对非糖尿病患者的健康也有益处。

在这项涉及 18 万人的大规模研究中，研究人员对服用二甲双胍和服用磺脲的Ⅱ型糖尿病患者，生存情况进行研究，并将这些患者的预期寿命情况，与匹配的非糖尿病患者进行对比，对比人群在年龄、性别、是否吸烟及其他临床状态等指标上，都具有相同标准。结果发现，相比与同组的非糖尿病患者，服用二甲双胍的糖尿病患者的个体生存质量，得到了明显改善，他们的预期寿命甚至要高于前者；而服用磺脲的个体生存质量却有所降低，其预期寿命也低于同组的非糖尿病患者。

研究人员表示，二甲双胍这种便宜的广谱抗糖尿病药物，不仅会给Ⅱ型糖尿病患者带来好处，而且也会给Ⅰ型糖尿病患者，甚至非糖尿病的患者，带来有益影响。柯里教授说："二甲双胍具有抗癌作用，也可帮助人们抵御心血管病的侵扰。这种药物还能够减小糖尿病高风险人群的发病概率，其降风险效果可达 1/3。"他强调，这一研究结果并不意味着服用该药的Ⅱ型糖尿病患者就可以高枕无忧，他们的病情仍然会有所发展，需要进行更加积极的治疗。平均来说，糖尿病人的预期寿命会减少 8 年左右，而延长寿命最好的方法，则是要保持健康的生活方式，进行适当锻炼，避免过度肥胖。

二甲双胍是一种降血糖药物。血糖的有效控制，对于降低糖尿病患者发生微血管并发症，如中风和冠状动脉疾病，非常重要。在最初阶段，病人可以通过饮食和锻炼来达到降糖目的，但对大多数发病患者来说，服用降糖药物则是必需的。目前，美国糖尿病协会和欧洲糖尿病研究协会的指导方针中，都建议将二甲双胍作为Ⅱ型糖尿病的一线治疗药物，英国国家健康和护理研究所也推荐该药物。

五、器官再造与骨科领域的新成果

（一）活体脏器再造的新进展

首次实现活体器官再生。

2014 年 4 月 9 日，英国爱丁堡大学医学研究理事会再生医学中心组织干细胞生物学教授克莱尔·布莱克领导的一个研究小组，在《发育》杂志上发表研究成果称，他们通过操控单个蛋白，实现年老实验鼠的胸腺再造，这是科学家们首次成功实现哺乳动物活体器官的再生。结果表明，再生器官与年轻老鼠体内的器官拥有同样结构。研究人员指出，这项成果，有望为免疫系统受损和胸腺发育相关的遗传病患者，提供新疗法。

胸腺位于心脏附近，能够产生重要的免疫细胞，但也会随年龄增大而衰退，这也是为什么年龄越大的人，越容易患流感的原因。新研究中，研究人员靶向了实验鼠体内一个由胸腺细胞产生的蛋白 FOXN1。这种蛋白有助于控制重要的细胞如何打开，通过增加 FOXN1 的浓度，指导这种类似干细胞的细胞重建了胸腺。

研究表明，再生器官功能再次恢复，老鼠开始制造更多的名为 T 细胞的白血细胞。这些细胞在对抗感染方面至关重要。不过，科学家们现在还不清楚，老鼠的免疫系统是否获得了改善。

布莱克表示："我们的研究结论表明，靶向人体内同样的通路，或许也能改善胸腺的功能，因此，有望提高老年病人或免疫系统受到抑制病人的免疫能力。不过，在人体上进行同样实验前，我们还需要进行更多的研究，确保能对这一过程进行严格控制。"

研究人员指出，新发现或许也为治疗迪乔治综合征提供了希望。这是一种在新生儿中发病率为 1/4000 的先天性心脏缺损疾病，会导致胸腺无法正常发育，伴有甲状旁腺功能减退、免疫功能低下和学习障碍等症状。

医学研究理事会再生医学中心的负责人鲍勃·巴克尔说："再生的一个重要目标，是利用人体自身修复机制，并采用可控的方式，对这些机制进行操控，从而治疗疾病。最新研究表明，可通过单个蛋白让哺乳动物的器官再生，这一发现，有望让再生医学受益。"

（二）骨科领域的创新信息

1. 发明打针治骨折的"注入式骨质"物料

2008 年 12 月，英国广播公司报道，英国诺丁汉大学教授沙克撒夫领导的研究小组，发明了一种像牙膏般的"注入式骨质"物料，无须手术，可注射入骨折部分，几分钟内就会硬化，形成一个生物所能分解的支架，让自己的骨骼生长。

这种"注入式骨质"物料，前几天夺得医学创新奖。研究小组在英国进行临床实验，距今 7 年，现已在市场推出。

传统骨折的打石膏过程，在硬化时会释放出热力，令周围细胞死亡，所以身体某些部位骨折不能采用，但新物料就没有这种情况。新物料在室温下像牙膏般，注入体内在体温下会硬化。

2. 开发骨关节炎新疗法

2009 年 4 月，英国媒体报道，医疗数据显示，全球受软骨问题困扰的人数，正在逐年增加。如今，英国布拉德福德大学彼得·特威格博士领导的一个研究小组，正在开发一种修护凝胶，有望改善骨节疼痛（如骨关节炎）者的生活质量。

骨关节炎是一种影响关节的疾病，作为英国最常见的关节炎病，估计大约有 850 万人受此病痛的困扰。骨关节炎有三个特点：一是对软骨造成破坏，软骨是位于骨头之间强韧、平滑的表面，可以让关节轻松活动而不产生摩擦；二是会导致关节边缘发生骨质增生；三是会引起关节周围组织的轻微发炎（关节膜炎）。骨关节炎大多都发生在膝盖、臀部和手部的小关节处，但是任何关节都有可能患此病。发病一般是在 50 岁以上的人群中，而女性患病者要比男性多。

人们通常会认为骨关节炎是人变老过程中不可避免的一部分，事实上这种想法是不正确的。年轻人也会患这种病，通常是受伤或其他关节问题造成的。与身体的其他大多数部分不同，软骨不能进行简单的修复，这意味着许多关节疾病都需要进行侵入式的外科手术，来使关节复位。关节复位通常会持续 10—15 年，而要修复关节却十分困难，所以，外科手术一般是在复位将会持续终生的年龄段人群中，才被推荐使用。

但是，使用水凝胶可以既简单又快速地改变这一状况。基本上说，如果医生发现患者有受到破坏或撕裂的软骨，就会在受损处打一个洞并用水凝胶填补，以替代原有的软骨，这样就阻止了骨头之间相互摩擦造成的疼痛。

目前，该研究小组正致力于以水凝胶，来替代手术对患者进行治疗，这表示侵入式的程序会大大减少，而且能使关节复位手术至少推迟 5 年再进行。研究人员把水凝胶治疗看作是一个极其简单的过程，最终它会成为门诊外科。手术中只需用针头刺穿皮肤，将凝胶注射到受影响的部位即可。

据介绍，水凝胶几乎全部以水制成，但是可以浓到产生一种比同类凝胶要强韧 100 ~ 1000 倍的物质。这是因为它具有两种非常长的类似有弹性的分子，彼此形成强大的化学键，排列成三维网状，就像是一个盒子把水围在里面。通过调整键的数量，凝胶的物理化学特性会改变，从而使之变浓、变薄或变黏。凝胶还具有固定其他物质分子的能力，这些物质可以是溶于水的也可以是不能溶于水的。

六、五官科疾病防治的创新信息

（一）耳科疾病防治的新成果

1. 研制出世界首台微型智能内耳钻孔机

2007 年 4 月，英国科学促进会主办的“阿尔法伽利略”科学新闻网站报道，英国伯明翰阿斯顿大学的彼得·布雷特研制成世界上首台微型智能钻孔机，可用于耳蜗（内耳的听觉感受器）移植手术。

据报道，这种微型智能钻孔机，不需要编程或由人通过计算机操控，而是真正的智能型机器。它能在内耳的准确位置钻出直径不到 1 毫米的孔，以便移植的耳蜗能够嵌入。在钻孔时，它能察觉到其尖端接近内耳软骨组织，可避免钻破内耳膜。

这种钻孔机已由阿斯顿大学医院耳鼻喉科医生大卫·普鲁普斯在需要

进行耳蜗移植的3名病人身上进行了试验，结果都获得了成功。

专家认为，这种精确的钻孔方法，不但有望提高接受耳蜗移植患者的听力，而且它用于其他外科手术的潜力也很大。

2. 揭开耳聋基因变异的分子机制

2011年1月，英国谢菲尔德大学沃尔特·马科蒂博士领导，他的同事，以及剑桥桑格研究院等几所研究机构相关人员参与的一个研究小组，在美国《国家科学院学报》上发表研究报告称，小核糖核酸miR-96发生变异，可导致渐进性失聪。该分子机制的发现，为改善听力损失和失聪的治疗手段，奠定了基础。

研究人员通过对小白鼠的研究，发现miR-96与哺乳动物耳蜗发育密切相关，miR-96突变，会导致人和小鼠渐进性失聪。

马科蒂指出，有很多人包括一些新生儿和小孩，会受到渐进性失聪的影响，而科学家对于渐进性失聪的遗传因素了解甚少。新发现在增进科学家对此了解的同时，也为未来该疾病的治疗提供了新的分子标靶。

（二）眼科疾病防治的新成果

1. 视网膜自我修复研究有突破

2007年8月1日，英国伦敦大学眼科学院和伦敦穆尔菲尔兹眼科医院的研究人员宣布，他们发现，人类视网膜中有类似斑马鱼能够修复视网膜的细胞，希望5年内将研究结果用于失明患者治疗。

据悉，斑马鱼是一种体长3~4厘米的热带鱼，因色彩鲜明的斑纹而得名。这种常见的小鱼一直是科学家关注的焦点，因为它具有自我修复破损视网膜的独特能力。

视网膜受损是造成失明的重要原因。研究人员发现，斑马鱼视网膜内，具有干细胞特征的放射状胶质细胞，能够分化成健康的视网膜细胞，从而修复受损的视网膜，人类视网膜中也存在这样的细胞，只是不具活性。

研究人员已在实验室里成功把放射状胶质细胞分化为视网膜细胞，并大量繁殖，还向患有视网膜疾病的老鼠体内，移植放射状胶质细胞。这些细胞分化为健康视网膜细胞，使视网膜功能恢复。

如今，他们正在研究为人类进行这项手术的可能性。不过，研究人员也表示，患者手术后会因移植他人细胞而产生排斥反应。研制出一种药物去激活人类体内不具活性的放射状胶质细胞，使它们自己分化为新的视网膜细胞，将是治疗失明的最佳办法。

2. 盲人通过植牙入眼实现重见光明

2009 年 7 月，英国一名失明长达 12 年的中年男子，接受一次移植手术后，右眼重见光明，终于可以见到妻子的容貌。医生为他植入的并非眼睛部位而是一截牙齿，这种手术在英国进行过大约 50 次。

现年 42 岁的建筑工人马丁·琼斯，12 年前在一次液态铝爆炸意外中双眼受伤，左眼被迫切除。布赖顿市萨塞克斯眼科诊所早些时候为他进行了一次革命性的新手术，恢复了他右眼的视力。

医生先为琼斯拔取一只犬齿，然后在齿上开出一个小孔，再在小孔内植入人工晶状体。之后，医生便抽取琼斯一部分口腔皮肤，植入其右眼中两个月，确保血液输送。由于有排斥的可能性，因此手术一定要使用活齿进行，而犬齿则最适合眼球的形状。

前期工作完成后，医生便把犬齿移植到其眼球上，再将经已与眼球组织结合的皮肤覆盖于表面，制成人工角膜并固定牙齿，最后只要将人工角膜与牙齿小孔打通，长达 8 小时的手术便大功告成。

两周后，琼斯终于重见光明，他形容视觉就有如“在水中看物件”。琼斯最想做的便是见妻子一面，“她实在太美、太可爱了，真难相信我可以看见她。”再见天日，不少事物都令他感到新奇，例如 12 年前还未普及的小型汽车，他说：“我笑个不停，我从未见过这种车，还以为它被人拦腰斩成一半了。”他笑言，不少朋友都把他的“新眼睛”，当是科幻电影中的道具。

这种称作“骨齿人工角膜手术”（OOKP）研发之初，只以牙齿及牙骨承托人工角膜，没有养分供给牙齿，钙质容易流失令牙齿坏死，导致人工角膜移位。但经发明者斯特兰佩利教授的学生、法尔奇内利教授多年来不断钻研及改良，使整个移植组件被细胞组织及微丝血管覆盖，令手术成功率高达 8～9 成。许多近 30 年前接受手术而恢复视力的病人，至今仍然能够保持视力。

3. 研制能帮助盲人恢复视力的智能仿生眼镜

2011 年 7 月，有关媒体报道，英国卫生部提供资金支持，牛津大学斯蒂芬·希克斯博士领导的一个研究小组，正在研制智能仿生眼镜，它能帮助数以万计的盲人恢复视力。这款仿生眼镜，采用微型摄像头和一个袖珍电脑，用于提醒佩戴者前方出现物体和人。

盲人在购物中心和繁忙的火车站活动时，仿生眼镜能提供导航服务，甚至可使他们“看清”巴士号码和取款机的显示屏。这款眼镜采用轻型设计，造价并不昂贵，如果测试取得成功，最早将在 2014 年上市。英国登记注册的盲人共有 30 万人，绝大多数人都可佩戴这款眼镜，患有老年性黄斑退化症的盲人将是最大受益者。

据悉，仿生眼镜采用透明镜片，上面布满小型发光二极管，镜框外部顶角安装针头大小的摄像头。摄像头负责获取信息，而后通过线路传输给佩戴者口袋内只有手机大小的电脑。电脑对信息进行处理并简化成点阵。镜片中的发光二极管随后点亮点阵，让佩戴者了解有关前方物体的信息。

闪光代表前方有人，不闪光则代表前方出现楼梯等物体。虽然这些信息对正常人来说无关紧要，但对于失去大部分视力的人来说，这至关重要，允许他们一个人购物或者搭乘公共交通工具。借助于听筒，仿生眼镜可以传输更为复杂的信息。摄像头可以获取有关巴士号码和火车时刻表的信息，电脑随后对这些信息进行分析，处理后的信息以声音的方式传输给佩戴者。同样的工作原理，也可帮助盲人“看到”银行取款机，或者火车站售票机的显示屏。

专家指出，仿生眼镜只有在佩戴者能够感知到光线条件下，才能发挥作用，因此并不适用于完全失明的人。不过，英国绝大多数登记注册的盲人，包括老年性黄斑退化症患者，仍拥有一定的视力。

（三）口腔科疾病防治的新进展

1. 发明可以自然修复龋齿的新技术

2008 年 7 月 21 日，英国《每日电讯报》报道说，英国利兹大学口腔研究所的两项新发明，将在 5 年内使牙钻成为过去，牙刷的存在也“岌岌可危”。

研究人员表示，他们已经发明了一项模拟牙齿自然生长的技术，这项技术可以不用钻孔补牙就能修复龋齿。

替代钻牙修复龋齿的是一种新的蛋白质。这种蛋白质，能够通过吸收矿物质修补牙洞。在牙齿受蛀的初期，这种物质就可以涂抹在牙齿的表面，修复小的牙洞。

同时，他们还发明了一种漱口水，可以杀死导致牙菌斑生长的细菌。该漱口水，采用的是一种可被口腔细菌吸收的小分子，当被强光照射激活后，这种分子便在口腔细菌内部杀死细菌。这种漱口水对人体无害，已经在食品行业投入使用，即使被病人吞咽后也无妨。

2. 用牙龈细胞培育出新牙

2013 年 3 月 9 日，英国媒体报道，伦敦大学国王学院的一个研究小组，提取成人牙龈组织细胞，把它与取自老鼠的另一种细胞结合，成功培育出一颗新牙。他们表示，将来某一天，牙医有可能为缺牙患者换上这种新牙齿。

在这项研究中，研究人员从成人患者的牙龈中提取上皮细胞，在实验室里大量培养，再把它们与老鼠的间质细胞混合。这种间质细胞被培养出“诱导作用”，即“指示”上皮细胞开始发育成为牙齿。研究人员把这种细胞混合物移植到老鼠身上，结果长出拥有成活根部的人鼠混合牙。

研究人员表示，下一步将是找到可轻易获取的人类间质细胞资源，并培养出足够的细胞，使之成为能够应用于临床的有效技术。

七、虫媒传染病防治的新进展

（一）疟疾防治的新成果

1. 开发出广谱疟疾疫苗

2011 年 10 月，英国爱丁堡大学等机构组成的一个研究小组在《科学公共图书馆·综合卷》杂志上撰文称，他们开发出，一种可同时对多种疟原虫起作用的广谱疟疾疫苗，它已经在人类血液样本实验和动物实验中验证有效。

研究人员介绍说，这种疫苗可以引起人体内多种抗体的反应，能够同时对付一系列的疟原虫。疟原虫是引发疟疾的罪魁祸首，但由于疟原虫有许多种类，现有疫苗往往只能对付部分种类的疟原虫，效果不是很理想。

本次研究发现，所有种类的疟原虫都含有一种关键的蛋白质，只是这种蛋白质，会在不同疟原虫中表现出不同类型。因此，研究人员以这种蛋白质作为突破口，把不同类型的蛋白质联合到一起进行研究，在此基础上开发出的疫苗，就可以同时对多种疟原虫都产生效果。

研究人员在疟疾多发的非洲地区，提取了人类血液样本进行实验，表明这种广谱疫苗能够有效预防疟疾。此外，这种疫苗在动物实验中也显示有效。研究人员接下来计划进行人类临床试验。

2. 揭示疟疾患者易感染沙门氏菌的原因

2011 年 12 月，英国伦敦大学卫生与热带医学院等机构组成的一个研究小组，在《自然·医学》杂志上发表论文称，此前医学界一直认为，疟疾患者容易感染非伤寒沙门氏菌，这是因为疟疾使患者免疫系统功能下降。但英国一项最新研究表明，这一并发感染的真正原因是机体为了抵御疟疾造成的影响，暴露出一个易被沙门氏菌利用的弱点。

研究人员说，通过对实验鼠的研究发现，这一并发感染现象，并不是因为整个免疫系统功能下降，而是机体为了抵御疟疾造成的影响，暴露出一个易被沙门氏菌利用的弱点。

报告说，人类感染疟疾后，血液中的红细胞会因为疟原虫的作用而破裂，释放出一种名为亚铁血红素的物质。这种物质一旦暴露在红细胞以外，就会成为影响身体的毒素，因此机体会释放出一种专门的酶，来抵消亚铁血红素的毒性。但不幸的是，这种酶同时也会降低血液中一些白细胞的防御功能，而这些白细胞正是机体应对沙门氏菌感染的重要力量，沙门氏菌因此得以在疟疾患者中容易感染。

3. 开发出或可彻底消除疟疾威胁的新方法

2014 年 6 月，英国帝国理工学院研究人员在《自然·通讯》杂志上刊发论文称，疟疾是全球重大健康问题之一，而雌蚊则是这一疾病的主要传播者。最近，他们开发出一种新的基因方法，可使蚊子不再繁殖雌性后代，利用这一方法来防治疟疾，或可在未来全球范围内彻底消除疟疾的威胁。

在该项研究中，研究人员把一种名为 I－PopI 的 DNA 切割酶植入到雄性冈比亚蚊体内。通常情况下，雄蚊的一半精子会携带 X 染色体，它们将产生雌性后代，而另一半精子会携带 Y 染色体，它们将产生雄性后代。而在植入 I－PopI 酶后，冈比亚蚊精子所携带的 X 染色体几乎全被剔除，所有功能性精子所携带的均是 Y 染色体，其结果是这种经过基因改良的蚊子的后代几乎都是雄性蚊子。在研究人员第一次实验室实验中，蚊子所繁殖后代中 95% 是雄蚊。随后研究人员从野外抓捕了 5 群冈比亚蚊进行实验，结果有 4 群蚊子在经过 6 代繁育后因为不再有雌蚊而灭绝。

研究人员表示，目前这一研究还处于早期阶段，但真心希望这一新方法能够最终导致廉价有效的疟疾防治措施出现。令人鼓舞的是，这一方法具有自我持续性，在雄蚊接受基因改良后，它们只会繁殖雄性后代，而它们的雄性后代，也同样只会繁殖雄性后代。因此，如这一情形能够在野外复制，将最终会导致传播疟疾的蚊子种群崩溃，给全球健康带来重大威胁的疟疾或许被彻底消除。

尽管在 2000 年后，各国都强化了疟疾防控措施，使得这一疾病的全球死亡率降低了 42%，但不断增强的耐药性等问题，使得疟疾的防控难度越来越大。时至今日，疟疾依然是一个全球重大健康问题，尤其是在撒哈拉以南非洲地区，疟疾成为当地最主要的健康威胁。据世界卫生组织最新估计，全球有超过 34 亿人面临着疟疾的威胁，而每年有大约 62.7 万人死于这种疾病。

（二）锥虫病防治的新进展

开发出治疗昏睡病的新药。

2011 年 9 月，有关媒体报道，英国格拉斯哥大学等机构研究人员开发出一种治疗非洲昏睡病的新药。动物实验显示，它与目前常用的药物相比，没有严重的毒副作用。

非洲昏睡病是非洲锥虫病的俗称，由采采蝇（舌蝇属）传播。这种昆虫叮咬人时，会将携带的锥体寄生虫注入人体内，感染患者大脑，使其出现嗜睡症状，若不及时治疗会有生命危险。但是目前常用的治疗药物美拉砷醇因为含砷，具有严重的毒副作用，患者使用后死亡率达 5%。

新药研究人员介绍说，如果把美拉砷醇和另一种物质环糊精结合，可以降低其毒性。他们在此基础上开发出了这种新药，感染昏睡病的实验鼠，在持续服用新药一周后，病情被治愈，并且没有发现明显的副作用。

新药的另一个好处是，可以制成口服药片，而过去使用美拉砷醇的方式多是静脉注射，因此新药使用起来也更方便。

八、遗传与生育领域研究的新成果

（一）遗传方面研究的新进展

确定两个强直性脊柱炎相关的基因。

2010 年 1 月，英国牛津大学等机构组成的一个研究小组在《自然·遗传学》杂志发表研究论文说，他们通过大规模基因的对比研究，新确定两个与强直性脊柱炎相关的基因。

研究人员说，他们对比了 2000 名强直性脊柱炎患者，与 5000 名正常人的基因组图谱，发现基因 ERAP1 和 IL23R 与这种疾病之间存在着较强的关联。

强直性脊柱炎是一种可以致残的关节炎。发病后患者脊柱疼痛，病情会越来越严重，最后患者脊柱的部分甚至全部椎骨间隙消失，从而使脊柱僵硬。这种病有较强的遗传性，以前曾发现基因 HLA－B27 与它有关。研究人员说，他们对新确定的两个基因如何导致发炎的过程已经有所了解，如果能在此基础上开发出抑制其作用的药物，将有助于治疗强直性脊柱炎。

（二）生育技术方面研究的新进展

研究表明试管婴儿技术不会增加儿童患癌风险。

2013 年 11 月，英国伦敦大学学院附属医院儿科医生阿拉斯泰尔·萨特克利夫领导的一个研究小组，在美国《新英格兰医学杂志》上发表论文称，他们的研究表明，试管婴儿这种辅助生育的技术，并不会增加儿童的总体患癌风险。

研究人员说，他们调查了 1992—2008 年，利用试管婴儿技术出生的 10 万多名英国儿童，并与英国全国儿童肿瘤数据库中的数据进行比较，结果发现，试管婴儿罹患白血病、神经母细胞瘤、视网膜母细胞瘤、中枢神经系统肿瘤、肾或生殖细胞肿瘤等常见儿童癌症的风险，与自然受孕出生的儿童相比没有不同。

但研究人员确实发现试管婴儿罹患肝母细胞瘤与横纹肌肉瘤的风险略有增加，不过这是比较罕见的两种儿童肿瘤，罹患它们的绝对风险依然很小。比如，100万个试管婴儿中，可能只有6个会出现肝母细胞瘤问题。而且，研究人员表示，他们并不清楚，这种增加的风险到底是概率问题，还是由试管婴儿技术，或低出生体重、父母不孕等因素导致。

此前在瑞典实施的一项研究表明，利用辅助生育技术出生的儿童患癌风险略高。但伦敦大学学院研究人员，以及其他一些专家都认为，瑞典的研究规模较小、范围有限，而新研究的规模要大上四倍，因此结论更可信。

萨特克利夫在一份声明中指出，这是迄今最大型的试管婴儿患癌风险研究，其规模比此前所有同类研究加起来还要大。他说："对那些已通过这种技术拥有孩子的父母，或考虑利用这种方式怀孕的人来说，这项结果将会打消他们的顾虑。"

研究人员表示，未来5年，他们还将继续跟踪这些孩子，看看孩子长大一点后好消息能否继续下去。

1978年，世界上首个试管婴儿路易斯·布朗在英国诞生，如今她已是一个男孩的母亲。试管婴儿技术诞生时曾饱受争议，认为这违反伦理道德。

但随着越来越多的试管婴儿出生并健康成长，大众对试管婴儿的态度开始转变。据统计，过去35年中，全球已有500万名试管婴儿降临人世。

参考文献和资料来源

一、主要参考文献

[1] 本报国际部.2004年世界科技发展回顾[N].科技日报,2005－01－01～10.

[2] 本报国际部.2005年世界科技发展回顾[N].科技日报,2005－12－31～2006－01－06.

[3] 本报国际部.2006年世界科技发展回顾[N].科技日报,2007－01－01～06.

[4] 毛黎,张浩,何屹,顾钢,陈超,毛文波,杜华斌,郃举,郑晓春,邓国庆,何永晋,卞晨光.2007年世界科技发展回顾[N].科技日报,2007－12－31～2008－01－06.

[5] 毛黎,张浩,何屹,顾钢,李钊,郃举,杜华斌,张新生,程刚,李学华.2008年世界科技发展回顾[N].科技日报,2009－01－01～08.

[6] 毛黎,张浩,何屹,顾钢,李钊,杜华斌,葛进,郑晓春,张新生,李学华,程刚.2009年世界科技发展回顾[N].科技日报,2010－01－01～08.

[7] 本报国际部.2010年世界科技发展回顾[N].科技日报,2011－01－01～08.

[8] 本报国际部.2011年世界科技发展回顾[N].科技日报,2012－01－01～07.

[9] 本报国际部.2012年世界科技发展回顾[N].科技日报,2013－01－01～08.

[10] 本报国际部.2013年世界科技发展回顾[N].科技日报,2014－01－01～07.

[11]本报国际部.2014年世界科技发展回顾[N].科技日报,2015－01－01～07.

[12] 路甬祥. 创新的启示——关于百年科技创新的若干思考[M]. 北京:中国科学技术出版社,2013.

[13] 游建胜. 英国科技政策与科学园[M]. 厦门:厦门大学出版社,2008.

[14] 国际科技合作政策与战略研究课题组. 国际科技合作政策与战略[M]. 北京:科学出版社,2009.

[15] 樊春良. 全球化时代的科技政策[M]. 北京:北京理工大学出版社,2005.

[16] 方东霖. 科技财政:实证分析与政策建议[M]. 北京:经济科学出版社,2014.

[17] 钱乘旦,许洁明. 英国通史[M]. 上海:上海社会科学院出版社,2012.

[18] (英)大卫·休谟. 英国史[M]. 刘仲敬译,长春:吉林出版集团有限责任公司,2012.

[19] (英)丹皮尔. 科学史[M]. 李珩译,北京:中国人民大学出版社,2010.

[20] (英)法拉. 四千年科学史[M]. 黄欣荣译,北京:中央编译出版社,2011.

[21] 张明龙,张琼妮. 国外发明创造信息概述[M]. 北京:知识产权出版社,2010.

[22] 张明龙,张琼妮. 八大工业国创新信息[M]. 北京:知识产权出版社,2011.

[23] 张明龙,张琼妮. 延年益寿领域的创新信息(国外部分)[M]. 北京:知识产权出版社,2012.

[24] 张明龙,张琼妮. 国外电子信息领域的创新进展[M]. 北京:知识产权出版社,2013.

[25] 张明龙,张琼妮. 国外环境保护领域的创新进展[M]. 北京:知识产权出版社,2014.

二、主要资料来源

[1]《自然》(Nature)

[2]《科学》(Science Magazine)

[3] 美国《国家科学院学报》(Proceedings of the National Academy of Sciences)

[4]《新科学家》(New Scientist)

[5]《自然·通信》(Nature Communication)

[6]《科学快报》(Science Letters)

[7]《自然·物理》(Nature Physical)

[8]《现代物理学杂志》(Modern Physics)

[9]《固态电路杂志》(Solid - State Circuits magazine)

[10]《应用物理快报》(Applied Physics Letters)

[11]《物理评论快报》(Physical Review Letters)

[12]《微力学与微动力杂志》(Micro - mechanics and micro power magazine)

[13]《电子快报》(Electronics Letters)

[14]《电子工程时报》(Electronic Engineering Times)

[15]《工业和工程化学研究》(Industrial and Engineering Chemistry Research)

[16]《自然·纳米科技》(Nature Nanotechnology)

[17]《纳米科学》(Nanoscale Science)

[18]《纳米快报》(Nano letters)

[19]《纳米通信》(Nano Communication)

[20]《自然·光子学》(Nature Photonics)

[21]《光学通讯》(Optical Communications)

[22]《光学快报》(Optics Letters)

[23]《自然·物质》(Nature substance)

[24]《自然·材料》(Nature Materials)

[25]《先进材料》(Advanced Materials)

[26]《碳杂志》(Carbon magazine)

[27]《软物质》(Soft matter)

[28]《可再生与可持续能源杂志》(Journal of Renewable and Sustainable Energy)

[29]《自然产品杂志》(Journal of Natural Products)

[30]《地球物理通讯》(Geophysical newsletter)

[31]《能源与环境科学》(Energy and Environmental Sciences)

[32]《自然·化学》(Nature Chemistry)

[33]《应用化学》(Angewandte Chemie)

[34]《美国化学协会会刊》(American Chemical Society journal)

[35]《化学传感器和执行器 B》(Sensors and Actuators B,Chemical)

[36]《自然·结构生物学》(Nature Structural Biology)

[37]《自然·生物技术》(Nature Biotechnology)

[38]《公共科学图书馆·生物学》(PLoS Biology)

[39]《生物化学杂志》(Journal of Biological Chemistry)

[40]《进化生物学》(Evolutionary Biology)

[41]《自然·细胞生物学》(Nature Cell Biology)

[42]《分子和细胞生物学》Molecular and Cell Biology)

[43]《细胞·干细胞》(Cells stem cells)

[44]《植物细胞》(Plant Cell)

[45]《国际系统与进化微生物学杂志》(International Journal of Systematic and Evolutionary Microbiology)

[46]《自然·医学》(Nature Medicine)

[47]《自然·遗传学》(Nature Genetics)

[48]《公共科学图书馆·遗传学》(PLoS Genetics)

[49]《自然·免疫学》(Nature Immunology)

[50]《自然·神经科学》(Nature Neuroscience)

[51]《美国医学会杂志》(Journal of the American Medical Association)

[52]《新英格兰医学杂志》(New England Journal of Medicine)

[53]《柳叶刀·肿瘤学》(Lancet Oncology)

[54]《临床肿瘤学杂志》(Journal of Clinical Oncology)

[55]《癌细胞》(Cancer cell)

[56]《癌症》(Cancer)

[57]《癌症发生》(Carcinogenesis)

[58]《癌症研究》(Cancer Research)

[59]《癌症检查和预防》(Cancer screening and prevention)

[60]《脑血流与代谢》(Cerebral blood flow and metabolism)

[61]《神经科学杂志》(the Journal of Neuroscience)

[62]《神经病学》(Neurology)

[63]《神经学年鉴》(Annals of Neurology)

[64]《分子精神病学》(Molecular Psychiatry)

[65]《临床免疫学》(Clinical Immunology)

[66]《呼吸研究杂志》(Respiratory Research magazine)

[67]《糖尿病》(Diabetes)

[68]《流行病和公共卫生杂志》(Epidemiology and Public Health magazine)

[69]《实验医学》(Experimental Medicine)

[70]《临床检查杂志》(Journal of Clinical Investigation)

[71]《小儿疾病文献》(Archives of Disease in Childhood)

[72]《移植》(Transplantation)

[73]《科技日报》2003 年 1 月 1 日—2014 年 12 月 31 日

[74] http://www.sciencemag.org/

[75] http://www.sciencedaily.com/

[76] http://www.nature.com/

[77] http://en.wikipedia.org/wiki/Nature

[78] http://en.wikipedia.org/wiki/Cell_(biology)

[79] http://www.kexue.com/

[80] http://www.sciencedirect.com/

[81] http://www.sciencenet.cn/dz/add_user.aspx

[82] http://news.sciencenet.cn/dz/dznews_photo.aspx

[83] http://www.sciencemuseum.org.uk/

[84] http://www.sciencenet.cn/

[85] http://www.wokeji.com/

[86]http://tech.icxo.com/

[87]http://www.mofcom.gov.cn/

[88]http://www.cistc.gov.cn/

[89]http://www.sciam.com.cn/

[90]http://www.dili360.com/

[91]http://www.cdstm.net.cn/index_cn.shtml

[92]http://www.news.cn/tech/

[93]http://www.chinahightech.com/

[94]http://www.casted.org.cn/cn/

[95]http://www.kepu.net.cn/gb/index.html